»Das Vergessen der Vernichtung
ist Teil der Vernichtung selbst«

»Das Vergessen der Vernichtung ist Teil der Vernichtung selbst«

Lebensgeschichten von Opfern der nationalsozialistischen »Euthanasie«

Herausgegeben von
Petra Fuchs, Maike Rotzoll,
Ulrich Müller, Paul Richter
und Gerrit Hohendorf

WALLSTEIN VERLAG

Gedruckt mit Unterstützung
der Deutschen Gesellschaft für
Psychiatrie, Psychotherapie und Nervenheilkunde,
der Deutschen Forschungsgemeinschaft
und der Friedrich-Ebert-Stiftung in Bonn

Bibliografische Information der Deutschen Nationalbibliothek
Die Deutsche Nationalbibliothek verzeichnet diese Publikation in der
Deutschen Nationalbibliografie; detaillierte bibliografische Daten
sind im Internet über http://dnb.d-nb.de abrufbar.

© Wallstein Verlag, Göttingen 2007
www.wallstein-verlag.de
Vom Verlag gesetzt aus der Stempel Garamond und der Frutiger
Umschlaggestaltung: Basta Werbeagentur, Steffi Riemann
Umschlagbild unter Verwendung eines Dokuments:
Nähere Angaben s. Abb. Nr. 6 im Abbildungsverzeichnis
Das Titelzitat stammt von Jean Baudrillard
Druck: Hubert & Co, Göttingen

ISBN 978-3-8353-0146-7

Inhalt

Lebensgeschichten

INHALT

INHALT

Geleitwort

Der historische Umgang mit einem der schrecklichsten Kapitel der jüngeren deutschen Geschichte, der unter dem euphemistischen Begriff »Euthanasie« verbrämten Ermordung hunderttausender Psychiatriepatientinnen und -patienten in den Jahren 1939 bis 1945, ist zutiefst belastend. Belastend ist er für die deutsche Medizin jener Zeit insgesamt, weil er zeigt, wie weit ihre totale und freiwillige Unterwerfung unter die politisch-ideologischen und ökonomischen Vorgaben eines diktatorischen und menschenverachtenden Regimes wirklich gegangen ist, weil er offenbart, wie leicht der ärztliche Auftrag, sich sorgend und schützend um das erkrankte Individuum zu bemühen, in Verdrängung und Vergessenheit geraten konnte, weil er dramatisch vor Augen führt, in welchen Ausmaßen und in welcher Geschwindigkeit sich die gewalttätige Entgrenzung ärztlicher Handlungsmacht über das Schicksal psychiatrischer Patientinnen und Patienten vollzog. Belastend ist er auch für die Historikerinnen und Historiker, die sich mit diesen Ereignissen und ihren Kontexten beschäftigen. Tötungen in den Dimensionen der Krankenmordaktion »T4« sind zunächst kaum anders als auf der Verwaltungs- und Statistik-Ebene zu erschließen; tatsächlich aber haben sie ihre ganze Dramatik im Individuellen der anstaltszerbrochenen und vernichteten Biografie der einzelnen Patientin, des einzelnen Patienten entfaltet. Dieser Umstand bedrängt und verletzt alle zutiefst, die sich mit diesem historischen Faktum ärztlicher und politischer Niedertracht beschäftigen wollen und müssen.

Die Autorinnen und Autoren des vorliegenden »Lesebuchs« widmen sich seit Jahren einer aufwendigen Studie zum Schicksal der im nationalsozialistischen Krankenmord umgekommenen Patientinnen und Patienten psychiatrischer Heil- und Pflegeanstalten auf der Grundlage der hierzu im Bundesarchiv Berlin überlieferten Akten und sind in einer sorgfältig erschlossenen Stichprobe der erhaltenen Kranken-, Erfassungs- und Tötungsakten zunächst dem kollektiven Schicksal dieser Gruppe nachgegangen. Dies bedeutete zunächst, Namen, Zahlen und Fakten des Leidensweges jener Opfer akribisch zu sichten, zu sammeln, nach sorgfältig erarbeiteten hermeneutischen Kriterien zu dokumentieren und zu deuten. Vom ersten Augenblick der Untersuchung an aber war klar, dass das so erschlossene ›Material‹ in kollektiver Perspektive allenfalls die Rahmenbedingungen, die generellen Selektionskriterien – wenngleich auf hoch differenziertem Niveau – sowie die Ergebnisse des Krankenmordes demonstrieren, nur in zwangsläufig unzureichender Weise aber den bedrückenden Einzelschicksalen der Opfer dieser Ereignisse würde nachgehen können. Hinter jedem durch knappe Daten von den Psychiatern jener Zeit und von den selektionierenden »Gutachten« in der Berliner »Tiergartenstraße 4« beschriebenen und pejorisierten Individuen besteht aber ein persönliches Lebens- und Krankheitsschicksal, verbirgt sich eine gebrochene Biografie und schließlich die Vernichtung eines einzelnen Lebens, das erst in seiner Kontrastierung mit dem aus der individualen Perspektive qualvoll unendlich erscheinenden Kollektiv der Opfer den Zahlen ihre Bedeutung geben kann. Diesem Umstand kann eine überwiegend prosopografisch, d.h. ideal-typisierend (kollektiv-biografisch) angelegte Studie, und mag sie noch so subtil realisiert werden, nur bedingt Rechnung tragen. Die individuelle, die personale Dimension des Geschehens wird in ihr nachgeordnet bleiben müssen.

Es entstand vor diesem Hintergrund der als personale Würdigung der Opfer, zugleich aber auch als eine angemessene Form der Trauerarbeit für die an der Studie beteiligten Historikerinnen und Historiker gedachte Plan, ebensolchen Einzelschicksalen des nationalsozialistischen Krankenmordes nachzuspüren und sie in einem biografischen Lesebuch exemplarisch zu präsentieren. Einzelne Opfer-Schicksale, soweit man diese aus dem spröden Aktenmaterial erschließen und rekonstruieren konnte, bilden den Hauptteil des mit einer wissenschaftlichen Einführung versehenen und nunmehr vorgelegten Lesebuches. Opfer des verbrecherischen Krankenmordes werden so in der Individualität ihres bio- und pathografischen Schicksals ernst und wichtig genommen und dadurch nicht nur aus der kollektiven Anonymität, sondern auch aus der ihnen durch Akteure des Krankenmordes bewusst und gewollt zugewiesenen Inferiorität und ›Wert‹-Losigkeit herausgehoben. Opfer-Biografien – selbst im weiteren Sinne der Biografik – konnten aus den vorgefundenen Krankenakten nicht rekonstruiert werden. Zu stark ist dafür der teleologisch orientierte Anteil und die oft engeführte Perspektive der Aktenverfasser, selbst im Hinblick auf die Patientenanamnese. Psychiatrische Krankenakten jener Zeit sind immer reduzierte und fragmentarische Konstrukte einer Patientenbiografie, aber sie enthalten doch auch immer Elemente des (Auto-)Biografischen, dort, wo sie die Patientin, den Patienten in der subjektiven Selbstschau, in der individuellen Lebens- und Schicksalsdeutung in authentischen Zitaten oder durch die Dokumentation von Selbstzeugnissen und Korrespondenzen wiedergeben. Solche Elemente in den überlieferten Krankenakten zu entdecken, sie als unabhängige und unveränderte Fragmente der Personalität der Patientin, des Patienten zu identifizieren und sprechen zu lassen, erfordert höchste historische Aufmerksamkeit und kritische Sensibilität. Auch wenn eine solchermaßen sensibel rekonstruierende Opfer-Biografik die vollzogenen Verbrechen nicht ungeschehen machen kann, so kann das Lesebuch doch versuchen, den Opfern einen Teil dessen wiederzugeben, was ihnen durch die vernichtende Psychiatrie genommen wurde, ihre Sprache und ihre individuelle, personale, und subjektive Dimension.

Diese wenngleich aus Gründen der mangelnden Information und des beschränkten Umfangs der Darstellung nur anstoßgebende Arbeit an der Wiederherstellung der Individualität der Opfer verfolgt mehrere Ziele. Als Erstes ist sicherlich der Versuch zu nennen, soweit auf diesem Wege möglich, die Würde des Individuums, seine Einzigartigkeit und Besonderheit gerade im Kontrast zu der anonymisierenden Massenvernichtung herauszuarbeiten, zu dokumentieren, zu restituieren, aber auch die in den Biografien nicht explizit gemachte Anklage, die die Entindividualisierung und Reduktion des Einzelnen auf Pathologie im organisierten Massenmord aufzuheben sucht und deren Charakter einer zweiten Tötung durch Annihilierung nicht nur der physischen, sondern auch der sozialen Existenz aufweist, zu verdeutlichen.

Die beeindruckenden Zahlen des DFG-Projekts über die nationalsozialistische »Euthanasie« werden von den Rezipientinnen und Rezipienten vorwiegend kognitiv verarbeitet. Die Auseinandersetzung mit den Schicksalen der Opfer bedarf in diesem Fall einer inneren Übersetzung des Zahlenmaterials in lebensgeschichtlich in Erscheinung tretende Patientenschicksale. Ganz anders die primäre Wahrnehmung individueller Biografien von Opfern. Aus den kognitiven Neurowissenschaften ist über die Entdeckung der Spiegelneurone und der wechselseitig gespiegelten Intentionalität interagierender Personen bekannt, wie unmittelbar nicht nur Handlungen, sondern auch Gefühlszustände des Anderen in den Beobachtenden abgebildet werden. Nur so können wir wirklich einfühlen und damit auch Bewertungen von Gefühlszuständen anderer und Handlungen anderer vornehmen. Aus diesem Grund ist das Anschaulich-werden-Lassen der einzelnen Opferbiografie eine unersetzliche Voraussetzung dafür, später auch die statistischen Ergebnisse der DFG-Studie bewerten zu können. Die Planung der Publikationen über das Projekt sah deshalb ganz entschieden die Darstellung individualer Opferbiografien in primärer monografischer Bearbeitung als der Publikation der gewonnenen Daten vorrangig an. Nur die Konfrontation des einen mit dem anderen, des individuellen Schicksals mit den kollektiven Daten, macht jeweils die Erfassung des ganzen Umfangs des Schreckens und der Katastrophe für die Opfer, aber auch das Ausmaß der Entfremdung der Täterinnen und Tätern und des Systems, in dem sie wirkten, deutlich.

Die Darstellung der individualen Biografien mit dem Anspringen der auch biologisch fundierten Empathiemechanismen zeigt sich deutlich auch am Beispiel der »Euthanasie«-Geschichte des Psychiatrischen Krankenhauses Wiesloch, für die dokumentiert ist, dass die hartnäckigsten Widerstände von den Pflegekräften ausgingen, die die Lebenswelt der Patientinnen und Patienten teilten, mit ihnen gemeinsame Mahlzeiten einnahmen. Die von den Pflegenden unmittelbar und in ihren Verästelungen durch das alltägliche Zusammenleben gewissermaßen eingesogene Individualität der Patientenschicksale machte sie eher immun gegen die pseudowissenschaftlichen Objektivierungsversuche der Ideologie als die entfernter stehenden ärztlichen Mitarbeiterinnen und Mitarbeiter.

Bewertung braucht also Emotion. Sie entsteht aus der Empathie, die wir nur durch aktive Bekämpfung umgehen können. Emotion stellt den wahrscheinlich wichtigeren Schutzwall gegenüber den ethischen Entgleisungen dar als die ausschließlich kognitive Auseinandersetzung mit dem eigenen Handeln. Deshalb informiert das Lesebuch nicht nur, sondern spricht auch die Emotionen durch einen, soweit literarisch möglich, direkten Kontakt mit dem individuellen Opfer an.

Eine weitere wichtige Funktion, einer Darstellung der individualen Lebensläufe, ist das Aufscheinenlassen der gerade bei den psychotisch Kranken immer auch vorhandenen gesunden Persönlichkeitsanteile, die sich mit ihrer Haltung, ihrem Handeln, ihrer Menschlichkeit angesichts des Todes in einer Weise über die Täter erhoben haben, dass allein dadurch die Ideologie der »Euthanasie«-Diskussion und des »Euthanasie«-Programms hätte ad absurdum geführt werden müssen. Besonders eindrucksvoll ist hier der von v. Cranach geschilderte Fall eines jugendlichen Patienten, vor dem man seinen geplanten »Euthanasie«-Tod sorgsam zu verbergen gesucht hatte, der aber seiner Betreuerin kurz vor seinem Abtransport noch ein sehr persönliches Geschenk zum Dank für ihre schützende und verständnisvolle Haltung ihm gegenüber übergab, damit sie nach seinem Tod ein Andenken an ihn habe.[1] Nur die völlige Ausblendung der ganzen Komplexität der Persönlichkeitsbildung, unter der Last der Psychopathologie in den Hintergrund gerückt, und die Ausblendung der gerade in Extremsituationen dann hervorgehobenen beeindruckenden Charaktermanifestationen psychotisch Kranker unter Zurückweichen der Psychopathologie kann die emotionalen Barrieren gegen das »Euthanasie«-Handeln niedergerissen haben.

Auch ohne eine so beeindruckende Interaktion wie die des erwähnten Knaben, der ganz offensichtlich ein tieferes Verständnis der Situation und mehr Größe des Charakters zeigte als die Täterinnen und Täter und weder seine Würde noch seine Ethik oder seine Selbstachtung beim Schritt in den Tod verloren hatte, kann allein die Biografie für sich durch ihre lebensgeschichtlichen Fakten eine Struktur darstellen, die eine Umkehr des Urteilens und Verurteilens von Tätern und Opfern erzwingt. Die von Maike Rotzoll dargestellte Biografie von Karl Ahrendt zeigt eine solche lebensgeschichtliche Entwicklung eines Menschen, der erst mit Ende fünfzig nach einem bis dahin unauffälligen Berufs- und Familienleben erkrankte und schließlich wegen seiner vollständigen Vereinsamung in hohem Alter in Verbindung mit seinem krankheitsbedingten Rückzug in Eigenweltlichkeit noch als 87-Jähriger in eine Tötungsanstalt verlegt wurde.[2]

Alle am Projekt beteiligten Mitarbeiterinnen und Mitarbeiter haben sich der Aufgabe unterzogen, sonst anonym gebliebenen Menschen, die hinter den über sie verfassten Krankenakten stehen, durch die Nacherzählung ihrer Lebensgeschichten zumindest Elemente der mit ihnen der Vernichtung zugedachten Personalität zurückzugeben. Es entstanden dabei 23 höchst unterschiedliche Lebensgeschichten als Geschichten aus dem Leben, nicht als Biografien, die es alle wert sind, aufmerksam nachgelesen und nachempfindend bedacht zu werden, weil sie vom Wert des Menschen künden, den keine Macht der Welt mindernd anzutasten berechtigt ist. Dafür sei den Autorinnen und Autoren dieses bemerkenswerten Lesebuches zutiefst gedankt.

Heidelberg, im März 2007   Wolfgang U. Eckart
                                             Christoph Mundt

1   Vgl. v. Cranach, Mitwissen und Kooperation, Vortrag, gehalten auf dem Inter-
    nationalen Kolloquium »Die nationalsozialistische ›Euthanasie‹-Aktion T4
    und ihre Opfer«, Heidelberg 20.-22.9.2006.
2   Brand-Claussen, Röske, Rotzoll (Hg.) (2002), Todesursache: Euthanasie,
    S. 19-27.

Einführung

»Ein Blatt fällt
Ach nur ein Blatt fällt
getragen vom Wind«

Falls dieses japanische Haiku vom Tod spricht, dann, so könnte man meinen, vom guten Tod, griechisch »Eu-thanasie«. Denn das Ende eines Sommers, der im besten Fall lang und leuchtend gewesen ist, kommt unweigerlich, schicksalhaft. Ohne fremdes Zutun löst sich das Blatt, fast unmerklich und fällt sanft, wie ungezählte andere auch, in die Melancholie des Herbstes, »als welkten in den Himmeln ferne Gärten«.[1]

»Euthanasie«: Kaum ein Begriff ist so zynisch pervertiert worden wie dieser. Der »gute Tod«, seit dem Nationalsozialismus ist er euphemistisches Synonym für hunderttausendfachen Mord. Schätzungen zufolge starben etwa 300000 Psychiatriepatientinnen und -patienten durch Gas, Hunger oder Vergiftung, als erste Gruppe der bedrohten Minderheiten wurden diese Menschen Opfer des NS-Regimes und seiner Helfer.[2] Die Tatsachen sind bekannt, doch – vielleicht liegt es am Stigma Psychiatrie – erinnert man sich ihrer öffentlich selten und selbst in der eigenen Familie nicht immer gerne. Anonyme Blätter, vom Wind des Vergessens verweht?

»Das Vergessen der Vernichtung ist Teil der Vernichtung selbst«, schreibt der Sozialpsychologe Harald Welzer in Anlehnung an Jean Baudrillard in seinem Essay »Verweilen beim Grauen« über den wissenschaftlichen Umgang mit dem Holocaust.[3] Dieser Satz trifft in besonderer Weise auf die Opfer der NS-»Euthanasie« zu, denn obwohl sich in der wissenschaftlichen Forschung seit Beginn der 1990er Jahre ein verstärktes Interesse an den Opfern selbst und nicht nur an den Tätern und ihren Motiven abzeichnet,[4] finden die psychisch kranken und geistig behinderten Menschen in der öffentlichen Diskussion der nationalsozialistischen Verbrechen kaum Beachtung. Die Frage, ob die nach wie vor randständige und stigmatisierte Position dieser sozialen Gruppe als eine der wesentlichen Ursachen für ihren weitgehenden Ausschluss aus dem kollektiven Gedächtnis unserer Gesellschaft anzusehen ist, kann hier nur aufgeworfen werden. Festzuhalten ist zunächst, dass das Gedenken an die Opfer der »Euthanasie« sich an den historischen Orten der Krankenmorde entwickelt hat, zu denen die Gedenkstätten der ehemaligen Tötungsanstalten ebenso gehören wie die psychiatrischen Nachfolgeeinrichtungen.[5] Dieses dezentral organisierte Erinnern bewegt sich also in der Peripherie, während das Zentrum des offiziellen Gedenkens, wie es seinen Ausdruck beispielsweise im Berliner Holocaust-Mahnmal oder in Gedenkreden von Repräsentantinnen und Repräsentanten des Staates findet, die »Euthanasie«-Opfer nicht hinreichend mit einbezieht. Angesichts der Tatsache, dass die Verbindungslinien zwischen dem NS-Krankenmord und dem NS-Genozid an den europäischen Juden auf internationaler Ebene schon länger bekannt sind[6] und die jüngere Forschung auch die ausnahmslose Tötung der jüdischen Psychiatriepatientinnen und -patienten im Rahmen des »Euthanasie«-Programms thematisiert hat,[7] fällt dieses Missverhältnis in der öffentlichen Repräsentanz der NS-Opfergruppen ins Auge.[8]

Obwohl die seit den 1980er Jahren immer breiter werdende Forschung inzwischen ein detailreiches Bild des nationalsozialistischen Krankenmordes in all seinen Facetten gezeichnet hat und die umfassenden Kenntnisse auch der breiteren Öffentlichkeit zugänglich sind, ist über die individuellen Schicksale der Opfer noch immer wenig bekannt.[9] Hier setzt der vorliegende Band mit 23 Lebensgeschichten von psychisch kranken und geistig behinderten Menschen an, die in den Jahren 1940/41 Opfer der »Euthanasie« geworden sind. Die Erzählungen stehen exemplarisch für die mehr als 70 000 im Rahmen der »Aktion T4« getöteten Patientinnen und Patienten der psychiatrischen Anstalten im Territorium des damaligen Deutschen Reiches einschließlich Österreich und angegliederte Gebiete. Die Frauen, Männer und Kinder, die in einem Zeitraum von knapp zwei Jahren durch Gas ums Leben gebracht wurden, in ihrer Individualität sichtbar zu machen und sechzig Jahre nach dem Ende der NS-Diktatur einen Beitrag zu ihrer öffentlichen Würdigung zu leisten, ist Anliegen dieses Buches.

Die hier erzählten Lebensgeschichten sind Ergebnis eines vierjährigen, von der Deutschen Forschungsgemeinschaft geförderten Projektes der Psychiatrischen Universitätsklinik Heidelberg und des dortigen Instituts für Geschichte der Medizin.[10] Das Vorhaben war von Beginn an quantitativ und qualitativ ausgerichtet. Rund 30 000 Krankenakten der Opfer der »Aktion T4« wurden Anfang der 1990er Jahre im ehemaligen Zentralarchiv des Ministeriums für Staatssicherheit der DDR aufgefunden.[11] Als Bestand R 179 werden diese Akten heute im Bundesarchiv Berlin aufbewahrt. Eine Stichprobe von 3 000 dieser

Akten wurde nach einem eigens entwickelten Auswertungsschema untersucht. Mit der statistischen Auswertung der Krankenakten verfolgt das Heidelberger Projekt drei Ziele: Zum einen soll die Gruppe der Menschen, die der ersten zentral organisierten Vernichtungsaktion im Nationalsozialismus zum Opfer fiel, nach ihren soziodemografischen Merkmalen wie Alter, Familienstand, Geschlecht, regionale und soziale Herkunft, Religionszugehörigkeit näher beschrieben werden. Zum anderen sollen die von der »T4«-Zentrale vorgegebenen Selektionskriterien wie Erblichkeit, rassische Zugehörigkeit, Unheilbarkeit, Leistungsunfähigkeit, soziale Auffälligkeit auf ihre tatsächliche Bedeutung für den Selektionsprozess hin untersucht werden. Nicht zuletzt soll über einen Abgleich der Verlegungsdaten und -orte der Stichprobe mit den bereits zahlreich vorliegenden Ergebnissen der lokalen und regionalen Forschung ein detailliertes Gesamtbild der ersten Phase der nationalsozialistischen »Euthanasie« entstehen, das die zeitlichen, organisatorischen und bürokratischen Abläufe der »Aktion T4« ebenso wie ihre räumlichen Schwerpunkte berücksichtigt. Eine Monografie mit den Resultaten der quantitativen Auswertung soll im Jahr 2008 in der Schriftenreihe der Stiftung »Denkmal für die ermordeten Juden Europas« erscheinen.

Im Laufe des Projektes nahm der qualitative Forschungsansatz einen zunehmend größeren Raum ein. Die der datenbankgestützten Erfassung geschuldete Strenge im Umgang mit den Akten setzte einerseits eine intensive Beschäftigung mit den überlieferten Dokumenten und den darin sichtbar werdenden Menschen voraus, erforderte andererseits aber eine Distanzierung von den Individuen und ihren Schicksalen. Dies war Motivation, den ermordeten Menschen und ihren individuellen Lebenswegen durch das Schreiben von Lebensgeschichten gerecht werden zu wollen. Seit Februar 2004 fanden mehrere projektinterne Workshops zur biografischen Arbeit statt. Im Zentrum stand dabei die quellenkritische Auseinandersetzung, bei der die Möglichkeiten und Grenzen der qualitativ-biografischen Analyse von Krankenakten erörtert wurden. Entscheidende Impulse für das weitere methodische Vorgehen gingen von dem Psychiatriesoziologen Ulrich Müller[12] aus, der für eine dauerhafte Kooperation im Sinne einer projektbegleitenden methodischen Beratung gewonnen werden konnte.

Die Re-Konstruktion von Lebensgeschichten auf der Grundlage der Quelle Krankenakte ist mit zwei grundsätzlichen Problemen verbunden: Zum einen stellt der Bestand der »Euthanasie«-Patientenakten kein einheitliches Quellenmaterial dar, d.h., die Akten sind in der Regel nicht vollständig erhalten, nur im Idealfall bestehen sie aus einer Personal- bzw. Verwaltungsakte und der Krankengeschichte.[13] Hinzu kommt, dass die Anzahl und Qualität der Einträge in der Krankengeschichte und die Art der Aktenführung aufgrund der unterschiedlichen Handhabung in den einzelnen Anstalten stark differieren. Das zweite grundsätzliche Problem besteht darin, dass die in den Akten enthaltenen Informationen in der Regel den Blickwinkel der Ärzte, des Pflegepersonals und der Verwaltungsbeamten widerspiegeln, eine Perspektive, die wiederum primär von diagnostischen, ideologischen und bürokratischen Bedingnungen und Notwendigkeiten bestimmt ist und den Zugang zur individuellen Realität der Patientinnen und Patienten erschwert. Vor diesem Hintergrund erwies es sich als unverzichtbar, grundlegende methodologische Überlegungen anzustellen und die Arbeit an exemplarischen Lebensläufen der »Euthanasie«-Opfer in den methodischen Kontext der interdisziplinären, qualitativen Biografieforschung einzubetten.[14]

Trotz der beschriebenen quellenbedingten Schwierigkeiten – dies zeigen die entstandenen sehr heterogenen Texte – eignen sich die Krankenakten als Ausgangspunkt für den Versuch, die Opfer des NS-Krankenmordes in ihrer Individualität erkennbar zu machen, sie »als Menschen mit allen Attributen der Lebenden«[15] zu zeigen. Allerdings lassen die Akten selbst Bilder vom individuellen Menschen nicht zu, diese entstehen erst durch den Prozess des Erzählens.[16] Dieses Erzählen baut auf den Fragmenten des Lebens auf und rekonstruiert so Umrisse und Gestalt der Ermordeten. Dieser methodologische Ansatz erlaubt, Lebensgeschichten aus Bruchstücken zu erzählen, was der Biografieforschung im engeren Sinne nicht möglich ist. Diese Diskussion stellt Ulrich Müller im Kapitel »Metamorphosen« dar.

So unterschiedlich wie die in den Krankenakten zu entdeckenden Fragmente, so vielfältig ist auch der soziale und lebensgeschichtliche Hintergrund als Opfer. Erzählt wird von Kindern und Jugendlichen ebenso wie von erwachsenen Frauen und Männern. Für hochbetagte Psychiatriepatienten steht das Beispiel des 87-jährigen Berliner Kutschers Karl Ahrendt, als Kinder wurden Erich F. und Günther E. in die »Aktion T4« einbezogen. Die Familie des 11-jährigen Fürsorgezöglings Günter E. lebte in Wittstock/Dosse unter ärmlichsten Verhältnissen. Das Leben der Münchner Fabrikantentochter Therese W. bewegte sich hingegen im Spannungsfeld von Emanzipation und Unterwerfung unter die zeitgenössischen Rollenerwartungen an Frauen. Der Heidelberger Fabrikantensohn B. Oppenheimer stammte ebenfalls aus materiell gesicherten Verhältnissen. Er gehört zu den Patienten, die durch ihre jüdische Herkunft in besonderer Weise gefährdet waren, in die »Euthanasie« einbezogen zu werden. Der 64-jährige obdachlose Buchhalter Friedrich J. hatte einen langen sozialen Entwurzelungsprozess durchlebt hat. Auch andere Patientinnen und Patienten galten als sozial auffällig und wenig angepasst wie die 34-jährige Prostituierte Martha W. Unauffällig wirkt dagegen die Lebensgeschichte der 49-jährigen Aloisia Veit, die als Stubenmädchen in einem renommierten Wiener Hotel tätig war. Auch ihr Verwandtschaftsverhältnis zu Adolf Hitler, das für die Selektionsentscheidung unerheblich war, ändert daran nichts.[17] Bei Fritz D. steht der zeitgenössische Blickwinkel der Angehörigen ganz im Vordergrund der Darstellung. Andere Erzählungen wiederum können sich auf ausführliche Selbstzeugnisse der Patientinnen und Patienten stützen.

Bei der Auswahl und Darstellung der Lebensgeschichten ging es nicht darum, die Patientinnen und Patienten in einer simplifizierenden Opfer-Täter-Dichotomie zu zeigen. Im Sinne eines differenzierten Verständnisses der Vernichtung kommt es darauf an, kein eindimensionales Bild der betroffenen Menschen zu zeichnen. Daher werden auch verstörende Verhaltensweisen nicht verschwiegen.

Es mag verwundern, dass die vollständigen Namen der Opfer im Gegensatz zu anderen Gruppen von Opfern des Nationalsozialismus nicht genannt werden. Die personenschutzrechtlichen Vorgaben des Bundesarchivs ermöglichen die vollständige Nennung des Namens nur unter der Bedingung, dass die noch lebenden nächsten Angehörigen zustimmen.[18] Nur Helmut Bader, der die Lebensgeschichte seines Vaters verfasst hat, legt den Namen offen.[19]

Den Lebensgeschichten vorangestellt sind fünf einführende Kapitel: In zwei Abschnitten wird der historische Kontext der NS-»Euthanasie« beschrieben. Das erste Kapitel stellt die Entwicklung der Anstaltspsychiatrie bis in die 1930er Jahre dar, um die Lebenswelt derjenigen Menschen zu erhellen, die über Jahre und Jahrzehnte in den verschiedenen Heil- und Pflegeanstalten des Deutschen Reiches und Österreichs gelebt haben, einer Lebenswelt, die in den dreißiger Jahren des vorigen Jahrhunderts immer stärker ökonomisch beschnitten und eingeengt wurde. Eine nochmalige Marginalisierung innerhalb der Anstalt hat die Insassinnen und Insassen schließlich der bürokratischen Selektion der »Aktion T4« ausgeliefert. Hier schließt das zweite Kapitel mit einem Überblick über die ideengeschichtlichen Voraussetzungen, die Genese und die Praxis der verschiedenen Formen der nationalsozialistischen »Euthanasie« an. Die beiden folgenden Abschnitte schlagen eine Brücke zu den statistischen Ergebnissen des Gesamtprojekts. Das dritte Kapitel beschreibt die im Rahmen der »Aktion T4« selektierten Kranken als Gruppe nach Geschlecht, Alter, Familienstand, sozialer und lokaler Herkunft und bezieht auch anstaltsspezifische Kategorien und Bewertungen mit ein, so die Diagnose und die Aufenthaltsdauer, die Bewertung von Arbeitsleistung, Verhalten und »Bildungsfähigkeit«. In diesem Kapitel wird herausgearbeitet, welche Gruppen von Kranken einem erhöhten Risiko ausgesetzt waren, der Selektion der »Aktion T4« zum Opfer zu fallen. Das vierte Kapitel bildet in methodischer Hinsicht eine Brücke zu den statistischen Verfahren des quantitativen Projektteils. Abgeschlossen werden die einführenden Texte durch ein Kapitel, das sich ausführlich mit den methodischen Schwierigkeiten und Besonderheiten des Schreibens von Lebensgeschichten der Opfer und mit dem normativen Anspruch des Projekts auseinandersetzt. Der Essay, der auf die Lebensgeschichten folgt, verortet das Buch in Tradition und Gegenwart der deutschen Erinnerungskultur und schlägt einen Bogen von der NS-»Euthanasie« zur aktuellen Diskussion um die Sterbehilfe.

Der Krankenaktenbestand der Opfer der »Aktion T4« bietet die Möglichkeit, wenigstens einzelne Menschen vor dem Vergessen zu bewahren, das – folgt man der Logik der »T4«-Bürokraten – gerade darin bestand, nur noch Nummern und Fotografien interessanter »Fälle« zu erhalten. Die Menschen, deren Umrisse und Gestalten aus den Fragmenten der Akten rekonstruiert werden, sind jedoch weitaus mehr als bloße »Fälle«. Die Blätter ihrer Krankengeschichten, gepresst zwischen zwei Aktendeckel und mit dem Signum »Psychiatrie« versehen, zeigen nicht nur den gemeinsamen tödlichen Stempel »verlegt in eine andere Anstalt«, sondern auch die verblassten Farben gelebten Lebens, Farben, die sich im Auge der Leserin, des Lesers dieses Buches zu einem neuen, nun wieder deutlicheren und differenzierteren Bild zusammenfügen sollen.

Berlin, Heidelberg, Düsseldorf und München im Februar 2007
Die Herausgeberinnen und Herausgeber

1 Haiku von Ransetu (1654-1707) in der Übersetzung von Jahn (1968), Fallende Blüten, ohne Paginierung, und Rilke (1996), Herbst, S. 282.

2 Vgl. Faulstich (2000), Zahl der »Euthanasie«-Opfer.

3 Welzer (1997), Verweilen, S. 27.

4 Immerhin enthält, bei insgesamt schwieriger Quellenlage hinsichtlich der Opfer, der Katalog zur Ausstellung in der Gedenkstätte der ehemaligen Tötungsanstalt Hadamar eine Reihe biografischer Skizzen sowohl von Opfern der »Aktion T4« als auch von Opfern der dezentralen Phase der »Euthanasie«. Vgl. Landeswohlfahrtsverband Hessen (Hg.) (1991), »Verlegt«. Die Perspektive der getöteten Kranken findet auch in der umfangreichen Regionalstudie von Bernd Walter zu den »Euthanasie«-Morden in Westfalen Berücksichtigung. Vgl. Walter (1996), Psychiatrie, S. 691ff. (Darstellungen des Schicksals von Kindern der »Kinderfachabteilung« Niedermarsberg) und S. 727ff. (statistische Angaben zu den deportierten Kranken des Jahres 1941). Auch Michael Wunder geht ebenso wie Klaus Böhme und Uwe Lohalm in seiner Studie zur dezentralen »Euthanasie« in Hamburg auf die Opfer ein. Vgl. Wunder (1992), Euthanasie, sowie Böhme und Lohalm (1993), Wege. Ganz besonders berücksichtigt Hans-Werner Scheuing die Perspektive der Heimbewohnerinnen und -bewohner in seiner Anstaltsmonografie zur Erziehungsanstalt Mosbach/ Schwarzacher Hof. Vgl. Scheuing (1997), Menschenleben. Lebensgeschichten einzelner Opfer, zum Teil von Angehörigen bzw. von »Euthanasie«-Überlebenden geschrieben, sind ebenfalls seit Anfang der 1990er Jahre erschienen. Vgl. Dapp (1990), Emma Z., und Manthey (1994), Die Hempelsche. Vor Ort erhaltene Krankenakten liegen den Veröffentlichungen von Matthias Dahl und Waltraud Häupl zugrunde, die sich mit Kindern und Jugendlichen beschäftigen, die im Rahmen der »Kindereuthanasie« in Wien getötet wurden. Vgl. Dahl (1999), Endstation, und Häupl (2006), Kinder. In seiner Arbeit zur Tötungsanstalt Pirna-Sonnenstein hat Thomas Schilter die im Bestand R 179 erhaltenen Patientenakten der sächsischen Zwischenanstalt Arnsdorf sowohl für statistische Auswertungen als auch für kleine biografische Skizzen genutzt. Vgl. Schilter (1999), Unmenschliches Ermessen, S. 152-158. In seiner Biografie über den deutschen Maler Gerhart Richter geht der Journalist und Autor Jürgen Schreiber im Detail auch auf das Schicksal von Richters Tante Marianne Schönfelder ein, die mit der Diagnose Schizophrenie in die Psychiatrie eingewiesen, dort zwangssterilisiert wurde und später der dezentralen »Euthanasie« zum Opfer gefallen ist. Vgl. Schreiber (2005), Maler.

5 Zu den Formen des Gedenkens im Kontext der »Euthanasie«-Morde vgl. Endlich (2002), Gedenken.

6 Friedlander (²1989), Jüdische Anstaltspatienten; ders. (1997), Weg, S. 418ff.

7 Vgl. dazu Hinz-Wessels (2002), Schicksal, S. 259-286.

8 So erinnert an der Stelle, wo die Organisationszentrale der »Euthanasie«-Aktionen ihren Sitz hatte, in der Berliner Tiergartenstraße 4, lediglich eine unscheinbare Gedenktafel an die Opfer der Krankenmorde. Die nachträglich zu einem Mahnmal umgewidmete Skulptur »Berlin-Junction« von Richard Serra vor der Berliner Philharmonie lässt keinen Bezug zu den »Euthanasie«-Opfern erkennen. Vgl. dazu Endlich (2002), Gedenken, S. 280-285.

9 Im Rahmen der inzwischen zahlreich vorliegenden lokalen und regionalen Forschungen zum NS-Krankenmord finden auch Einzelschicksale Berück-

sichtigung. Erst in jüngerer Zeit sind Publikationen erschienen, die – gestützt auf die »Euthanasie«-Patientenakten – die biografische Würdigung der Opfer des NS-Krankenmordes zum Gegenstand haben. Vgl. dazu Böhm (2003), Erinnerung; Brand-Claussen; Röske; Rotzoll (Hg.) (2002), Todesursache; Schubert (2003), Welt. Der Bund der »Euthanasie«-Geschädigten und Zwangssterilisierten stützt sich in seinem Begleitband zur Wanderausstellung auf Gespräche mit Überlebenden. Vgl. Hamm (Hg.) (2005), Lebensunwert.

10 DFG-Förderkennzeichen: HO 2208/2-(1-3). Eine zusätzliche finanzielle Förderung erfolgte durch die Boehringer Ingelheim Stiftung und die Medizinische Fakultät der Universität Heidelberg. Das Projekt wird betreut von der Klinik für Allgemeine Psychiatrie der Universität Heidelberg und dem dortigen Medizinhistorischen Institut. Antragsteller sind Dr. Gerrit Hohendorf, Prof. Dr. Christoph Mundt und Prof. Dr. Wolfgang U. Eckart. Dr. Maike Rotzoll hat die für die Antragstellung notwendige Vorstudie mit 185 Patientenakten durchgeführt und arbeitet im Forschungsprojekt ebenso mit wie Dr. Paul Richter, der die Datenverarbeitung und Auswertung koordiniert. Die Projektbetreuung vor Ort liegt in den Händen von Dr. Petra Fuchs. Die interdisziplinär besetzte Arbeitsgruppe (Medizin, Psychiatrie, Erziehungswissenschaft und Geschichte) besteht aus insgesamt zwölf Personen, neben den genannten Dr. Annette Hinz-Wessels, Philipp Rauh (MA), Sascha Topp (MA), Dr. Martin Roebel und den studentischen Hilfskräften Christine Hoffmann, Babette Reicherdt, Stephanie Schmitt und Nadin Zierau. Als externer Kooperationspartner fungiert Dr. Ulrich Müller, Forschungsstelle für Psychiatrische Soziologie, Klinik mit Poliklinik für Psychiatrie und Psychotherapie der Heinrich-Heine-Universität Düsseldorf, Rheinische Kliniken.

11 Vgl. Roelcke und Hohendorf (1993), Akten. Zur Überlieferungsgeschichte der »Euthanasie«-Patientenakten und Sandner (1999), »Euthanasie«-Akten, und ders. (2003), Schlüsseldokumente.

12 Leiter der Forschungsstelle für Psychiatrische Soziologie, Klinik mit Poliklinik für Psychiatrie und Psychotherapie der Heinrich-Heine-Universität Düsseldorf, Rheinische Kliniken.

13 Häufig enthalten die Krankenakten jedoch nur Krankengeschichte oder Personalakte. Manchmal bestehen die Akten nur noch aus einzelnen Dokumenten, wie z. B. bei der Patientin Elly […], von der nur noch der Aktendeckel mit ihrem unvollständigen Namen überliefert ist. Die Akte von Anna B. enthält lediglich eine Fotografie. Vgl. Bundesarchiv Berlin (BAB), R 179/25567 und BAB, R 179/4297.

14 Vgl. Klein (Hg.) (2002), Grundlagen der Biografik.

15 Welzer (1997), Verweilen, S. 23.

16 Vgl. hierzu den Essay von Walter Benjamin »Der Erzähler« (1977).

17 Eine andere Perspektive nimmt der Film von Oliver Halmburger und Thomas Staehler »Familie Hitler. Im Schatten des Diktators« (ZDF, 9. August 2005) ein, der einen kausalen Zusammenhang zwischen der Selektionsentscheidung und dem Verwandtschaftsverhältnis zu Adolf Hitler unterstellt.

18 Die Lebensgeschichte des jüdischen Patienten B. Oppenheimer stellt insofern eine Variante der personenschutzwürdigen Belange dar, als hier sein Nachname genannt werden durfte, während sein Vorname anonymisiert werden musste. Die Namen von Aloisia Veit, der genannten Großcousine Hitlers, und

des Patienten-Künstlers Karl Ahrendt dürfen genannt werden, da es sich um eine Person der Zeitgeschichte handelt.

19 Von Martin Bader ist keine Krankenakte im Bestand R 179 überliefert. Seine Lebensgeschichte folgt, da der Sohn sie verfasst hat, nicht dem methodischen Konzept, das die Grundlage für die anderen Erzählungen bildet.

Verwahren, verpflegen, vernichten

Die Entwicklung der Anstaltspsychiatrie in Deutschland und die NS-»Euthanasie«

Maike Rotzoll

Philanthropie und Staatsraison:
Entstehung psychiatrischer Institutionen im 19. Jahrhundert

»Seelengestört zu seyn, es gehört zu dem größten menschlichen Elende! Forschen wir hier nicht, warum der Schöpfer dieß zugelassen habe, nicht ob es des Menschen selbstverschuldete Strafe, oder ob die Unschuld frei von diesem Jammer sey? Keinen Urtheilsspruch! Hülfe und Mitleid fordert der, dessen Seele gestört ist«.[1]

Mit diesen programmatischen Zeilen konfrontiert der Psychiater Christian Friedrich Wilhelm Roller (1802-1878) seine Leser in der Vorrede zu »Die Irrenanstalt nach allen ihren Beziehungen« von 1831. Hilfsbedürftigkeit und potentielle Heilbarkeit der »Irren« gebietet dem »Menschenfreund«, eine geeignete Institution für die Kranken zu entwerfen, denn: »Nur in einer neuen, zu ihrem Zwecke besonders erbauten und eingerichteten Irrenanstalt, nur wenn alle Einrichtungen getroffen und wenn alle Posten besetzt sind, kann dieser Zweck wirklich erreicht werden und er ist fürwahr erhaben genug. Mann irrt, wenn man glaubt, daß nur wenige dieser Kranken genesen.«[2] Mit diesen Worten plädierte Roller für eigens auf die Situation der Krankheit ausgerichtete Gebäude und somit gegen den üblichen Einsatz von verlassenen Klöstern und Festungen für diesen spezifischen medizinischen Zweck. Und doch, neben dem philanthropischen Anliegen thematisiert er die andere Seite der »Irrenpflege«, das Interesse des Staates, sich vor den Pfleglingen zu schützen: »Ein Irre [sic] ist unmündig wie ein Kind und oft gefährlich wie ein Bösewicht. Er verkennt die nothwendigsten Lebensbedürfnisse und schadet sich und andern. Pflege, Aufsicht und Verwahrung thun ihm also Noth. Ein Irre ist auch ein Kranker. Er bedarf also auch ärztlicher Hülfe. Die Versorgung der Irren ist daher doppelter Art, aber eine jede setzt die Errichtung von Anstalten voraus.«[3]

»*Auch* ein Kranker« – in diesem Halbsatz verbirgt sich die Anerkennung eines Status als »leidender Mensch« (Patient), versinnbildlicht bereits in dem zur Legende gewordenen Akt des französischen Klinikers Philippe Pinel (1745-1826), »Gründungsszene der Psychiatrie«,[4] die Kranken von ihren Ketten zu befreien.[5] Diese Anerkennung führte freilich nicht zum Ende der Ausgrenzung psychisch Kranker aus der Gesellschaft. So predigte Roller die »Isolierung« als heilsames Prinzip, sollte doch der Kranke aus der Situation entfernt werden, die ihn hatte krank werden lassen. Doch war die Auffassung von der »Schädlichkeit allzu großer Nähe der Stadt«[6] auch dazu geeignet, dass die Gesellschaft ihre psychisch Kranken, nun häufig weitab von bewohnten Zentren beheimatet,[7] aus den Augen verlor. Ob intendiert oder nicht, auch dies war eine Folge der Doppelfunktion, die die junge, sich gerade erst etablierende ärztliche Disziplin Psychiatrie von ihrer Entstehung an kennzeichnete: »einerseits die Heilung der heilbaren psychisch kranken Menschen und andererseits die Verwahrung derjenigen, die sich nicht heilen lassen können oder wollen und die sich so störend, befremdlich oder eigentümlich verhalten, dass die Gesellschaft nicht bereit ist, sie wieder aufzunehmen«.[8]

»Ländliches Asyl«: Psychiatrische Langzeitpatientinnen
und -patienten auf dem Weg in die Isolation

Die Annahme der Heilbarkeit seelischer Erkrankungen, unabdingbar für die Konstruktion eines medizinischen, potentiell zumindest eben heilenden psychiatrischen Fachgebietes, kontrastierte allerdings mit weitgehender therapeutischer Ohnmacht: Eine kausale Therapie psychischer Erkrankungen gab es – und gibt es letztlich trotz Einführung der Psychopharmaka seit den 1950er Jahren bis heute – nicht. So bemerkt Wilhelm Griesinger (1817-1868), Zeitgenosse Rollers und Kritiker seines Konzeptes, eher skeptisch, an die »Grundtatsache« der potentiellen Heilbarkeit habe sich

»fast alles weitere, was in Deutschland auf dem Felde der öffentlichen Irrenpflege verhandelt und geschehen ist, geknüpft, die Errichtung der Heil- und Pflegeanstalten, die Combination derselben, die Frage der etwaigen Wiedertrennung oder etwaigen neuen Vereinigung«.[9]

Griesinger selbst hielt das Konstrukt der Heilbarkeit für die Verteilung der »Irren« auf verschiedene Anstaltstypen denn auch für unge-

eignet. Pragmatischer teilte er ein in Kranke, die nur einer kurzzeitigen Behandlung bedürften, und solche, die längerfristig untergebracht
werden müssten. So schlug er in seinem Reformkonzept von 1868
zwei verschiedene Anstaltstypen vor. Hier waren »Stadt-Asyle«
ebenso wie Universitätskliniken im Wesentlichen für den »transitori-
schen« Aufenthalt vorgesehen. Die kurzfristige Behandlung sollte
durch zahlreich vorhandenes ärztliches Personal erfolgen, um alle
therapeutischen Möglichkeiten auszuschöpfen. Die Ärzte sollten
»mit der Wissenschaft vertraut« sein, denn Forschung und vor allem
auch Lehre erschienen Griesinger als für die aufstrebende psychiatrische Disziplin von großer Bedeutung. Die Lage in oder bei einer Stadt
sah er im Hinblick auf das angestrebte studentische und ärztliche
Publikum als eine entscheidende Voraussetzung für erfolgreiche
Lehrtätigkeit an. Sie sei jedoch auch im Sinne der Patienten, die nicht
aus allen ihren Lebensbezügen herausgerissen werden sollten. Für
Dauerpatientinnen und -patienten galt dies freilich nicht: Sie sollten
sich mit »bescheidenem Lebensgenuß« in »ländlichen Asylen« zufriedengeben.[10] In ihrem Fall wurde Isolierung nicht für schädlich erachtet. Ärztliche Präsenz sei – mangels therapeutischer Perspektive – in
deutlich geringerem Maße notwendig als in einem Stadtasyl, so dass
ein »ländliches Asyl« auch wesentlich mehr Insassen aufnehmen könne.
Hierfür sprachen im Übrigen auch ökonomische Motive: Bei einer zu
geringen Patientenzahl waren nicht genug »tüchtige Arbeiter« für
den Anstaltsbetrieb zu erwarten. Für ruhige, arbeitsfähige Kranke
sollten »freiere Verpflegungsformen« wie die »agricole Colonie« –
also die landwirtschaftlich ausgerichtete Unterbringung – oder die
Familienpflege eingeführt werden.

Griesingers Konzept wurde bekanntlich von den paternalistischen
Vertretern der Anstaltspsychiatrie heftigst bekämpft.[11] Sie konnten,
nicht ganz zu Unrecht, eine Art »Zwei-Klassen-Psychiatrie« befürch-
ten, die ein Auseinanderdriften der beiden Versorgungsmodi innerhalb des noch kaum stabilisierten Fachgebietes zur Folge haben
würde. Tatsächlich sollte es schließlich zu tiefen Gräben zwischen der
Anstalts- und der Universitätspsychiatrie kommen.[12] Griesingers
Idee des Stadtasyls wurde zwar nur in Form der Universitätskliniken
umgesetzt, doch zumindest hier entwickelte sich eine klare Dichoto-
mie zwischen den Funktionen »Heilen« und »Verwahren«: Immer
wieder wurde im Sinne der Lehre ein rasches »Abfließen« der chronisch Kranken in periphere Anstalten gefordert. Die Funktionen
Heilen und Verwahren ordneten sich zu einem Schema von Zentrum

Abb. 1: Christian Friedrich
Wilhelm Roller,
Die Irrenanstalt nach
allen ihren Beziehungen,
Karlsruhe 1831

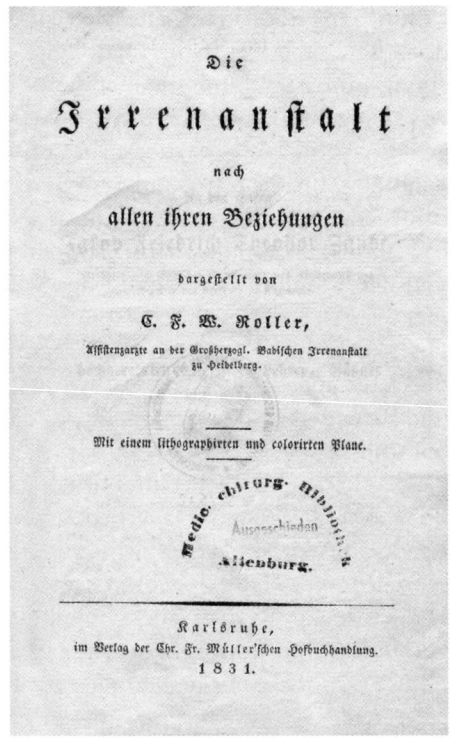

und Peripherie. Hinzu kam eine Zuspitzung der Situation: Gegen Ende des 19. Jahrhunderts stieg die Asylierungsquote[13] in zumindest zeitlichem Zusammenhang mit Industrialisierung und Herausbildung einer psychiatrischen Profession erheblich an. Die Anstalten wuchsen zu großen, oft mit Hunderten, manchmal über tausend Menschen belegten »totalen Institutionen«[14] heran.

»Charakter von Lazaretten«: Das medizinische Paradigma und die Psychiatrie

Seit Griesingers Postulat, Geisteskrankheiten seien Krankheiten des Gehirns,[15] konnte folgerichtig für psychiatrische Einrichtungen gefordert werden, sie sollten Krankenhäuser sein wie andere Krankenhäuser auch. Dem Ziel, die psychiatrischen Anstalten Kliniken ähnlicher zu gestalten,[16] dienten Behandlungskonzepte wie die »Bettbehandlung« nach Clemens Neisser (1861-1940), sollte die gezielte ärztliche

Verordnung des Aufenthaltes der Patientinnen und Patienten im Bett doch bewirken, dass »die Hauptabteilungen, in denen die Untersuchung und Behandlung namentlich der akuten Krankheitszustände vor sich geht, den Charakter von Lazaretten bzw. von Kliniken tragen«.[17] Ähnliches erwartete man von der sogenannten Dauerbadbehandlung, für die unter anderem der Heidelberger Lehrstuhlinhaber Emil Kraepelin (1856-1926) eintrat. Neben dem Ziel einer krankenhausähnlichen Atmosphäre – durch Unterbinden größter Unruhe und den kurähnlichen Aspekt der Wasserbehandlung als konkreten therapeutischen Angebots – spielten hier die Aspekte Kontrolle und Disziplinierung eine große Rolle.[18] Stunden- bis tagelang konnte der durchaus auch zwangsweise verordnete Aufenthalt der Patientinnen und Patienten im lauwarmen Wasser dauern, der die Erregtheit dämpfen sollte.

Als therapeutischer Durchbruch lässt sich die Einführung von Bettbehandlung und Dauerbad kaum verstehen: »Das Leben der Unglücklichen, im Wesen nicht zu ändern, wurde verwaltet.« So beschrieb Jaspers (1883-1969) in seiner »Philosophischen Autobiographie« – sogar aus dem Blickwinkel der Universitätspsychiatrie – die zumindest für Langzeitpatienten weitgehend aussichtslose Situation.[19] Dennoch, mit dem zunehmend offensiv und auch erfolgreich vertretenen Anspruch, eine anderen Fächern gleichwertige medizinische Disziplin zu sein, ein universitäres Fach mit eigenen Zeitschriften, mit Anerkennung als Prüfungsfach für die Medizinstudenten und schließlich auch mit einer zentralen psychiatrischen Forschungseinrichtung, musste es für die an Selbstbewusstsein erstarkende Psychiatrie immer wichtiger werden, therapeutischen Erfolg hervorzubringen. Auch dieser Anspruch trug zur Marginalisierung chronischer Patientinnen und Patienten bei, musste ihre bloße Existenz doch als ständige Kränkung erscheinen.

Die gesellschaftliche Dimension: »soziale Psychiatrie«

Besonders die Anstaltspsychiatrie sah sich mit dem Problem der Überfüllung durch Langzeitpatientinnen und -patienten konfrontiert. So nimmt es nicht wunder, dass der Impuls zu Lösungsansätzen mit wenigen Ausnahmen von Anstaltspsychiatern ausging. Unter Sozialpsychiatrie verstand man nun einerseits die »freiere Verpflegungsform« der Familienpflege – die allerdings auch schon Griesinger ge-

Abb. 2: Verwaltungsgebäude des heutigen
Fachkrankenhauses Uchtspringe/Sachsen-Anhalt, gegr. 1894

fordert hatte – oder die Einführung von Nachsorge, um Entlassungen psychiatrischer Patientinnen und Patienten möglich zu machen. Andererseits implizierte der Begriff Sozialpsychiatrie aber auch die Idee der Prävention psychiatrischer Erkrankungen und somit eine Ausdehnung des psychiatrischen Einflussbereichs auf gesellschaftliche Probleme. Psychiater begannen sich als Experten für die Entwicklung der modernen Gesellschaft anzusehen.[20]

Nach dem Ersten Weltkrieg intensivierte sich die Diskussion um »soziale Psychiatrie«, wobei eine Akzentverschiebung in Richtung sozialer Kontrolle und Selektion festzustellen ist.[21] Im Krieg waren Zehntausende von Anstaltspatientinnen und -patienten als schwächste Glieder in der sozialen Kette verhungert,[22] und nach 1919 standen das Wiederaufleben von Reformideen und die Neuentwicklung von Reformkonzepten zunächst in engem Zusammenhang mit der schwierigen ökonomischen Lage der Republik und somit auch der Psychiatrie. Das von Hermann Simon (1867-1947) entwickelte Konzept der Arbeitstherapie kann durchaus unter wirtschaftlichem Aspekt betrachtet werden,[23] verweist aber als »aktivere Heilbehandlung« auch in den medizinischen Bereich. Dem »therapeutischen Nihilismus«

setzte Simon in Gütersloh seit Anfang der 1920er Jahre eine struktu-
rierte Arbeitstherapie entgegen, die vor allem aufgrund der Einbeziehung »unruhiger« Patientinnen und Patienten zu einer deutlich
entspannteren Anstaltsatmosphäre führte.[24] Die Abnahme der cha-
rakteristischen »Unruhe« machte die Heil- und Pflegeanstalt Gütersloh zu einem fortschrittlicheren Ort. Dies erklärt die große Strahl-
kraft der neuen Methode und ihre Übernahme an vielen Orten, sie
war allerdings verknüpft mit einer erheblichen Disziplinierung der
Kranken,[25] die für Individualität wenig Raum ließ: »Das Gemeinsame
der Arbeit fördert die Einfügung auch widerstrebender Kranker in
eine geordnete Gemeinschaft.«[26]

Nach dem Krieg wurde auch das von dem seit 1911 in Erlangen
tätigen Psychiater Gustav Kolb (1870-1938)[27] entwickelte Konzept
der Frühentlassungen in Verbindung mit dem Aufbau einer »nachge-
henden Fürsorge« wieder aufgegriffen, und auch hier spielten ökonomische Erwägungen eine große Rolle: Die Anstalten sollten durch
einen geringeren Zuwachs an Insassinnen und Insassen Einsparungen
erzielen können, da sich der Neubau von Gebäuden zur Krankenver-
sorgung erübrige. Die Einsparungen seien größer als der finanzielle
Aufwand für die neue Therapieform.[28] Bei einer Umfrage von 1930
gaben von 111 öffentlichen Anstalten des damaligen Reichsgebietes
80 an, einen »psychiatrischen Außendienst« zu betreiben.[29] So konnten in den zwanziger Jahren zunehmend mehr Patientinnen und
Patienten entlassen und zu Hause betreut werden. Der Reformansatz
litt dann aber bald unter den massiven Sparmaßnahmen als Folge der
Weltwirtschaftskrise[30] und verlor an therapeutischer Bedeutung. Die
Fürsorgestellen gerieten zunehmend zu Instanzen sozialer Kontrolle.
Ihre Karteien wurden nach 1933 zu Zwecken der Zwangssterilisation
missbraucht.[31]

Reformpsychiatrie und Rassenhygiene:
Eine folgenreiche Verknüpfung

Der Zusammenhang zwischen sozialer Psychiatrie, sozialer Kontrolle und Ausdehnung der psychiatrischen Kompetenz auf den »Volkskörper« zeigte sich auch in der Geschichte des 1925 gegründeten
»Deutschen Verbands für psychische Hygiene«. Die Bewegung der
»Mental-Hygiene« oder »Psychohygiene« hatte zu Beginn des
20. Jahrhunderts in den USA ihren Ausgang genommen und sich

*Abb. 3: Sächsische Heil- und Pflegeanstalt Hubertusburg,
Neues Haus für 44 unruhige Männer*

schließlich zu einer internationalen Bewegung entwickelt. In den
1920er Jahren entstanden in Europa zahlreiche Vereinigungen für
»Mentalhygiene«.[32] Enge Beziehungen entwickelten sich dabei in
Deutschland zwischen Psychohygiene und Außenfürsorge. Beide
Konzepte wurden häufig von denselben Personen propagiert. Als bekannte Reformer der Anstaltspsychiatrie vertraten besonders Kolb
und Simon die Ziele der »psychischen Hygiene«.[33] Ausdrücklich
hatte sich die psychohygienische Bewegung ein »individualisiertes
Vorgehen« innerhalb der Psychiatrie auf die Fahnen geschrieben.[34]
Allerdings verband sich bald psychohygienisches mit eugenischem
und rassenhygienischem Gedankengut, der Verband wurde bald zu
einer »Keimzelle der NS-Psychiatrie«.[35] 1933 übernahm Ernst Rüdin
(1874-1952),[36] erbbiologisch orientierter Wissenschaftler an der
»Deutschen Forschungsanstalt« in München und einer der führenden
Psychiater während der NS-Zeit, den Vorsitz des Verbandes, der von
nun an »Deutscher Verband für psychische Hygiene und Rassenhygiene« hieß. In den Herausgeberstab der zugehörigen Zeitschrift trat
1933 Hermann Paul Nitsche (1876-1948), späterer Medizinischer
Leiter der zentralen »Euthanasie«-Dienststelle, ein. Das Hauptinter-
esse lag nun endgültig auf der »Erbgesundheit des deutschen Volkes«,
im Einklang mit den Interessen der neuen Machthaber.[37]

Heilen und Vernichten: Tödliche Eskalation

»Aber auch die Massnahmen der Euthanasie werden um so mehr allgemeines Verständnis und Billigung finden, als sichergestellt und bekannt wird, dass in jedem Fall bei psychischen Erkrankungen alle Möglichkeiten erschöpft werden, um die Kranken zu heilen [...].«[38]

Diese Äußerung führender NS-Psychiater in einer nicht veröffentlichten Denkschrift über die »künftige Entwicklung der Psychiatrie« von 1942/43 zeigt eine äußerste Radikalisierung des altbekannten Anliegens reformorientierter Psychiater, »die psychiatrischen Anstalten zu Krankenhäusern werden zu lassen«[39]. Diese sahen den Krankenmord, euphemistisch als »Euthanasie« bezeichnet, als Teil eines umfassenden Reformkonzeptes an, das die Psychiatrie grundsätzlich verändern sollte. Die »Dialektik von Heilen und Vernichten«, Eskalation der Funktionen »Heilen und Verwahren«, kann somit als ein wesentliches Charakteristikum der Psychiatrie im Nationalsozialismus angesehen werden. Dies zeigt sich deutlich in dem intensiven Bemühen um die Verbesserung der Behandlungsmöglichkeiten für die als heilbar eingeschätzten Patientinnen und Patienten, gerade auch im Zusammenhang mit den neu entdeckten Schocktherapien. Hierbei handelte es sich um die in den 1930er Jahren eingeführten invasiven Therapiemethoden der Insulinschockbehandlung, Cardiazolschockbehandlung und Elektrokrampftherapie, die durch das absichtliche Herbeiführen eines epileptischen Krampfanfalls (damals ohne zuvor eingeleitete Narkose) bei bis dahin unbeeinflussbar erscheinenden Krankheitsverläufen eine längere Zeit andauernde Symptombesserung herbeiführte oder herbeizuführen schien.[40] »Unheilbare« Patientinnen und Patienten allerdings, bei denen die »aktiven« Behandlungsmethoden, Schocktherapie und Arbeitstherapie, versagten, sollten der Vernichtung anheimfallen.[41]

Nach der Machtübernahme der Nationalsozialisten stand zunächst – in Rückgriff auf bereits gut etablierte rassenhygienische und eugenische Konzepte – die »Ausmerze« der vorgeblich degenerierten Erbanlagen mithilfe des »Gesetzes zu Verhütung erbkranken Nachwuchses« im Vordergrund. Mehrere Hunderttausend Menschen, darunter viele psychisch Kranke, wurden zwangssterilisiert. Innerhalb weniger Jahre radikalisierten sich dann aber Diskurs und Praxis der nationalsozialistischen Gesundheits- und Sozialpolitik in einem

Maße, dass 1939 tatsächlich auch die von Hitler bis zu dem geplanten Krieg aufgeschobene »Euthanasiefrage« in Angriff genommen wurde.[42]

Wenn auch die Zwangssterilisation von der deutschen Anstaltspsychiatrie ohne nennenswerten Widerstand akzeptiert wurde, wenn auch ihre rassenhygienischen Grundlagen selbst international von der »Scientific Community« weitgehend geteilt wurden, so war sie doch kein zwangsläufiges Resultat der Entwicklung der Anstaltspsychiatrie: Umgesetzt wurde sie unter den spezifischen Bedingungen der nationalsozialistischen Herrschaft. Mehr noch gilt dies für die »geheime Reichssache« des euphemistisch »Euthanasie« genannten Krankenmordes. Offener Widerstand gegen diese radikalste Form der »Ausmerze« kam zwar nicht aus der staatlichen Anstaltspsychiatrie, sondern vor allem aus kirchlichen Kreisen – besonders bekannt ist das Beispiel des Bischofs von Münster. Immerhin versagten einige Anstaltspsychiater dem Regime ihre Kooperation. Dies gilt beispielsweise für den badischen Reformpsychiater Hans Roemer, der durchaus auch als wichtiger Funktionär der NS-Rassenpolitik bezeichnet werden kann.[43] Als ärztlicher Direktor der »Illenau« – Rollers Gründung – reichte er aus Protest gegen die »Euthanasie« seine Pensionierung ein.[44] Den Krankenmord und somit auch das Ende der Illenau – fast könnte man sagen in konkretem und in übertragenem Sinn – konnte er bekanntlich nicht aufhalten. Mindestens 216000 Menschen fielen der NS-»Euthanasie« allein im Altreich und in Österreich zum Opfer.

---

1 Roller (1831), Irrenanstalt, S. VII.
2 Ebd., S. IX.
3 Ebd., S. I.
4 Foucault (2005), Macht, S. 39.
5 Zu Pinel und dem ihm zugeschriebenen Befreiungsakt im Bicêtre 1793 (in Wirklichkeit hatte der Krankenhausdirektor Jean-Baptiste Pussin diese Anordnung gegeben, Pinel verfügte dasselbe 1795 als Direktor der Salpêtrière) vgl. Dörner (1984), Bürger und Irre, S. 148-153; Shorter (1999), Geschichte, S. 26-31.
6 Roller (1831), Irrenanstalt, S. 66-68.
7 Vgl. Häfner (2003), Inquisition, S. 117.
8 Siemen (2003), Abseits, S. 273.
9 Griesinger (1868/69), Irrenanstalten, S. 9.
10 Ebd., S. 12-16 und 26-35. In seiner Streitschrift gegen Griesinger kritisiert Laehr, das Konzept sei nicht neu, die Begriffe »Stadtasyl« und »ländliches Asyl« lediglich neue Namen für eine »sehr alte Idee«, vgl. Laehr (1868), Fort-

schritt, S. 15. Zu Griesingers Reformkonzept vgl. Engstrom (2003), Clinical Psychiatry, S. 54-58.

11 Schott und Tölle (2006), Geschichte, S. 285-292.

12 Ebd., S. 296.

13 Vgl. z. B. Blasius (1994), Einfache Seelenstörung, und Häfner (2003), Inquisition, S. 119.

14 Der Begriff »totale Institution« wurde 1961 von dem kanadischen Soziologen Irving Goffman geprägt.

15 Vgl. Ackerknecht (1957), Geschichte, S. 60; Dörner (1984), Bürger und Irre, S. 279-306; Schott und Tölle (2006), Geschichte, S. 70-71.

16 Engstrom (2003), Clinical Psychiatry, S. 61.

17 Neisser (1931), Bettbehandlung, S. 105. Vgl. Engstrom (2003), Clinical Psychiatry, S. 133. Zu Neisser vgl. auch Kreuter (1996), Neurologen und Psychiater, Bd. 2, S. 1022-1024.

18 Reimer und Lorenzen (1996), Moderne Psychiatrie, S. 39.

19 Jaspers (1984), Autobiographie, S. 21. Eigene Erfahrungen als Psychiater hatte Jaspers in der Heidelberger Psychiatrischen Klinik gemacht.

20 Dies gilt beispielsweise für Georg Illberg (Großschweidnitz), der sich 1904 zu diesem Thema äußerte, oder für Max Fischer (1862-1940, seit 1904 Direktor der Anstalt Wiesloch), der 1911 zum Thema »soziale Psychiatrie« Stellung bezog. Vgl. Schmiedebach und Priebe (2003), Open Psychiatric Care, S. 266-267, und Hoffmann-Richter (1995), Sozialpsychiatrie, S. 12.

21 Schmiedebach und Priebe (2003), Open Psychiatric Care, S. 268.

22 Faulstich (1998), Hungersterben, S. 25-68. Vgl. auch Siemen (1993), Reformpsychiatrie, S. 99-100.

23 Faulstich (1993), Irrenfürsorge, S. 95-96.

24 Zur »aktiveren Therapie« vgl. auch Walter (1996), Psychiatrie und Gesellschaft, S. 253-277.

25 Vgl. Siemen (1993), Reformpsychiatrie, S. 104, und Hanrath (2002), ›Euthanasie‹ und Psychiatriereform, S. 29-35. Zu Simon vgl. auch Kreuter (1996), Neurologen und Psychiater, Bd. 3, S. 1357.

26 Simon (1931), Beschäftigungsbehandlung, S. 112.

27 Kolb hatte sein Konzept seit 1903 entwickelt. Vgl. Kolb (1931), Fürsorge, S. 118. Kolb beschreibt hier auch das »Gelsenkirchner System« von Friedrich Wendenburg, bei dem die nachgehende Fürsorge nicht an die Anstalten gekoppelt war (S. 119). Vgl. Walter (1996), Psychiatrie und Gesellschaft, S. 278-286; Schmiedebach und Priebe (2003), Open Psychiatric Care, S. 270-278. Zu Kolb vgl. Kreuter (1996), Neurologen und Psychiater, Bd. 2, S. 753-754.

28 So äußerte sich der reformorientierte Psychiater Hans Roemer (1887-1947). Vgl. Faulstich (1993), Irrenfürsorge, S. 119-120. Zu Roemers Biographie vgl. Lötsch (2000), Menschenwürde, S. 134-135.

29 Roemer (1935), Krankenhaus, S. 54.

30 Walter (1996), Psychiatrie und Gesellschaft, S. 358-369.

31 Vgl. Hoffmann-Richter (1995), Sozialpsychiatrie, S. 13, und Siemen (1987), Menschen, S. 111-119.

32 Vgl. Reimann (1967), Mental Health, S. 84.

33 Walter (1996), Psychiatrie und Gesellschaft, S. 286-296. Besonders aktiv waren auch Hans Roemer sowie die Professoren Weygandt und Sommer.

34 Roemer (1931), Psychische Hygiene, S. 297.
35 Faulstich (1993), Irrenfürsorge, S. 149.
36 Zu Rüdin vgl. Weber (1993), Rüdin.
37 Faulstich (1993), Irrenfürsorge, S. 149.
38 BAB, R 96/I, Heidelberger Dokumente 126 420-427; 128 019-027. Das Dokument wurde von Carl Schneider in Absprache mit Ernst Rüdin, Maximilian de Crinis, Hans Heinze und Herrmann Paul Nitsche verfasst, der vollständige Text ist abgedruckt in Aly (1989), Fortschritt, S. 42-48, hier S. 45. Vgl. Hohendorf; Roelcke; Rotzoll (1996), Innovation, S. 940.
39 Siemen (2003), Abseits, S. 273.
40 Hohendorf; Roelcke; Rotzoll (1996), Innovation, S. 937.
41 Vgl. Schmuhl (1993), Kontinuität, S. 128-135.
42 Zu den Themen Zwangssterilisation und »Euthanasie« vgl. grundlegend Bode (1986), Zwangssterilisation, Klee (1985), »Euthanasie«; Schmuhl (1992), Rassenhygiene; Walter (1996), Psychiatrie und Gesellschaft; Faulstich (1998), Hungersterben.
43 Faulstich (1993), Irrenfürsorge, S. 149.
44 Vgl. Lötsch (2000), Menschenwürde, S. 105-118.

Ideengeschichte und Realgeschichte
der nationalsozialistischen »Euthanasie«
im Überblick

Gerrit Hohendorf

Unter dem Eindruck des verlorenen 1. Weltkriegs veröffentlichten der Jurist Karl Binding (1840-1920), mit seiner Normentheorie wegweisend für die Entwicklung des deutschen Strafrechts, und der Freiburger Psychiater Alfred Hoche (1865-1943) im Jahr 1920 eine folgenschwere Schrift mit dem Titel »Die Freigabe der Vernichtung lebensunwerten Lebens«, in welcher sie die seit Ende des 19. Jahrhunderts entbrannte Diskussion um die medizinische Erlösung der unheilbar Kranken und der unerträglich Leidenden auf den Punkt brachten. Dort heißt es zum Schicksal der in den Anstalten verwahrten und als unheilbar geisteskrank angesehenen »Ballastexistenzen«:

> »aber wir werden vielleicht eines Tages zu der Auffassung heranreifen, *daß die Beseitigung der geistig völlig Toten kein Verbrechen, keine unmoralische Handlung, keine gefühlsmäßige Rohheit, sondern einen erlaubten nützlichen Akt darstellt.*«[1]

Dabei hatte der Diskurs um die Euthanasie nicht etwa in der Medizin selber, sondern in Literatur und Philosophie begonnen. Schriftsteller wie Paul Heyse (1830-1914) oder Theodor Storm (1817-1888) thematisierten in ihren Erzählungen bereits in den 80er Jahren des 19. Jahrhunderts die Tötung auf Verlangen bei unheilbaren Erkrankungen.[2] 1888 hatte Friedrich Nietzsche (1844-1900) den individuellen Wunsch nach medizinischer Erlösung von unheilbarem Leiden mit einer gesellschaftlichen Forderung verbunden: »Der Kranke ist ein Parasit der Gesellschaft. In einem gewissen Zustande ist es unanständig, noch länger zu leben. Das Fortvegetiren in feiger Abhängigkeit von Ärzten und Praktiken, nachdem der Sinn vom Leben, das *Recht* zum Leben verloren gegangen ist, sollte bei der Gesellschaft eine tiefe Verachtung nach sich ziehn.« Und Nietzsche zieht Konsequenzen im Sinne einer »Moral für Ärzte«: »Die Ärzte wiederum hätten die Vermittler dieser Verachtung zu sein [...]. Eine neue Verantwortung schaffen, die des Arztes, für alle Fälle, wo das höchste Interesse des Lebens, des *aufsteigenden* Lebens, das rücksichtsloseste Nieder- und Beiseite-Drängen des *entartenden* Lebens verlangt [...].«[3]

Mit der Schrift von Adolf Jost (1874- ?) »Das Recht auf den Tod« aus dem Jahre 1895 fand die Frage der Euthanasie, bis dahin als Kunst des Sterbens ohne absichtliche Lebensverkürzung verstanden, Eingang in die medizinische und juristische Literatur in Deutschland. Doch zeigt sich bereits bei Jost, wie die Forderung nach Selbstbestimmung des Menschen über seinen Tod mit einer Wertbestimmung des menschlichen Lebens im Sinne gesellschaftlicher Nützlichkeit verbunden ist.[4]

1913 veröffentlichte die Zeitschrift »Das monistische Jahrhundert«, Organ des 1906 von Ernst Haeckel (1834-1919) begründeten Monistenbundes,[5] den Gesetzesvorschlag des lungenkranken Roland Gerkan, der sich leidenschaftlich für die Freigabe der Tötung auf Verlangen bei unheilbar kranken Menschen einsetzte: Der lebensüberdrüssige, unheilbar kranke Mensch werde von einer überkommenen Rechtsordnung daran gehindert, von seinem Leiden erlöst zu werden. Grausamer als ein Tier lasse die Gesellschaft ihn leiden: »Zu all dem gesellt sich noch das peinigende Bewußtsein, daß ich meinen Angehörigen schwer zur Last falle. Wenn auch die Opfer an Zeit, Arbeitskraft und Geld mir gern und mit liebevoller Hingebung gebracht worden – ein schändlicher Schmarotzer bleibe ich darum doch.«[6]

Nur der arbeitsfähige und gesunde Mensch genießt in dieser Argumentation ein uneingeschränktes Lebensrecht. Schwäche, Krankheit, Verlust der Arbeitskraft und Abhängigkeit von der Zuwendung anderer gelten als Faktoren, die die Wertbestimmung des menschlichen Lebens negativ werden lassen. Diesem negativ bewerteten kranken und schwachen menschlichen Leben gegenüber gilt allein das Gefühl des Mitleids. Dabei impliziert das Mitleidsmotiv kein solidarisches Einfühlen in die Situation schwer leidender Menschen, sondern oszilliert zwischen Betroffenheit und Verachtung. Die Unerträglichkeit der Leidenszustände führt zu dem Wunsch, diese zu beseitigen, auch um den Preis der Tötung der Betroffenen. Was vor dem 1. Weltkrieg noch als Diskussion innerhalb eines weltanschaulich gebundenen Zirkels erscheint, sollte in der Folge eine wesentlich breitere Öffentlichkeit erreichen, hatte doch der 1. Weltkrieg den Mythos entstehen lassen, als seien die Besten des Volkes auf den Schlachtfeldern geopfert worden, während in der Heimat ein Heer von Geisteskranken in den Anstalten künstlich am Leben erhalten worden sei. Auch wenn das Gegenteil der Fall war und Tausende von Anstaltspatientinnen und -patienten den Hungertod gestorben waren,[7] so diente dieser Topos doch ganz wesentlich der Radikalisierung der Debatte, die 1920 ihren

Höhepunkt fand in der oben erwähnten Veröffentlichung der Schrift von Binding und Hoche.

Der Psychiater Hoche definiert in seinen »Ärztlichen Bemerkungen« für die zu erlösenden Menschengruppen die Kategorie der »geistig Toten«, »deren Existenz am schwersten auf der Allgemeinheit lastet«. Ihnen fehle ein Selbstbewusstsein, das »einen subjektiven Anspruch auf Leben« ermöglichen würde, sie seien Fremdkörper in der menschlichen Gesellschaft, zu keiner produktiven Leistung fähig. Er rechnet vor, wie viel Kapital dem Nationalvermögen durch die Pflege der »geistig Toten« entzogen würde.[8] Diese Kategorisierung psychisch kranker und geistig behinderter Menschen als »geistig tote Ballastexistenzen«, ihr hier zunächst nur diskursiv vollzogener Ausschluss aus der menschlichen Gesellschaft sollten für die Rechtfertigung der Krankentötungen im Nationalsozialismus eine entscheidende Rolle spielen. So lautet ein Eintrag vom August 1938 in der Krankengeschichte der 32-jährigen Adelheid B., die sich seit 1927 in der Heil- und Pflegeanstalt Wiesloch unter der Diagnose »angeborener Schwachsinn« befand: »Weiterhin entsetzlich schwierig u. störend. Lebensunwertes Leben!« Im Juni 1939 liest sich der nächste Eintrag so: »Nichts Neues. Hat alle paar Wochen irgendeine Verletzung oder Eiterung. Überlebt aber jedes Malheur. – Tierischer als ein Tier.«[9] In der Krankengeschichte der 47-jährigen unter der Diagnose Schizophrenie verwahrten Helene N., ebenfalls aus der Heil- und Pflegeanstalt Wiesloch, findet sich im Juni 1939 folgender Eintrag: »Weiter so. Geistig tot. Das Krankenblatt sollte abgeschlossen werden, da sich auch in Zukunft nichts ändern wird. Der einzige Eintrag, der sich noch lohnt, ist die Notiz des Sterbedatums.«[10] Beide Patientinnen kamen in der Tötungsanstalt Grafeneck ums Leben. Auch wenn es sich hierbei um Extrembeispiele ärztlicher Urteile handelt, so zeigen sie doch, dass der Diskurs um die »Vernichtung lebensunwerten Lebens« nicht ohne Konsequenz für die Haltung von Anstaltspsychiatern gegenüber den ihnen anvertrauten Patientinnen und Patienten gewesen ist und ihnen die Überantwortung ihrer Pfleglinge an das nationalsozialistische »Euthanasie«-Programm erleichtert hat.

Die Schrift von Binding und Hoche löste in der Weimarer Republik ein zwiespältiges Echo aus. Neben ablehnenden Stellungnahmen fanden sich auch konkrete Gesetzesvorschläge zur Legalisierung der Tötung auf Verlangen. Bedeutsam für die Einstellung der Bevölkerung zur Euthanasie behinderter Kinder ist die Studie von Ewald Meltzer (1869-1940), Direktor des Katharinenhofes, einer Einrichtung für geistig behinderte Kinder in Sachsen, der 200 Eltern »blödsinniger Kinder« befragte, ob sie in die Erlösung ihrer Kinder einwilligen würden. 119 antworteten mit »ja« und 43 mit »nein«.[11] 1932 nahm der spätere Ordinarius für Psychiatrie in Jena, Berthold Kihn, (1895-1964) die Forderungen von Binding und Hoche positiv auf und nannte unter den rassenhygienisch begründeten Maßnahmen zur »Ausschaltung der Minderwertigen aus der Gesellschaft« auch die »Vernichtung lebensunwerten Lebens«. Die schwere wirtschaftliche Krise verbiete unnötige Ausgaben der öffentlichen Hand und erfordere ein radikaleres Vorgehen gegen die Minderwertigen. Dabei stellte er die Frage, »ob der Staat Existenzen mit fortschleppt, die eigentlich nie etwas anderes getan haben als gegessen, geschrien, Wäsche zerrissen und das Bett beschmutzt«.[12] Die Argumentation des Psychiaters Kihn macht deutlich, an welchem Punkt die Debatten um Rassenhygiene und Euthanasie zusammentreffen. Der Rassenhygiene ging es primär um die Bedrohung des Fortbestandes des Volkes durch die zügellose Vermehrung der als erblich minderwertig definierten Menschengruppen, diese sollten von der Fortpflanzung ausgeschlossen werden. Doch verbarg sich hinter der rassenhygienischen Argumentation und Propaganda ein Werturteil nicht nur über den Erbwert eines Menschen, sondern auch über seine gesellschaftliche und ökonomische Brauchbarkeit.[13] Nur allzu leicht implizierte der Topos der »Ausmerze« die Abwertung und Dehumanisierung von Menschengruppen nicht nur in Bezug auf das Recht, Nachkommen zu zeugen, sondern auch in Bezug auf das Recht, am gesellschaftlichen Leben teilzunehmen. Und so waren die ohnehin stigmatisierten Patientinnen und Patienten in den Heil- und Pflegeanstalten und die Insassinnen und Insassen von Fürsorge- und Erziehungsheimen in besonderer Gefahr, nur noch als eine nicht mehr zu tragende ökonomische Last qualifiziert zu werden. Dieser Topos wurde denn auch in der rassenhygienischen Propaganda des »Dritten Reiches« besonders hervorgehoben, auch wenn sorgsam vermieden wurde, die letzte Konsequenz, nämlich die Tötung der als Gefahr für den Fortbestand des Volkes bezeichneten Menschengruppen, offen auszusprechen.

Eine folgenschwere Ermächtigung

Im Oktober 1939 unterzeichnete Adolf Hitler, rückdatiert auf den 1. September 1939, den Tag des Kriegsbeginns, auf seinem privaten Briefpapier ein Schriftstück mit folgendem Wortlaut:

»Reichsleiter Bouhler und Dr. med. Brandt sind unter Verantwortung beauftragt, die Befugnisse namentlich zu bestimmender Ärzte so zu erweitern, dass nach menschlichem Ermessen unheilbar Kranken bei kritischster Beurteilung ihres Krankheitszustandes der Gnadentod gewährt werden kann.«[14]

Dieser knappe Text sollte im Sinne einer »Führerermächtigung« eine bürokratische und zugleich medizinische Prozedur »legitimieren«, die auch nach damals geltendem Recht den Tatbestand eines Tötungsdelikts erfüllte, nämlich die Ermordung von Zehntausenden von Patientinnen und Patienten aus den Heil- und Pflegeanstalten, den Einrichtungen für Geistesschwache und Epileptiker sowie den Fürsorgeheimen. Zudem hatte am 18. August 1939 ein geheimer Runderlass des Reichsministeriums des Innern die Meldung geistig oder körperlich behinderter Kinder durch Kinderärzte und Hebammen an den »Reichsausschuß zur wissenschaftlichen Erfassung erb- und anlagebedingter schwerer Leiden« zur Pflicht gemacht. Durch zwei parallel laufende Erfassungsaktionen sollte, im Vorfeld der Kriegsvorbereitungen, Zugriff genommen werden auf zwei Gruppen von Menschen, die als »erbbiologisch minderwertig«, als »nutzlose Esser« und als »Ballastexistenzen« angesehen wurden. Der Fokus des Erfassungs- und Selektionsprozesses richtete sich gegen die behinderten Kinder, die in ihren Familien lebten, und gegen die behinderten und seelisch kranken Menschen, die in den Anstalten des Deutschen Reiches verwahrt wurden. Radikaler und definitiver, als es die auf dem »Gesetz zur Verhütung erbkranken Nachwuchses« fußende Zwangssterilisation ermöglicht hätte, sollte mit dem Beginn des 2. Weltkriegs der »Volkskörper« von kranken, »minderwertigen«, »gemeinschaftsunfähigen« und nicht produktiv »leistungsfähigen« Gruppen von Menschen »gereinigt« werden. Mit dem Angriffskrieg auf Polen hatte also nicht nur ein »Krieg nach außen«, sondern auch ein »Krieg nach innen« begonnen.[15] Dabei ist die Metapher des Krieges gegen die psychisch kranken und geistig behinderten Menschen durchaus wörtlich zu nehmen: In den deutschen Provinzen Pommern, Ostpreußen sowie im besetzten Polen haben Sonderkommandos der SS bald nach Kriegsbeginn deutsche und polnische Anstaltspatienten durch Massenerschießungen hingerichtet und ganze Anstalten für Zwecke der SS und der Wehrmacht leergeräumt.[16] Während die Krankentötungen in den Ostgebieten von der SS und den Einsatzgruppen organisiert und durchgeführt wurden, war für die »Euthanasie« im Kerngebiet

Abb. 4: Pfleger mit »gemeingefährlichem« Irren,
»Müssen wir uns dieses Bildes nicht schämen?!«,
aus: Neues Volk, Jg. 1, 1933, Heft 5, S. 16

des Deutschen Reiches und in den angegliederten Gebieten (Österreich, Reichsgau Sudentenland, Reichgau Untersteiermark) eine halbstaatliche Organisation zuständig, die Kanzlei des Führers (KdF), die unter Leitung des oben erwähnten Reichsleiters Philipp Bouhler (1899-1945) u. a. die an Adolf Hitler unmittelbar gerichteten Gesuche und Anfragen zu beantworten hatte. Hier waren 1938/39 eine Reihe von Gesuchen um »Erlösung von unheilbarem Leiden« eingegangen, die über Hitlers Begleitarzt Karl Brandt (1904-1948) auch an Hitler persönlich weitergeleitet wurden. Unter ihnen erlangte der »Fall Kind Knauer« die Rolle eines Präzedenzfalles bzw. eines Katalysators für das, was unter dem Deckmantel der »Euthanasie« folgen sollte. Dieses behinderte Kind wurde im Sommer 1939 nach einer persönlichen Untersuchung durch Karl Brandt in der Leipziger Universitätskinderklinik »eingeschläfert«.[17] Das Verfahren der »Kindereuthanasie«, organisiert von den Verwaltungsbeamten in der KdF, Agraringenieur Hans Hefelmann (1906-1986) und Richard von Hegener (1905-1981), umfasste eine Begutachtung der eingehenden Meldebögen durch ein kleines Gutachtergremium (Prof. Werner Catel, Prof. Hans Heinze, Dr. Ernst Wentzler) und die Einweisung der behinderten Kinder in sogenannte Kinderfachabteilungen, wo die endgültige Entscheidung über die Tötung nach einer Beobachtungsphase erfolgen sollte. Im Rahmen dieses »Reichsausschußverfahrens«, die Kanzlei des Führers trat in Zusammenhang mit der »Kindereuthanasie« nach außen hin unter der Bezeichnung »Reichsausschuß zur Erfassung erb- und anlagebedingter schwerer Leiden« in Erscheinung, wurden bis Kriegsende in über 30 Kinderfachabteilungen mehr als 5 000 behinderte Kinder durch Medikamente und Verhungernlassen ermordet.

Die »Aktion T4«

Im September 1939 begann die Erfassung aller in Frage kommenden öffentlichen, karitativen und privaten Heil- und Pflegeanstalten und Heimeinrichtungen, in denen »Geisteskranke« nicht nur vorübergehend verwahrt wurden. Dabei fungierte die Gesundheitsabteilung des Reichsministeriums des Innern mit Ministerialdirigent Herbert Linden (1899-1945) als Schnittstelle zwischen der Kanzlei des Führers und den für das Anstaltswesen zuständigen Oberpräsidenten der preußischen Provinzen sowie den Innenministerien der Länder. Ab Oktober 1939 wurden dann ebenfalls unter Hinweis auf einen

Abb. 5: Grünes
Merkblatt zum
Ausfüllen
der Meldebögen

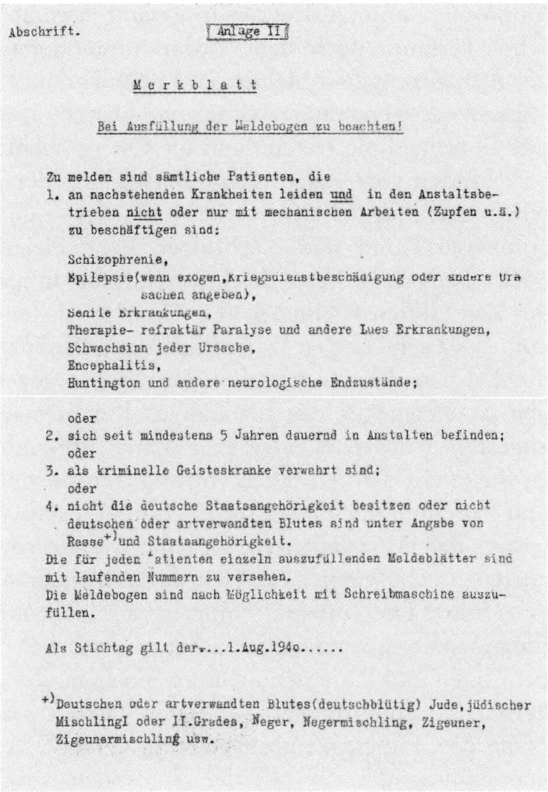

Abschrift.   Anlage II

                    M e r k b l a t t

            Bei Ausfüllung der Meldebögen zu beachten!

        Zu melden sind sämtliche Patienten, die
        1. an nachstehenden Krankheiten leiden und in den Anstaltsbe-
           trieben nicht oder nur mit mechanischen Arbeiten (Zupfen u.ä.)
           zu beschäftigen sind:

           Schizophrenie,
           Epilepsie(wenn exogen,Kriegsdienstbeschädigung oder andere Ur-
                 sachen angeben),
           Senile Erkrankungen,
           Therapie- refraktär Paralyse und andere Lues Erkrankungen,
           Schwachsinn jeder Ursache,
           Encephalitis,
           Huntington und andere neurologische Endzustände;

           oder
        2. sich seit mindestens 5 Jahren dauernd in Anstalten befinden;
           oder
        3. als kriminelle Geisteskranke verwahrt sind;
           oder
        4. nicht die deutsche Staatsangehörigkeit besitzen oder nicht
           deutschen oder artverwandten Blutes sind unter Angabe von
           Rasse⁺⁾und Staatsangehörigkeit.
        Die für jeden ⁺atienten einzeln auszufüllenden Meldeblätter sind
        mit laufenden Nummern zu versehen.
        Die Meldebogen sind nach Möglichkeit mit Schreibmaschine auszu-
        füllen.

        Als Stichtag gilt der....1.Aug.1940......

        ⁺⁾Deutschen oder artverwandten Blutes(deutschblütig) Jude,jüdischer
          MischlingI oder II.Grades, Neger, Negermischling, Zigeuner,
          Zigeunermischling usw.

Runderlass des Reichsinnenministeriums die ersten Meldebögen, mit
denen die Anstaltspatientinnen und -patienten zur Tötung ausge-
wählt werden sollten, an die Anstalten versandt.[18]

Anhand der von den Anstalten auszufüllenden Meldebögen[19] und
des zugehörigen Merkblattes lassen sich die folgenden »Selektionskriterien« ableiten: rassische Zugehörigkeit, Erblichkeit und Unheilbarkeit des Leidens (»Dauer der Anstaltsbehandlung«), Fehlen
produktiver Arbeitsleistung und »asoziales« bzw. »kriminelles« Verhalten.

Demgegenüber sollten aus Gründen politischer Opportunität Al-
terskranke, Weltkriegsteilnehmer und Ausländer zurückgestellt werden. Die ausgefüllten Meldebögen waren innerhalb einer kurz be-
messenen Frist an die angegebene Postschließadresse in Berlin
zurückzusenden, sie wurden in der Zentraldienststelle der Kanzlei
des Führers registriert, mit einer sechsstelligen Nummer versehen,

fotokopiert und an drei der insgesamt etwa 40 medizinischen Gutachter versandt, die in dem schwarz umrandeten Feld allein aufgrund der Angaben in dem Meldebogen über Tod und Leben entschieden. Ein rotes + bedeutete Tötung, ein blaues – Überleben. Die endgültige Entscheidung trafen dann die Obergutachter, unter ihnen Herbert Linden vom Reichsinnenministerium, der Leiter der Medizinischen Abteilung der Zentraldienststelle der »T4«, Prof. Werner Heyde, (1902-1964) und sein Nachfolger, Prof. Hermann Nitsche (1876-1948). Aufgrund dieser Selektionsentscheidungen wurden dann von der Zentraldienststelle der »T4« Transportlisten mit den Namen der zum Tode selektierten Patientinnen und Patienten zusammengestellt, die den betroffenen Anstalten über die vorgesetzten Anstaltsbehörden als Weisungen des zuständigen Reichsverteidigungskommissars zugestellt wurden. Wenige Tage später fuhren die berüchtigten grauen Busse vor den Anstalten vor und transportierten die Patientinnen und Patienten in eine der sechs Tötungsanstalten. In Einzelfällen gelang es den Anstaltsleitern, einzelne Kranke vom Transport zurückzustellen. Ab Sommer 1940 wurde das System der Zwischenanstalten eingeführt: Die Transporte gingen nun nicht mehr direkt in die Tötungsanstalten, sondern zunächst in Zwischenanstalten, wo die Patientinnen und Patienten mehrere Wochen oder auch Monate auf den definitiven Todestransport warteten. Diese Zwischenanstalten, in der Nähe der Tötungszentren gelegen, ermöglichten eine bessere Geheimhaltung des Zwecks der Transporte sowie eine flexible und effektivere Organisation der industriell betriebenen Maschinerie der Tötungsanstalten. Von den Zwischenanstalten konnten die todgeweihten Patientinnen und Patienten entsprechend der Kapazität der Tötungsanstalten abgerufen werden. Manche ahnten ihr Schicksal und setzten sich zur Wehr, sie erhielten Beruhigungsspritzen. Insgesamt waren der Vorgang des Abtransports und die Prozedur in den Tötungsanstalten jedoch effektiv und bürokratisch organisiert, so dass es kaum Widerstand gab. Die Kranken erhielten bereits in der Abgabeanstalt ihre Transportnummer mit Klebestreifen auf den Rücken geschrieben oder ihren Namen auf den Rücken gestempelt, ihr persönliches Eigentum und die Krankengeschichten wurden mitgegeben. In der Tötungsanstalt angekommen, wurden sie vom dortigen Pflegepersonal in Empfang genommen, mussten ihre Kleidung ablegen und wurden dann einzeln den Tötungsärzten vorgeführt, die die Identität der Opfer überprüften und eine plausible Todesursache für die Sterbeurkunde eruierten. Außerdem wurden sie fotografiert[20]

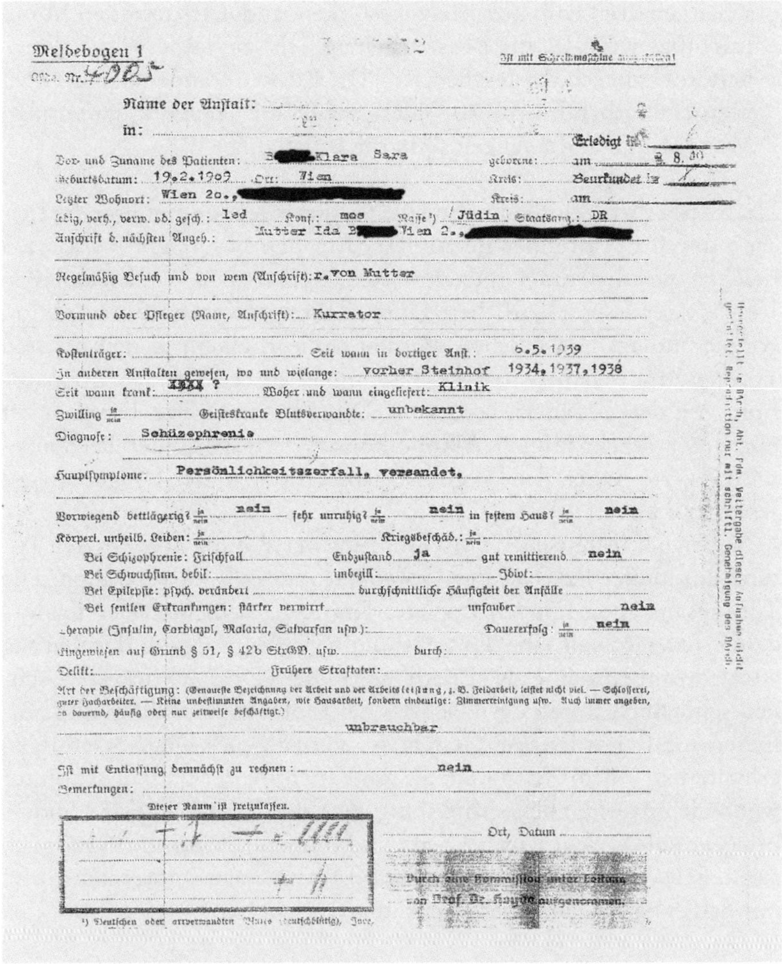

Abb. 6: Meldebogen Klara B. (Kommentar s. S. 371)

und dann in Gruppen in die als Duschraum getarnte Gaskammer geführt, die hermetisch verschlossen wurde. Der Tötungsarzt öffnete das Ventil der Gasflaschen, und das einströmende Kohlenmonoxidgas führte zum Erstickungstod. Ein Zeuge schilderte den Vorgang der Tötung in Hadamar wie folgt:

»Unten links ging ein kleiner Gang hinein, da sah ich durch die Scheibe. [...] In dem Raum befanden sich Kranke, nackte Menschen, ein Teil halb zusammengesunken, andere hatten den Mund furchtbar weit auf, die Brust arbeitete. Ich sah das, etwas Grauenhafteres habe ich nie gesehen. […] Die Rücken standen den nackten Menschen überall heraus. Andere saßen auf der Bank, hatten den Mund weit auf, die Augen weit, die Brust ging.«[21]

Nach etwa zwei Stunden wurde die Gaskammer gelüftet und die Leichen durch die Brenner herausgeschafft, den besonders markierten Leichen wurden die Goldzähne herausgebrochen. In Einzelfällen wurde zu wissenschaftlichen Untersuchungszwecken eine Sektion vorgenommen. Die Leichen wurden dann in einem in den meisten Tötungsanstalten direkt an die Gaskammer anschließenden Krematorium von den Brennern verbrannt. Diese konnten ihre Tätigkeit oft nur unter regelmäßigem Alkoholkonsum ertragen. Der leichengeschwängerte Rauch der Gasmordanstalten war in der Umgebung zu sehen und zu riechen.

Neben der technischen Durchführung der Tötung oblag es den Tötungsanstalten, den Tod der Opfer bürokratisch zu verwalten. Die Tötungsanstalten führten fingierte Krankengeschichten der Ermordeten. Jeder erhielt eine Tötungsnummer. Der Vorgang der Tötung wurde formularmäßig als »Erledigung« oder »Desinfektion« bezeichnet, schließlich waren der Nachlass der Opfer zu verwalten und Anfragen von Behörden und Gerichten zu erledigen.[22] Die Angehörigen erhielten zu einem Zeitpunkt, als die Patientin, der Patient schon tot war, eine unverfängliche Mitteilung, dass der Kranke in eine Landespflegeanstalt verlegt worden wäre und Besuche derzeit nicht möglich seien. Etwa zwei Wochen später traf dann ein sogenannter Trostbrief mit den entsprechenden Sterbeurkunden ein:

»Zu unserem Bedauern müssen wir Ihnen mitteilen, daß Ihr …, der am … auf ministerielle Anordnung gemäß Weisung des Reichsverteidigungskommissars in die hiesige Anstalt verlegt werden mußte, unerwartet am … infolge … verstorben ist. Bei seiner schweren unheilbaren Erkrankung bedeutet sein Tod Erlösung für ihn. Auf Weisung der Ortspolizeibehörde mußte aus seuchenpolizeilichen Erwägungen heraus der Verstorbene sofort eingeäschert werden. Wir bitten um Mitteilung, an welchen Friedhof wir die Übersendung der Urne mit den sterblichen Überresten des Heimgegangenen durch die Ortspolizeibehörde veranlassen sollen.«[23]

Um die tatsächlichen Umstände des Todes zu verschleiern und um zu verhindern, dass in kleineren Gemeinden eine Häufung derartiger Briefe aus einer »Landesanstalt« auffiel, wurden Absteckabteilungen eingerichtet, damit die Todesnachrichten zeitversetzt versendet werden konnten. Gegebenenfalls wurde der Tod auch von einer anderen Tötungsanstalt beurkundet und die Trostbriefe von dort versandt. Der beurkundete Todestag und unter Umständen auch der Todesort der Opfer der »Aktion T4« sind demnach gefälscht. Für den Zeitraum zwischen Tötung und Beurkundung des Todes, in der Regel zwei Wochen, kassierte die Zentralverrechnungsstelle der »T4«-Dienststelle weiter Pflegegelder, so dass mit dem Tötungsprogramm Millionen Reichsmark erwirtschaftet werden konnten.[24]

Die Selektion der Patientinnen und Patienten erfolgte planvoll und rationell. Das Vorliegen einer Erbkrankheit zu belegen, spielte im Gegensatz zum Verfahren der Zwangssterilisation keine Rolle. Auch wurden ideologische Vorgaben, wie die bevorzugte Selektion als kriminell, gemeingefährlich oder »asozial« eingestufter Kranker, nicht konsequent durchgehalten. Entscheidend waren die Dauer der Anstaltsbehandlung, die Einstufung der Patientinnen und Patienten als therapeutisch nicht beeinflussbar (die schizophrenen Frauen und Männer wurden dementsprechend als »Endzustand« klassifiziert) und schließlich die Bewertung der Arbeitsleistung und des Verhaltens der Patientinnen und Patienten in der Anstalt.[25] Besonders gefährdet, zur Tötung selektiert zu werden, waren demnach diejenigen, die, als chronisch krank angesehen, keine produktive Arbeit leisteten und einen erhöhten Pflege- und Überwachungsaufwand erforderten. Ökonomische Unbrauchbarkeit, störendes Verhalten in der Anstalt und das klinische Urteil der Unheilbarkeit waren also die entscheidenden Kriterien eines vorwiegend an Nützlichkeitserwägungen orientierten Selektionsprozesses.[26]

Trotz aller Geheimhaltungsmaßnahmen kam es innerhalb der Bevölkerung zu einer erheblichen Beunruhigung wegen der Krankenmorde. Nicht nur von kirchlicher Seite, sondern auch parteintern und aus Justizkreisen waren Proteste zu verzeichnen. Am 24. August 1941 verfügte Hitler mündlich gegenüber Karl Brandt die Einstellung der Vergasungen im Rahmen der »Aktion T4«. Bis dahin sind nach einer internen Statistik der Zentraldienststelle der »T4« 70273 Anstaltspatientinnen und -patienten in den sechs Gasmordanstalten Grafeneck/Württemberg, Brandenburg/Havel, Hartheim bei Linz in Oberösterreich, Sonnenstein/Pirna in Sachsen, Bernburg/Saale und

Hadamar in Hessen getötet worden.[27] In den Regionen, die früh in die »Aktion T4« einbezogen worden waren – wie Baden und Württemberg –, betrug der Anteil der getöteten Anstaltspatientinnen und -patienten 50 % und mehr. Da im August 1941 einige Regionen des Deutschen Reiches gerade erst – wie Hamburg, Schleswig-Holstein und Westfalen – oder noch gar nicht – wie Oldenburg und Bremen – in die »Aktion T4« einbezogen worden waren und in den Zwischenanstalten bereits abtransportierte Kranke »hängengeblieben« waren, traf der Stopp der Vergasungen die Organisationszentrale der »T4« vollkommen unvorbereitet.[28] Als Auslöser für die Entscheidung Hitlers spielten die Protestpredigt des Münsteraner Bischofs Graf von Galen, der von kirchlicher Seite eindeutig und *öffentlich* gegen Krankenmorde Stellung bezog, der Stimmungseinbruch in der Bevölkerung beim ins Stocken geratenen Krieg gegen die Sowjetunion und der zunehmende Luftkrieg gegen deutsche Städte eine Rolle.[29] Dennoch handelte es sich um eine rein taktische Entscheidung, die der gescheiterten Geheimhaltung der Massentötungen an den Anstaltspatientinnen und -patienten geschuldet war. Die Organisationsstruktur der für die Euthanasiemorde zuständigen Zentraldienststelle in der Kanzlei des Führers blieb erhalten, der »Reichsausschuß zur Erfassung schwerer erb- und anlagebedingter Leiden« führte die »Kindereuthanasie« nach Heraufsetzung des Alters der einzubeziehenden Mädchen und Jungen von drei auf 16 Jahre unvermindert fort, und auch die Krankentötungen der erwachsenen Anstaltspatienten wurden in dezentraler Form fortgesetzt. Nur wurden die Opfer nicht mehr in den zentralen Vergasungsanstalten aufgrund einer Meldebogenentscheidung der Zentrale getötet, sondern in einzelnen Anstalten nach Maßgabe der Anstaltsdirektoren durch Medikamente, systematisches Verhungernlassen und Vernachlässigung entweder bewusst getötet oder dem Tod preisgegeben.[30] Dabei war es bereits während der »Aktion T4« in einzelnen Anstalten (wie Bremen) oder Regionen (wie Sachsen) zu Medikamenentötungen gekommen. Auch die Gasmordanstalten Bernburg und Hartheim stellten ihre Tätigkeit nicht unmittelbar ein, sie dienten zum Teil noch bis Ende 1944 der Tötung von arbeitsunfähigen und kranken KZ-Insassinnen und -Insassen, die von Gutachterkommissionen der Zentraldienststelle selektiert worden waren.

Die Zentraldienststelle der Euthanasiemorde war jedoch nicht nur für Krankentötungen zuständig, sie avancierte zusammen mit Herbert Linden vom Reichsministerium des Innern als Reichsbeauftragtem für die Heil- und Pflegeanstalten zur zentralen Planungsinstanz für das Anstaltswesen im Deutschen Reich. Sie organisierte »Planungsfahrten« mit dem Ziel der Vereinheitlichung und Modernisierung des deutschen Anstaltswesens und setzte die Erfassung der Anstaltspatientinnen und -patienten mittels Meldebogen unverändert fort, wobei sich der Kreis möglicher Opfer auf die Insassen von Altersheimen, auf die in Arbeitshäusern verwahrten »Gemeinschaftsfremden« und auf »nicht bildungsfähige« und »charakterlich abartige« Jugendliche in Fürsorgeheimen erweiterte. Gleichzeitig versuchten die an den nationalsozialistischen Krankentötungen beteiligten Psychiater, unter ihnen der bereits erwähnte Hermann Paul Nitsche (1876-1948), Carl Schneider (1891-1946), Direktor der Heidelberger Psychiatrischen Universitätsklinik und der Kinderpsychiater Hans Heinze (1895-1983) sowie der im Hintergrund agierende Vorsitzende der Gesellschaft Deutscher Neurologen und Psychiater Ernst Rüdin (1874-1952), die »Euthanasie«-Maßnahmen in ein umfassendes Reformkonzept der psychiatrischen Versorgung, Forschung und Therapie einzubetten. Entscheidendes Ziel ihrer Reformpläne war es, für die Heilung der therapiefähigen Kranken und ihre Wiedereingliederung in den Arbeitsprozess der »Volksgemeinschaft« alles nur Mögliche zu tun und die modernen Schocktherapieverfahren (insbesondere Elektrokrampftherapie und Insulinschocktherapie) ebenso wie die Arbeitstherapie flächendeckend anzuwenden. Demgegenüber wurde für die chronisch kranken, nicht mehr therapiefähigen Anstaltspatientinnen und -patienten ein abgestuftes Konzept der Ausnützung ihrer Arbeitskraft in entsprechenden Pflegeanstalten bis hin zur »Euthanasie« entworfen.[31] Bereits die Erörterungen zu einem Gesetz über Sterbehilfe im Jahre 1940, also zu Beginn der Massenvernichtungsaktion, zeigen, dass man die »Euthanasie« zu einem selbstverständlichen Teil der medizinischen und psychiatrischen Versorgung machen wollte.[32] Ab Sommer 1943 kam es zu erheblichen Verlegungswellen von Patientinnen und Patienten aus luftgefährdeten Gebieten, um Raum für Ausweichkrankenhäuser zu schaffen (»Aktion Brandt«).[33] Viele dieser Kinder, Frauen und Männer sind schließlich in Anstalten transportiert worden, in denen systematische Krankentötungen mit Tausenden von Opfern betrieben wurden (z. B. Hadamar, Eichberg, Kaufbeuren-Irsee, Eglfing-Haar, Tiegenhof und Meseritz-Obrawalde).

Die Zahl der nach dem scheinbaren Stopp der »Euthanasieaktion« im August 1941 allein im Deutschen Reich (ohne Österreich) getöte-

ten Anstaltspatientinnen und -patienten wird auf etwa 90 000 ge-
schätzt.[34] Darin enthalten sind auch die tuberkulösen und geisteskranken Zwangsarbeiterinnen und -arbeiter, vorwiegend aus Polen
und der Sowjetunion, die ab 1944 in bestimmte Anstalten eingewiesen und, wenn ihre Arbeitsfähigkeit nicht wiederhergestellt werden
konnte, systematisch ermordet wurden.

Hervorzuheben ist das Schicksal der jüdischen Anstaltspatientinnen und -patienten. Entgegen den Aussagen von Viktor Brack (1904-
1948), Oberdienstleiter in der KdF, im Nürnberger Ärzteprozeß sind
sie – wie die nichtjüdischen Kranken auch – von Anfang an in die
»Aktion T4« einbezogen worden. Ab Sommer 1940 wurden sie dann
in bestimmten Sammelanstalten konzentriert und unterschiedslos allein aufgrund ihrer Abstammung in den Gasmordanstalten der »Aktion T4« umgebracht. Zur Täuschung wurde die polnische Anstalt
Cholm bei Lublin als Sterbeort angegeben. Ab Frühjahr 1942 wurden
die in der einzig noch zugelassenen jüdischen Heilanstalt Bendorf-
Sayn bei Neuwied lebenden jüdischen Anstaltspatientinnen und -pa-
tienten in die Vernichtungslager des Ostens deportiert. Die systematische Ermordung der jüdischen Patientinnen und Patienten kann
somit als ein erster entscheidender Schritt zum Genozid an den europäischen Juden verstanden werden.[35] Im Entscheidungsprozess zur
»Endlösung der Judenfrage« spielten die bei der »Aktion T4« gewonnenen Erfahrungen einer industriellen Massenvernichtung einschließlich der Übernahme eines großen Teils des Tötungspersonals eine
entscheidende Rolle.

1 Binding und Hoche (1920), Freigabe, S. 57, Hervorhebung im Original. Zum
   Entstehungskontext und zur Rezeptionsgeschichte der Schrift vgl. jetzt Riha
   (Hg.) (2005), Freigabe. Zum Euthanasiediskurs in Deutschland vgl. u. a.
   Schmuhl (1992), Rassenhygiene, S. 106-125, Benzenhöfer (1999), Der gute
   Tod?, S. 92-108 und Schwartz (1998), »Euthanasie«-Debatten.
2 Vgl. Lindner und Ort (2000), »Recht auf den Tod«, S. 271ff. Genannt seien
   Paul Heyses Erzählung »Auf Tod und Leben« aus dem Jahre 1885 und Theo-
   dor Storms Novelle »Ein Bekenntnis« (1887).
3 Nietzsche (1889), Götzen-Dämmerung, S. 101 f. Hervorhebungen im Original.

4 Zur Schrift von Jost vgl. Benzenhöfer (1998), »Das Recht auf den Tod«.

5 Ausgehend von der Darwin'schen Evolutionstheorie entstand der Deutsche Monistenbund in scharfer Abgrenzung zu christlich-dogmatischen Anschauungen als eine einheitliche, monistische Theorie des Wirklichen, in welcher der Mensch vollkommen in die Gesetze der Natur eingeordnet wird. Unter seinem Dach hatten nicht nur sozialdarwinistische, sondern auch sozialreformerische Ideen Platz. Er wurde 1933 von den Nationalsozialisten verboten.

6 Gerkan (1913), Euthanasie, S. 173.

7 Faulstich (1998), Hungersterben, S. 55-68.

8 Binding und Hoche (1920), Freigabe, S. 53-58.

9 BAB, R 179/24496.

10 BAB, R 179/24884.

11 Meltzer (1925): Problem der Abkürzung, S. 88.

12 Kihn (1932), Ausschaltung, S. 394.

13 Zum Verhältnis von Rassenhygiene und Euthanasiediskurs vgl. die Kontroverse zwischen Michael Schwartz und Hans-Walter Schmuhl in den Westfälischen Forschungen: Schwartz (1996), Rassenhygiene, und Schmuhl (1997), Eugenik. Zur Rassenhygiene vgl. grundlegend Weingart; Kroll; Bayertz (1988), Rasse.

14 Abgedruckt in Trus (1995): Leid, S. 99.

15 Vgl. Dörner; Haerlin; Rau; Schernus; Schwendy (Hg.) (1989), Krieg, S. 206.

16 Insgesamt sind in polnischen Anstalten mindestens 10 000 Patienten ermordet worden, vgl. Jaroszewski (1993), Ermordung, und Rieß (1995), Anfänge.

17 Vgl. Benzenhöfer (2000), »Kinderfachabteilungen«, S. 8 f., und Schmidt (2000), Neue Forschungsergebnisse.

18 In Anstalten, die sich weigerten, die Bögen auszufüllen, so z. B. in den von Bodelschwingh'schen Anstalten in Bethel, erfolgte die Selektion durch Gutachterkommissionen der »T4«. Auch in Österreich und in einigen bayerischen Anstalten wurden die Selektionsentscheidungen überwiegend durch Gutachterkommissionen vor Ort getroffen.

19 Die Meldebögen wurden im Laufe der »Aktion T4« mehrfach überarbeitet und insbesondere in den Punkten Arbeitsfähigkeit, Pflegebedürftigkeit, Klinische Einteilung des Krankheitsbildes, Therapieversuche und Kriegsteilnahme am 1. Weltkrieg differenzierter gestaltet.

20 Vgl. die Biographie von Leopoldine S. in diesem Band und Hinz-Wessels; Fuchs; Hohendorf; Rotzoll (2005), Bürokratische Abwicklung, S. 95 f.

21 Aussage von Maximilian Friedrich Lindner vor dem Landgericht Frankfurt/ M. vom 3.3.1947, Hessisches Hauptstaatsarchiv Wiesbaden 461/32061, Bd. 7, S. 9, zit. nach Friedlander (1997), Weg, S. 169.

22 Vgl. Hinz-Wessels; Fuchs; Hohendorf; Rotzoll (2005), Bürokratische Abwicklung.

23 Zit. nach Klee (1985), »Euthanasie«, S. 151.

24 Vgl. Klee (1985), Dokumente, S. 141 f.

25 Vgl. Hohendorf; Fuchs; Rotzoll; Hinz-Wessels; Rauh; Richter (2006), Krankenmord, und Fuchs; Hinz-Wessels; Hohendorf; Rauh; Richter; Rotzoll (2006), NS-»Euthanasie«-Aktion-T4.

26 Zu Beginn der »Aktion T4« waren auffallend viele produktive Arbeiter der Selektion zum Opfer gefallen, dies möglicherweise deshalb, weil den Anstal-

GERRIT HOHENDORF

ten zu Beginn der Erfassung der eigentliche Zweck der Meldebogenerhebung nicht immer klar gewesen und die Arbeitsleistung zu gering angegeben worden war. Daraufhin wurde der Meldebogen im Hinblick auf die Angaben zur Arbeitsleistung immer differenzierter gestaltet, vgl. Hohendorf; Fuchs; Rotzoll; Hinz-Wessels; Rauh; Richter (2006), Krankenmord, und Faulstich (1993), Irrenfürsorge, S. 215 f.

27 Zu einzelnen Tötungsanstalten und betroffenen Regionen liegen inzwischen eine Reihe von Regionalstudien vor. Vgl. u. a. Braß (2004), Zwangssterilisation, Cranach und Siemen (Hg.) (1999), Die Bayerischen Heil- und Pflegeanstalten, Faulstich (1993), Irrenfürsorge, Gabriel und Neugebauer (Hg.) (2000), NS-Euthanasie in Wien, Hübener (Hg.) (2002), Brandenburgische Heil- und Pflegeanstalten, Kaminsky (1995), Zwangssterilisation, Landeswohlfahrtsverband Hessen (Hg.) (1991), Euthanasie in Hadamar, Oberösterreichisches Landesarchiv (Hg.) (2005), Tötungsanstalt Hartheim, Pretsch (1996), Krankenmorde, Sandner (2003), Bezirksverband Nassau, Schilter (1999), Pirna-Sonnenstein, Schulze (1999), »Euthanasie« in Bernburg, Stöckle (2002), Grafeneck, Sueße und Meyer (1988), Konfrontation, und Walter (1996), Psychiatrie und Gesellschaft.

28 Damit kann die Hypothese von Götz Aly, dass zum Zeitpunkt des Stopps »das Planziel der Aktion ›T4‹, die Tötung von 70000 ›unnützen Essern‹, glatt erreicht worden war«, als widerlegt gelten, vgl. Aly (1985), Medizin gegen Unbrauchbare, S. 29.

29 Zum Stopp der »Aktion T4« vgl. Faulstich (1998), Hungersterben, S. 271-288, sowie Süß (2003), Volkskörper, S. 127-151.

30 Dass diese dezentrale Form der Krankenmorde, zumindest in der Frage der Selektion der Patienten, keiner zentralen Kontrolle unterlag, geht aus einem Schreiben des Kinderpsychiaters Hans Heinze, der selbst maßgeblich an der Erfassung und Selektion behinderter Kinder mitwirkte, hervor, das dieser am 20.1.1944 an den Medizinischen Leiter der »T4«-Zentrale Hermann Paul Nitsche sandte und in dem er seine Skepsis zum Ausdruck brachte, ob sich diese »wilden E-Maßnahmen« wieder in geordnete Bahnen lenken ließen, abgedruckt in Roth (Hg.) (1984), Erfassung, S. 178 f. Zu den dezentralen Krankenmorden vgl. auch ausführlich Faulstich (1998), Hungersterben, S. 317 ff. und 633 ff.

31 Vgl. Schmuhl (1994), Reformpsychiatrie, Hohendorf; Roelcke; Rotzoll (1996), Innovation, sowie den Beitrag von Maike Rotzoll in diesem Band.

32 Vgl. Roth und Aly (1984), Das »Gesetz über die Sterbehilfe bei unheilbar Kranken«.

33 Vgl. Faulstich (1998), Hungersterben, S. 587-633, und zur Forschungsdiskussion Arbeitskreis zur Erforschung der nationalsozialistischen »Euthanasie« und Zwangssterilisation (Hg.) (2000), Herbsttagung, S. 45-98.

34 Vgl. Faulstich (2000), Zahl.

35 Vgl. Friedlander (1997), Weg, S. 418-448 und Hinz-Wessels (2002), Schicksal.

Die Opfer als Gruppe:
Eine kollektivbiografische Skizze
auf der Basis empirischer Befunde

Petra Fuchs

Wer waren die Menschen, die in den ersten Gaskammern, die das NS-Regime eingerichtet hatte, einen qualvollen Tod fanden, die in einer Vernichtungsaktion noch vor dem Beginn des Holocaust, der Ermordung der europäischen Juden, sterben mussten?[1] Woher kamen die Frauen, Männer und Kinder, bevor sie in die staatlichen Heil- und Pflegeanstalten, also in die psychiatrischen Einrichtungen gelangten? Aus welchen sozialen Verhältnissen stammten sie, welchen Berufen gingen sie vor ihrer Internierung nach? Unter welchen Diagnosen waren psychisch Kranke und geistig Behinderte in den Heil- und Pflegeanstalten untergebracht? Wie lange verblieben sie in der Psychiatrie? Im Sinne einer soziodemografischen Beschreibung soll die Gruppe der Opfer der »Aktion T4« im Folgenden näher skizziert werden. Basis hierfür ist die empirisch-statistische Auswertung einer Stichprobe von 3002 Krankenakten von Opfern der NS-»Euthanasie« und einer Vergleichsstichprobe von 563 Akten von Patientinnen und Patienten, die die »Aktion T4« überlebt haben.[2] Die Ergebnisse der empirischen Untersuchung stellen wir mit dem kollektivbiografischen Ansatz vor. Die Frage, wie sich der Prozess der Selektion im Einzelnen gestaltete und nach welchen Kriterien die Vernichtung der psychisch kranken und geistig behinderten Kranken erfolgte, wird im Folgenden nur in groben Zügen aufgegriffen.[3]

Die kollektive Biografik ist eine Methode der historischen Sozialforschung, die bereits in den 1930er Jahren entwickelt und seit Anfang der 1970er Jahre erneut aufgegriffen, diskutiert und weiterentwickelt wurde.[4] Im Gegensatz zur Untersuchung von meist großen historischen Einzelpersönlichkeiten nimmt die kollektive Biografik Gruppen von historischen Personen als Gegenstände geschichtswissenschaftlicher Analysen in den Blick, oder anders gesagt, sie zielt auf die Erforschung eines »historischen Personenkollektivs in seinem jeweiligen gesellschaftlichen Kontext anhand einer vergleichenden Analyse der individuellen Lebensläufe der Kollektivmitglieder« ab.[5] In der Regel greift sie dabei auf personenbezogene Massenquellen zurück, zu denen z.B. Karteien und Register (Geburts-, Tauf-, Heirats-

und Sterberegister), Mitgliederlisten, Personenverzeichnisse oder aber, wie im vorliegenden Fall, Krankenakten von Psychiatriepatientinnen und -patienten gehören können. Auf der Basis statistischer Erhebung von (Massen-)Daten ermöglicht die kollektive Biografie eine doppelte Erkenntnisrichtung: Sie lässt einerseits Rückschlüsse auf das Typische, das Allgemeine einer Gruppe zu, andererseits ermöglicht sie den Rückschluss auf das Untypische, das Abweichende, das Individuelle, wie es in den Lebensläufen der einzelnen Angehörigen einer Gruppe sichtbar wird.[6] In jüngerer Zeit wurde der kollektivbiografische Ansatz vor allem im Rahmen der sogenannten Täterforschung bzw. der NS-Elitenforschung angewendet und hat neue Erkenntnisse über verschiedene Führungsgruppen im »Dritten Reich« ermöglicht.[7]

Auf die Gruppe der »Euthanasie«-Opfer ist die Kollektive Biografie bisher nicht angewendet worden. Mit der veränderten Quellenlage, die sich durch den Fund von etwas mehr als 30 000 Krankenakten der Opfer der »Aktion T4« Anfang der 1990er Jahre ergeben hat,[8] ist es nun jedoch möglich, sowohl den individuellen Lebensschicksalen nachzuspüren als auch die Gruppe der »Euthanasie«-Opfer genauer in den Blick zu nehmen. Die historische Quelle der Patientenakten eröffnet jedoch nicht nur neue Möglichkeiten, sondern sie bringt auch Schwierigkeiten mit sich. So handelt es sich bei der zu beschreibenden Opfergruppe um ein inhomogenes Kollektiv, das sich aus Personen mit ganz unterschiedlichen Merkmalen und sehr verschiedenen Lebensläufen zusammensetzt. Anders als bei Täterinnen und Tätern bilden die Patientinnen und Patienten der Psychiatrie keine Gruppe, der sie aus eigenem Willen angehören wollten und deren auf Zugehörigkeit gerichtete Intentionalität untersucht werden könnte. Zu einem Kollektiv werden die »Euthanasie«-Opfer erst durch das historische Forschungsinteresse. Gemeinsam ist den einzelnen historischen Personen dieses Kollektivs zum einen die Tatsache ihrer Einweisung in eine psychiatrische Anstalt, zum anderen der Umstand ihrer Ermordung durch Gas im Rahmen der »Aktion T4«. Der biografische Zugang zur Gruppe der »Euthanasie«-Opfer auf der Basis von Krankenakten ist zudem erschwert durch den administrativen und zweckgebundenen Charakter dieser Quelle. Es sind – und dies nicht systematisch – nur wenige »Autodokumente« überliefert, die von den Opfern selbst stammen und deren Perspektive widerspiegeln. Vor diesem Hintergrund konnte die Methode der Kollektiven Biografie nicht voll ausgeschöpft werden. Dennoch macht die Analyse der aus den Akten gewonnenen Daten und Informationen die Konturen des Opferkollektivs sichtbar.

Zusammensetzung des Kollektivs der »Euthanasie«-Opfer:
Erwachsene und Minderjährige, Frauen und Männer,
Mädchen und Jungen

Zur Gruppe der Opfer des zentralen Krankenmordes zählen psychisch kranke und geistig behinderte Frauen, Männer und Kinder. Zur Unterscheidung von minderjährigen und erwachsenen Opfern wurde die damalige Altersgrenze für das Erreichen der Volljährigkeit zugrunde gelegt, d. h., alle Patientinnen und Patienten unter 21 Jahren gelten als minderjährig.[9] Demnach umfasst unsere Opferstichprobe 2 769 erwachsene psychisch Kranke und geistig Behinderte aus den Heil- und Pflegeanstalten, also Frauen und Männer ab dem 21. Lebensjahr, und 177 Kinder und Jugendliche, die ebenfalls Opfer des zentralen Krankenmordes geworden sind.[10] Diese Zahl entspricht einem Anteil von 6,0 % aller vergasten Kranken. Hochgerechnet auf die Gesamtzahl der »T4«-Opfer (70 273) kann man demnach rund 4 200 minderjährige Opfer annehmen.

Unter den erwachsenen Opfern der »Aktion T4« finden sich mit einem Verhältnis von 54,6 % zu 45,4 % deutlich mehr weibliche als männliche Kranke. Das Überwiegen der Frauen lässt sich nur zu einem Teil damit erklären, dass die Anzahl der in den Irrenanstalten untergebrachten weiblichen psychisch Kranken damals grundsätzlich die der Männer – um etwa 1 % – überstieg, ähnlich wie Frauen auch in der Gesamtbevölkerung des Deutschen Reiches – um etwa 2 % – in der Mehrzahl waren.[11] In der Vergleichsgruppe der »T4«-Überlebenden sind Männer dagegen mit einem Anteil von 60,2 % gegenüber 39,8 % Frauen deutlich überrepräsentiert. Die statistische Auswertung ergibt einen hochsignifikanten Unterschied als Beleg für die weit bessere Überlebenschance männlicher Psychiatriepatienten.[12]

Unter den im Rahmen der »Aktion T4« deportierten Kindern und Jugendlichen beträgt der Anteil der Mädchen bzw. jungen Frauen 45,2 %, der der Jungen dagegen 54,8 %. Das Überwiegen der männlichen Minderjährigen unter den Opfern des zentralen Krankenmordes erklärt sich möglicherweise jedoch aus der Tatsache, dass die Diagnose »Schwachsinn« häufiger bei Jungen gestellt wurde und sich somit mehr Jungen in Anstaltspflege befanden.[13]

Das Altersspektrum der getöteten Psychiatriepatientinnen und -patienten bewegt sich zwischen drei und 88 Jahren.[14] Das Durchschnittsalter liegt unter den Erwachsenen bei 47 Jahren, die Kinder und Jugendlichen waren zum Zeitpunkt ihrer Ermordung durchschnittlich

15 Jahre alt. Als jüngster getöteter Patient ist der epilepsiekranke Eugen H. aus der württembergischen Anstalt Weinsberg zu nennen:[15]
Mit nur drei Jahren wurde er am 16. Juli 1940 in Grafeneck vergast.
Sein Beispiel zeigt, dass geistig behinderte Mädchen und Jungen – neben der gleichzeitig, aber organisatorisch auf getrennten Wegen verlaufenden »Kindereuthanasie« – auch im Rahmen der »Aktion T4«
mit den erwachsenen Kranken zusammen erfasst und in den sechs
eigens mit Gaskammern ausgestatteten Anstalten der »T4«-Zentrale
getötet wurden.[16]

Bei den beiden ältesten Opfern unserer Stichprobe handelt es sich
um Christine L.[17] und Karl Ahrendt,[18] seine Lebensgeschichte wird
im vorliegenden Band ausführlich vorgestellt. Die verwitwete Christine L. aus Essen im Ruhrgebiet zählte zu den frühen Opfern des
Krankenmordes. Sie wurde vermutlich noch im Frühjahr 1940, das
genaue Datum ist nicht bekannt, in Grafeneck getötet,[19] obwohl Al-
terskranke zumindest zeitweilig verschont werden und ihre Erfassung im Rahmen des Krankenmordes mit »größte[r] Zurückhaltung«
erfolgen sollte.[20] Nur drei Jahre vor ihrem gewaltsamen Tod, im Alter
von 85 Jahren, wurde Christine L. wegen einer Altersdemenz in die
rheinische Anstalt Bedburg-Hau eingewiesen. Körperlich war sie
hinfällig, so heißt es in ihrer Krankengeschichte, in ihrem Geistes-
zustand erschien sie dem ärztlichen und pflegerischen Personal als
»weitgehend verblödet«. Die alte Frau konnte in der Anstalt nicht
mehr beschäftigt werden, da sie aufgrund ihres körperlichen und geistigen Zustandes der Pflege und Zuwendung bedurfte. Vermutlich bekam Christine L. keinen Besuch von Angehörigen, jedenfalls enthält
ihre Akte keine entsprechenden Einträge. Ihr Ehemann war bereits
verstorben, und Kinder, die sich um sie hätten sorgen können, hatte
sie nicht geboren. Am 6. März 1940 wurde Christine L. in die Heilanstalt Zwiefalten verlegt, die von Anfang an als Zwischen- bzw.
Durchgangsanstalt für die »Aktion T4« fungierte, von der aus die
Patientinnen und Patienten in Tötungsanstalten, in ihrem Fall das
württembergische Grafeneck, weiter »verlegt« wurden.

Ländliche und städtische Herkunft

Woher kamen die Patientinnen und Patienten in den Heil- und Pflegeanstalten, wo lebten sie vor ihrer Einweisung in die Psychiatrie?
Die Auswertung der Stichproben ergibt für beide Vergleichsgruppen,

für Opfer und Überlebende, eine ähnliche Verteilung: Die Mehrzahl der psychisch Kranken und geistig Behinderten stammte aus den Großstädten des Deutschen Reiches und der angegliederten Gebiete, dies gilt für knapp die Hälfte der selektierten (42,4%) wie der überlebenden Kranken (43,4%).[21] Jeweils etwa ein Drittel (29,6% der Überlebenden und 23,2% der Opfer) der Eingewiesenen kam aus Städten mit einer Einwohnerzahl zwischen 5 000 und 10 000, darunter z. B. Weinheim in Baden, Landshut in Bayern und das brandenburgische Potsdam. In Dörfern, Weilern und Höfen mit weniger als 500 Bewohnern war ebenfalls nur ein kleiner Teil der Kranken beheimatet, 11,5% der getöteten und 9,3% der überlebenden Patientinnen und Patienten. In kleinen Gemeinden mit mehr als 500 Einwohnern lebten 23% der ermordeten Kranken und 17,8% der »T4«-Überlebenden vor ihrer Aufnahme in die Heil- und Pflegeanstalt. Die Analyse der lokalen Herkunft der Opfer des Krankenmordes dient der Überprüfung der Hypothese, dass Kranke aus kleineren Ortschaften und Gemeinden mit einem größeren sozialen Zusammenhalt weniger gefährdet waren, in die »T4« einbezogen zu werden, als diejenigen, die in den eher anonymen Großstädten lebten. Diese Annahme wird durch den statistischen Vergleich zwischen »T4«-Opfern und »T4«-Überlebenden jedoch nicht bestätigt: Opfer und Überlebende unterscheiden sich in Bezug auf dieses Merkmal nicht.

Familienstand

In der Forschung zur NS-»Euthanasie« wurde bislang ein Zusammenhang zwischen der sozialen Einbindung der »Euthanasie«-Opfer und ihrer Überlebenschance angenommen: Je enger der familiäre Zusammenhalt – so die Hypothese – desto größer ist die Chance, dem Krankenmord zu entgehen. Vor diesem Hintergrund ist die Frage nach dem Familienstand der Patientinnen und Patienten als ein Hinweis auf den Grad ihrer sozialen Einbindung von Bedeutung.[22] Die Auswertung der statistischen Daten zeigt, dass die überwiegende Mehrzahl der in die Psychiatrie aufgenommenen erwachsenen Patientinnen und Patienten ledig war, 69,9% in der Gruppe der Opfer und 66,6% bei den »T4«-Überlebenden.[23] Nur je knapp ein Fünftel war zum Zeitpunkt der Aufnahme in eine Heil- und Pflegeanstalt verheiratet (18,3% zu 16,6%). In der Gesamtbevölkerung lebte 1939 dagegen knapp die Hälfte der Einwohner des Deutschen Reiches in

einer Ehe.[24] Die unverheirateten Kranken sind also in beiden Patientengruppen im Vergleich zur Gesamtbevölkerung deutlich überrepräsentiert, während die Zahl der in einer Ehe lebenden Frauen und
Männer weit unterhalb des Niveaus der Einwohnerschaft des Deutschen Reiches liegt. Bemerkenswert ist auch der Unterschied zwischen den Geschiedenen, der unter den getöteten und den überlebenden Kranken mit knapp 7% siebenmal so hoch liegt wie in der
Gesamtbevölkerung mit 1%.[25] Verwitwet waren dagegen etwa doppelt so viele Überlebende der »T4« wie Opfer (9,9% zu 4,8%); der
Vergleich mit der Gesamtbevölkerung, die einen Anteil von 6,4%
verwitweten Frauen und Männern aufweist,[26] ergibt aber insgesamt
nur geringe Unterschiede. Grundsätzlich betrafen Scheidung und
Verwitwung bei Opfern wie Überlebenden in deutlich höherem Maße
die weiblichen Kranken.[27] Ein Beispiel für eine Scheidung im Laufe
ihres Anstaltsaufenthaltes ist die Lebensgeschichte von Hedwig H. in
diesem Band. Während die Unterschiede zwischen der Gesamtbevölkerung des Deutschen Reiches und den psychisch Kranken und geistig Behinderten ins Auge fallen, ergibt der statistische Vergleich von
selektierten und nicht selektierten Kranken keinen signifikanten Unterschied. Die Überlebenschance war also nicht an das Kriterium des
Familienstandes gebunden. Eine größere Rolle in diesem Zusammenhang dürfte der Familienzusammenhalt gespielt haben: Bei etwa doppelt so vielen Überlebenden (39,4%) wie Getöteten (19,2%) ergab
sich aus der Krankenakte der Eindruck intensiver familiärer Beziehungen.[28]

Zugehörigkeit zu einer Religionsgemeinschaft

Mehr als die Hälfte der ermordeten »geisteskranken« Insassinnen
und Insassen der Heil- und Pflegeanstalten, 53,2%, gehörte der evangelischen Konfession an, katholisch getauft waren 43,9%. Nur ein
kleiner Teil der psychisch Kranken oder geistig Behinderten, 2,9%
hing keiner der genannten Konfessionen an. Der Anteil der Patientinnen und Patienten jüdischen Glaubens lag mit 0,44% unter einem
halben Prozent, die Zahl der andersgläubigen Kranken, zu denen z. B.
Baptisten oder Angehörige anderer Freikirchen zählten, war mit
0,3% sogar noch geringer.[29] Im Vergleich zur Gesamtbevölkerung
ergeben sich für das Jahr 1933 nur geringfügige Unterschiede, insbesondere wird der Anteil der »Glaubensjuden« im Reich mit fast 1%

angegeben.[30] Die Opferstichprobe enthält zwölf jüdische Patientinnen und Patienten, sieben Frauen und fünf Männer. Zu dieser Gruppe
gehören B. Oppenheimer aus Heidelberg, dessen Lebensgeschichte in
diesem Band ausführlich beschrieben wird, und Adelheid B., die 1915
im Alter von sieben Jahren erstmals in die hessische Heilerziehungs-
und Pflegeanstalt Scheuern aufgenommen wurde. Das Mädchen aus
Konstanz galt als geistig behindert und »bildungsunfähig«. Die Art
und das Ausmaß ihrer intellektuellen Einschränkungen erlaubten es
offenbar nicht, dass sie in Scheuern eine Ausbildung erhielt oder zu
kleineren Tätigkeiten herangezogen wurde. Adelheid B. war pflegebedürftig. Der Kontakt zwischen den Eltern und ihrer Tochter blieb
über die Jahre sehr eng. Nach 25 Jahren Anstaltsaufenthalt wurde die
inzwischen 33-jährige Adelheid B. in Grafeneck getötet. Wie bei allen
jüdischen Patientinnen und Patienten der Heil- und Pflegeanstalten
war ihre Religionszugehörigkeit das entscheidende Kriterium, nach
dem sie selektiert und in die Tötungsanstalt deportiert wurde.[31] Der
Mord an jüdischen Kranken begann also weit vor der Deportation
der Juden in die osteuropäischen Vernichtungslager, auch vor den ab
Frühjahr 1940 anlaufenden Sonderaktionen zur Erfassung, Konzen-
tration und Ermordung jüdischer Patientinnen und Patienten.[32] Er
begann mit der Aktion »T4«. Bezeichnenderweise finden sich keine
Kranken jüdischer »Rasse« in der Vergleichsstichprobe der Überlebenden.

Soziale Schicht und Beruf

Die soziale Herkunft der »T4«-Opfer lässt sich anhand der Berufsangaben der Patientinnen und Patienten, z.T. auch aus Berufsangaben
zu den Eltern der in die Psychiatrie eingewiesenen Menschen, wenn
auch nicht immer mit der erwünschten Genauigkeit, erschließen.[33]
Auf der Grundlage der Berufsangaben wurde eine Schichtzuordnung
vorgenommen.[34] Vergleiche mit Angaben zur sozialen Schichtung der
Bevölkerung aus der Literatur sind nur mit Vorsicht zu ziehen, da die
Werte je nach zugrunde gelegtem Schichtenmodell recht verschieden
ausfallen können. In beiden Stichproben können fast gleich viele Patientinnen und Patienten, etwa 2,5%, der Oberschicht zugeordnet
werden. Unter den Opfern ist die Mittelschicht mit 41,7% stärker
repräsentiert als unter den Überlebenden mit 35,7%. Umgekehrt
zählen nach dieser Einteilung 15,9% der Überlebenden, aber nur

PETRA FUCHS

9,2% der Opfer zur unteren Unterschicht, während die obere Unterschicht mit jeweils etwa 46% keinen Unterschied zwischen beiden Gruppen zeigt. Vergleicht man diesen Befund – die oben genannte Einschränkung im Blick – beispielsweise mit von dem Historiker Banach angegebenen Prozentzahlen zur gesamten erwerbstätigen Bevölkerung des Deutschen Reiches im Jahr 1933, so entfallen in dieser abweichenden Klassifizierung 54,5% auf die Unterschicht, 42,7% gehören dem Mittelstand an, entsprechend gering ausgeprägt ist der obere Mittelstand und die Oberschicht.[35] Bei aller Vorsicht zeigen sich keine dramatischen Abweichungen der Psychiatriepatienten beider Gruppen zur Allgemeinbevölkerung. Die Lebensgeschichte von Therese W. im vorliegenden Band steht exemplarisch für ein Opfer des zentralen Krankenmordes, das aus der Oberschicht kommt. Insgesamt waren Opfer aus der Oberschicht selten, offenbar weil der Anteil der Oberschicht in Anstalten ebenso wie in der Gesamtbevölkerung gering war. Die Hypothese, dass die Ärmsten wahrscheinlich am häufigsten Opfer der NS-»Euthanasie« geworden sind, muss vor dem Hintergrund dieser Ergebnisse relativiert werden. Auf den ersten Blick erstaunlich erscheint ein Unterschied zwischen der Opfer- und der Überlebendenstichprobe: Kranke der Mittelschicht waren offenbar in unerwartet hohem Maße gefährdet, im Rahmen des Krankenmordes selektiert zu werden. Gleichzeitig überlebten weitaus mehr Kranke, die der unteren Unterschicht angehörten. Eine denkbare Erklärung für diesen Befund könnte lauten, dass unter den Patientinnen und Patienten der unteren sozialen Schichten die Diagnose »Schwachsinn«, die mit einer relativ höheren Überlebenschance verbunden war als die Diagnose Schizophrenie, verhältnismäßig häufiger zu verzeichnen war. Die mit einer relativ schlechteren Überlebenschance verbundene Diagnose Schizophrenie korrelierte dagegen häufiger mit dem Merkmal »Mittelschicht«.

»Schizophrenie« und »Schwachsinn«:
Bedeutung der Diagnose für die Selektion

Mehr als die Hälfte aller psychisch kranken und geistig behinderten Menschen, die der »Euthanasie« zum Opfer fielen, 57,9%, waren mit der Diagnose Schizophrenie in den Heil- und Pflegeanstalten untergebracht. Dagegen wiesen »nur« 42,2% der »T4«-überlebenden Anstaltspatientinnen und -patienten diese Diagnose auf. Die zweitgröß-

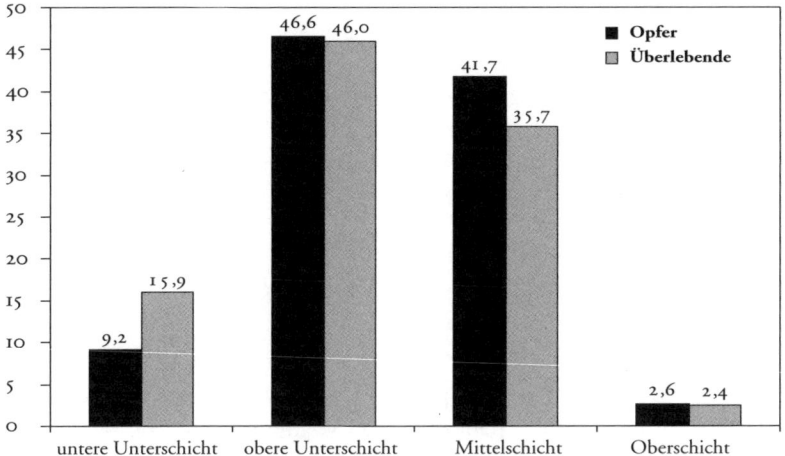

Schichtzugehörigkeit nach Beruf

te Gruppe unter den im Rahmen der »Aktion T4« selektierten Kranken bilden mit einem Anteil von 23,1% die als »schwachsinnig« Diagnostizierten, darunter fallen Lern- und geistig Behinderte, psychisch Kranke, aber im Einzelfall auch sozial unerwünschte Personen, wie z. B. die als »asozial« bewerteten Frauen, Männer und Kinder. Die in diesen Band aufgenommene Lebensgeschichte von Julius G. verdeutlicht exemplarisch die soziale Dimension der Diagnose »Schwachsinn«. Unangepasstes Verhalten wurde vielfach als psychischer Defekt gedeutet und unter den Begriff des ethischen oder moralischen »Schwachsinns« gefasst. Die Gruppe der Epilepsiekranken ist mit 7,7% der Ermordeten die drittgrößte, an vierter Stelle finden sich die Patientinnen und Patienten mit der Diagnose Progressive Paralyse, dem letzten Stadium einer Syphiliserkrankung, ihr Anteil liegt bei 5%.

Der Vergleich der »schwachsinnigen« und schizophrenen Kranken unter den erwachsenen »T4«-Überlebenden und -Opfern zeigt, dass die schizophrenen Frauen und Männer eine weitaus geringere Überlebenschance hatten: In der Gruppe der Überlebenden sind sie um 16,6% weniger vertreten als in der Gruppe der Opfer, während »Schwachsinnige« zu 6,4% häufiger unter den Überlebenden anzutreffen sind als in der Gruppe der selektierten Patientinnen und Patienten.

Unter den Kindern und Jugendlichen der Opferstichprobe kommt »Schwachsinn« häufiger vor als bei den Erwachsenen, 84% der Mädchen und Jungen gelten als geistig behindert, unter den Erwachsenen sind es nur 19,2%. Dagegen findet sich die Schizophrenie häufiger unter den erwachsenen Kranken, 61,4% der über 20-Jährigen sind daran erkrankt, während der Anteil unter den minderjährigen Opfern bei nur 2,3% liegt.

Dauer der Anstaltsbehandlung

Nach dem Willen der Planer der »Euthanasie« sollten Kranke und Behinderte, die sich zum Zeitpunkt ihrer Erfassung »seit mindestens 5 Jahren in der Anstalt« befanden, per Meldebogen an die »T4«-Verwaltungszentrale gemeldet werden. Dieses Kriterium trifft auf 81,8% der ermordeten Patientinnen und Patienten zu.[36] Die durchschnittliche Aufenthaltsdauer in der Heil- und Pflegeanstalt liegt unter den Opfern und Überlebenden des zentralen Krankenmordes bei zwölf Jahren. Bei Patientinnen und Patienten, die weniger als fünf Jahre in der Anstalt waren, sollte eine Meldung an die »T4«-Zentrale nur dann erfolgen, wenn sie nicht produktiv arbeiteten. Unsere Stichprobe weist einen Anteil von 18,2% Kranken auf, die kürzer als fünf Jahre in der Anstalt sind und dennoch vergast werden. Aus welchem Grund auch sie in den Krankenmord einbezogen werden, ist zum jetzigen Zeitpunkt noch nicht schlüssig zu erklären. Das Kriterium der Arbeitsfähigkeit unterscheidet nicht eindeutig zwischen den Langzeitpatientinnen und -patienten und den kürzer hospitalisierten, denn unter den letztgenannten befinden sich immerhin 9,7% Frauen und Männer ab 14 Jahren, deren Arbeitstätigkeit als produktiv gewertet wurde. Die Frage, aus welchen Gründen die in ihrer Arbeitsleistung positiv bewerteten Kurzzeitpatientinnen und -patienten im Gegensatz zu den Vorgaben der »T4«-Zentrale getötet wurden, kann erst durch die weitere Analyse unserer Stichproben geklärt werden.

Arbeitsbereiche und Arbeitsfähigkeit

Von 2 381 Patientinnen und Patienten der Opferstichprobe, bei denen in den Krankenakten die Arbeitstätigkeit vermerkt war bzw. sich darauf schließen ließ,[37] ging immerhin der größere Teil, 54,9%, einer

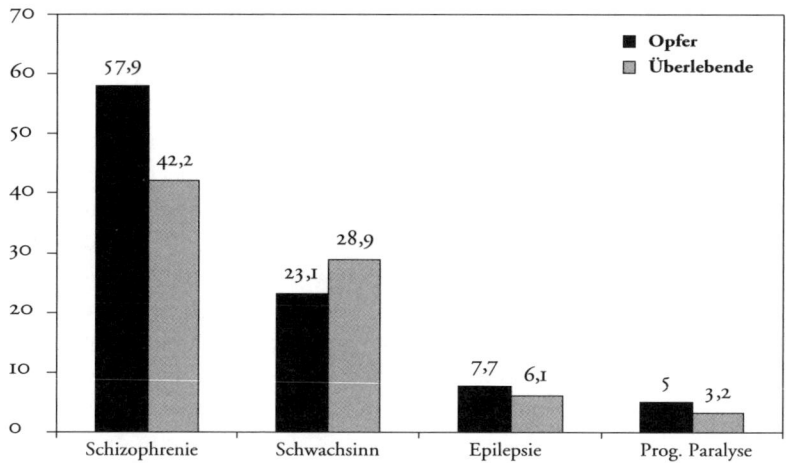

Hauptdiagnosen (Opfer und Überlebende, alle Altersgruppen)

Tätigkeit in der Heil- und Pflegeanstalt nach.[38] Etwas weniger als die Hälfte der hospitalisierten Frauen und Männer war dagegen unbeschäftigt. Der größte Teil der arbeitenden Kranken, mit 23,3% fast ein Viertel, versah Hausarbeiten, wozu insbesondere die Tätigkeit in den sogenannten Schälküchen zählte, in denen das Gemüse zum Kochen vorbereitet wurde, aber auch die Erledigung von verschiedenen Arbeiten auf den Stationen der Anstalten wie Fegen, Betten machen, Essen austeilen u. Ä. m. Im Einzelfall nahmen sich Kranke, oft aus eigener Initiative, auch der Versorgung und Pflege ihrer Mitpatientinnen und -patienten an. Weitere 11,1% der psychisch kranken Frauen und Männer waren in den Außenbereichen der Anstalten, z. B. in der Landwirtschaft oder den Gärtnereien tätig. Hier wurden die Kranken in der Regel sogenannten Arbeitskolonnen zugeordnet, die am Morgen die Anstalt zur Arbeit geschlossen verließen und am Abend wieder zurückkehrten. Formulierungen wie »geht mit der Außenkolonne« oder »ist in der Kolonne tätig« finden sich entsprechend häufig in den Krankenakten. Fast ein Zehntel der erwachsenen Kranken, 9,3%, erledigte die anfallenden Arbeiten in den anstaltseigenen Nähstuben oder Wäschereien oder war mit verschiedenen Handarbeiten beschäftigt. Anspruchsvollere Tätigkeiten wie handwerkliche oder Büroarbeiten übten nur 2,0% der psychisch kranken Frauen und Männer aus.

Der Anteil der Patientinnen und Patienten, die mit Zupfen und anderen, nicht näher charakterisierten Tätigkeiten beschäftigt werden, liegt bei insgesamt 9,1%. Das Zupfen war eine der am häufigsten ausgeübten Tätigkeiten in den Heil- und Pflegeanstalten. Es beinhaltete das Weiterverarbeiten von textilem Material. Diese Tätigkeit zählte zu den gering bewerteten und wurde als »mechanisch« bezeichnet. Im Gegensatz dazu galten die anderen aufgeführten Arbeitsbereiche als wertvoller und wurden teilweise als »produktiv« bezeichnet. Im Kontext der Selektionen im Rahmen der »Aktion T4« spielte die Art der Beschäftigung und die Qualität der geleisteten Arbeit *die* entscheidende Rolle für die Entscheidung über Leben und Tod der psychisch kranken und geistig behinderten Insassinnen und Insassen von Heil- und Pflegeanstalten. Wie bereits gesagt, ging knapp die Hälfte der Frauen und Männer, deren Akten in die Opferstichprobe eingingen, keiner Beschäftigung nach, gut ein Viertel, 26,9%, der arbeitenden Kranken wurde in seinen Leistungen als wenig brauchbar und nur mit mechanischen Arbeiten beschäftigt eingestuft. 15,9% galten als mittelmäßige Arbeiterinnen und Arbeiter, und 10,8% wurden in ihren Leistungen sogar als produktiv bewertet. Unter den nichtselektierten Patientinnen und Patienten stellt sich das Verhältnis umgekehrt, quasi spiegelbildlich dar. Hier wurde nicht ganz die Hälfte, 43,5% der Kranken, als produktiv eingeschätzt, ein Viertel, 26,5%, erbrachte als mittelmäßig bewertete Arbeitsleistungen, und nur je 15,2% bzw. 14,8% galten als wenig brauchbar bzw. gingen keiner Beschäftigung in der Anstalt nach. Die ökonomische Brauchbarkeit der Kranken stand unter den Selektionskriterien ganz im Vordergrund. Das Urteil über die »Brauchbarkeit« hatte auch einen geschlechtsspezifischen Aspekt: In der Stichprobe der »T4«-Überlebenden wurden nur 33,5% der Patientinnen in ihren Arbeitsleistungen als produktiv bewertet, dagegen sind es 49,6% der männlichen Kranken.

»Bildungsfähigkeit«/»Bildungsunfähigkeit«

Das entscheidende Selektionskriterium, nach dem Kinder und Jugendliche im Rahmen des Krankenmordes zur Vernichtung bestimmt wurden, war die Beurteilung ihrer »Bildungsfähigkeit«. Wieder ergibt die Gegenüberstellung von Opfern und Überlebenden eine beinahe spiegelbildliche Entsprechung: Während 77,2% der selektierten Minderjährigen als »bildungsunfähig« klassifiziert wurden, galten

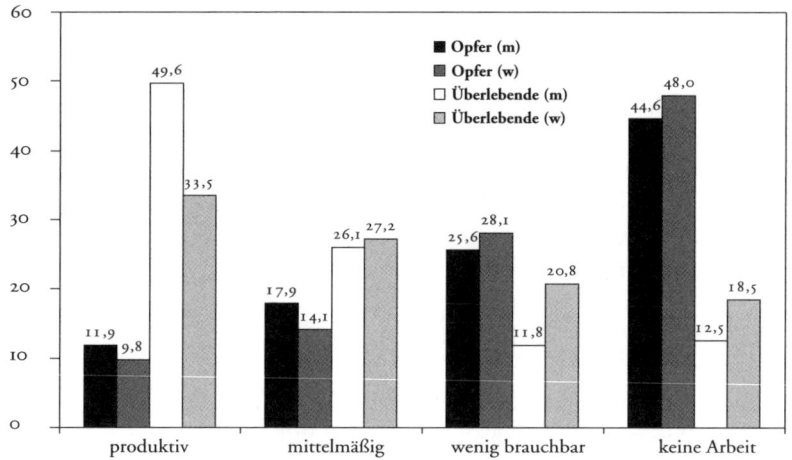

Arbeitsfähigkeit von Frauen und Männern
(Opfer und Überlebende)

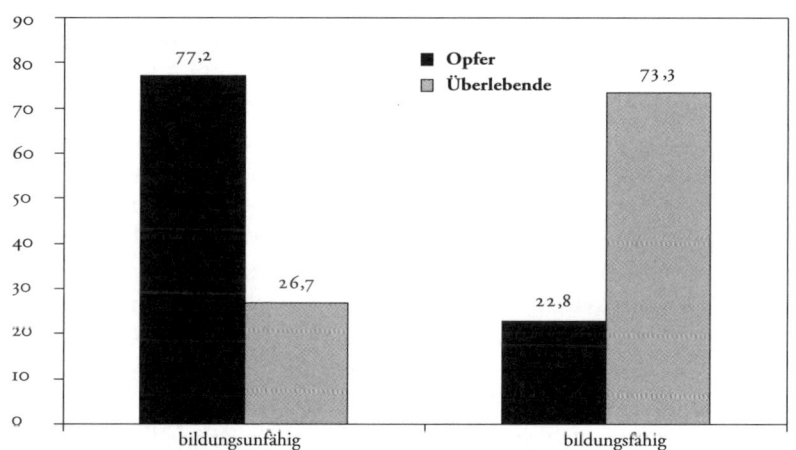

Minderjährige Mädchen und Jungen:
Selektionskriterium »Bildungsfähigkeit«/»Bildungsunfähigkeit«
(Opfer und Überlebende)

73,3% der überlebenden Mädchen und Jungen als »bildungsfähig« oder als eingeschränkt »bildungsfähig«.

Der Unterschied in beiden Patientengruppen ist statistisch hochsignifikant. Als entscheidend für die Selektion und Vernichtung von Kindern und Jugendlichen im Rahmen des zentralen Krankenmordes erweist sich also ein implizites, an sozialen Kategorien orientiertes Kriterium: nämlich die Einschätzung der »Bildungsfähigkeit«, die Erziehungs- und Arbeitsfähigkeit und somit die vermutete spätere Selbständigkeit.[39]

Bewertung des Verhaltens

In ähnlicher Weise erweist sich auch die Bewertung des Verhaltens der psychisch Kranken und geistig Behinderten als selektionsentscheidend. Mehr als die Hälfte der Opfer des Krankenmordes, 54,2%, wurden von Ärzten und Pflegepersonal als störend, unruhig und (potentiell) gefährlich eingestuft.[40] Unter diese Kategorien fällt ein Spektrum sehr unterschiedlicher Verhaltensweisen, Patientinnen und Patienten, die sich benachteiligt fühlen und Unzufriedenheit zeigen, reizbare und erregbare Kranke oder unsaubere Frauen und Männer, die dazu neigen, ihre Kleidung oder die Bettwäsche zu zerreißen, oder aber aggressiv und gewalttätig gegen sich selbst, die Mitkranken und das medizinische Personal vorgehen, werden entsprechend klassifiziert. Unter den »T4«-Überlebenden fällt dagegen nur gut ein Viertel, 26,0%, der Patientinnen und Patienten unter die Kategorien störend, unruhig und (potentiell) gefährlich.[41] Hier wird mit 48,5% fast die Halfte aller Kranken als ruhig und angenehm wahrgenommen, unter den Opfern liegt der Anteil bei nur 17,9%. So heißt es über einen 44-jährigen Patienten aus der rheinischen Anstalt Bedburg-Hau, der die »T4« überlebt, er »spielt u. unterhält sich in der freien Zeit, [macht] keine Schwierigkeiten, [ist] verträglich, ruhig, zufrieden, stumpf«. Frauen und Männer, deren Verhalten als störend, unruhig und gefährlich eingeschätzt wurde, waren dem Risiko der Ermordung im Rahmen der »Aktion T4« in hohem Maße ausgesetzt, zumal diese Verhaltenskriterien häufig einhergingen mit eingeschränkter Arbeitsleistung bzw. Nichtbeschäftigung und einem erhöhten Pflegeaufwand durch Versorgung, Kontrolle und Überwachung. Auch in die Beurteilung des Verhaltens der Kranken fließt die geschlechtsspezifische Wahrnehmung seitens der Ärzte und des Pflegepersonals ein. So gelten in der Gruppe der Opfer fast doppelt so viele Frauen und Mädchen wie Männer und

Jungen als störend (34,8% zu 24,5%) und unruhig (5,6% zu 3,2%). Das Verhältnis der als (potentiell) gefährlich eingestuften Kranken ist zwar ausgeglichener, dennoch sind es 1,6% mehr weibliche Kranke, die in den Krankenakten entsprechend beschrieben werden (20,4% zu 18,8%). Dagegen zeichnet sich das umgekehrte Bild für die ruhigen Kranken ab, auf 10,4% der Frauen und 15,7% der Männer wird dieses Adjektiv angewandt. Vermutlich trug diese deutlich negativere Einschätzung der Patientinnen mit zu ihrem geschlechtsspezifisch erhöhten Risiko der Ermordung bei.

Zusammenfassung

Was lässt sich zusammenfassend über das Kollektiv der Opfer der NS-»Euthanasie-Aktion T4« sagen? Zunächst einmal fällt auf, dass mehr Frauen als Männer in den Krankenmord einbezogen wurden. Der zeitgenössisch geschlechtsspezifische Blick auf die psychisch kranken und geistig behinderten Menschen schlägt sich im Kontext der NS-»Euthanasie« auf die Praxis der Selektion nieder. Insbesondere in die Bewertung des Verhaltens und der Arbeitsleistungen fließen die unterschiedlichen Rollenerwartungen an weibliche und männliche Kranke ein. Die Arbeitsfähigkeit ist für Frauen und Männer als das entscheidende Selektionskriterium anzusehen, daneben wirkt sich die Bewertung des Verhaltens der Kranken selektionsentscheidend aus. Die Kategorie »Erblichkeit der Erkrankung« im Sinne der Anwendung rassenhygienischer Kriterien hatte dagegen keinen Einfluss auf die Entscheidung über Leben und Tod der Kranken – jedenfalls nicht in der konkreten Situation des sehr komplexen Selektionsprozesses.[42] Im Gegensatz zu den Behauptungen der Täter nach 1945[43] bezieht der zentral organisierte Krankenmord der Jahre 1939 bis 1941 auch Kinder und Jugendliche ein. Die Mehrzahl der minderjährigen Opfer der »Aktion T4« war unter der Diagnose »Schwachsinn« in Heil- und Pflegeanstalten untergebracht. Vor allem lern- und geistig behinderte Kinder und Jugendliche ab einem Alter von drei Jahren wurden in den Tötungsanstalten vernichtet. Allerdings wurde gerade die Diagnose »Schwachsinn« nicht nur medizinisch, sondern auch sozial, im Sinne unerwünschter Verhaltensweisen gedeutet, die als Ausdruck von »Asozialität« galten. Unter den erwachsenen Kranken waren es primär die schizophrenen Frauen und Männer, die dem Krankenmord zum Opfer fielen. In der überwiegenden Mehrzahl der

PETRA FUCHS

Selektierten handelte es sich um Langzeitpatientinnen und -patienten, wobei die längste Aufenthaltsdauer eines Patienten, Ernst Heinrich Karl K., bei 57 Jahren liegt.[44] Zum Zeitpunkt ihrer Anstaltseinweisung, der häufig lange vor Beginn des NS-Krankenmordes liegt, war die Mehrzahl der Kranken ledig, was sich auf die Selektion jedoch nicht entscheidend auswirkte. Eine ebenso unbedeutende Rolle für die Ermordung spielt die lokale Herkunft, Kranke aus kleineren Gemeinden sind davon ebenso betroffen wie diejenigen, die aus den Großstädten kommen. Eine etwas andere Gewichtung ergibt sich aus der sozialen Herkunft der »Euthanasie«-Opfer, denn anders als bislang angenommen richtet sich der Krankenmord nicht primär gegen die Ärmsten der Gesellschaft, vielmehr betrifft er in unerwartetem Ausmaß auch Mittelschichtangehörige. Dieses Ergebnis bedarf jedoch noch der genaueren Analyse und Interpretation. Im Gegensatz zu den mehrheitlich evangelischen und katholischen Psychiatriepatientinnen und -patienten ist die Religionszugehörigkeit für die jüdischen Kranken das einzig entscheidende Kriterium, das zu ihrer Vernichtung führt. Als wesentlich für die Selektion der heranwachsenden Mädchen und Jungen erweist sich die Bewertung ihrer »Bildungsfähigkeit« im Sinne einer medizinisch-psychiatrischen Voraussage über ihre vermutlich zu erreichende Arbeitsfähigkeit und den wahrscheinlich anzunehmenden Grad einer eigenständigen Lebensführung. Letztlich bestimmte diese rationale, kalte und menschliches Leben auf einen einzigen Aspekt reduzierende Kosten-Nutzen-Strategie die Vernichtung der minderjährigen und erwachsenen psychisch kranken und geistig behinderten Menschen im Rahmen der »Aktion T4«.

1 Der US-amerikanische jüdische Psychiater Peter Roger Breggin führte zur Bezeichnung des Krankenmordes den Begriff psychiatrischer Holocaust ein, den Raul Hilberg aufgriff. Vgl. ders. (1982), Vernichtung, S. 591.
2 Die Akten der die »Aktion T4« überlebenden Patientinnen und Patienten aus elf Heil- und Pflegeanstalten wurden hinzugezogen, um näheren Aufschluss über den Prozess der Selektion zu gewinnen.
3 Die Ergebnisse der statistisch-empirischen Analyse der Gesamtstichprobe werden in einer eigenständigen Monografie veröffentlicht. Der Band erscheint 2008 in der Schriftenreihe der Stiftung »Denkmal für die ermordeten Juden Europas«.
4 Nach Schröder (1985), Kollektive Biografien, S. 7. Schröder bezieht sich mit seinen Ausführungen auf den englischen Historiker Lawrence Stone, der als

68

einer der wichtigsten Repräsentanten und Verfechter einer kollektiven Biografik galt, die stark qualitativ orientiert war.

5 Ebd., S. 8

6 Ebd., S. 9.

7 Zu diesen Gruppen gehören z. B. der Sicherheitsdienst (SD), SA, SS, Waffen-SS, NSDAP und Auswärtiges Amt. Vgl. Banach (1998), Heydrichs Elite, Mallmann und Paul (2004), Karrieren und Wildt (2002), Generation.

8 Damit umfasst dieser historische Quellenbestand nicht ganz die Hälfte, rund 43 %, aller im Rahmen der »Aktion T4« ermordeten Kranken aus den Heil- und Pflegeanstalten. Vgl. Beddies (2000), Vorläufige quantitative Aussagen, S. 31. Nach den jüngsten Recherchen von Sascha Topp enthält der Krankenaktenbestand R 179 auch 821 Akten der Opfer des Sonderkommandos Lange. Etwa 1 500 Patientinnen und Patienten aus ostpreußischen Anstalten wurden auf Initiative des Gauleiters in Zusammenarbeit mit den Provinzialbehörden im Frühjahr 1940 in Gaswagen ermordet. Diese Patiententötungen erfolgten außerhalb der »Aktion T4«. Unter Abzug der Opferakten, die dem Sonderkommando Lange zuzuordnen sind, verbleiben im Bestand R 179 rd. 29 200 Akten von »T4«-Opfern.

9 In der »Euthanasie«-Forschung werden unterschiedliche Modelle diskutiert und zugrunde gelegt. So plädiert Benzenhöfer für die Orientierung am Kriterium der Volljährigkeit, während Beddies die Altersgrenze bei 19 Jahren setzt mit dem Argument, dass die gesetzlich festgelegten Fürsorgeleistungen bis zur Erreichung dieses Alters erfolgten. Er gibt jedoch zu bedenken, dass die Entscheidung für die eine oder die andere Altersgrenze sowohl historisch als auch aktuell willkürlich bleibt. Vgl. Benzenhöfer (2003), Hans Heinze, S. 27, Fußnote 50; Beddies (2002), Kinder, S. 135, Fußnote 29.

10 In 56 Akten der »T4«-Opfer ließ sich das Lebensalter zum Zeitpunkt der Tötung nicht rekonstruieren.

11 Ende 1936 lebten reichsweit 82 525 Frauen und 80 816 Männer in psychiatrischen Anstalten (50,5 % zu 49,5 %). Die Angaben sind der von dem Psychiater und Leiter der zentralen »Euthanasie«-Dienststelle Paul Nitsche erstellten Irrenstatistik für das Jahr 1936 entnommen. Vgl. ders. (1938), Irrenstatistik, S. 162. Die Statistik unterscheidet nicht zwischen Erwachsenen und Minderjährigen, die Zahlen schließen also Kinder und Jugendliche mit ein. Laut Volkszählung von 1939 ergibt sich eine Gesamtzahl von 93 951 weiblichen und 92 343 männlichen Kranken in den Anstalten des Deutschen Reiches, das entspricht einem Verhältnis von 50,4 % zu 49,6 %. Vgl. Statistisches Jahrbuch für das Deutsche Reich, Bd. 59, 1941/42, S. 616. Daneben weist die Volkszählung des Jahres 1939 eine Gesamteinwohnerzahl von 40 611 956 Frauen und 38 752 452 Männern aus, das entspricht einer Verteilung von 51,2 % zu 48,8 %. Vgl. Volkszählung von 1939, S. 26.

12 In welcher Weise das Merkmal Geschlecht den Prozess der Selektion in den Anstalten beeinflusste, wird in der geplanten Ergebnismonografie ausführlich dargestellt werden. Zur Frage der Auswirkung von geschlechtsspezifischer Wahrnehmung im Anstaltsalltag von Psychiatriepatientinnen und -patienten vgl. auch Rotzoll; Fuchs; Hinz-Wessels; Hohendorf; Richter (2004), Frauenbild.

13 Die Irrenstatistik weist für 1936 eine Zahl von insgesamt 19 329 als »schwachsinnig« diagnostizierte Männer gegenüber 15 069 Frauen aus (56,2% zu 43,8%). Vgl. Irrenstatistik (1938), S. 162.

14 Bei 56 Patientinnen und Patienten fehlt die Angabe des Geburtsdatums in der Krankenakte.

15 BAB, R 179/24818.

16 Dahl (1998), Endstation, S. 26.

17 BAB, R 179/16071.

18 BAB, R 179/5597.

19 Nach Auskunft der Gedenkstätte Grafeneck ist Christine L. unter den bisher 8 000 Einträgen im Gedenk- und Namensbuch nicht aufgeführt. Allerdings ist dieses Opferverzeichnis nicht vollständig, insbesondere fehlen noch mehr als 450 Namen aus Bedburg-Hau. Am 6. und 7. März 1940 wurden 317 Kranke (157 Männer und 160 Frauen) aus der Anstalt Bedburg-Hau nach Grafeneck deportiert und dort vergast. Weitere 140 Patientinnen wurden zunächst in die südwürttembergische Heil- und Pflegeanstalt Zwiefalten gebracht. In der Forschungsliteratur wird für diesen Transport der 7. März 1940 angegeben, die Krankenakte von Christine L. ist ein Hinweis darauf, dass vermutlich auch der 6. März 1940 als Transportdatum in die Zwischenanstalt Zwiefalten anzusehen ist. Näherer Aufschluss kann nur über einen Abgleich mit weiteren Akten von Opfern aus Bedburg-Hau gewonnen werden. Die »Weiterverlegungen« nach Grafeneck der nach Zwiefalten abtransportierten Patientinnen fanden am 2. und 4. April statt (insgesamt 138 Frauen). Vermutlich gehörte Christine L. zu einem dieser Transporte. Von Zwiefalten gingen bis Anfang Dezember 1940 insgesamt 22 Transporte mit mehr als 1 000 Kranken nach Grafeneck ab. Vgl. Landeszentrale für politische Bildung Baden-Württemberg (Hg.) (2000), »Euthanasie«, S. 27. Für die Hinweise bedanken wir uns bei dem Leiter der Gedenkstätte Grafeneck, Thomas Stöckle.

20 Vgl. dazu »Ausscheidung nach strengem Maßstab«. Die Begutachtungsmaßstäbe von Bouhler/Brandt – ein internes T4-Dokument, in: Klee (2002), Dokumente, S. 101.

21 Die Stadtgröße des Wohn- bzw. Geburtsortes konnte in 5,8% der Akten der T4-Opfer und in 6,2% der Akten der Überlebenden nicht rekonstruiert werden. Die Prozentzahlen beziehen sich – wie auch bei den folgenden Auswertungen – jeweils auf die auswertbaren Akten.

22 Über den Familienstand hinaus haben wir diese Frage weitergehend berücksichtigt, indem in die Datenbanken von Opfer- und Überlebendenstichprobe Informationen zur Korrespondenz der Angehörigen mit dem hospitalisierten Familienmitglied und/oder der Anstalt und zu Besuchen aufgenommen und abschließend der Eindruck des jeweiligen Zusammenhangs der Familien eingeschätzt wurde. Der Umgang der Angehörigen mit ihren psychisch kranken oder geistig behinderten Familienmitgliedern im Kontext der NS-»Euthanasie« wird im Rahmen der Veröffentlichung der statistischen Auswertung des Forschungsprojektes von Philipp Rauh eingehend dargestellt werden.

23 Basis für diese Aussagen ist eine Grundgesamtheit von 2 798 Krankenakten der über 17 Jahre alten »T4«-Opfer und von 524 Akten der über 17-jährigen »T4«-Überlebenden. Abweichend vom sonstigen Vorgehen wurde diese Al-

tersgrenze gewählt, weil die früheste Verheiratung bei einem 18-jährigen nicht-selektierten Patienten vermerkt ist. In 2,9% aller Opferakten und in 1,9% aller Akten von Überlebenden ließ sich zum Familienstand keine Angabe finden.

24 Der genaue Anteil liegt bei je 46,3%. Vgl. Statistisches Jahrbuch, Bd. 58, 1939/40, S. 24. Für das Jahr 1939 werden das angeschlossene von Deutschland besetzte Österreich (»Ostmark«) und unter den besetzten tschechischen Gebieten der »Reichsgau Sudetenland« mit berechnet, das »Memelland« jedoch ausdrücklich ausgeschlossen. Vgl. Statistisches Jahrbuch, Bd. 52, 1933, S. 15.

25 Vgl. Statistisches Jahrbuch, Bd. 58, 1939/40, S. 24.

26 Zum Anteil der Verwitwungen in der Gesamtbevölkerung vgl. Statistisches Jahrbuch, Bd. 58, 1939/40, S. 24.

27 In der Opferstichprobe liegt die Rate der Scheidungen bei 9,2% der Frauen und 4,3% der Männer. Nach den Angaben in den Krankenakten von Überlebenden sind 10,2% der Frauen und 4,4% der Männer geschieden. Das Geschlechterverhältnis bei den Verwitwungen liegt bei 7,3% zu 1,8% unter den Opfern und bei 17,5% zu 5,0% unter den nichtselektierten Kranken.

28 Allerdings sind für die Variable Familienzusammenhalt nur 66,8% der Überlebendenakten und 49,4% der Akten der »T4«-Opfer auswertbar.

29 In 8,1% der Opferkrankenakten konnte keine Zuordnung vorgenommen werden.

30 Die Angaben verteilen sich im Einzelnen wie folgt: Insgesamt 95,0% der Bevölkerung sind christlichen Glaubens, davon 54,3% evangelisch und 40,6% römisch-katholisch. Die restlichen 5,0% verteilen sich auf Andersgläubige (0,2%), »Glaubensjuden« (0,9%) und Sonstige (3,9%). Vgl. Statistisches Jahrbuch, Bd. 58, 1939/40, S. 25.

31 Zum Umgang mit den jüdischen Kranken im Rahmen der NS-»Euthanasie« vgl. Hinz-Wessels (2002), Schicksal. Im gesamten Bestand R 179 konnten insgesamt 75 Akten von jüdischen Patientinnen und Patienten ermittelt werden. Die Ergebnisse der Auswertung dieses Teilbestandes der »Euthanasie«-Patientenakten stellt die Autorin in der Ergebnismonografie vor.

32 Ebd., S. 284.

33 In 79,5% der Krankenakten von »T4«-Opfern und 88,1% der Akten von Überlebenden fanden sich Berufsangaben, die Rückschlüsse auf die soziale Herkunft zuließen.

34 Verwandt wurde eine modifizierte Form des Schichtenmodells von Hohls und Kälble (1989), Erwerbsstruktur sowie von Beddies und Dörries (1999), Patienten.

35 Banach (1998), Heydrichs Elite, S. 86.

36 In 6,4% der Opferakten konnte die Dauer des Anstaltsaufenthaltes aufgrund fehlender oder nicht zu rekonstruierender Informationen zur Ersthospitalisierung nicht errechnet werden.

37 In die Berechnung wurden alle Patientinnen und Patienten ab dem 14. Lebensjahr einbezogen, weil davon ausgegangen werden kann, dass auch die in den Heil- und Pflegeanstalten untergebrachten Jugendlichen ab diesem Alter gearbeitet haben.

38 In 18,7% der Krankenakten konnte keine Zuordnung vorgenommen werden.

39 Vgl. Topp (2004), Reichsausschuss, S. 22.

40 In 13,8% der Krankenakten konnte keine Zuordnung vorgenommen werden.

41 In der Überlebendenstichprobe konnte in 14,7% der untersuchten Akten keine Angaben zum Verhalten der Kranken erhoben werden.

42 Vgl. dazu die Beiträge Hohendorf; Fuchs; Rotzoll; Hinz-Wessels; Rauh; Richter (2006), Krankenmord, und Fuchs; Hohendorf; Rotzoll; Hinz-Wessels; Rauh; Richter (2006), Die NS-»Euthanasie«-Aktion-T4.

43 Nach Aussage des Diplomlandwirts und Amtsleiters der »Aktion T4« in der Kanzlei des Führers, Hans Hefelmann (1906-1981), im Jahre 1960 richteten sich die Tötungsmaßnahmen im Rahmen der »Aktion T4« ausschließlich gegen erwachsene Geisteskranke. Vgl. Aly (1989), Aktion T4, S. 122, und Kaul (1979), Psychiatrie, S. 63-64.

44 BAB, R 179/2716.

Exkurs zur Erforschung von Lebensläufen: Einzelfall und Statistik

Paul Richter

Studien an Einzelfällen haben in den Sozial- und Humanwissenschaften eine lange Tradition. Bekannt sind die Lernexperimente von Hermann Ebbinghaus, die Experimente im Leipziger Laboratorium von Wilhelm Wundt, Gustav Theodor Fechners Versuche zu psychophysikalischen Prozessen der Wahrnehmung. Im Rahmen psychoanalytischer Theorienbildung haben Fallstudien eine große Bedeutung, so zum Beispiel die Fallberichte der Anna O. von Sigmund Freud. Die Anfänge der Kinderpsychologie sind geprägt durch zahlreiche Einzelfalluntersuchungen. Bekannt sind die Studien von Stanley Hall, von James Mark Baldwin, die Aufzeichnungen von Alfred Binet über seine beiden Töchter. Jean Piaget führte an seinem Sohn Laurent Untersuchungen zur Wahrnehmungswelt des Säuglings durch. In Österreich wurde durch Feldstudien und Beobachtungsreihen am Einzelfall das »Inventar« des kindlichen Verhaltens in verschiedenen Altersstufen von Charlotte Bühler u. a. entwickelt.[1]

Der Begriff Einzelfall findet in den Sozial- und Humanwissenschaften sowohl im Kontext quantitativer als auch qualitativer Forschung Verwendung. »Als *qualitative Forschung* werden jene Methoden charakterisiert, bei denen wenig Auskunftspersonen, keine Stichprobenverfahren und keine statistischen Analysen eingesetzt werden.«[2] Im Vordergrund qualitativer Forschung, die in den 1980er Jahren durch die Kritik an quantitativen Methoden zunehmend Verbreitung gefunden hat, stehen hermeneutische Erkenntnisprozesse. Es geht primär um das *Verstehen* von Forschungssubjekten bzw. Prozessen, weniger um den Nachweis von Gesetzen. Ziel *quantitativer Forschung* hingegen ist häufig das *Erklären*, der Nachweis von Gesetzen, die menschliches Verhalten und Erleben sowie soziale Zusammenhänge erklären bzw. eine Vorhersage zukünftigen Handelns und zukünftiger Zustände erlauben.

Der Begriff Einzelfall kommt in folgenden Variationen vor: Einzelfallstudie, Fallstudie, Einzelfallanalyse. Während die Begriffe Einzelfallstudie bzw. Fallstudie primär im Kontext qualitativer Forschung verwendet werden, spricht man von Einzelfallanalyse häufig beim Einsatz quantitativer Forschungsmethoden. In jedem Fall handelt es sich bei Einzelfallstudien bzw. Einzelfallanalysen um *Untersuchungen »an einer einzelnen Untersuchungseinheit,* wobei diese im konkreten Fall aus einer Einzelperson, einer (homogenen) Gruppe, einer komplexeren Sozialstruktur, einer Gesellschaft oder Kultur bestehen kann«.[3] In den Sozial- und Humanwissenschaften handelt es sich bei der Untersuchungseinheit in der Mehrzahl der Fälle um eine Person.

Die qualitative Einzelfallstudie ist der methodische Ansatz, der am engsten der *biografischen Methode* verpflichtet ist. Sie stützt sich bei der Beschreibung des Lebens- bzw. Therapieverlaufs vorwiegend auf retrospektive Daten und ist damit »an der Rekonstruktion eines Lebenslaufs interessiert«.[4] In den Sozialwissenschaften zeichnet sich nach Petermann[5] ein Trend zur ganzheitlichen Erfassung von Lebensläufen ab. In dem Zusammenhang rückt die biografische Methode immer stärker in den Mittelpunkt des Interesses. Den Einsatz der biografischen Methode fordert in der differentiellen Entwicklungspsychologie bereits Thomae,[6] der in der Biografik ein Instrument zur »psychologischen Analyse des menschlichen Verhaltens im natürlichen Ablauf des Lebens« sieht, »[...] als Grundlage für die Erfassung der ›echten‹ Einheiten einer Persönlichkeitsforschung«[7]. In der Psychoanalyse wird angenommen, dass die Lebenslaufanalyse den Zusammenhang zwischen der momentanen Störung und zeitlich zurückliegenden unverarbeiteten Ereignissen ermöglicht. In der Sozialisationsforschung zeigen beispielsweise Analysen von Berufs- und Bildungsläufen anhand von Biografien von Industriearbeitern die sehr ungünstigen Lebensbilanzen und -perspektiven älterer Industriearbeiter.[8]

Obgleich eine Unterscheidung in qualitative und quantitative Einzelfallstudien aus didaktischen und forschungsmethodischen Gründen angezeigt ist, darf nicht übersehen werden, dass eine sinnvolle Kombination verschiedener Methoden besonders vielversprechend ist. So z. B. fordert Hans Thomae[9] für die entwicklungspsychologische Forschung eine Datenerhebung unter Einbeziehung qualitativer Methoden (u. a. narrative Interviews) und anschließender quantitativer statistischer Auswertung. In der klinischen Forschung haben Methoden der Biografik (z. B. zur Anamneseerstellung) neben quantitativen Methoden (z. B. psychometrische Tests) eine wichtige Funktion in der Diagnostik und Auswahl von Patientinnen und Patienten. Prospektive Verlaufsabbildung und Therapieevaluation hingegen bleiben in der Regel quantitativen Gruppen- bzw. Einzelfallanalysen vorbehalten.

Nach Siegfried Lamnek[10] haben Einzelfallstudien in der quantitativen Forschungslogik u. a. folgende Funktionen: Sie dienen der *Exploration* des Forschungsumfeldes, der Ermittlung relevanter Dimensionen des Objektbereichs, der *Entwicklung* relevanter *Hypothesen*, der *Erprobung* von Instrumenten und Beobachtungsmethoden, der *Illustration* quantitativer Ergebnisse sowie der Ermittlung der *Praktikabilität* von Forschungsergebnissen. In der quantitativen Forschungslogik haben Einzelfallanalysen daher vorwiegend die Funktion, gruppenstatistische Untersuchungen vorzubereiten und ihre Ergebnisse zu veranschaulichen. In der qualitativen Forschung hingegen kommt der Einzelfallstudie eine eigenständige Bedeutung zu. Lamnek[11] verweist in dem Zusammenhang auf Unterschiede im Sampling-Begriff. Die quantitative Forschung geht von einem *statistischen Sampling*-Begriff aus, d.h., das Interesse richtet sich auf die Gesamtheit aller in Frage kommenden Untersuchungseinheiten (der sog. Grundgesamtheit). Aus ökonomischen Gründen, aufgrund der Ressourcenbeschränkungen, aus Unkenntnis über den Umfang der Grundgesamtheit etc. können jedoch nicht alle Untersuchungseinheiten analysiert werden. Daher wird nur ein Teil der Grundgesamtheit, die sog. Stichprobe (Sample), betrachtet. Es gilt die Annahme, dass die Merkmale in der Stichprobe annähernd genauso verteilt sind wie in der Grundgesamtheit.

Dagegen geht, wie Lamnek ausführt, die qualitative Sozialforschung von einem *theoretischen Sampling*-Begriff aus. Hierbei nimmt die qualitativ orientierte Forschung an, dass bereits ein einziger Fall, der von der bisherigen Theorie abweicht, ausreicht, um eine Theorie komplexer und differenzierter zu machen. »Die Auswahl der Untersuchungseinheiten zielt also systematisch darauf ab, einen Fall [...] zu finden, der die theoretischen Konzepte des Forschers komplexer, differenzierter und profunder gestalten kann.«[12]

Eine Vertiefung des statistischen Sampling-Begriffs zeigt Möglichkeiten und Grenzen der Einzelfallanalyse im Rahmen der quantitativen Forschung. Der Begriff Statistik wurde bereits 1749 von dem deutschen Historiker und Juristen Gottfried Achenwall eingeführt und

bezeichnete die vergleichende Staatsbeschreibung. In dieser Wortbe-
deutung findet der Begriff im Rahmen der amtlichen Statistik noch
heute seine Fortsetzung. In einem weiteren Sinne bezeichnet Statistik
zahlenmäßig erfasste Ergebnisse von Datensammlungen, die tabella-
risch bzw. grafisch aufgearbeitet wurden. Statistik ist häufig ein Synonym für jedwede Form von quantitativer Datenerhebung. Der Begriff Statistik bezeichnet darüber hinaus ein Teilgebiet der Mathematik,
»das sich mit der mathematischen Erfassung und Auswertung von
Massenerscheinungen«[13] befasst. Hierbei handelt es sich um Phänomene, die an vielen Objekten zu beobachten sind. Beim Einsatz
statistischer Methoden wird angenommen, dass bei bestimmten
Massenerscheinungen Gesetzmäßigkeiten feststellbar sind, die bei
isolierter Betrachtung von Einzelereignissen nicht beobachtbar sind.

Je nach Aufgabenstellung kann zwischen *deskriptiver* und *analyti-
scher* bzw. schließender Statistik, die auch *Inferenzstatistik* genannt
wird, unterschieden werden. Bei der deskriptiven Statistik werden die
Daten in geeigneter Weise beschrieben und zu Tabellen, Grafiken
sowie Kennzahlen einer Verteilung, wie beispielsweise Modus (häu-
figster Werte einer Verteilung), Median (der Wert, der eine Verteilung
sortierter Werte halbiert), Mittelwert (Durchschnittswert), Standard-
abweichung (Streuungsmaß) etc., verdichtet. Eine geeignete Deskrip-
tion der Daten, die eine übersichtliche und anschauliche Informa-
tionsaufbereitung liefert, ist eine wichtige Voraussetzung für den
Einsatz induktiver Statistik.

Während die deskriptive Statistik sich auf die Zusammenfassung und
Darstellung von Daten beschränkt,[14] dient die induktive (schließen-
de) Statistik vornehmlich der Überprüfung von Hypothesen. Der
Einsatz induktiver Statistik setzt voraus, dass vor Untersuchungsbe-
ginn eine theoretisch gut begründete Hypothese oder Fragestellung
formuliert wird. Die enge Verknüpfung zwischen der Wahl statistischer Methoden, theoretischer Fragestellung und untersuchungstech-
nischem Vorgehen erfordert eine Verortung statistischer Techniken in
den Prozess empirischer Forschung. Nach Jürgen Bortz'[15] steht am
Anfang des *Forschungsprozesses* die *Erkundungsphase*. Hierzu zählt
die Sichtung der relevanten Literatur, erste Erkundungsuntersuchun-
gen (häufig Einzelfalluntersuchungen bzw. Untersuchungen an wenigen Personen) sowie die Kontaktaufnahme mit anderen Forschen-
den, die am gleichen Problem arbeiten. Ziel ist die Einordnung der

eigenen Fragestellung in einen theoretischen Rahmen und die Festlegung des wissenschaftlichen Anspruches der eigenen Untersuchung (hypothesenprüfende versus hypothesengenerierende Vorgehensweise). Nach Abschluss der Erkundungsphase beginnt die *theoretische Phase*. Aus einer übergeordneten Theorie werden Hypothesen abgeleitet, die empirisch überprüfbar sind. Im Rahmen der Planungsphase wird vor Beginn der Datenerhebung die Vorgehensweise und der Ablauf der Untersuchung vorstrukturiert. Darüber hinaus werden die Untersuchungsvariablen[16] und das Beziehungsgeflecht zwischen den Variablen (z. B. die Variablen korrelieren miteinander) festgelegt. Zur Planungsphase gehören erstens Vorkehrungen, die die Gültigkeit (Validität) der Interpretation der Ergebnisse sicherstellen (versucherplanerische Kontrolle von Störvariablen). Zweitens zählt dazu die Randomisierung (zufällige Zuordnung) der Untersuchungsteilnehmenden auf die Untersuchungsbedingungen. Drittens wird durch Operationalisierung eindeutig festgelegt, wie die relevanten Variablen zu erfassen sind. Ein entscheidender Aspekt der Planungsphase ist die Art und Weise der statistischen Auswertung, die vor Beginn der Untersuchung festgelegt werden muss. Eine sich häufig stellende Frage ist die nach der Stichprobengröße. Die Ergebnisse einer Stichprobe von Merkmalsträgerinnen und -trägern sollen in der Regel auf eine Grundgesamtheit (d.h. die Menge aller potentiellen Untersuchungsteilnehmenden für eine definierte Fragestellung) verallgemeinert werden. Daher ist es sinnvoll, die Stichprobe so groß wie möglich anzulegen.[17]

An die Planungsphase schließt sich die Untersuchungsphase an. Ihr folgt die Auswertungsphase, in der die Daten statistisch verarbeitet werden. In der Entscheidungsphase ist festzulegen, ob die postulierten Hypothesen durch die Daten bestätigt bzw. nicht bestätigt wurden.

In der Entscheidungsphase nach der Auswertung der Daten stellt sich bei kleinen Stichproben, insbesondere bei einer Nichtbestätigung von Hypothesen die Frage, ob die Stichprobengröße ausreichend war, um bestehende Unterschiede bzw. Zusammenhänge nachzuweisen. Bei großen Stichproben hingegen kann es zu einer Bestätigung von Hypothesen kommen, obgleich z. B. bei einer Zusammenhangshypothese der numerische Wert nur gering von Null abweicht. Hier stellt sich die Frage nach der praktischen Relevanz der Ergebnisse. Bei großen Stichproben empfiehlt es sich daher, die Ergebnisse anhand von kleineren Zufallsstichproben aus der Gesamtstichprobe zu prüfen.

In diesem Zusammenhang sind noch einmal die Definitionen von *Grundgesamtheit* und *Stichprobe* zu erörtern. Als *Grundgesamtheit* wird die Menge aller möglichen Untersuchungsobjekte einer Fragestellung bzw. einer Untersuchung bezeichnet. Eine *Stichprobe* ist eine Teilmenge aus der Grundgesamtheit. Die Grundgesamtheit kann z. B. bei einer Schuluntersuchung die Menge aller Schülerinnen und Schüler eines bestimmten Jahrgangs, eines bestimmten Schultyps etc. sein. Die Grundgesamtheit kann aber auch im Kontext einer klinischen Verlaufsuntersuchung die Menge aller Zustände, z. B. der Befindlichkeit einer einzelnen Patientin, eines einzelnen Patienten sein. In dem Falle wären die Zustandsbilder der Befindlichkeit einer Patientin, eines Patienten in einer Stichprobe (einem Zeitausschnitt) zu erfassen.[18] Hier ist der Einsatz induktiver Statistik auch bei quantitativen Einzelfalluntersuchungen sinnvoll. So z. B. prüfen Paul Richter und Joachim Werner,[19] ob sich anhand der Verlaufskurven von Stimmung und Antrieb bei Patientinnen und Patienten mit endogener Depression (phasischer Depression) im Einzelfall der weitere Verlauf der Erkrankung vorhersagen lässt.[20] Weitere kontextabhängige Definitionen der Begriffe Grundgesamtheit und Stichprobe sind denkbar. Die Gegenüberstellung von gruppenstatistischer und einzelfallstatistischer Fragestellungen soll verdeutlichen, wie eng die Wahl der statistischen Auswertungsmethoden mit der Fragestellung und den Zielen einer Untersuchung verzahnt sind.

1 Zur Bedeutung der Einzelfalluntersuchung in der psychologischen Forschung siehe Petermann (1996), Einzelfalldiagnostik, ders. (1989), Einzelfallanalyse, und Huber (1973), Einzelfalldiagnostik.
2 Vogel und Verhallen (1983), Forschungsmethoden, S. 146.
3 Petermann (1989), Einzelfallanalyse, S. 3.
4 Ebd., S. 26.
5 Ebd.
6 Thomae (1968), Individuum.
7 Ebd., S. 105.
8 Osterland (1978), Erfahrung.
9 Thomae (1968), Individuum.
10 Lamnek (2005), Sozialforschung.
11 Ebd..
12 Ebd., S. 314.
13 Brockhaus (2005), Brockhaus multimedial.

14 Bortz (1993), Statistik.
15 Ebd.
16 Eine Variable ist ein Merkmal, das in mehreren Abstufungen vorkommen
   kann (z. B. Geschlecht: männlich, weiblich).
17 Bortz (1993), Statistik, S. 10.
18 Richter und Werner (1996), Zeitreihenanalyse.
19 Ebd.
20 Ebd.

Metamorphosen[1]
Krankenakten als Quellen für Lebensgeschichten

Ulrich Müller

>»Quod non est in actis,
non est in mundus«[2]

1. Quellen und Begriffe

Dieses methodische Kapitel befasst sich zunächst einmal mit dem, worauf es steht: Papier. Beschriftet, beschichtet und bedruckt. Papier ist Träger von Information/Wissen/Bekenntnis u.a.m., womit es zum Dokument wird. Papier ist austauschbar und vergänglich, womit die Dokumente und die darauf konstruierte Wirklichkeit ständig gefährdet sind.

Für die qualitative Sozialforschung sind Dokumente »schriftliche Texte, die als Aufzeichnung oder Beleg für einen Vorgang oder Sachverhalt dienen«,[3] sie sind »standardisierte Artefakte«.[4] Sieht man Dokumente als Quellen für Informationen an, so hat die Befassung mit ihnen einen »exegetischen Charakter«, d.h., die Informationen müssen gedeutet werden, wobei, und dies gestaltet die Deutung dann schwierig, sie auch als »Repräsentationen für etwas anderes« stehen können.[5] Der Soziologe Stephan Wolff plädiert dafür, Dokumente »als eigenständige methodische und situativ eingebettete Leistungen«[6] anzusehen, was insbesondere im Rahmen der Analyse von Krankengeschichten – ein gesonderter Teil in den »Krankenakten« – eine Bedeutung hat.

Eine Akte ist eine »Zusammenstellung von sachlich zusammengehörenden Dokumenten, die als Einheit behandelt und zitiert werden, i.d.R. mit dem Aktenzeichen. Ziel ist, alle verfügbaren Informationen in der Angelegenheit verfügbar zu halten. Das dient auch dem Prinzip der Schriftlichkeit (Aktenmäßigkeit), das nicht nur die Existenz, sondern auch die Verfügbarkeit von Dokumenten erfordert«.[7]

Zugleich ist eine Krankenakte wiederum ein »Medium für Aufnahme bzw. Speichern der Krankengeschichte eines Patienten«,[8] im Grunde also eine Art »Verpackung« der Dokumente. Die Krankengeschichte wiederum ist nach aktueller Definition die »Gesamtheit der in den Krankenunterlagen, Arztbriefen etc. dokumentierten Daten des Patienten«.[9] Im Unterschied zu dieser Definition dokumentieren die psychiatrischen Krankengeschichten im Aktenbestand NS-»Euthanasie« (R 179) im Wesentlichen Anamnese, Befund und den Krankheitsverlauf.

Die folgende Übersicht fasst die in den historischen Krankenakten des Bestandes R 179 verwendeten Begriffe kategorial zusammen:

Krankenakte/Patientenakte = Sammlung aller Patientendokumente in einem Aktendeckel (quasi die »Verpackung«). Im Idealfall bestehend aus Personal- und Verwaltungsakte und Krankengeschichte.

Personal bzw. Verwaltungsakte = Administrative Vorgänge aller Art, Gerichtsbeschlüsse, Korrespondenz, Kleiderverzeichnis u.a.m.

Krankengeschichte = Verlauf des Krankheitsgeschehens, Anstaltsinternes, Beschreibung des Verhaltens der Patientinnen[10] aller Art

Im Bestand R 179 ist die »Krankenakte« die materielle Verpackung der Unterlagen der Patientin, in der die »Krankengeschichte« und die »Personalakte« abgelegt wurden. Dabei sind im Bestand R 179 in den Krankenakten (eben der »Verpackung«) die Personal-/Verwaltungsakten (im zeitgenössischen Sprachgebrauch) und die Krankengeschichten selten vollständig erhalten. In 14,4% der Akten sind Krankengeschichte und Personalakte weitgehend vollständig, in 49,1% der Akten ist nur die Krankengeschichte, in 2,4% der Akten nur die Personalakte überliefert. In 11,3% wurden Teile der Krankengeschichte gefunden.[11] Diese empirische Wirklichkeit hat ebenso bedeutenden Einfluss auf die qualitative Analyse dieser Dokumente, wie dies in der Tat auch »Lücken«[12] in den Dokumenten haben können. So referiert Wolff eine Studie von Harold Garfinkel (1967) über Patientinnenkarrieren, bei der Garfinkel auffiel, dass die Unterlagen unzureichend ausgefüllt waren. Es stellte sich heraus, dass es sinnvoll für das Pflegepersonal war, nicht alles korrekt auszufüllen, es entstand so eine spezielle Form der Gestaltung, die bei den Zielgruppen – anderem Pflegepersonal und Ärztinnen – als bekannt vorausgesetzt wurde. Diese wie Wolff sagt »prinzipielle Diskrepanz«[13] zwischen den Normen der Tätigkeit und ihrer Dokumentation wird als habituelles Wissen (d.i. das Wissen, das automatisch erlernt und abgerufen wird) bei den »Normalleserinnen« klinischer Dokumente wie z.B. Ärztinnen sowie Pflegepersonal vorausgesetzt. Dieser habituelle Wissensbestand der Anstaltspsychiatrie jener Zeit ist heute nicht mehr zugänglich: Auch dies ist neben vielen anderen Faktoren bei der späteren Dokumentenanalyse zu berücksichtigen.

Die »Lebensgeschichte« ist in diesem Text ein Kunstbegriff für ein Produkt. Zunächst einmal wird dafür auf die Differenzierung von Armin Nassehi zurückgegriffen, der zwischen »Biographie als reflexivem Akt« und der »Biographie als Verlauf« differenziert.[14] Nassehi schlägt für letztere den Begriff des »Lebenslaufes« vor und definiert diesen als »Insgesamt von Ereignissen, Erfahrungen, Empfindungen usw. mit unendlicher Zahl von Elementen«.[15] Betrachtet man unter dieser Begrifflichkeit die Patientenakten, so liegen sowohl biografische, also reflexive Texte wie auch Lebenslaufinformationen vor. In dieser Studie werden von den Autorinnen die Lebensdaten und -ereignisse und, wo vorhanden, biografische Texte wie z.B. Briefe herangezogen, um eine Geschichte, eben die dieses spezifischen Lebens, zu erzählen. Für dieses Produkt verwenden wir den Begriff »Lebensgeschichte«. In ihr verbinden sich die Lebensereignisse, biografische Reflexionen (soweit vorhanden), fremde Bewertungen und die daraus verfertigte Erzählung.

2. Die soziale Konstruktion der Krankenakte

Die dokumentarische Wirklichkeit in einer Krankenakte ist eine soziale Konstruktion, d.h. ein Endprodukt aus einer Vielzahl von sozialen (und biologischen) Parametern.

Eine Akte dient immer einem Zweck, eine Akte wird angelegt »für etwas …«. Dieser Zweck stellt die Rahmenbedingungen und Limitationsfaktoren bereit, innerhalb deren Dokumente (in der Regel Schriftstücke, aber auch Fotos) nach Ordnungsprinzipien gesammelt und zusammengestellt werden.

Schriftstücke sind geronnene Sprache.[16] Bausteine der Sprache sind Wörter, und Wörter unterliegen alltagssprachlich keinen engen Definitionen, sie transportierten Bedeutungen, da »[...] Sprache nur als Bestandteil einer Lebensform«[17] existiert. In psychiatrischen Kranken-akten sind die Sprachen der Lebensformen »Psychiatrie«, »Anstalt« und »Patientin« zu finden. Die Sprache der Lebensform Psychiatrie war ursprünglich Alltagssprache mit medizinischen Versatzstücken, wobei die alltagssprachlichen Bewertungen durch die Begriffe, insbesondere die sozial stigmatisierenden Begriffe,[18] mitgeschleppt wurden. Die wechselseitige Durchdringung von Wörtern z.B. durch die Übernahme der Alltagssprache in die psychiatrische Sprache (wie z.B. »verwahrlost«) und von Fachbegriffen in die Alltagssprache (z.B. »schizophren«) produzierte Metamorphosen der Bedeutungen. Ein alltagssprachliches, stigmatisierendes Wort wie »läppisch« wurde in der Krankenakte zu einem Symptom von »krank«. In die Sprache der psychiatrischen Krankenakten um die Zeit der »Aktion T4« flossen zudem ideologisch geformte Begriffe ein, die bereits im Sozialdarwinismus verwendet und von den Nationalsozialisten weitergeführt wurden. Insbesondere in Bezug auf soziale Sachverhalte bestand sie nahezu vollständig aus alltagssprachlich benutzten, stigmatisierenden Wörtern. Die Diagnose »angeb.[orener] Schwachsinn« wurde zum moralischen Urteil: »Dr. S. bezeichnet N. als verdruckt, unaufrichtig, moralisch verkommen, sittlich tief gesunken, schlechten Charakter, sexuell sehr triebhaft, leicht bestimmbar, unselbständig, geistig leicht ermüdbar.«[19]

Aus einer krankheits-/therapieorientierten Sprache zur Beschreibung der psychischen Befindlichkeit von Patientinnen wurde sie zur Erfüllungsgehilfin nationalsozialistisch-ideologischer Positionen. In den Jahren des Krieges »verschwand« Sprache nahezu, weil zu den »Ballastexistenzen« nichts mehr vermerkt werden musste.[20] Erst mit der Entwicklung des Faches, vor allem nach dem zweiten Weltkrieg, entwickelte sich die Wandlung der Sprache der Psychiatrie zur Fachsprache, einer Sprache, die sich bemüht, »die unscharfen Begriffe der Alltagssprache durch logisch reglementierte Beschreibung und Theoriesprachen zu ersetzen«.[21] Die oben zitierten Studien von Wöller (1979) und Wöller/Müller/Lehmann aus dem Jahre 1980 zeigten jedoch, dass sehr viele Wörter aus der Vorkriegs- und Kriegszeit weiterhin unverändert verwendet wurden.

Neben der Sprache lässt sich noch eine weitere Anzahl von Parametern nennen, die die soziale Konstruktion der »geronnenen Wirklichkeit« Akte bestimmen. Diese lassen sich wohl zu Kategorien zusam-

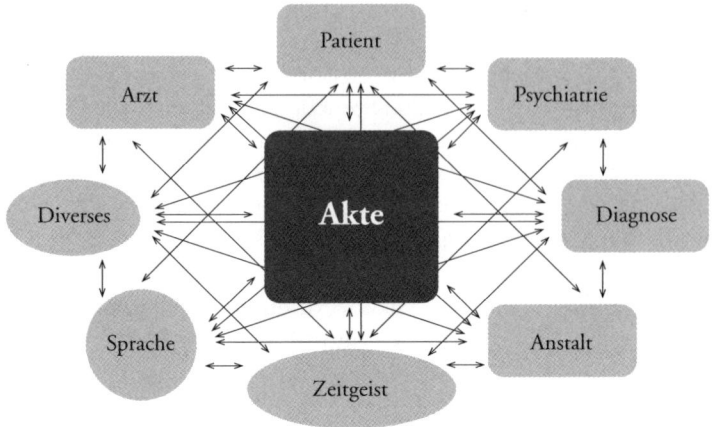

*Interdependenzen der Einflussfaktoren
auf eine psychiatrische Krankenakte*

menfassen, dabei aber ist jede Kategorie eine Art »black box«, deren Inhalte sich nur annäherungsweise und selektiv beschreiben lassen.

Die genannten Einflussgrößen (nur eine Auswahl) lassen sich wiederum kaum in ihrer Einflussbedeutung abschätzen; nähern kann man sich dieser Bedeutung allenfalls über theoretische Hilfsbrücken von Erkenntnissen, die aus anderen Zusammenhängen gewonnen wurden, z.B. welchen Einfluss die konfessionelle Trägerschaft einer Einrichtung auf Therapie und Behandlung hatte.

3. »Wie man es erzählen kann, so ist es nicht gewesen«

sagte einmal Christa Wolf[22] und beschrieb damit eine weitere Grenze für jegliche Interpretation von Zusammenhängen aus Akten, nämlich das menschliche Gedächtnis. »Erinnerungen«, sagt der Neurowissenschaftler Wolf Singer, »Erinnerungen sind datengeschützte Erfindungen«,[23] d.h., das Gedächtnis schreibt unsere Geschichte immer wieder neu; so z.B. in Abhängigkeit von der sozialen Situation, in Abhängigkeit von der Wirkung, die wir erzielen wollen usf. Das »autobiografische Gedächtnis«[24] ist eine »bio-psycho-soziale Instanz«,[25] die sich in der ontologischen Entwicklung bildet und wie eine Mittlerin zwi-

Einflussgrößen der black boxes

Arzt

- Alter & Geschlecht
- Konfession
- Soziale Herkunft
- Berufserfahrung, Position
- Psychiatrieschule
- Weltanschauung

Patient

- Alter & Geschlecht
- Konfession
- Soziale Herkunft
- Sprache
- Erkrankung

Anstalt

- Trägerschaft
  (Konf./privat/staatlich)
- Region
- Psychiatrische Orientierung

Erkrankung

- Diagnose
- Dauer
- Schweregrad
- Hospitalisierung

Psychiatrie

- Wissensstand
- Ideol. Überbau
- Therapieverfahren

Sprache

- Sprach-Code
- Regionaler Dialekt
- IQ

Zeitgeist

- Politischer Überbau
- Einstellung zu psychisch
  Kranken (Stigmatisierung)

Einflussgrößen der black boxes

schen Subjekt und Kultur funktioniert.[26] Dabei erlernen wir Erinnern in sozialen Vorgängen, der Sozialisation, womit die Erinnerungsfähigkeit sehr von der sozialen Lage des Menschen bedingt wird. In der Gruppe der Patientinnen, die hier untersucht wurden, liegt aber ein relatives Überwiegen der sozioökonomisch schwächeren Hälfte der Bevölkerung vor, sodass Sprache und Erinnerungsvermögen weniger ausdifferenziert vermittelt werden. Hinzu kommt die Psychopathologie der Erkrankung, die den verbalen Ausdruck ebenso verändert, z. B. phantastisch formt oder einschränkt. Weiter kommt hinzu die Verschriftung der oralen Berichte der Patientin durch den Protokollanten, zunächst durch den Arzt; dieser hat eine selektive Wahrnehmung, weil er ja auf der Spur des Pathologischen, des Krankhaften ist. Dabei ist seine grundsätzliche Wahrnehmung als Mensch bereits geformt von den sozialisierten Normalitätsvorstellungen seiner sozialen Herkunftsgruppe; diese »Normalität« aber weicht zumeist sehr ab von der kulturellen »Normalität« der Erkrankten. Daneben treten als weitere Artefaktbildungen z. B. die Situation des Gesprächs, z. B. die Schreiblust resp. -unlust des Arztes, z. B. dass er notiert, was er zu hören glaubt, und so fort. Der Patient Friedrich J. nennt seine eigenen Erinnerungen »Gehirnkongestionen«,[27] insbesondere seine Affinität zu einer Dame namens Hedwig Zeidler, als der Arzt ihn zu paranoiden Vorstellungen befragen wollte – für Friedrich J. war die Dame sicher keine paranoide Idee.[28] Die Schieflage in diesem Gespräch ist auffällig, es handelt sich hier um eine »Metakommunikation«. Ebenfalls eine Metakommunikation stellt folgendes Gesprächsteil mit dem Patienten N. dar: »Warum er jetzt hier sei. Weil er geisteskrank sei. Wieso er geisteskrank sei: der Doktor habe es gesagt, er habe vorher noch nichts davon gewusst; er könne alles machen er wisse nicht, warum er geisteskrank sei.«[29]

Gehen wir aber nun von all solch konstruierten Wirklichkeiten aus, so stellt sich die Frage, was kann man noch aussagen zur Geschichte des Lebens, der Krankheit und des Todes? Wolff schlägt vor anzunehmen, »dass schriftliche Texte keine passiven, gleichsam ihren Interpreten ausgelieferten Darstellungen von Wirklichkeit sind, sondern ihre Lesbarkeit aktiv strukturieren«.[30] Dokumente »stellen eine eigenständige Datenebene dar«.[31] Weiter heißt es, »[...] Kontextinformationen [...] sollten so lange wie möglich vermieden werden [...]«. Dies hat zur Folge, dass »[...] die Analyse zunächst von der Selbstgenügsamkeit des Textes aus[zu]gehen« habe.[32]

Diese beiden forschungspraktischen Vorschläge konnten in dieser
Studie oft nicht umgesetzt werden, da sie implizit Kontextwissen
voraussetzen; in Bezug auf die »Aktion T4« kann ein solches Kontextwissen wohl eher nicht erwartet werden. Auch Kenntnisse von
sozial- und gesundheitspolitischen Zusammenhängen jener Zeit dürften in der Bevölkerung nicht weit verbreitet sein. Anders als von
Wolff vorgeschlagen, sind Hintergrundkenntnisse aber bedeutsam,
um die Lebensgeschichten zu verstehen. Portraits alleine, ohne diese
Hintergründe, zeichnen Menschen isoliert für sich. Die Menschen
dieser Studie aber sind jenseits ihrer Individualität Menschen, die getötet wurden, weil sie bestimmte biologische und psychische Merkmale hatten – die sie mit anderen Menschen teilten – und ihnen soziale Merkmale zugewiesen wurden. Merkmale, die als unproduktive
Kostenfaktoren nicht in das neue Menschenbild passten. Das System
»Euthanasie« tötete Kollektive, es tötete, überspitzt formuliert,
Merkmalsträgerinnen, nicht Individuen. Diesen Menschen das Individuelle zurückzugeben, war und ist eines der – normativen – Ziele
dieser Forschung. Das aber kann nur gelingen, wenn man sie zwar als
Individuen, aber eben auch als Mitglieder von Gruppen zeigen kann,
wenn man zeigen kann, dass die zeitgebundene kulturelle Prägung sie
als soziale Wesen geformt hat. Es war wohl der Mensch N. mit »angeb. Schwachsinn«, der u.a. seiner individuellen Behinderung wegen
getötet wurde, er war aber auch ein Teil aller Behinderten. Durch die
Dokumente blickt man auf ihn wie durch ein Fenster auf das Kollektiv Behinderter, d.h., seine Dokumente sind auch »Repräsentationen«[33] für dieses Kollektiv, das auch Teil eines sozialen Konstruktes
ist.

4. Verzerrungsfaktor Mensch

Ein Faktor, der die Qualität einer Inhaltsanalyse unabhängig von der
Qualität der Dokumente, beeinflussen wird, ist der interpretierende
Mensch. Qualitative Daten sind Merkmalen der Forscherin gegenüber nicht robust, die Auswertungen sind wesentlich subjektiver ge-
tönt als bei anderen empirischen Dateninterpretationen.[34] Der Autor
dieses Textes hat deshalb bei allen Autorinnen dieses Buches, die Lebensgeschichten geschrieben haben, nach der subjektiven Motivation
der Auswahl ihrer Geschichte gefragt.[35] Es lassen sich zwei Hauptka-
tegorien bilden: Die eine war die Persönlichkeit der Patientin, die an-

dere die sozialen Umstände in ihrem Leben. Beide Kategorien gehen
fließend ineinander über. Nur in zwei Fällen waren es Faktoren außerhalb des Lebens der beschriebenen Person, es war der Nutzen für
bestimmte historische Facetten, die an diesen Patientinnen paradigmatisch beleuchtet werden konnten. Sehr selten war die Motivation
eine berührend-rührende, d.h., dass ein spezifisches Leid die Auswahl bestimmte. Die interessierenden Facetten der »Persönlichkei-
ten« waren u.a. Gruppenzugehörigkeiten, z.B. Juden oder Künstler,
oder Lebensereignisse. Eine hier »feministisch« genannte Auswahl
wurde durch außergewöhnliche berufliche und politische Leistungen
der Patientinnen bestimmt. Auch die zeitgenössische Repression jener Zeit Frauen gegenüber war eine Motivation zur Auswahl. Keine
der ausgewählten Patientinnen, mit einer Ausnahme, spielte in ihrem
Leben eine im damaligen Sinne ausgeprägte »männliche Rolle«, aber
auch keine besondere Abweichung davon findet sich. Das (soziale)
Merkmal Mann war nicht Auswahlkriterium. Familiäre Faktoren, in
einem Falle gleichsam ein »Kampf um den Sohn« und im anderen
Falle die Verleugnung der Schwester durch einen juristischen Funk-
tionsträger des nationalsozialistischen Herrschaftssystems, spielten
ebenfalls eine Rolle. Man könnte zusammenfassen, dass die Auswahl
der Patientinnen wie ein Bild aus einem Kaleidoskop persönliche Facetten der Schreiberinnen widerspiegelt.[36] Hierzu ist stimmig, was die
empirische Kommunikationsforschung u.a. über die Ziele von Inhaltsanalyse so schön sagt: »Von Kommunikationsinhalten auf die
emotionalen oder kognitiven Befindlichkeiten/Deutungsmuster des
Kommunikators zu schließen«.[37]

5. Die Werkstatt

Die qualitative Inhaltsanalyse ist eine wissenschaftliche Forschungs-
methode. Somit ist die Offenlegung ihrer Vorgehensweise Pflicht,
soll dieses Verfahren nicht zur exklusiven »Kunstlehre« werden.[38]
Stephan Wolff plädiert in seiner Untersuchung der Rhetorik psychiatrischer Gutachten für die Anwendung der ethnomethodologischen
Konversationsanalyse schriftlicher Texte.[39] Diese Verfahren untersucht weniger das »Warum« sozialen Handelns als vielmehr das
»Wie«, was auch den Verzicht auf vorlaufende theoretische Aussagen
bedingt.[40] Wolff möchte diese Analyse nicht so sehr unter die üblichen Forschungstechniken subsumiert wissen, sondern spricht lie-

ber von einer Forschungshaltung, die als »analytische Mentalität«[41] angesehen wird. Die ethnomethodologische Konversationsanalyse kann für die Arbeit mit den psychiatrischen Krankengeschichten des Bestandes R 179 jedoch nur bedingt verwendet werden, da die dokumentierten Unterredungen zwischen Arzt und Patientin nicht auf einem Gespräch sondern auf einem Frage-Antwort-Verfahren beruhen. Im Folgenden wird ein Blick in die »Werkstatt« der Konstrukteurinnen der Lebensgeschichten getan. Mit den vorhandenen Dokumenten wird versucht, gleich der Arbeit der Paläanthropologie, aus diesen Bruchstücken wieder eine Gestalt werden zu lassen. Diese Metapher erscheint hier angebracht, als Paläanthropologie eine (allerdings evolutionsbiologische) Rekonstruktion der Menschwerdung versucht; diesem Buch liegt als moralisches Axiom eine Re-Individualisierung der »Euthanasie«-Toten zugrunde.

Der Autor dankt Stephanie Schmitt, dass sie diesen Einblick gestattete, hat sie doch eine überaus schwierige – und vielleicht auch die lehrreichste – Krankenakte aus dem Fundus gewählt und »ihre« Geschichte zu Friedrich J. gestaltet. Diese Akte des Friedrich J. dürfte wohl eine der dünnsten aller Akten sein, sie enthält lediglich eine Seite eines von ihm selbst erzählten und wohl von einem Arzt protokollierten Lebenslaufes und wenige Zeilen eines administrativen Vermerkes.[42]

Das Lebensereignis »Zuführung« ist die Rahmenhandlung, in die, geschachtelt, die Vorlebensgeschichte in den Worten Friedrich J.s eingebettet ist, nicht ohne einen psychiatrischen Befund zur Orientierung. Dieses Vorleben dürfte nun nicht in den Worten Friedrichs notiert sein sondern über das Gehör des Psychiaters (dies wäre die Verzerrungsstufe 1) im Gehirn – selektiv – wahrgenommen und an manchen Stellen »befundet« worden sein (Verzerrungsstufen 2 und 3), um letztendlich seine durch die Sprache wiederum veränderte Form (Verzerrungsstufe 4) als Text gefunden zu haben. Stephanie Schmitt bricht die Verschachtelung auf und »entfernt« gleichsam den Psychiater zugunsten einer unmittelbareren Lebendigkeit der Geschichte. Der Protokollstil des Psychiaters oszilliert im Originaltext zwischen wörtlicher Wiedergabe und Einschüben seiner Zweifel an der Lebenslaufschilderung Friedrichs. Durch die Übernahme dieses Ebenenwechsels schafft es Stephanie Schmitt, den Anstaltskontext mitzuliefern. Aufdrängende Fragen, wie nach dem Zustandekommen der französischen Zivilgefangenschaft, zur Tropenkrankheit und vor allem zum Numinosum Hedwig Zeidler lässt die Erzählerin nicht zu, sie überlässt es der Leserin, sich die Brücken nach eigenem Drehbuch zu bauen. Den »Aufwaschmädel[n]« widmet sie gar keine Bemerkung, was angesichts der spröden Information in diesem Satz sinnvoll ist – wenn auch mancher Spekulation darüber Tür und Tor offen stünden: »Die Aufwaschmädel im Obdachlosenheim hätten immer den Scheuerlappen in der Hand gehabt, davon habe er dann in der Nacht noch davon geträumt.«[43]

Ob der protokollierende Arzt diesen Satz als Information oder als Symbol für Schizophrenie aufgenommen hat, muss offen bleiben und würde die Ebene des Geschichtenerzählens verlassen und die Geschichte des Protokollanten zu erzählen versuchen. Ein »Aufnahmebefund« im engeren Sinne ist dieser Text wohl nicht, auch wenn sich seine Schlusszeilen wieder medizinisch gerieren, so, als ob in die zwei psychiatrischen Klammern »Orientierung« und »Diagnose« bunte Steine in das Kaleidoskop des Berichtes eingestreut wären.
  Eine Spekulation möchte der Autor aber doch zu gerne anstellen: Wie schaffte es ein Obdachloser in den Jahren 1935 bis 1941 »adipös« zu werden?

6. Der wissenschaftliche und gesellschaftliche Wert

Der methodologische Ansatz der qualitativen Inhaltsanalyse lässt sich ausdrücken als: »Technik, um bereits erhobenes Material auswerten zu können und dadurch theoretische Aussagen über die Regelmäßigkeiten des sozialen Lebens [...] machen zu können«.[44] Dies ist passgenau für das vorliegende Material, denn die vorliegenden Dokumente sind Skizzen menschlichen Handelns und Fühlens in verschrifteter Form und somit einer qualitativen Analyse zugänglich, auch wenn die Vielzahl der die Aussagekraft einschränkenden Faktoren die Reichweite der Folgerungen und Schlüsse sehr einschränken. Dennoch sind die in diesem Buch erzählten Lebensgeschichten bedeutsame empirische Befunde. Die Mischung aus quantitativen-kollektivbiografischen[45] und inhaltsanalytischen Daten, den Erzählungen, die in diesem Gesamtprojekt vorliegt, ist eine Art wissenschaftlicher »Glücksfall«, da jeweils die Befunde der einen Erfassungsart die Befunde der anderen Erfassungsart gleichsam zum »Sprechen« bringen, sie aufleuchten lassen und Zusammenhänge erhellen.

, Friedrich
geb. am: 6.12.1876 in Leipzig
1 9 4 1   zugeführt am: 17.3.1941

17.3.41   I. Aufnahme in der Landesanstalt Zschadraß.

Wird heute mit Sammeltransport aus der Versorgtenabteilung des
Obdachlosenheimes Leipzig hier zugeführt und auf Stat.   A. 4.
gelegt.

Aufnahmebefund in Zschadraß:

Örtlich und zeitlich voll orientiert, macht über sein Vorleben
folgende Angaben: Er heiße Friedrich J███████, sei geboren am
6.12.1876 in Leipzig, habe dort die IV. Bürgerschule in Leipzig
und die öffentliche Handelslehranstalt in Leipzig besucht, sei
nie sitzen geblieben, Habe immer gute Zensuren gehabt. Sei dann
5 Jahre bei Mädler in Hamburg Buchhalter gewesen (1895 bis 1900).
Sei dann 1 Jahr in Übersee gewesen, habe dann dort aufhören müssen, weil er Schwarzwasserfieber gehabt habe, sei dann wieder
nach Leipzig gekommen, wieder Buchhalter gewesen, 1 Jahr bei eine
Versandhaus, 1/4 Jahr bei Heine und Co, 3 Jahre bei Epperlein und
Co (1903 bis 1905), 1906 wegen eines Nervenzusammenbruches (Pilling in Aue), dann wieder in Stellung, Stellungen scheinbar oft
gewechselt, dazwischenhinein wieder 4 Wochen im Sanatorium Starke
in Berka a.d. Ilm (1906), bis 1908 wieder gearbeitet als Kaufmann,
dann ausgewandert nach Brasilien, 1914 wieder zurückgekommen.
Zivilgefangenschaft 5 Jahre bei den Franzosen. 5.11.1919 wieder
nach Leipzig gekommen. Habe dann seinen Lebensunterhalt durch
Adressenschreiben verdient.   Seit 1935 im Obdachlosenheim untergebracht.
Gibt Gehörstäuschungen zu, das seien doch nur Gehirnkongestionen
daß man mal an schöne Stunden erinnert wird, "da hat man mal ein-
Hedwig Zeidler kennen gelernt". "Wo man ging und stand, da war
Hedwig Zeidler da." Die Aufwaschmädel im Obdachlosenheim hätten
immer den Schauerlappen in der Hand gehabt, davon habe er dann in
der Nacht noch davon geträumt. Ziemlich verschlossen in Bezug auf
seine wahnhaften Erlebnisse.
Diagnose: Schizophrenie. ??

Seit 30.11.39 im Obdachlosenhaus.
Diagnose: Paranoia, Adipositas.

5. 5.1941.   Verlegt in eine andere Anstalt.

R 797...

Auszug aus den Akten des Fürsorgeamtes Leipzig.

Fürsorgestelle
für Nerven- und Gemütskranke.   13.4.34.

    Herr Friedrich   , Steinstr. 12 III l. wird von hier
aus betreut. Es handelt sich um einen chron. Geisteskranken, der
von seinem 70 Jahre alten Bruder versorgt wird. Ich hatte diesem schon im Januar geraten, den Kranken in ein Pflegehaus oder
das Heilanstalt Dösen unterbringen zu lassen. Ich halte die
Unterbringung für notwendig.
                              gez. Dr. Schulz (?)

Abb. 7: Krankenakte von Friedrich J.

Resümierend ließe sich von einer Kaskade von Fiktionen sprechen, die sich in Krankengeschichten niederschlagen. Es stellt sich die Frage, was unter wissenschaftlichen Gesichtspunkten denn dann noch damit anzufangen ist. Eine Zuspitzung dieser Frage schildert Assmann:

>»Wir befinden uns in einer Phase der [...] Dekonstruktion von Erinnerungen. Dabei stellt sich allerdings die Frage, wie wir mit diesen neuen Einsichten umgehen. Ein Beispiel ist die Position des Mittelalter-Historikers Johannes Fried, der die neue Hirnforschung beim Wort nimmt, was die Fundamente der Geschichtsforschung zusammenbrechen läßt. Wenn Menschen keine zuverlässigen Erinnerungen produzieren können, gibt es auch keine zuverlässigen Quellen, auf denen das Gebäude der Geschichtsschreibung errichtet werden könnte, weil am Anfang aller historischer Erfahrung der Augenzeuge steht.«[46]

Das Schlüsselwort dieser radikalen Position ist »zuverlässig«. Welche Zuverlässigkeit wünscht sich Johannes Fried? Die, die »wahr« war, die die Augenzeuginnen so aber nicht sehen konnten? Was aber anderes können wir sehen als das, was auf neuronale Verknüpfungen in unserem Gehirn trifft, was an Engrammen bereits da ist, die neu verschaltet werden müssen? Dies wäre eine neurobiologische Antwort. Die Philosophie, auch die Platon'sche, hat eine andere, die aber letztlich dasselbe bedeutet: Wir nehmen wahr, was wir wahrnehmen können, nichts, was jenseits unseres Horizontes ist.[47] Also kann auch nur dies verschriftet werden. Und ebendies sind dann u.a. Krankengeschichten. Die Antwort auf die Frage nach der sozialwissenschaftlich-empirischen Validität von Dokumenten ist einfach, jegliches Dokument ist »gültig« für sich – eventuell bis es verändert wird, dann ist es ein anderes Dokument, aber eben auch ein »gültiges«. Eine Frage nach der Reliabilität ist überflüssig, jede technische Kopie ist 100% reliabel zum Original, es ändert sich aber nichts am Inhalt. Verschriftete Sprache auf einem Blatt Papier ist geronnene Wirklichkeit: »Es ist, was es ist.«[48] Inhaltsanalyse zielt in diesem Forschungsprojekt nicht darauf ab, eine Wirklichkeit hinter der Wirklichkeit des Dokumentes zu entschleiern, zu re-produzieren, wie sie vielleicht gewesen sein könnte sondern darauf, zu entschlüsseln, was dieses Dokument sagt.

Ein in diesem Forschungsprojekt bedeutsames Argument gegen die o.g. Radikalposition der Unmöglichkeit von Geschichtsschreibung ist ein ethisches: Den Toten der »Euthanasie« widerführe damit nämlich erneut, was den Insassen des Totenschiffes von B. Traven (1926) angekündigt wurde:

> »Wer hier eingeht / Des Nam' und Sein ist ausgelöscht. /
> Er ist verweht, / Von ihm ist nicht ein Hauch erhalten […] /
> Er ist das Nicht, das Nie, das Nimmer [...] / Er ist das Niege-
> wesen«[49]

Dieses Beispiel und die oben skizzierte Darstellung der Komplexität der qualitativen Methode Inhaltsanalyse machen ersichtlich, welche methodologischen und methodischen Probleme die Akten von »Euthanasie«-Ermordeten für die empirische Sozialforschung mit sich bringen.[50]

Fazit: »Was bleibet aber, stiften die Dichter«?

Ist dieser Satz von Hölderlin[51] eine Lösung für die Konstruktion einer Lebensgeschichte, wenn die Quellenlage dürftig ist? Sicher nicht, eher findet sich ein Ansatz bei Walter Benjamin in seinem Essay »Der Erzähler«.[52] Zunächst unterscheidet Benjamin zwischen dem Historiker, der die Geschichte schreibt, und dem Chronisten, der »der Geschichts-Erzähler« ist.[53] In diesem Sinne sind die folgenden Lebensgeschichten von Erzählerinnen geschrieben, die Bruchstücke eines Menschenlebens und seine Zurichtung zum Tode in einer »Heil- und Pflegeanstalt« zu einem Bild werden lassen, das diesem Menschen seine Identität zurückgeben will. Diese Absicht wäre nach Benjamin jene »Bewandtnis, die es mit jeder wahren Erzählung hat. Sie führt [...] ihren Nutzen mit sich. Dieser Nutzen mag [...] in einer Moral bestehen [...]«.[54]

Auch an einer anderen Norm von Walter Benjamin haben sich die Erzählenden orientiert:

> »Es ist nämlich schon die halbe Kunst des Erzählens, eine Geschichte, indem man sie wiedergibt, von Erklärungen freizuhalten.
> [...] Das Außerordentliche, das Wunderbare wird mit der größten Genauigkeit erzählt, der psychologische Zusammenhang des Ge-

schehens aber wird dem Leser nicht aufgedrängt. Es ist ihm freigestellt, sich die Sache zurechtzulegen, wie er sie versteht, und damit
erreicht das Erzählte eine Schwingungsbreite, die der Information
fehlt«.[55]

Einer Absprache unter uns Autorinnen zufolge, sollte unser Sprach-
stil kühl klirren, damit Gefühle, die einem im »Herz[en] der Finsternis«[56] bedrängten – was Hannah Arendt als »Verweilen im Grauen«[57]
bezeichnet, nämlich die jahrelange Befassung mit den Akten von
»Euthanasie«-Getöteten –, nicht Platz im Geschriebenen einnehmen.
Die Chronik dieser nicht-affektiven, wohl aber effektiven Tötungen
bedarf der nüchternen Sprachschilderung. Alle pathetische Sprach-
überhöhung geriete in die Nähe dessen, was Ruth Klüger den KZ-
Kitsch[58] nennt. Auch Ruth Klüger lädt nirgends ein, betroffen zu
sein, sondern kühl standzuhalten und sich mit dem Geschehen ausein-
anderzusetzen, ein Gedanke, den schon Hannah Arendt einfordert, der
aber nach Welzer nicht nur ein »distanzierter Betrachterstandpunkt«[59]
sein sollte, sondern sich auf Engagement und Distanzierung (Norbert
Elias) stützt.

1 Publius Ovidius Naso leitete sein Werk »Metamorphosen« ein mit dem Satz
  »Es treibt mich die Inspiration zu künden von in neue Körper verwandelte[n]
  Gestalten« – »In nova fert animus mutatas dicere formas corpora«, zit. n.
  Holzberg (1992), Einführung, S. 713.
2 »Was nicht in den Akten steht, existiert nicht«, war nach Wolff einer der
  Grundsätze der Inquisitionsgerichte. Vgl. Wolff (2000), Dokumente, S. 1 (Internetquelle).
3 Ebd.
4 Ebd., S. 2.
5 Ebd., S. 3.
6 Ebd.
7 Krems (2003), Akte (Internetquelle).
8 Dangl (2006), Medizinische Dokumentation, S. 8 (Internetquelle).
9 Ebd., S. 7.
10 In diesem Text wird die weibliche Sprachform für beide Geschlechter benutzt,
   um den Fluss des Satzes nicht unnötig zu unterbrechen.
11 Krankengeschichte und Personalakte unterscheiden sich auch durch den Platz
   innerhalb einer Anstalt, an dem sie geführt wurden, meist Verwaltung und
   Station. Verallgemeinernd darf gesagt werden, dass die Personalakte die Ver-
   waltungsdokumente der Patientin beinhaltete, die Krankengeschichte ihre
   ärztliche und pflegerische Betreuung.

12 Gemeint sind Lücken im Text, nicht Lücken zwischen den dinglichen Dokumentenblättern.
13 Wolff (2000), Dokumente, S. 5 (Internetquelle).
14 Nassehi (1994), S. 52, zit. n. Welzer; Montau; Plaß (1997), S. 26.
15 Ebd., S. 27.
16 Dies klingt nur trivial, tatsächlich sind die Wörter noch immer der Ariadnefaden zu psychischen Störungen.
17 Streeck (1991), Sprachanalyse, S. 91 f.
18 Vgl. Wöller; Müller; Lehmann (1980), Soziale Bewertungsdimensionen; Wöller (1980), Untersuchungen; Carius und Steinberg (2000), Bezeichnungen.
19 BAB, R 179/1576, Bl. 1.
20 Rotzoll; Fuchs; Hinz-Wessels; Hohendorf; Richter (2004), Frauenbild.
21 Wöller; Müller; Lehmann (1980), Soziale Bewertungsdimensionen, S. 91.
22 So das Motto einer Ausstellung über Christa Wolf zum 70. Geburtstag, zit. n. Assmann (2006), Erinnerungen, S. 99.
23 Ebd., S. 107.
24 Markowitsch und Welzer (2005), Gedächtnis; Welzer und Markowitsch (2006), Menschen.
25 Markowitsch und Welzer (2005), Gedächtnis, S. 260.
26 Ebd.
27 Dies sind Blutansammlungen in Gehirnarealen. Es muss offen bleiben, ob Friedrich J. diesen medizinisch korrekten Ausdruck kannte oder ob er ein laienmedizinisch umlaufendes Wort nutzte.
28 Vgl. die Erzählung von Stephanie Schmitt in diesem Band.
29 BAB, R179/1576, Bl. 2.
30 Wolff (2000), Dokumente, S. 7 (Internetquelle).
31 Ebd., S. 11.
32 Ebd., S. 12.
33 Ebd., S. 3.
34 Man könnte beinahe von einer »naturtrüben« Interpretationsweise sprechen.
35 Die Auswahl der »Fälle« für die Lebensgeschichten war den Mitarbeiterinnen freigestellt. Zur Auswahl standen jene 3 000 Akten zur Verfügung, die als 10%ige Stichprobe aus der quantitativ untersuchten Gesamtanzahl von N _ 30 000 Akten gezogen wurden. Der Grund für die Abweichung des sonst stringent durchgehaltenen 10%-Stichprobeprinzips war, dass eine freie Auswahl eine höhere Motivation bewirken könnte.
36 Eine Sonderrolle nehmen jene Geschichten ein, in denen Angehörige entweder selbst die Erzählung mitgeschrieben haben (Helmut Bader) oder durch den Kontakt mit den Autorinnen die Lebensgeschichten beeinflussten (Therese H).
37 Zipfel, zit. n. Brown (2006), Inhaltsanalyse, S. 12 (Internetquelle).
38 So z.B. bei Oevermann in seiner »objektiven Hermeneutik« (1979).
39 Vgl. Wolff (1995), Text, S. 21-30.
40 Ebd., S. 22.
41 Schenkein (1978), zit. n. ebd., S. 22.
42 BAB, R 179/7929.
43 Ebd.

44 Zipfel, zit. n. Brown (2006), Inhaltsanalyse, S. 11 (Internetquelle).

45 Vgl. dazu den Beitrag von Petra Fuchs »Die Opfer als Gruppe« in diesem Band.

46 Assmann (2006), Erinnerungen, S. 107.

47 Selbst das zum Allgemeinkitsch gewordene Statement des »kleinen Prinzen«, »Man sieht nur mit dem Herzen gut«, ist ein Beleg dafür, dass sich das »Gedächtnis in einem *sozialen Vorgang*« (vgl. Markowitsch und Welzer, (2005), Gedächtnis, S. 260) ausbildet, zu dem auch die Gefühle (das »Herz« des »kleinen Prinzen«) zählen. Der Hinweis von Gerrit Hohendorf, dass hinter diesem Satz ein normativer Anspruch steht, Erkenntnismöglichkeiten jenseits der Vernunft zuzulassen, ist richtig, beweist aber genau das Gesagte: Normative Ansprüche entstehen in gesellschaftlichen Kontexten.

48 Erich Fried möge diese Anleihe an seinem ebenfalls Allgemeinkitsch gewordenen Gedicht (»Es ist, was es ist, die Liebe«) duldsam sehen.

49 Auszug aus der Inschrift über dem Mannschaftsquartier des »Totenschiffes«, (B. Traven 1926), zit. n. B. Traven (1967), S. 132).

50 Die folgende Aussage ist unter empirisch-sozialwissenschaftlichen Gesichtspunkten nicht nachvollziehbar: »Das Erstellen von Lebensläufen an Hand der Akten ist eine Aufgabe, die Jugendliche bewältigen können.« Vgl. Böhm (2003), Porträts, S. 15.

51 Friedrich Hölderlin, Andenken (1803/1805), zit. aus Hölderlin (1965), Gedichte, S. 196-198.

5 Benjamin (1977), Erzähler, S. 438-465.

53 Ebd., S. 451.

54 Ebd., S. 442.

55 Ebd., S. 445. Die Soziologie bedient sich dieses Verfahrens ebenfalls. So schreibt Kaufmann: »Die Erzählung dient hier voll und ganz der Argumentation. Und wenn es mir unumgänglich scheint, so werde ich ohne Zögern, den Faden der Erzählung zerschneiden, um das zu sagen, was ich vom wissenschaftlichen Standpunkt aus zu sagen habe« (Kaufmann (2006), Leidenschaft, S.11).

56 Conrad (1998), Herz der Finsternis.

57 Zit. n. Welzer (1997), Verweilen, S. 9.

58 Ob Ruth Klüger das Buch von Helga Schubert »Die Welt da drinnen« aus dem Jahr 2003 dazurechnen würde, ist ungewiss, gewiss aber ist, dass die Verwischung von Linien zwischen Protagonisten und Autorin eine Geschichte wohl sentimentaler, nicht aber erinnerlicher macht. Vgl. Klüger (2005), Weiter leben.

59 Welzer (1997), Verweilen, S. 10.

Lebensgeschichten

Karl Ahrendt –
»Fürst Friedrich Carl Wilhelm Ahrendt v. Ahrendtberg«

Maike Rotzoll

»[…] beschäftigt sich viel mit Zeichnungen schizophrener Art, zeichnet z. B. einen Kopf, dessen Augen, Mund, Stirn u.s.w. durch besondere Figuren oder Bilder dargestellt sind u. an dem alles eine symbolische Bedeutung hat«. Diese Aufzeichnung über den Patienten Karl Ahrendt findet sich 1921 in der Krankenakte des zu diesem Zeitpunkt bereits 68-Jährigen.[1] Ob das farbenfrohe Blatt gemeint ist, das neben zahlreichen Zeichnungen der Krankengeschichte beiliegt, bleibt unklar.

Auch die Frage, welche Symbolik hinter den einzelnen Bildelementen steht, die sich wie bei einem Teppich ineinander verweben und den Eindruck prächtiger Ornamente hinterlassen, kann heute, nach den Tod des Zeichners, niemand mehr beantworten. Ob sich der ehemalige Kutscher Ahrendt ausschließlich an eine traditionelle Symbolsprache hielt, ist indes mehr als fraglich. Dass ihm übliche, besonders religiöse Symbole jedenfalls vertraut waren, zeigt ihre häufige Verwendung in seinem zeichnerischen Werk. So könnten die beiden Schlangen, die das Bild umrahmen, also beispielsweise eine Versuchung oder Bedrohung für das Ich – verborgen hinter dem Gesicht mit der Krone im unteren Drittel der Zeichnung – darstellen. Doch zusätzlich könnten sie eine andere, tiefere, heute unzugängliche Bedeutung besitzen, denn Karl Ahrendt scheint, dies erfahren wir aus der Krankengeschichte, ganz in seiner eigenen Gedanken- und Bilderwelt gelebt zu haben. Schon 1909 heißt es von ihm, er sei örtlich und zeitlich gut über sein Leben orientiert, »nur greifen seine Wahnideen so tief in seine Gedankengänge ein, daß es schwer ist, geordnete Auskunft über sein Leben zu erhalten«, er sei »völlig wunschlos«, zeichne »phantastische ›katatone‹ Zeichnungen« und versehe sie mit »wunderlichen Erklärungen«. So ist auch nicht auszuschließen, daß es sich bei dem Gesicht mit der Krone auch um ein Selbstportrait des Zeichners handelt, der sich auch »Fürst Ahrendt von Ahrendtberg« nannte.

Wenig erfahren wir der genannten Eigenart und Eigenweltlichkeit Ahrendts entsprechend aus der Akte über die Lebensgeschichte des Patienten. Am 12. Oktober 1853 in Wesenberg, Mecklenburg, geboren, war er nicht mehr jung, als er 1907 in die Psychiatrie eingewiesen wurde, sondern bereits 54 Jahre alt. Er lebte zu diesem Zeitpunkt, verheiratet mit Bertha Ahrendt, in Berlin, war von Beruf Kutscher und hatte einen Sohn Johannes, als dessen Beruf Monteur angegeben wird.

Im Dezember 1907 erregte er Aufsehen – und einen Menschenauflauf – auf dem Alexanderplatz in Berlin durch »Tragen eines Generalsmantels«. Zudem sei er durch »verwirrtes Wesen« aufgefallen. Das zuständige Polizeirevier wies ihn in die Heil- und Pflegeanstalt Berlin-Herzberge ein, mit einem Begleitschreiben, in dem es heißt, »[…] ist nach dem beigefügten amtsärztlichen Attest gemeingefährlich geisteskrank […]«. Der Amtsarzt berichtet in seinem Attest: »Bei der Untersuchung ist er sehr lebhaft, redet viel und äußert Größenideen. Den Mantel hat er vom Kaiser und der Kaiserin erhalten, der Großherzog von Mecklenburg hat ihm mitgeteilt, daß die Hofdame seine Mutter sei, Vater unbekannt, ebenso, daß er Karl von Ahrensberg heiße. Auch Wrangel habe mit ihm Felddienstübungen besprochen, er besitze die Occupation von 1870.«

1908 wurde Karl Ahrendt von Herzberge nach Berlin-Schöneberg, in die »Maison de Santé« verlegt. Die 1861 als Kuranstalt von Dr. Eduard Levinstein gegründete Institution fungierte ab 1866 auch als Privatanstalt für psychisch Kranke und ab 1871 zusätzlich als Filiale der städtischen Irrenversorgung,[2] übernahm also zum Zeitpunkt der Verlegung Ahrendts auch auf öffentliche Kosten verpflegte Patienten. Formal wurde für die Zeit, die Karl Ahrendt in der »Maison« verbrachte (1908-1917), die Krankenakte von der städtischen Anstalt Dalldorf (Wittenau) geführt. Dorthin richteten sich auch die jährlichen »Kurberichte« des leitenden Arztes der »Maison de Santé«, Dr. Walter Levinstein. Aus den Berichten wird die starke zeichnerische Produktivität Ahrendts deutlich, so heißt es 1910: »fertigt fast täglich charakteristische Zeichnungen«, 1912: »Stundenlang ist er mit seinen katatonen Zeichnungen beschäftigt« oder 1913: »Man trifft den Kranken meist beim Zeichnen an oder Schreiben«. Der Bericht von 1914 enthält einen Hinweis auf die tiefere Bedeutung der Werke: »sitzt dauernd am Tisch und malt immer dieselben Zeichnungen, die er von Zeit zu Zeit dem Arzt religiös interpretiert«.[3]

Dr. Levinstein muss mit Professor Wilmanns in Heidelberg über die dort entstehende Sammlung von Werken psychisch Kranker[4] in Verbindung gestanden haben, dies geht aus einem Brief von Prof. Wilmanns vom 15. April 1919 an die Direktion der Berliner Heil-

Abb. 8: Karl Ahrendt: ohne Titel, undatiert.

und Pflegeanstalt Buch, in die der Patient 1917, zwei Jahre vor der Schließung der »Maison de Santé«, verlegt worden war, hervor. Wilmanns schreibt, er habe von Sanitätsrat Levinstein die Nachricht erhalten, dass sich Karl Ahrendt nun in Buch befinde, und er bittet um »Überlassung der Krankengeschichte auf kurze Zeit« – diese Bitte steht offenbar in Zusammenhang mit dem Aufbau der Prinzhorn-Sammlung.

In Berlin-Buch verbrachte Karl Ahrendt nochmals 20 Jahre, bis er, nunmehr 84-jährig, in die vierte städtische Heil- und Pflegeanstalt Berlins, Wuhlgarten, verlegt wurde. Über die Jahre in Buch ist aus der Akte zu erfahren, dass Ahrendt 1920 aufgrund einer Linsentrübung an den Augen operiert wurde und dass er weiterhin häufig zeichnete. Auch der Kontakt zu seiner Familie, schon für die Zeit zuvor durch zahlreiche Briefe in der Akte belegt, riss nicht ab. Dies zeigen Urlaubsgesuche, die der Sohn bei der Klinikdirektion einreichte und die somit bezeugen, dass die Familie den betagten Patienten noch bis 1931 auf Urlaub nach Hause holte. Ob die Ehefrau Ahrendts allerdings in den 30er Jahren noch lebte, ist unklar, denn 1930 richtete der Patient eine Anfrage an die »Dierecksjon hier zu Buch«, ihn zu seinem Sohn Johannes Ahrendt in Pflege zu geben, »da ich als die Pflege als vor nohtwendig bevinde um eine Verenderung zu haben die als Wohlthuhend auv meiner Gesundheit würde einwircken – Ich ersuche hövligt die Direcksjon meinen Wuntsche demnach zu entsprechen, u die Herren Direktoren mögen als diesen meinen Rewers hövligst miet ihre Namen untherzeignen«. Diesen wie auch viele andere Briefe unterzeichnete Ahrendt mit einem komplizierten Adelstitel, in diesem Fall »Agthungsvoll Nero Kaiserlig Cönignigliche Ertz=Hertzogliche Hoheit Fürst Friedrich Carl Wilhelm Ahrendt v. Ahrendtberg«.

Die Vorstellung, von hoher Abkunft zu sein, hatte Ahrendt schon bei Aufnahme geäußert, und er bewahrte sie einschließlich einer »würdevollen Haltung« über die Jahrzehnte seines Anstaltslebens. 1913 heißt es, wenn man ihn mit seinem Namen anspreche, werde er »sehr erregt, er wäre Fürst Ahrend von Ahrendsberg, er gehöre hier garnicht her, anfangs Januar hatte er einen Erregungszustand, so daß er zu Bett gelegt werden mußte«, und noch 1936 findet sich die Notiz »Behauptet, er sei 123 Jahre alt, sei schon einmal begraben gewesen, sei kaiserl. Hoheit u. dergl. spielt mitunter Kart.«. Die Diskrepanz zwischen der »Hoheit« und dem Kartenspiel, zwischen Erhabenem und Banalem kann Ahrendt offenbar ohne Schwierigkeiten in sich vereinen. Dies zeigt auch schon ein Brief an die Ehefrau »ihrer Hoch-

*Abb. 9: Schornstein und Krematorium
der Tötungsanstalt Bernburg/Saale*

wohlgeborn Fürstin Berthariena Ahrendt v. Ahrendtberg« von 1915, in dem er nach hoheitsvoller Anrede ganz bescheiden um ein Stück Seife und die »Versprochenen bunthen Bleistievthe« bittet.

1936, ein Jahr vor der Verlegung nach Berlin-Wuhlgarten, beklagt sich der 83-jährige Patient, »daß er nicht wie die arbeitenden Kranken Wurstbelag u. Tabak bekommt. Er habe im Leben genug gearbeitet, brauche nicht mehr zu arbeiten«. Hier zeigen sich bereits die veränderten Bedingungen der Psychiatrie im Nationalsozialismus, einer Zeit, in der häufig arbeitende Patientinnen und Patienten besser ernährt wurden als »nutzlose Esser«. In Wuhlgarten war Ahrendt »unbeschäftigt«, wie aus einem dort ausgefüllten und an die »Euthanasie«-Zentrale gerichteten Meldebogen – in der Akte ist eine Doppelausfertigung überliefert – hervorgeht. Allerdings wird dort auch festgehalten: »regelmäßig Besuch«, was im Gegensatz zu mangelnder Bereitschaft oder Fähigkeit zur Arbeit ein Grund hätte sein können, jemanden von der »Euthanasie« auszunehmen. Dennoch wurde Ahrendt am 31. Oktober 1940 in die Brandenburgische Zwischenanstalt Teupitz verlegt. Auch hier wurde er offenbar noch zur Arbeit angehalten, denn eine der letzten Eintragungen in der Krankengeschichte lautet »Steht tägl. auf und hilft beim Zupfen. Bei Anrede bringt er verworrenes Zeug heraus, bietet sonst wenig. Schläft nachts ruhig ohne Mittel«.

In Teupitz wurde nochmals ein Meldebogen ausgefüllt. Auch hier wird erwähnt, dass sich Ahrendt am »Zupfen« (mechanische Tätigkeit zur Bearbeitung von textilem Material) beteiligte. Aber nun findet sich die Notiz »kein Besuch«. Am 18. März 1941 wird der 87-Jährige letztmals verlegt – in eine Tötungsanstalt. Sein Name findet sich im Opferbuch der Tötungsanstalt Bernburg.[5]

1 Alle zitierten Dokumente stammen aus der Krankengeschichte, BAB, R 179/5597. Als Patienten-Künstler, dessen Werk in der Sammlung Prinzhorn vertreten ist, gilt Karl Ahrendt als Person der Zeitgeschichte. Sein Name darf daher genannt werden. Die hier vorliegende Kurzbiographie wurde bereits publiziert in Brand-Claussen; Röske; Rotzoll (2002), Todesursache, S. 18-27.

2 Vgl. Bezirksamt Schöneberg/Berlin (Hg.) (1989), Maison de Santé, S. 53.

3 Vgl. Eschebach (1989), »Ich endes unterzeigneter ergreive die Feder«, S. 66-67.

4 Zur Geschichte der Sammlung Prinzhorn vgl. Fuchs; Jadí; Brand-Claussen; Mundt (2002), Wahn Welt Bild, Vorwort, S. IX-XI.

5 Den Nachweis verdanken wir Frau Dr. Ute Hoffmann, Leiterin der Gedenkstätte Bernburg.

Martin Bader –
»Mein Name ist in Giengen
und Umgebung gut bekannt«

Helmut Bader

Martin Bader ist mein Vater und der Großvater meiner beiden Töchter. Während diese ihre Oma bis in ihre eigene Erwachsenenzeit hinein erleben durften, wissen sie von ihrem Großvater nur, dass er im Dritten Reich ein Opfer der »Euthanasie« wurde. Meine eigene Erinnerung an meinen Vater ist sehr vage, da ich nur die ersten vier Lebensjahre mit ihm zusammen verbrachte.

Die Erinnerung an ihn stützt sich hauptsächlich auf die Berichte meiner Mutter, die auch die amtlichen Dokumente der »Euthanasie«-Täter aufbewahrt hat. Etwas ganz Besonderes und wohl Einmaliges ist aber, dass mein Vater den größten Teil seiner Lebensgeschichte selbst niedergeschrieben hat. Über seine letzte Lebenszeit geben seine Briefe aus der Heilanstalt Schussenried Auskunft. Je mehr ich mich mit diesen Zeugnissen befasse, desto mehr verspüre ich die Pflicht, das Schicksal meines Vaters der Vergessenheit zu entreißen und die Erinnerung an ihn in der Familie zu bewahren.

Ein Lebenslauf in eigenen Worten

»Mein Name ist in Giengen und Umgebung gut bekannt. Ich, Martin Bader, bin geboren am 20. November 1901 in Giengen a. Brz. als Sohn des Fabrikarbeiters Joh. Bader und seiner Ehefrau Margarete geb. Geyer, beide gebürtig aus Asselfingen, Oberamt Ulm. Mein Geburtshaus steht an der Kirchplatzecke neben dem des Schlossermeisters Braun.«

So beginnt mein Vater am 1. Februar 1930 seinen »Lebenslauf von 30 Jahren«, den er in einem dicken Oktavheft niederschreibt.[1] In gestochener Handschrift und in einwandfreier Rechtschreibung gibt er über sein Leben Auskunft. Liebevoll und amüsant beginnt er mit Begebenheiten aus seiner Kindheit und Jugend: »Meine frühesten Erinnerungen reichen zurück bis zur Kirchenrenovierung im Jahre 1904 und 05. Schon damals kam ich auf dem Gerüst bis zur halben Turmhöhe empor. Eines Tages hatte der alte Schlossermeister Braun mit einem Maurer Streit. Da hatte der Maurer das Unglück und fiel vom Gerüst des ersten Stocks herunter direkt in die Mörtelpfanne hinein. Der Schlosser Braun sah dies; er hatte gerade ein glühendes Eisen zu bearbeiten; er, nicht faul, rennt mit dem glühenden Eisen dem Maurer nach und hätte diesen jedenfalls gebrannt, wenn er ihn erwischt hätte.«

Aus seinen Schilderungen entsteht das lebendige Bild einer Zeit, in der die Kinder ganz selbstverständlich mitarbeiten mussten, um den Lebensunterhalt der Familie zu sichern. Noch ehe Martin in die Schule kam, musste er »schon den Laufjungen beim alten Güterbeförderer Gaugenmaier machen, damit ich daheim aus der Schüssel kam. In diesem Hause war ich mehr als daheim. Die alte Frau Gaugenmaier war eine sehr christliche Frau, sie hielt mich immer zum Gebet an.« 1907 kommt er in die Volksschule »zum damaligen Herrn Hauptlehrer Strecktenfinger. Das zweite und das dritte Schuljahr bei einer Frl. Schrag; dieselbe hat in der Schule einen großen Unterschied gemacht.« Leider schreibt er nicht, welchen! »In dieser Zeit mußte ich bei Gaugenmaier schon fest mitarbeiten. Ich mußte auch damals das Getreideschneiden lernen. Wie es halt dann ging, schnitt ich mich in den kleinen Finger. Dann hat die alte Frau Gaugenmaier von ihrem Hemd ein Stück weggeschnitten und mir meinen Finger verbunden.«

Mit dem Tod des Ernährers beginnt für die große Familie eine harte Zeit: »Am 10. Dezember 1909 starb mein Vater nach schwerem Leiden. Ich war damals krank und konnte nicht zur Beerdigung. Wir waren sieben Geschwister (Vier Brüder und drei Schwestern). Eines Abends habe ich mit meinem Bruder Heinrich das Schwarze-Peter-Spiel gemacht, da geht die Türe auf und Herr Stadtpfarrer Siegle trat ein. Dieser machte uns und der Mutter gleich einen Vorhalt wegen dem harmlosen Spiel. Nun mußte ich ganz zu Gaugenmaier, auch zum Schlafen. Ich mußte jeden Tag um 6 Uhr aufstehen und das Kaffeebrot holen beim Bäcker. Zum Vesper bekam ich jedesmal meinen halben Liter Most und eine ganze Portion Wurst. Ich mußte aber auch auf dem Güterbahnhof zwischen die Arbeiter hineinstehen und Platten und Ziegelsteine reichen.«

Nach beendeter Schulpflicht geht es ohne Unterbrechung in die Lehre. Schon während des letzten Schuljahres »kam ich zum alten Schuhmacher Bendele als Laufbursche und fing gleich an, das Schuhmacherhandwerk zu erlernen. […] Am 24. April 1915 vormittags 10 Uhr war unsere Schulentlassung. Noch am gleichen Tage trat ich in

Abb. 10:
Martin Bader,
1930er Jahre

die Lehre ein. Nähen und Holznageln hatte ich schon vorher gelernt. An den Samstagen mußte ich ganze Arme voll reparierter Schuhe forttragen und das Geld gleich einkassieren. Jeden Montag hat man während der ganzen 3 Jahre Lehrzeit entweder Dung gefahren oder auf dem Feld gearbeitet. In der ganzen Nachbarschaft standen die Männer im Felde. So waren die Schuhmacher die einzigen in der Nachbarschaft, und wir mußten überall, wo es schwere Arbeit gab, Hand anlegen. [...] Im dritten und letzten Jahr hatte der damalige Gewerbeschulvorstand Keefer eine Turnstunde eingeführt. Dieselbe war an den Samstag-Abenden von 8-9 Uhr. In dieser Zeit mußte ich die Werkstätte aufräumen, und dann konnte mein Lehrmeister den Schulvorstand Keefer nicht schmecken. Deswegen durfte ich die Turnstunde nicht besuchen. Mein Lehrmeister sagte immer: ›Das will ich doch sehen, wer über meinen Lehrbuben Herr ist, ich oder der

Keefer.‹ Ich wurde von Herrn Keefer immer ordentlich zusammen-
gestaucht. Nun wurde mein Lehrmeister vor den Gewerbeschulrat
geladen, aber ich durfte wieder nicht ins Turnen gehen. Zum Schluß
wurde mein Lehrmeister mit 20 Mark bestraft, und ich war der einzige von 33 Schülern, der das Turnen nicht besuchen durfte. Herr
Oberreallehrer Keefer hatte über ein halbes Jahr ein Paar Stiefel zum
Besohlen bei uns; dieselben mußte ich aber ungemacht zurücktragen.
Am 1. Mai 1918 hatte ich ausgelernt und blieb noch bis Dezember bei
meinem Lehrmeister. In der Woche verdiente ich 5 Mark. Während
meiner Lehrzeit ist auch mein älterer Bruder Heinrich im Krieg gefallen.«

Wie damals für Handwerksgesellen üblich geht Martin auf Wanderschaft, um seine Kenntnisse bei verschiedenen Meistern zu erweitern. Erstaunlich sind die vielen Einzelheiten, die ein hervorragendes
Gedächtnis beweisen. Rund fünf Jahre verbringt er in Bayern: »Schon
in meinen Jugendjahren hatte ich den Wunsch, die bayerischen Alpen
zu sehen. […] In Augsburg wohnte ich im Gasthaus ›Zum Schwanen‹.
Eines Tages weinte das Zimmermädchen und sagte, sie hätte einen
20-Mark-Schein verloren. Am andern Tag fand ich das Geld und gab
es zurück, obwohl ich es notwendig hätte brauchen können.« Die
Wanderschaft führt ihn nach Oberbayern: »Von Rosenheim ging ich
dann zu Fuß nach Bernau am Chiemsee, weil ich kein Geld mehr
hatte. Unterdessen kam Weihnachten heran, und ich sandte der Wirts-
frau und dem Zimmermädchen eine Ansichtskarte von Bernau. Am
Heiligen Abend erhielt ich ein Paket von denselben, und als ich das
Paket öffnete, standen mir die Tränen vor Freude in den Augen:
2 Paar rote Würste, 4 Semmeln, ein Paar Socken, ein Paar Unterho-
sen, eine Schachtel Zigaretten mit 50 Stck. und ein schöner Brief. Sie
schrieben mir, es wäre ein Zeichen des Dankes, daß ich damals dem
Zimmermädel die 20 Mark ablieferte.«

Auf der Wanderschaft macht er auch manch unangenehme Erfahrung: »Nach langem Suchen fand ich das Haus des Schuhmachers. Als
ich die Stube, welche zugleich die Werkstatt war, betrat, warf mich
der Geruch fast zurück. Es war ein alter Mann mit 65 Jahren, einsam
und allein. Eine Frauensperson kam überhaupt nicht in seinen Haushalt […]. Ich mußte zuerst lüften, dass ich wenigstens atmen konnte.
Als der Meister mich am Morgen zum Kaffee einlud, verging mir der
Appetit, denn von seinem Schnurrbart fiel ein Haufen Schnupftabak
in meinen Kaffee. Zum Waschen benützte er einen alten Kübel mit
mindestens 1 Jahr alter Wasser, das ganz sauer roch […]. Die zweite

Nacht schlief ich in dem Gemeindegasthaus. Dort kam ich in ein richtiges Handwerksburschenzimmer. Als ich eine Stunde im Bett lag, fing es an zu jucken, denn es hatte dort Wanzen. Auf einmal tat es einen Krach, und die Bettstatt stürzte in sich zusammen.«

Oberbayern wird seine zweite Heimat. Hier fühlt er sich glücklich und nimmt die bayerische Lebensart an. Das Erleben der Natur, die Freude am Gesang, die Sitten und Gebräuche der Gegend und sein evangelischer Glaube bestimmen sein Leben: »Am Neujahrstag 1921 bestieg ich mit einem Freund die Kampenwand [...]. Als wir oben angelangt waren, war ich einige Sekunden sprachlos. Ich kann nicht ausdrücken, wie mir da zumute war. Ich fühlte so etwas Feierliches, Erhabenes, ich darf sagen, man spürte die Nähe des Himmels [...]. Im Frühjahr trat ich in den Gebirgstrachten-Erhaltungs-Verein von Niederaschau ›Edelweiß‹ und in den von Hohenaschau ein [...]. Ich trat in Aschau auch in den Gesangverein ein. Wir waren im ganzen 14 Mann, worunter ich der einzige ledige und fremde war. Auch sang ich im katholischen Kirchenchor drei Jahre lang mit [...]. Ich ging auch jeden Sonntag in die katholische Kirche, weil eine evangelische nicht vorhanden war. Wer in dieser katholischen Gegend am Sonntag nicht zu Kirche geht, der ist nicht willkommen.«

Immer wieder blitzt der Humor auf, es entsteht das Bild eines lebenslustigen Menschen: »In Aschau war jeden ersten Sonntag im Monat Vereinsball, wo mich gleich anfangs im Jahr 1921 meine beiden Nachbarinnen Rösl und Gretl mitnahmen. Beim ersten Ball sah ich zum erstenmal meine jetzige Frau. Zu der Rösl kam ich jeden Sonntag ins Elternhaus. Als ich eines Sonntags kam, saß ein Herr hinterm Tisch. Ich ging bald darauf wieder weg und sagte zur Rösl: ›Rösl, das ist gewiß dein Hochzeiter!‹ Dann sagte sie: ›Nein, das ist mein Vetter.‹ Der Vetter kam halt jeden Sonntag. Unsere Werkstätte lag an der Straße, und wenn die Rösl vorbeiging, schrie ich zum Fenster hinaus und foppte sie: ›Na Rösl, was macht dein Vetter?‹ Eines schönen Tages soll die Rösl mit ihrem Vetter Hochzeit haben [...]. Am Nachmittag wurde die Braut gestohlen. Dann kam sie zu mir in die Werkstätte herein und hat mich extra auf den Abend eingeladen. Bei einer Hochzeit im Gebirge bekommt jeder nächste Verwandte und Bekannte einen Ehrentanz, wobei der Hochzeitslader ein Schnaderhüpferl singt. Die Gäste machen einen Kreis und hören zu. Auf einmal ruft der Hochzeitslader: ›Jetzt kommt der Schuster-Martin!‹ Ich nahm auch eine Tänzerin bei der Hand und war gespannt, was kommt. Nun fing er an zu singen: ›Und der Schuster-Martin hat ein bissl ein Zorn,

der wär bei der Hochzeiterin auch gern Vetter wordn!‹ Von jedem
Frauenzimmer bekommt man, wenn man mit ihr getanzt hat, einige
Zigarren geschenkt. Ich bekam etwa 30 Zigarren!«

Im Oktober 1921 kommt er für eine Woche zum erstenmal nach
Hause zurück:»Unterdessen war mein ehemaliger Lehrmeister mein
Stiefvater geworden. Als ich zu Hause ankam, war niemand da, denn
meine Eltern waren auf dem Felde. Als meine Mutter heimkam, stand
ich gerade im Hof von Schaufelberger. Sie hatte mich gesehen, ging
aber ruhig vorbei. Erstens hat sie mich nicht erkannt, zweitens war
ich von der reinen Gebirgsluft so groß und stark geworden, daß ich in
drei Jahren um 50 Pfund schwerer wurde, drittens hat meine Mutter
nichts gewußt von meinem Heimkommen.«

Im November 1921 wird der verstorbene frühere bayerische König
Ludwig III. von Prien nach Schloss Wildenwarth überführt. Zu der
Feier ist auch der Gebirgstrachtenverein Aschau eingeladen. Dabei
spielt sich eine echt bayerische Szene ab:»Nach dem Leichenzug gab
es für uns Freibier im Bahnhofshotel. Abends gegen 9 Uhr waren wir
alle in gehobener Stimmung und um halb zehn fuhr der letzte Zug
nach Aschau. Fünf Minuten nach halb zehn kam der Zugführer, der
vorher auch bei uns war, und ruft ins Gastzimmer (wir waren noch
zwei von Aschau anwesend):›Was ist, wollt ihr nicht mit heimfah-
ren? Der Zug wartet schon fünf Minuten!‹ Schnell packten wir unsere Maßkrüge und nahmen sie mit in den Zug. Am andern Tag nahm
der Zugführer 10 leere Krüge mit nach Prien zurück. Während der
Fahrt macht mich einer aufmerksam, dass meine Liebste, die ›Bräumeister-Marie‹, hinter mir sitzt. Als wir in Aschau ankamen, wollte
ich sie nach Hause, nach Hohenaschau begleiten, welches eine halbe
Stunde von der Bahn entfernt ist. Unterwegs kam eine Ruhebank, auf
welche wir uns setzten; aber, o weh, ich mußte mich fest erbrechen.
Jetzt mußte die ›Bräumeister-Marie‹ mich nach Hause begleiten.«

Im Oktober 1922 geht er wieder auf die Wanderschaft nach Österreich, wo er ein böses Erlebnis hat:»Unterwegs blieb ich eine Nacht
in einem Waldstadel übernacht. Als ich am Morgen 200 Meter weiter-
marschierte, kam ich zu einer großen Blutlache, und ich dachte mir
gleich, hier ist ein Unglück passiert. Als ich in die nächste Ortschaft
kam, wurde ich sofort verhaftet, als Mörder, denn an der Blutlache
war ein Pferdehändler ermordet worden. Ich wurde drei Tage in Arrest gesperrt, und am 4. Tag fand man den Mörder mit einem ver-
kratzten Gesicht, dank meiner ernsten Gebete, die ich im Arrest verrichtet habe [...]. In Grinzing bei Wien verhaftete mich ein Gendarm,

Abb. 11:
Martin Bader mit
seiner Ehefrau Maria
und dem Sohn
Helmut, Ende 1934

als ich bei einem Bauern bettelte. Die Nudel, die mir die Bäuerin bringen wollte, habe ich noch gesehen, aber der Gendarm war unbarmherzig. Da sich zu dieser Zeit kein Deutscher in Österreich aufhalten durfte, wurde ich per Schub nach Salzburg abgeschoben.«

Nach dem Tod seines Stiefvaters übernimmt er im Oktober 1924 dessen Geschäft in Giengen und legt im Januar 1925 die Meisterprüfung ab. »Im Februar dieses Jahres machte ich Hochzeit mit der sogenannten ›Bräumeister-Marie‹ von Aschau. In Aschau wurden wir standesamtlich getraut. Dann ging die Reise nach Ruhpolding, in die Heimat der Braut. Zwei Tage später war die kirchliche Trauung in Traunstein. Drei Tage später hatte ich Nachhochzeit in Giengen.«

Die junge Ehe wird in den kommenden Jahren immer stärkeren Belastungen ausgesetzt: Im Haus der Mutter meines Vaters in der

Karlstraße befindet sich die Schuhmacher-Werkstatt, die mein Vater mit Gesellen und Lehrlingen betreibt. Für die junge Familie bleibt nur ein einziger Raum zum Wohnen, in welchem meine Schwester Maria (1925) und ich (1934) geboren werden.

Auch muss sich meine streng katholische oberbayerische Mutter in der evangelischen Kleinstadt behaupten. Verständlich, dass Spannungen unvermeidbar sind und die Familie nach ein paar Jahren in ein kleines Haus am Kirchplatz umzieht. Zur härtesten Belastungsprobe aber wird die fortschreitende Verschlechterung der Gesundheit meines Vaters.

Seine Leidensgeschichte in eigenen Worten

»Im Oktober 1918 kam ich drei Wochen ins Krankenhaus wegen Erkrankung an Kopfgrippe. Meine Schwester starb am 21. Oktober an Kopfgrippe.« Bei der »Kopfgrippe« handelt es sich um Encephalitis epidemica: »Encephalitis lethargica sive epidemica: von 1916-1919 in Mitteleuropa epidemische, danach äußerst seltene (vermutlich viral bedingte) Enzephalitis mit Entwicklung eines postenzephalitischen Parkinson-Syndroms in ca. 60% der Fälle.«[2]

Seine Schwester Angelika hinterlässt zwei kleine Kinder. Bei meinem Vater entwickelt sich mit der Zeit ein Parkinson-Syndrom, das sich in einem Zittern der linken Hand und später auch in einem Nachziehen des linken Beines äußert. Natürlich leidet er zunehmend auch psychisch unter seiner Behinderung. Nie aber zeigen sich Anzeichen einer Geisteskrankheit, im Gegenteil: Alle seine schriftlichen Hinterlassenschaften zeugen von einem wachen und klaren Verstand.

»Nun kommt das Traurige, nämlich es stellte sich 1926 ein Nervenzittern auf meiner linken Körperhälfte ein als Folgezustand von meiner Kopfgrippe von 1918. Dies Leiden hatte sich immer mehr verschlechtert, daß ich schließlich in die psychiatr. Klinik nach Tübingen kam, denn es hatte auch eine Zeitlang das Gehirn notgelitten. Dort war ich 6 Wochen, und ich will diese Unglückstätte nicht breitschlagen, denn dort sind die Unglücklichsten unter den Menschen. Zur Erholung ging ich 4 Wochen nach Ruhpolding zu meiner Schwiegermutter [...]. Im Sommer 1927 war ich, infolge meines Leidens, gezwungen meinen Beruf aufzugeben. Im Frühjahr 1928 suchte ich eine Stelle in der Landwirtschaft [...]. Ich war dort bei sehr guten frommen Leuten, aber die schwere landwirtschaftliche Arbeit konnte ich mit meiner linken Hand nicht verrichten und ich mußte nach 6 Wochen wieder nach Hause fahren.«

In Österreich sucht er Besserung seines Leidens. Seine Erlebnisse mit hilfsbereiten Menschen beschreibt er lebendig: »Im Juli 1929 machte ich eine Kur bei dem Wunderdoktor Zeilleis in Gallspach (Oberösterreich) mit. Dort durfte ich ein wahres Wunder Gottes erleben. Ich hatte nämlich bare 21 Mark, als ich abfuhr. Als ich an der Station Grießkirchen ausstieg, hatte ich noch eine Mark, denn die Fahrt allein hat schon 19 Mark gekostet. Jetzt sollte ich nach dem zwei Stunden entfernten Gallspach zu Fuß gehen. Ich trug aber einer Dame vom Zug bis zum Auto zwei Koffer. Sie ging auch zur Kur nach Gallspach. Da sagte sie: ›Warum steigen Sie nicht ein?‹ Ich sagte: ›Ich muß sparen!‹ Sie darauf: ›Steigen Sie nur ein, diese Fahrt bezahle ich Ihnen!‹ Somit kam ich schon sehr nobel per Auto in Gallspach an. Dort plagte mich der Hunger. Ich schaute in einem Hotel, denn eine einfache Wirtschaft gibt es dort nicht, ob ich nicht etwas zu essen bekäme. Ich bekam sofort eine Portion Gulasch. Neben mir schrieb der Herr Ober die Speisekarten. Ich fragte ihn, ob nicht ich diese Speisekarten schreiben dürfe. Da sagte er: ›Jawohl, sehr gerne, ich habe sowieso fast keine Zeit!‹ Ich schrieb dann jeden Tag die Speisekarten und bekam dafür ein feines Mittagessen gratis […]. Auf dem Weg zur Behandlung bei Doktor Zeilleis begegnete mir eine Frau, welche ihren Mann in einem Fahrstuhl vor sich herschob. Ich ging zu ihr hin, löste sie ab und schob den Fahrstuhl den Berg hinauf. Da sagte der Mann: ›Ach wenn ich nur so einen Mann hätte, der mich fahren würde, ich würde bezahlen, was ein Dienstmann hat!‹ Ich erklärte ihm, dass ich ihn gern fahren würde. Ich machte es auch, zweimal zur Bestrahlung, und nachher mußte ich ihn spazieren fahren. Abends fuhr ich ihn zum Abendessen, wo ich auch jedesmal ein Essen bekam. Nach dem Abendessen mußte ich den Herrn ins Kino fahren und ihn hineintragen. Für jeden Tag bekam ich 4 Schilling = 2,40 Mark. Nach 4 Wochen war ich mit den Bestrahlungen fertig. Diese hat mir Herr Dr. Zeilleis gratis gemacht, und zur Heimfahrt schenkte er mir noch 30 Schilling = 18 Mark. Ich habe mir in Gallspach noch so viel erspart, daß ich auf dem Nachhauseweg über Salzburg fahren und noch einen Abstecher nach dem schönen Aschau machen konnte. Die Kur in Gallspach hatte aber nur wenig Erfolg, bloß sollte ich noch einige mal dorthin können.

Auf meinem Handwerk konnte ich nicht mehr arbeiten und betrieb deshalb einen Handel mit Seifen bis zum 6. August 1930. Am

6. August 1930 kam ich wieder in die Nervenklinik nach Tübingen u. war dort 63 Tage. In dieser Zeit habe ich mindestens 6 300 Teller und Tassen gespült und wurde dafür gut belohnt mit allerlei Eßwaren. Ich konnte auch damit noch andere Patienten versorgen. Einer hat mir noch geschrieben, als ich zu Hause war, er habe Heimweh nach mir, denn jetzt bekomme er nicht mehr so viel zu essen. Am 27. Oktober durfte ich gebessert nach Hause fahren [...]. Nun fing ich wieder an auf meinem Handwerk zu arbeiten, und ich bekam so langsam meine Kundschaft wieder. An Pfingsten 1931 besuchte mich ein Leidensgenosse aus Tübingen, ein Herr Schmidt aus Böckingen bei Heilbronn.«

Hier endet der »Lebenslauf von 30 Jahren«.

Auch in den folgenden Jahren zwingt die Krankheit meinen Vater immer wieder, die Arbeit in seinem Beruf zu unterbrechen und im regelmäßigen Abstand von zwei Jahren Heilung in der psychiatrischen Klinik in Tübingen zu suchen. Er kehrt jedes Mal gebessert zurück. Aber unter der ständigen Wiederkehr der Krankheit leidet selbstverständlich auch die Psyche. Die Krankenakten der Klinik in Tübingen beschreiben seine Erregungszustände und Reizbarkeit. Sie betonen aber immer wieder, dass er durch die Behandlung ein freundliches und ruhiges Verhalten zeige und immer gerne Witze erzähle. Im September 1938 – meine Mutter liegt wegen einer Operation im Krankenhaus – weist ihn der behandelnde Arzt in die Heilanstalt Schussenried ein. Wir Kinder werden inzwischen von der Großmutter versorgt. Die Familie kann im guten Glauben sein, dass er in der Heilanstalt am wirksamsten Hilfe erfahren könne.

Seine Briefe aus der Heilanstalt Schussenried[3]

Die Familie hat etliche Briefe aufbewahrt, die er aus der Heilanstalt Schussenried geschrieben hat. Sie erhellen auch die dortigen Zustände. Teilweise ist den Briefen ein mit Schreibmaschine geschriebener Kommentar des Anstaltsarztes beigefügt.

Wie sehr das Leben in der Anstalt meinen Vater gequält haben muss, wird in dem Brief vom 12. März 1939 deutlich: »Wenn Ihr nur wüßtet, was es heißt, Tag und Nacht unter lauter Geisteskranken zu sein.« Zwei Wochen später: »Jetzt stelle Dir mal vor, Du hättest lauter verrückte Leute um Dich, mit denen Du kein vernünftiges Wort reden kannst. Ja vor denen man nicht einmal bei Nacht seine Ruhe hat. Denn ich bin der einzige, der noch normal ist.«

Nach einem Besuch meiner Mutter im Juni 1939 schreibt er: »Heute reut es mich, daß ich nochmal mit Dir zurück ging in dies Zuchthaus.« Offensichtlich erhält er nicht nur aufmunternde Post: »Betr. der Mina (seine ältere Schwester) ihrem Brief teile ich Dir folgendes mit: Sie schrieb mir, ich soll geduldig warten, bis mich Gott in seinen Freudensaal heimholt. Dann schrieb ich der Mutter, daß das doch ein bissel viel verlangt sei, mit 38 Jahren auf das Sterben zu warten.«

Beim Ausbruch des Krieges kommt ihm seine Untätigkeit zum Bewusstsein:

»Schussenried, den 9. September 1939
Meine Lieben!
Da ich fast vergehe vor Not, muß ich Euch heute wieder schreiben. Denn jetzt wo die meisten Männer fort sind, muß ich hier sitzen und nichts tun u. draußen gäbe es so viel Arbeit. Jetzt gäbe es doch sicher einen Posten für schriftliche Arbeiten.
Die Hauptsache um was mir es zu tun ist, ist das, daß ich für Euch sorgen u. etwas verdienen kann u. Dir l. Marie die große Last helfen tragen darf.
L. Marie! Ich komme mit einer herzlichen Bitte an Dich heran. Gehe mit diesem Brief zu Herrn Direktor Höfle u. frage ihn ob er nicht einen Posten für mich hätte.
Gestützt auf prima Schulzeugnisse, habe ich doch im 1. u. 2. Jahr der Gewerbeschule eine Belobung erhalten u. im 3. Jahr einen Preis bekommen, ferner auf den Erfolg der Meisterprüfung im Schuhmachergewerbe, auch beherrsche ich die amerikan. Buchführung, getraue ich mir einen Posten für schriftl. Arbeiten zu übernehmen. Ich wäre mit ganz wenigem Gehalt zufrieden.
Möge sich das Sprichwort bewahrheiten: Dem Aufrichtigen läßt es Gott gelingen.
Es grüßt Euch
Euer Vater

Der Brief ist mit einem maschinengeschriebenen Kommentar des Arztes versehen:

»H. Bader scheint sich in der Begeisterung und in dem Bestreben wieder ins Leben draussen zu kommen, einer starken Selbsttäuschung hinzugeben. Abgesehen von seiner Behinderung u. Schwäche würde er schon deshalb schwer tun, weil an solchen Stellen doch wohl meist alte eigene Kräfte verwendet werden oder aber sehr viel geleistet werden muß. Es könnte aber wohl gut sein, wenn ihm diese Schwierigkeiten von maßgeblicher Seite bestätigt würden. In dieser Zeit rascher Umstellungen sind gewagte Versuche sowieso besonders wenig rätlich. gez. Dr. Morstatt. [?]«

Im November bittet er meine Mutter, ihm eine wollene Decke zu schicken, »denn es fröstelt mich bei Nacht immer ein wenig und die Decken sind hier so arg rar«. Am 13. Dezember beschreibt er die Zustände in der Anstalt: »Ich bin jetzt auf der Strafabteilung F. Und da heißt es den ganzen Tag im Freien sein. Und jetzt bei dieser Kälte. So hart und grausig habe ich mir das Schicksal nicht vorgestellt. Nämlich wenn da nur ein Brosamen in den Dreck fällt, dann schlecken sie's vom Dreck auf, so voller Hunger sind die Leute. Stehlen tun sie wie die Ratten […]. Der Grund dafür ist ein dummer Ulk. Ich habe den Pflegerinnen a bissl ans Herz hingelangt. Der Anlaß dazu war folgender: Zwei Pfleger stimmten mich an, ich soll schauen welche von den dreien das größere Herz hat. Und dabei bin ich einer Pflegerin nachgerannt. Jetzt meinen die Dippel, mein schlechtes Laufen sei alles markiert […]. Da ich nicht gescheit gehen kann, sitze ich zusammengekauert wie ein rechtes Häuflein Elend auf einer Gartenbank und friere […]. Fußtritte und Schläge sind auf dieser Abteilung an der Tagesordnung.«

Im Brief vom 12. Februar 1940 kommt eine gewisse Zufriedenheit zum Ausdruck: »Ich habe jetzt alles, was mein Herz begehrt, denn ich habe durch die 9wöchige Strafversetzung nichts verloren, sondern nur gewonnen […]. Ich habe jetzt ein sehr schönes Einzelzimmer erhalten und genügend zu essen.« In diesem Brief wird auch sein fester evangelischer Glaube deutlich: »Deswegen bete ich täglich mein Lieblingslied Nr. 317 in meinem Gesangbuch und das ist wahr von A bis Z.« Es handelt sich um das Lied »Befiehl du deine Wege« von Paul Gerhardt.

Der maschinengeschriebene Kommentar des Anstaltsarztes zu diesem Brief lautet: »Es war eigentlich keine ›Strafversetzung‹, H. Bader war erregt u. bedrohlich u. mußte mit Rücksicht auf unser weibliches Personal auf die unruhige Wachabteilung verlegt werden. Jetzt ist er ruhig, sein Leiden wird es aber immer wieder unmöglich machen, daß er seine Stimmung durchhält u. seine guten Vorsätze durchführt.

Er hat an H. Stadtpf. Ludwig geschrieben, dabei über Hunger geklagt u. Vorschläge gemacht, was er ihm schicken könnte. Wir haben aber den Brief nicht abgeschickt, u. jetzt scheint Herrn Bader das Essen auch zu genügen.«

Auch im März schreibt er zufrieden: »Ganz überrascht und mit großer Freude habe ich Euer Paket erhalten [...]. Zu gleicher Zeit erhielt ich von Josef und Sofie ein großes Paket. Nun kann ich 14 Tage flott leben. Im übrigen schlauche ich den ganzen Tag das Kanapee, was ich nicht einmal daheim tun dürfte. Also ich habe es wirklich gut.« Zum Krieg gibt er eine Prognose: »Bloß mit Deinem Trost, ich soll warten, bis der Krieg aus ist, da bin ich noch nicht recht mit einverstanden. Denn das kann noch 3 – 5 Jahre dauern, und bis zum 40er Fest wollte ich doch daheim sein.«

Die letzte erhaltene Nachricht ist eine Postkarte vom 1. Mai 1940, auf der er sich für ein Paket bedankt.

Dokumente der »Euthanasie« von Martin Bader[4]

Ende Juni 1940 erhielt meine Mutter folgende kurze Nachricht:

»Direktion
Der Württ. Heilanstalt Schussenried
                                Den 24. Juni 1940

Frau M. Bader
Giengen a.d. Brenz
Großd.Frh.5.

Geehrte Frau!
Ihr Mann wurde vor einigen Tagen in eine andere Anstalt verlegt, deren Namen mir nicht bekannt ist. Ich kann Ihnen deshalb keine Auskunft über das gegenwärtige Befinden Ihres Mannes zukommen lassen.

Heil Hitler!
gez. Dr. Götz«

Der unwissende Direktor Dr. Götz wusste sehr wohl, in welche »Anstalt« seine Patienten verlegt wurden. Er wurde bereits am 16. Februar 1940 in Stuttgart durch Ministerialrat Stähle, damals der höchste

Medizinalbeamte von Württemberg, über die »Euthanasie« informiert und zum Schweigen verpflichtet.[5]

Am 28. Juni 1940 folgte mit normaler Briefpost die schockierende Todesnachricht vom 27. Juni aus der »Landes-Pflegeanstalt Grafeneck«. Als Todesursache wird ein unerwarteter Hirnschlag angegeben, als Todestag der 26. Juni 1940.

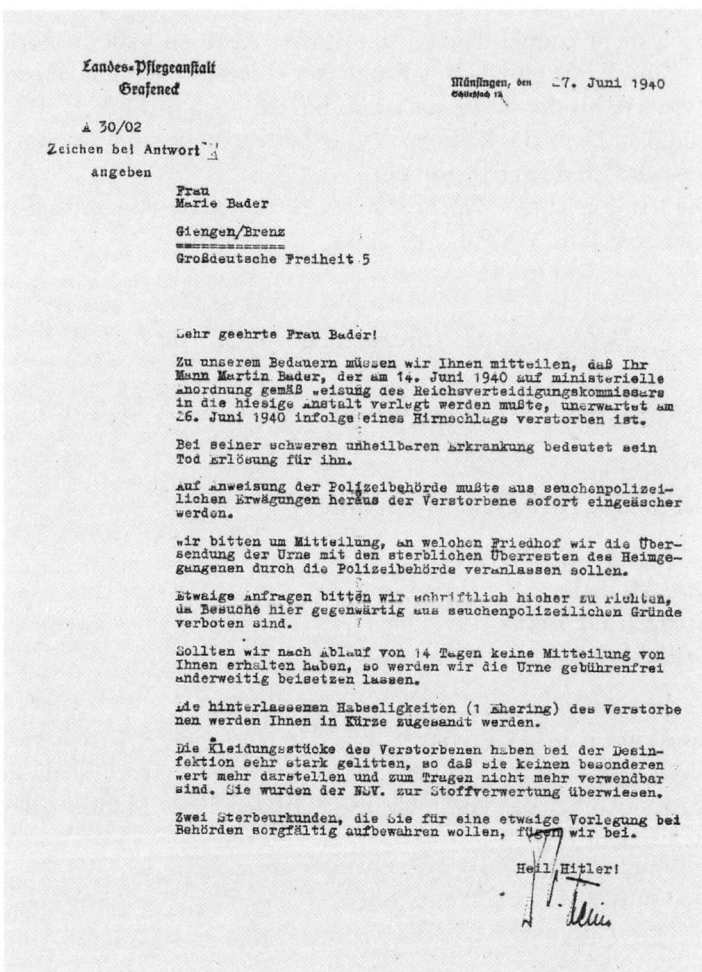

Abb. 12: »Trostbrief« des Sonderstandesamtes
der Tötungsanstalt Grafeneck vom 27. Juni 1940

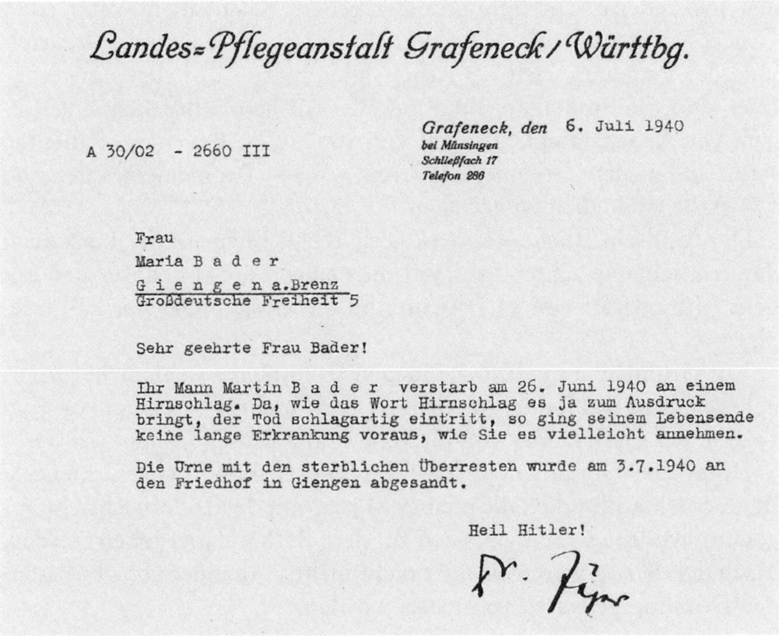

Landes=Pflegeanstalt Grafeneck / Württbg.

A 30/02 - 2660 III

Grafeneck, den 6. Juli 1940
bei Münsingen
Schließfach 17
Telefon 286

Frau
Maria B a d e r
G i e n g e n a.Brenz
Großdeutsche Freiheit 5

Sehr geehrte Frau Bader!

Ihr Mann Martin B a d e r verstarb am 26. Juni 1940 an einem
Hirnschlag. Da, wie das Wort Hirnschlag es ja zum Ausdruck
bringt, der Tod schlagartig eintritt, so ging seinem Lebensende
keine lange Erkrankung voraus, wie Sie es vielleicht annehmen.

Die Urne mit den sterblichen Überresten wurde am 3.7.1940 an
den Friedhof in Giengen abgesandt.

Heil Hitler!

Dr. Jäger

Abb. 13: Schreiben von »Dr. Jäger« vom 6. Juli 1940

Die Anfrage meiner Mutter bei der »Landes-Pflegeanstalt Grafeneck« über die Umstände des Todes beantwortete »Dr. Jäger«.
»Dr. Jäger« ist der Tarnname des »Euthanasie«-Arztes Dr. Ernst
Baumhardt: »Ab Frühjahr 1940 Direktor in Grafeneck (›Dr. Jäger‹),
ab 1941 (bis Juni) in Hadamar. Am 24.3.43 gefallen.«[6]
Das wahre Todesdatum der Ermordung meines Vaters ergibt sich
aus der Verlegungsliste der württembergischen Heilanstalt Schussenried vom »14.6.1940 nach unbekannt«.[7] Bei diesem Transport handelte
es sich nach dem ersten (07.06.1940) um den zweiten von neun Transporten aus dieser Anstalt. Insgesamt wurden 624 Kranke aus dieser
Anstalt nach Grafeneck transportiert. Die Menschen aus jedem Transport wurden noch am gleichen Tag ermordet. Der 14. Juni 1940 war
außerdem ein Freitag, und am Wochenende »arbeiteten« die Mörder
nicht.

Die Originalverlegungsliste umfasst 55 Männer im Alter von 20 bis
78 Jahren. Ein Patient ist bereits seit 41 Jahren in der Heilanstalt, bei

den meisten ist Schizophrenie angegeben. Bei meinem Vater steht »Encephalitis epidemia«. Die letzte Spalte zeigt die zynische Beurteilung der Patienten nach »a) Arbeitsfähig in % – b) Lebensunwert?« Hier sind die Prozentangaben mit Bleistift handschriftlich eingetragen. Die Arbeitsfähigkeit reicht von 100 – 0 %. Bei einem Patienten steht: »0 (zu alt)«, bei einem anderen: »0 (+)«. Bei meinem Vater sind 0 % Arbeitsfähigkeit eingetragen.

Der handschriftliche Vermerk »erl« rechts oben auf der Liste zeigt den menschenverachtenden Zynismus eines Bürokraten, für den mit dem Abtransport von 55 Patienten in die Gaskammer der Fall erledigt ist!

Auf Grund aller noch vorhandenen Dokumente ist als sicher anzunehmen, dass das kaum 39-jährige Leben meines Vaters am 14. Juni 1940 in der Gaskammer von Grafeneck gewaltsam beendet wurde.

Unter den Dokumenten fehlt die Sterbeurkunde von Grafeneck. Beide Sterbeurkunden, die meiner Mutter mit der Todesnachricht zugesandt worden waren, mussten auf dem Rathaus abgegeben werden. Nach dem Krieg waren sie dort nicht mehr vorhanden: Die belastenden Dokumente waren vernichtet worden.

Dokumente der Nachkriegszeit zum »Euthanasie«-Tod von Martin Bader

Nach dem Tod meines Vaters erhielt meine Mutter keine Witwenrente. Lediglich wir Kinder erhielten seit 1940 eine Halbwaisenrente von je RM 7,50. Um den Lebensunterhalt der Familie zu sichern, arbeitete meine Mutter als Putzfrau und Haushaltshilfe, außerdem in einem kleinen Betrieb für Sämereien.

Am 20.11.1957 stellte meine Mutter einen Entschädigungsantrag beim Landesamt für Wiedergutmachung in Stuttgart. Dafür benötigte sie eine neue Sterbeurkunde, da wie bereits erwähnt, keine mehr vorhanden war. Sie wandte sich an das Standesamt Münsingen. Vom Landratsamt Münsingen, zu dessen Kreis Grafeneck gehört, kam die Antwort, dass keine Urkunde ausgestellt werden könne, da die Sterbebücher des ehemaligen Sonderstandesamtes nicht mehr vorlägen. Man solle eine gerichtliche Todeserklärung beantragen. Das Schreiben schloss mit der echt bürokratischen Feststellung: »Da Ihr Mann in Grafeneck keinen Wohnsitz begründet hat, ist das Amtsgericht Münsingen hierfür *nicht* zuständig.« Der einzige aufzufindende amt-

Abb. 14: Tötungsanstalt Schloss Grafeneck um 1935

Württ. Heilanstalt Schussenried.

Liste A

Liste der Kranken der eigenen Anstalt

verlegt am 14.6.1940 nach unbekannt

1	2	3	4	5	6
Lfd Nr	Vor- und Zuname	Geburts- datum	Aufnahmedatum in die Anstalt	Diagnose	a) Arbeitsfähig in % b) „Lebensunwert"?
1	A███, Eugen	1. 5.1897	29. 3.1927	Katatonie	a) 70 %
2	A███, Karl	26.10.1891	10. 4.1937	Schizophr.	a) 70 %
3	A███, Heinrich	12. 1.1895	5. 5.1913	Hebephrenie	a) 0 %
4	B███, Wilhelm	10. 3.1904	8. 9.1939	Schizophr.	a) 0 %
5	B███, Albert	15. 5.1875	20.11.1902	Schizophr.	a) 0 %
6	Bader, Martin	20.11.1901	12. 9.1938	Encephalitis epidemia	a) 0 %
7	B███, Jakob	12. 1.1877	16. 9.1914	Katatonie	a) 0 %
8	v. B███, Johann	22. 6.1894	10.10.1929	Schizophr.	a) 60 %
9	B███, Gustav	4. 7.1888	15. 4.1916	Schizophr.	a) 0 %
10	B███, Michael	5. 9.1896	8. 2.1927	Schizophr.	a) 80 %
11	B███, Oskar	18.11.1869	21. 2.1899	Schizophr.	a) 0 %
12	B███, Wilhelm	13. 5.1837	28. 6.1922	Schizophr.	a) 0 %
13	B███, Leonhard	5. 1.1893	16.11.1922	Pfropfhebephr. b.Imbezillit.	a) 0 %
14	B███, Xaver	18.11.1879	1. 6.1935	Paranoia	a) 70 %

Abb. 15: Verlegungsliste
der württembergischen Heilanstalt Schussenried (Auszug)

liche Vermerk des Todes ist der im Familienregister des Standesamtes Giengen: »Verstorben am 26. Juni 1940 in Grafeneck Krs. Münsingen.«

Bereits am 29.11.1957 lehnte das Landesamt für Wiedergutmachung eine Entschädigung ab: »Euthanasie begründet jedoch nicht ohne weiteres einen Entschädigungsanspruch wegen Schadens an Leben nach § 15 BEG. § 15 BEG setzt voraus, dass die Tötung aus den Verfolgungsgründen des § 1 BEG vorgenommen wurde. Verfolgter im Sinne des § 1 BEG ist jedoch nur derjenige, der aus Gründen politischer Gegnerschaft gegen den Nationalsozialismus oder aus Gründen der Rasse, des Glaubens oder der Weltanschauung durch nationalsozialistische Gewaltmaßnahmen verfolgt worden ist und hierdurch Schaden an Leben, Körper, Gesundheit usw. erlitten hat.«

Im folgenden Jahr stellte meine Mutter einen Antrag auf Härteausgleich nach § 171 des BEG. Das Justizministerium befragte den Arzt, der meinen Vater 1938 in die Heilanstalt Schussenried eingewiesen hatte. Dieser gab an, »[…] dass bei der Art der Erkrankung des Ehemannes der Antragstellerin eine Heilung oder Besserung nicht zu erwarten war«. Auch das Psychiatrische Landeskrankenhaus Schussenried wurde um eine Beurteilung gebeten: »Nach Auffassung des Psychiatrischen Landeskrankenhauses müsse die Möglichkeit zugegeben werden, dass sich der Gesundheitszustand des Ehemannes hätte bessern können.« (Bescheid des Justizministeriums)

Das Justizministerium Baden-Württemberg wertete die harte negative Darstellung des einweisenden praktischen Arztes höher als die Auffassung des Psychiatrischen Landeskrankenhauses. Mit Bescheid vom 29. Juni 1959 lehnte es den Antrag auf Härteausgleich ab. Für den Staat war damit der Fall erledigt.

Von Helmut Bader, dem Sohn des Ermordeten

1 Martin Bader, Lebenslauf von 30 Jahren, im Privatbesitz von Helmut Bader.
2 Hildebrandt (Hg.) (1994), Pschyrembel, S. 397.
3 Bis auf die Abbildung 15 stammen alle abgedruckten Fotografien, Briefe und Dokumente aus dem Privatbesitz des Autors.
4 Dokumente der »Euthanasie« im Privatbesitz von Helmut Bader.
5 Vgl. Klee (1985), »Euthanasie«, S. 134.
6 Klee (1986), Dokumente, S. 17.
7 Der Autor dankt dem Archiv des Zentrums für Psychiatrie Bad Schussenried für die Genehmigung zum Abdruck.

Fritz D. –
»Er glaubt eben, der Staat bringe es fertig, so schwer mit Krankheit gezeichnete Menschen ins bessere Jenseits zu befördern«

Christine Hoffmann

Die Krankenakte von Fritz D. enthält fast ausschließlich Briefe seiner Angehörigen. Während der Patient, sein Werdegang, der Krankheitsverlauf und der familiäre Hintergrund in anderen Krankenakten von »Euthanasie«-Opfern nahezu ausschließlich aus der Perspektive des Arztes beschrieben werden, bietet sich hier ein vollkommen anderer Blickwinkel, nämlich der von Menschen, die dem Patienten persönlich nahestanden und für die er nicht einer von vielen war. Die Familie Fritz D.s wusste scheinbar um die Gefahr oder sie erahnte diese zumindest, denn die überlieferten Briefe zeigen eindrucksvoll, mit welch unterschiedlichen Strategien sie versuchte, den Kranken wieder nach Hause zu holen.

Den wenigen anderen Dokumenten, die zusätzlich in der Akte enthalten sind, können wir im Wesentlichen nur die Verlegungsdaten und die Namen der Anstalten entnehmen, in denen der Patient untergebracht war.

Am 22. Februar 1941 wurde Fritz D. in der Nervenklinik der Universität Leipzig aufgenommen. Mit den Worten »Fritz D. leidet an Genuiner Epilepsie. Er bedarf der Aufnahme in die Heilanstalt,« überwies ihn der dortige Direktor nach zwei Tagen in die Landesheilanstalt Hochweitzschen. Bereits drei Tage später, am 27. Februar 1941, wurde Fritz D. in die benachbarte Heil- und Pflegeanstalt Waldheim verlegt, die zu diesem Zeitpunkt bereits seit einem Jahr als »T4«-Zwischenanstalt fungierte.[1] Die Akte selbst gibt keinen Hinweis auf die Hintergründe dieser Verlegung. Aus dem Waldheimer Aufnahmebuch allerdings geht hervor, dass an diesem Tag weitere 98 Männer aus Hochweitzschen dorthin »überführt« worden sind.[2] Am 13. März 1941 wendet sich Anton J. aus Rudolstadt an den Direktor der Heil- und Pflegeanstalt Waldheim, um diesem »Orientierung über den Fall und auch über den Charakter des Kranken« zu geben. Er berichtet, dass bei Fritz erst verhältnismäßig spät – »etwa in den Jahren vor 1930«, er muss demnach zwischen 25 und 27 Jahre alt gewesen sein – erstmals epileptische Anfälle aufgetreten waren. »Sie äusserten sich erst ganz vereinzelt, waren zeitweise etwas häufiger, dann wieder seltner, um dann im Jahre 1934 in einer ganzen Serie von Anfällen zu enden.« Die Eltern, »jeglicher Erfahrung bar«, wussten sich keinen anderen Rat, als ihren Sohn, der sich von einer »bei ihm ganz ungekannten Rabiatheit zeigte«, in die Nervenklinik Leipzig zu bringen. Auch dort »benahm er sich ziemlich wild, aber, wie er später sagte, nur, weil er Angst hatte, als verrückt eingesperrt zu werden«, und »weil er unter Verrückten nicht verrückt werden wollte«. Die Ängste seines Schwagers sieht Anton J. in einer für die Familie typischen extrem starken Einbildungskraft begründet: »Sie setzen sich alle gern was in den Kopf, was ganz grundlos ist«, erklärt er, »und wenn ihnen jemand was einbläst, sind sie gern geneigt, es für wahr zu nehmen [...]. – Sie werden daher verstehen, dass der Kranke erst recht die Meinung in sich hat, man könnte ihn statt nur für epil[epsie]krank etwa gar als verrückt ansehen.« Wenn Fritz sich also in der Anstalt so sehr errege, sei dies nicht als eine unmittelbare Folge der Epilepsie anzusehen, sondern vielmehr Ausdruck seiner großen Angst, aufgrund dieser schweren Erkrankung wie ein »Verrückter« behandelt und mit ebensolchen zusammen für den Rest seines Lebens weggesperrt zu werden. Nachdem es aber seinen Angehörigen gelungen war, ihn davon zu überzeugen, dass er durch vernünftiges Verhalten und Arbeiten zeigen müsse, »dass nichts mit ihm weiter sei« und er ansonsten »die Zeit nur zu überstehen brauche«, habe sich sein Zustand so weit gebessert, dass er nach der Sterilisation entlassen werden konnte.[3] Fünf Jahre lang traten nun keine Anfälle mehr auf, glcich »als ob durch den vorher erreichten Höhepunkt eine gewisse Dauerheilung eingetreten sei«.

Anfang 1940 aber kam der Rückfall, und wie schon beim ersten Mal traten die Anfälle in wechselnder Häufigkeit und Stärke auf. Ende Februar 1941 war ein erneuter Höhepunkt erreicht: »Da soll nach den Aussagen meines Schwiegervaters ein Anfall an den anderen gekommen sein«, berichtet Anton J., »von Freitag mittag bis Sonnabend früh, sodass der Kranke seine Zunge so zerbissen hatte und sie so angeschwollen war, dass nach Meinung des zugerufenen Arztes Erstickungsgefahr bestehen sollte«. Der Kranke sollte in das nahe gelegene Krankenhaus St. Georg, keinesfalls aber in eine Anstalt gebracht werden. Fritz D. selbst, so betont sein Schwager mehrfach, war »zwischen den Anfällen [...] *immer* bei Verstande« und »bat dazwischen immer wieder, ihn nicht fortzubringen. Noch auf der Fahrt ins Krankenhaus war er bei voller Vernunft und zufrieden, dass er nur ins Krankenhaus sollte, wo man ihm wegen der Anfälle helfen könne.« Noch im Hof des Krankenhauses aber habe der Arzt »dem Kranken nur das Augenlid gehoben« und ihn sofort weiter in die Nervenklinik nach Leipzig geschickt. »Von da ab hat ihn der Vater nicht wieder gesehen«, und die Familie blieb »vollkommen im Unklaren darüber, was sich zwischen jener Weiterfahrt in die Nervenklinik und der Aufnahme über Hochweitzschen in Waldheim zugetragen hat«.

Tatsächlich hatten sich die Ereignisse allem Anschein nach geradezu überschlagen: Anstatt wie erwartet in ein »normales« Krankenhaus gebracht zu werden, wurde Fritz D. gegen seinen Willen und gegen den Willen seiner Eltern in die Nervenklinik der Universität Leipzig eingeliefert, von wo aus er nur zwei Tage später in die Landesheilanstalt Hochweitzschen überwiesen wurde. Auch dort blieb er nur drei Tage, dann kam er gemeinsam mit 98 weiteren Patienten in einem Sammeltransport in die Anstalt Waldheim. Gerade einmal fünf Tage nachdem seine Eltern ihn aus Sorge vor dem Erstickungstod in ein allgemeines Krankenhaus hatten bringen wollen, befand sich Fritz D. bereits in einer »T4«-Zwischenanstalt.

Dass auch die Angehörigen von dem Lauf der Ereignisse überrascht worden waren, wird in dem Brief, den eine der Schwestern Fritz D.s am 1. März 1941 an die Anstalt schreibt, deutlich: Es sei ihr und ihren Eltern unverständlich, wieso ihr Bruder in die Anstalt gekommen sei, »obwohl sein Zustand gar nicht so schlimm ist, als wie es der Anschein erweckt«. Er sei zwar »Epileptiker, keinesfalls aber haben sich bisher bei ihm Anzeichen von Geistesschwäche bemerkbar gemacht«. Sie betont, dass ihr Bruder bis zu seiner Einlieferung immer gearbeitet und vor allem seine alten, erwerbsunfähigen Eltern unterstützt habe. Ein längerer Anstaltsaufenthalt, so fürchte die Familie nun, könne ihn seine Arbeitsstelle kosten. So sei auch von Seiten der Eltern »an eine dauernde Unterbringung [...] niemals gedacht worden«. Da Fritz »sehr gutmütig u[nd] gar nicht bösartig« sei und zudem »bereits 1934 sterilisiert worden ist, wäre es angebracht, ihn sobald als möglich wieder zu entlassen«. Es wirkt sehr entschieden, wenn Marie K. der Anstalt mitteilt, dass sie ihren Bruder zum einen besuchen, vor allem aber sobald als möglich wieder aus der Anstalt herausholen möchte: »Ich frage deshalb mit an, wann mit der Entlassung meines Bruders aus der Anstalt zu rechnen ist, damit ich ihn abholen kann. Ich erwarte Ihre Antwort u[nd] zeichne mit Heil Hitler! 1 Freiumschlag liegt bei! Frau Marie K. gb. D.«

Das Antwortschreiben der Anstalt mit Datum vom 3. März 1941 geht auf die deutliche Aufforderung, den Patienten nach Hause zu entlassen, gar nicht erst ein. In lediglich drei Sätzen wird der Schwester formelhaft mitgeteilt,»daß die Verlegung Ihres Bruders des Herrn Fritz D. in die hiesige Anstalt auf Anordnung des Herrn Reichsverteidigungs-Kommissars aus kriegswichtigen Gründen erfolgt« sei, dass »vor jedem Besuch eine Besuchsbescheinigung anzufordern« und dass »eine Beurlaubung oder Entlassung Ihres Bruders aus der Anstalt […] z[ur] Z[ei]t nicht möglich« sei, »da er wenig zugänglich« sei »und bei Anrede sofort gereizt und drohend« würde.

Noch am 4. März 1941, also offenbar unmittelbar nachdem Marie K. diese Nachricht erhalten hatte, beantragte ihr Ehemann Otto K. eine Besuchsbescheinigung für den kommenden Sonntag. Am Abend desselben Tages erkundigte sich auch Anton J. noch einmal telefonisch in Waldheim nach dem Patienten, wobei ihm mitgeteilt wurde, der Kranke sei »wieder rabiat gewesen«.[4] Am Sonntag, den 9. März, fuhr Herr K. nach Waldheim, um Fritz D. zu besuchen, und berichtete anschließend Anton J.,»dass der Patient allein für sich liegt und zwar unter Bewachung« und dass »man ihm die Haare geschoren« habe. Anton J. verfasste daraufhin den bereits zitierten Brief vom 13. März 1941 und schickte ihn per Einschreiben nach Waldheim.

Die Aggressivität des Patienten, die nach damaliger medizinischer Meinung eindeutig als eine Folge der Epilepsieerkrankung angesehen wurde, versucht Anton J. mit der »überaus starken Einbildung und Angst des Kranken« zu erklären, »man könne ihn bei der Menge von Kranken unter die V[c]rrückten zählen, wohl sogar mit diesen zusammen bringen und ihn zeitlebens dortbehalten«. Allein die Tatsache, dass man ihn statt in ein Krankenhaus erneut »in die Verrücktenanstalt brachte, wie es nun einmal seine Auffassung ist«, sei Anlass genug für ihn gewesen, »sich wieder derart in eine Angst hinein-[zu]steiger[n], die jene rabiaten Anfälle auslöst[e]«, nur um »unter allen Umständen wieder heraus[zu]kommen […]. Das es das Grundverkehrteste war, ist ihm gar nicht aufgegangen«, führt Anton J. zur Rechtfertigung seines Schwagers an, »wie es wahrscheinlich sogar den meisten absolut gesunden Menschen gehen würde, wenn man sie in eine Nervenanstalt mit der Geruche einer Verrücktenanstalt brächte!« Während demnach die momentane »Aufsässigkeit des Kranken« nur eine durch seine übersteigerte Angst vielleicht etwas heftigere, im Grunde aber vollkommen normale Reaktion auf die unerwartete Einlieferung in die Anstalt sei, würde Fritz D., davon ist Anton J. überzeugt, »durch ein dauerndes Zusammensein mit Geistesgestörten und das Erleben aller jener Vorfälle, wie [sie] sich in solchen Anstalten ereignen, eines Tages selber tatsächlich verrückt«.

Herr J. fährt fort: »Nach meiner vielleicht unmassgeblichen [...] Meinung gehört eben der Kranke [...] nicht in eine Nerven- oder gar Verrücktenanstalt [...], sondern in ein allgemeines Krankenhaus, wo alle mögliche Fälle vorkommen. Er muss sich fühlen, wie irgend einer der Kranken, sodass er denkt, nun ja, ich bin einer der vielen und so wie diese werde ich nach Gesundsein wieder entlassen!« Keinesfalls jedoch dürfe man ihn allein liegen lassen, »damit er nicht so grübeln und tüfteln und sich dumme Sachen einbilden kann«. Man müsse ihn beschäftigen, und zwar »in einer Form, die ihn fühlen lässt, es ist nur ein Übergang zu seiner Entlassung«. Vor allem aber müsse man deutlich machen, dass er eben nicht verrückt sei, sondern krank. Diese Unterscheidung ist Anton J. ausgesprochen wichtig, und während die Ärzte die starke Reizbarkeit des Patienten als ein eindeutiges Zeichen für die »regelmäßig mit der Fallsucht einhergehende Charakterveränderung«[5] sahen, schildert er sehr eindrücklich seine Interpretation der Dinge: »Wir haben alles nur Mögliche getan, den Kranken in einer Arbeitsstelle unterzubringen, wo man Rücksicht auf die Anfälle nimmt, (ihn jedenfalls deswegen nicht hinauswirft), [...]. [Doch] immer hat man [ihm] die schlechteste, die schwerste und die entlegenste Arbeit gegeben, die andere nicht gern annehmen wollten [...]. Auch jetzt wieder ist er im Krankenhaus St. Georg beschäftigt, wo man ihn mit Gärtnerarbeit beschäftigen wollte. Bald musste er aber nichts weiter tun als Schweineställe ausmisten, die schweren Fuhren hin und her schaffen usw. Dann aber nahm man ihn sogar als Entlader der Kohlenloren, wo er von früh bis abends äusserst schwere körperliche Arbeit verrichten muss, und wir sind alle der Überzeugung, dass ihn solche Arbeit den Rest gegeben hat. Vielleicht wirken die heftigen Kreuzschmerzen auf ein bestimmtes Nervensystem, welches dann den Krampf auslöst (bitte lachen Sie nicht, es ist uns Ernst, und wenn es zehnmal eine grundfalsche Laienansicht wäre). Ein Grund muss ja für die Häufung und diesen abermaligen Höhepunkt nach so vielen Jahren da sein. Und wenn nun dieser arme geplagte Mensch [...] wiederholt bei der Verwaltung des Krankenhauses um andere Arbeit einkommt, hat man die Stirn, ihm zu sagen, Du bleibst ja doch nur, bis wieder andere Kräfte da sind, Deine Anfälle sind uns lästig! [...] Spielt man denn mit solchen Menschen oder denkt man, man kann mit ihnen machen, was man will [...]. Man könnte tausenderlei Anstände aufzählen. Mit einem Wort, es ist eine Schande! Und da sollen einem Kranken nicht die Nerven durchgehen? Sie könnten mir und allen gesund Denkenden durchgehen.«

An verschiedenen Unterstreichungen sowie Frage- und Ausrufungszeichen am Rand wird ersichtlich, dass der Brief Anton J.s in Waldheim genau zur Kenntnis genommen wurde. Aufmerksamkeit erregte vor allem folgende Passage, die vordergründig ebenfalls dazu dienen sollte, die Aggressivität des Patienten zu erklären: »Unverantwortlich ist es, wenn jemand im Beisein von Kranken, wie es mein Schwager doch nun einmal durch seine epil[eptischen] Anfälle ist, im Tone festester Überzeugung davon faselt, dass man im heutigen Staate absolute Idioten durch eine Spritze um die Ecke brächte, oft ohne Wissen der Angehörigen. Seit der Kranke dies hörte, glaubt er, selber einmal so enden zu müssen. Er ist dann den Vernunftgründen nicht zugänglich, dass es etwa gar nicht wahr ist oder auch nur, dass es sich ja nur um Idioten handele. Er glaubt eben, ein Staat, der jene ausrotte, bringe es auch fertig, so schwer mit Krankheit gezeichnete Menschen durch eine Spritze ins bessere Jenseits zu befördern. Wir alle können uns daher vorstellen, dass schon allein die Gedanken an die Spritze, die ihm bevorsteht, den Kranken so aufregten, dass er eben wieder mal die Herrschaft über die Nerven verlor.«

Am 15. März 1941 erhielten die Angehörigen des Fritz D. eine recht nüchtern gehaltene Antwort der Landesanstalt: »In Beantwortung Ihres Schreibens [...] teile ich Ihnen mit, dass Ihr Schwager, Herr Fritz D., an erblicher Fallsucht leidet. Der Krankheitszustand Ihres Schwagers erfordert es z[ur] Z[ei]t noch, dass er allein für sich untergebracht ist, da er infolge seiner Krankheit zu Gewalttätigkeiten neigt. [...] Die Neigung zu Gewalttätigkeiten und die ausgesprochene Reizbarkeit und Uneinsichtigkeit Ihres Schwagers ist durch seine Krankheit bedingt. Bei der Art der Erkrankung (Fallsucht) muß leider damit gerechnet werden, dass diese und ähnliche Krankheitserscheinungen an Schwere im Laufe der Zeit zunehmen.« Diese Reizbarkeit mache es unmöglich, Fritz D. zu beschäftigen, und sei auch der Grund dafür, dass er nicht in einem Krankenhaus untergebracht, beurlaubt oder gar entlassen werden könne. »Sie können aber« – mit diesen Worten schließt das Schreiben – »überzeugt sein, dass kein Kranker länger als unbedingt notwendig in einer Anstalt untergebracht bleibt.«

Damit mussten sich Eltern und Geschwister zunächst zufriedengeben. Sie besuchten Fritz D. weiterhin regelmäßig jeden Sonntag in

Waldheim[6] und suchten dort auch das persönliche Gespräch mit dem Arzt.[7] Am 18. April 1941 – Fritz D. ist zu diesem Zeitpunkt sieben Wochen in Waldheim – bemühte Anton J. sich erneut auf schriftlichem Wege um die Entlassung seines Schwagers: Schließlich habe der Arzt selbst – so leitet Herr J. seine Bitte ein – bereits geäußert, dass sich der Zustand des Patienten wesentlich gebessert habe. Nun sei die Familie auch noch in großer Sorge um die Mutter des Fritz D., die zusehends dahinsieche, ohne aber an einer Krankheit zu leiden, die ihren Verfall erklären würde. »Wir rechnen also mit dem Schlimmsten und würden es deshalb begrüssen, wenn schon aus diesem Grunde eine Entlassung möglich wäre.« Auch für eine optimale Unterbringung und Beschäftigung des Kranken sei gesorgt: »Ich habe in unserer herrlichen Umgebung auf einem Berghang ein Grundstück, das bearbeitet werden muss. Hier könnte also mein Schwager in aller Ruhe etwas tun und sich so nach und nach wieder in das praktische Leben zurückfinden. Es treibt ihn niemand an. An sich ist die Luftveränderung, wie überhaupt die Änderung der ganzen Umgebung doch nur von heilsamen Einfluss.« Aber auch diese Bemühungen blieben erfolglos.[8] Weitere fünf Wochen später unternahm der andere Schwager, Otto. K., einen weiteren Versuch: »Wie Sie uns schon wiederholt versichert haben«, schreibt er am 26. Mai 1941, »hat sich der Zustand meines Schwagers Fritz D. […] wesentlich gebessert. Auch wir, die wir regelmäßig jeden Sonntag den Patienten besucht haben, haben uns von dem Befinden des Kranken überzeugen können und sind zu der Ansicht gekommen, daß ein längerer Aufenthalt des Kranken in der Anstalt wohl nicht mehr notwendig ist.« Nachdem alle bisherigen Argumente nicht erhört worden waren, verfolgt er nun eine neue Strategie: »Vom nationalsozialistischen Standpunkt aus betrachtet, wäre es zweckmäßig, den Patienten bald aus der Anstalt zu entlassen und ihn in den Arbeitsprozeß wieder einzureihen, gerade jetzt, wo schon viele Frauen den Arbeitsplatz der einberufenen Männer einnehmen müssen. Daß mein Schwager noch arbeiten kann hat er bewiesen dadurch, daß er bis zu seiner Einlieferung erwerbstätig war, wenn auch nur mit Schippe u[nd] Hacke. Aber auch Handarbeiter werden dringend gebraucht, es fehlt an Arbeitskräften, wie Ihnen ja auch bekannt sein dürfte. Es ist uns allen unverständlich, weshalb man einen Menschen, der arbeitswillig und arbeitsfähig ist, länger als notwendig in der Anstalt behält, wenn er sich andererweit nützlich machen und dem Vaterland dienen könnte. Es liegt nun in Ihrer Hand, sehr geehrter Herr Obermedizinalrat, meinen Schwager

*Abb. 16: Tötungsanstalt Pirna-Sonnenstein bei Dresden.
Im Keller des Hauses war die Gaskammer untergebracht*

wieder in den Arbeitsprozeß einzureihen, von Ihrem Entschluß hängt alles ab, deshalb bitten wir sie alle, Eltern und Geschwister des Patienten, meinen Schwager Fritz D. baldigst aus der Anstalt zu entlassen. Wir alle wären Ihnen dankbar, wenn Sic uns den Patienten noch vor Pfingsten aus der Anstalt herausgeben würden. Wir alle würden den Patienten gern und freudig zurückholen, wenn Sie es möglich machen könnten.« Diesem eindringlichen Appell folgt eine nicht minder engagierte Bitte, die noch einmal zeigt, dass die Angehörigen Fritz D.s zumindest eine Ahnung davon hatten, was diesem bevorstand: »Sollte aber eine Entlassung im Laufe dieser Woche noch nicht möglich sein, dann bitten wir Sie wenigstens den Patienten in der dortigen Anstalt zu behalten u[nd] ihn nicht nochmals in eine andere Anstalt zu schicken. [...] Sehr geehrter Herr Obermedizinalrat, helfen Sie mit, einen arbeitsfähigen Menschen dem Vaterland zu erhalten.«

Die Antwort der Anstalt ist knapp und ernüchternd: »In Erledigung Ihres Schreibens vom 26.5.41 teile ich Ihnen mit, daß eine Beurlaubung oder Entlassung Ihres Schwagers Fritz D. leider nicht möglich ist. Eine wesentliche Besserung, wie Sie schreiben, ist keineswegs eingetreten und ich habe auch lediglich geäußert, daß gegenüber dem Zustand bei der Zuführung eine gewisse Besserung eingetreten wäre. Ihr Schwager ist immer noch recht abweisend und stumpf und kommt noch sehr leicht in Streit mit seiner Umgebung. Eine weitere Unterbringung in einer geschlossenen Anstalt ist doch noch erforderlich.« Mit diesem Schreiben der Landesanstalt Waldheim vom 28. Mai 1941 endet die Krankenakte von Fritz D. Danach sind keine weiteren Briefe mehr enthalten. Aus den spärlichen Dokumenten geht nicht einmal das Todesdatum hervor. Nach dem 28. Mai gab es noch fünf Transporte aus der Zwischenanstalt Waldheim in die Tötungsanstalt Sonnenstein bei Pirna – den ersten am 6. Juni 1941, den letzten am 11. August 1941.[9] Mit diesen fünf Transporten gelangten 329 Menschen von Waldheim nach Sonnenstein und wurden dort getötet. Einer von ihnen war Fritz D.

1   Zwischen Februar und März 1940 waren fast alle, bis auf sechs, der über 240 Waldheimer Stammpatienten in Sammeltransporten in die »T4«-Tötungsanstalt Brandenburg an der Havel gebracht worden. Noch am Tag des letzten Abtransportes brachte das Transportunternehmen der »T4«-Verwaltungszentrale, die Gemeinnützige Krankentransport GmbH (GEKRAT), die ersten 90 »Durchgangspatienten«, und innerhalb der nächsten acht Tage trafen über 200 weitere ein. In immer neuen Transporten kamen Hunderte von Menschen vor allem aus sächsischen Einrichtungen nach Waldheim. Welch katastrophale Zustände dort geherrscht haben müssen, lässt sich erahnen, wenn man bedenkt, dass in der mit 238 Betten ausgestatteten Anstalt phasenweise fast doppelt so viele Menschen untergebracht wurden. Als die 99 Männer aus Hochweitzschen – unter ihnen Fritz D. – am 27. Februar 1941 im Sammeltransport nach Waldheim gebracht wurden, hatten bereits mehr als 1000 Patienten die Zwischenanstalt »durchlaufen«: Einige waren aufgrund der Bedingungen noch vor Ort verstorben, die meisten aber waren einige Zeit später erneut von der GEKRAT abgeholt und zuerst in Brandenburg, ab Juni 1940 in Sonnenstein vergast worden. Vgl. hierzu Schröter (1994), Waldheim, S. 129, 141-151.

2   Vgl. ebd., S. 147.

3   Aus der Akte lassen sich keine weiteren Informationen über die Sterilisation entnehmen. Dem Kommentar des Schwagers Anton J. – »Auch hat man ihn damals sterilisiert. Ob mit Recht oder nicht, wage ich von mir aus nicht zu entscheiden« – lässt sich jedoch entnehmen, dass die Unfruchtbarmachung entgegen der Überzeugung der Familie durchgeführt worden ist. Es spricht einiges dafür, dass die Entlassung damals nur unter der Bedingung der vorherigen Sterilisierung erfolgt ist. Dafür spricht auch die Tatsache, dass die Schwester von Fritz D. bereits in ihrem allerersten Brief an die Anstalt darauf

hinweist, dass ihr »Bruder bereits 1934 sterilisiert worden ist, und es somit angebracht sei, ihn sobald als möglich zu entlassen«.

4 Schreiben von Anton J. vom 13.03.1941.

5 Schreiben an Anton J. vom 15.03.1941.

6 Schreiben von Otto K. vom 26.05.1941.

7 Schreiben von Anton J. vom 18.04.1941: »Inzwischen war ja auch meine Frau einmal in W[aldheim] und hatte die Gelegenheit, mit Ihnen zu sprechen.«

8 Ein Antwortschreiben der Anstalt ist allerdings nicht erhalten.

9 Vgl. Schröter (1994), Waldheim, S. 146.

Bernhard E. –
»Bowerschwan ist mein romantischer und Engels ist mein realer Name«

Philipp Rauh

Der am 25. Juli 1867 geborene Feinkosthändler Bernhard E. wird im Mai 1938 im Alter von 71 Jahren von der Landes-Heil- und Pflegeanstalt Langenhagen bei Hannover, in der er nach eigenen Angaben zehn Wochen hospitalisiert war, in die Provinzial-Heil- und Pflegeanstalt Hildesheim überführt. Dort wird bei Bernhard E. eine paranoide Form der Schizophrenie diagnostiziert.

Bei seiner Aufnahme in Hildesheim blickt Bernhard E. bereits auf ein bewegtes Leben zurück. Seine Lebensgeschichte wird nun im Folgenden dargestellt, wobei sie sich ausschließlich auf die Angaben stützt, die er selbst in der biographischen Anamnese bei seiner Aufnahme in Hildesheim machte.[1] Das Leben von Bernhard E. wird aus der ihm eigenen Sicht erzählt.

Die Freimaurer, Maximilian von Mexiko und der Mittagstisch der Witwe Boss

Da Bernhard E. im Laufe seiner Erzählungen immer wieder in widersprüchlicher Weise auf seinen Vater zu sprechen kommt, gilt es vorab, auf seine Familienverhältnisse einzugehen. Geboren ist Bernhard E. in Lingen/Ems. Sein Vater heißt angeblich Otto von Berthold und arbeitete als Postsekretär. Seine Mutter soll Bernhard E. als uneheliches Kind zur Welt gebracht haben. Über seinen Stiefvater sagt Bernhard E., dass dieser Tapetenhändler war. Detailliertere Angaben über die Eltern finden sich in der Krankenakte nicht.

Wenn Bernhard E. in seinen Erzählungen also von seinem Vater berichtet, ist nicht ganz klar, ob es sich dabei um seinen leiblichen Vater oder seinen Stiefvater handelt. Nicht außer Acht gelassen werden darf auch die Möglichkeit, dass es sich bei den Schilderungen über seinen Vater um eine fiktive bzw. ersehnte Vaterfigur handelt.

Sein Geburtsort Lingen, so Bernhard E., sei seinerzeit die Hochburg der Freimaurerei gewesen. Die Freimaurer seien es auch gewesen, die seine Eltern missleitet, missbraucht und ins Unglück gestürzt hätten. Darüber hinaus hätten sie uneheliche Kinder aus seiner Mutter, seinen Cousinen und seinen Geschwistern zeugen wollen. Ein Dr. zum Sande habe in Abwesenheit des Vaters seine Mutter missbraucht. Dr. zum Sande habe zu den Gottlosen gehört, sei katholisch und Chefarzt des hiesigen Bartholomäus-Krankenhauses gewesen. Seine Mutter und auch die Frau Dr. zum Sande seien daraufhin irrsinnig geworden. Seine Mutter sei ins St. Rochusspital in Telgte gekommen. Sie sei geisteskrank gewesen, habe Stimmen gehört und an religiösem Wahn gelitten. Dies sei aber nach den geschilderten Ereignissen auch nicht anders zu erwarten gewesen. Bernhard E. hingegen habe sich als kleines Kind normal entwickelt und sei auch nie ernstlich krank gewesen.

Mit vier Jahren kam Bernhard E. nach Thuine in ein katholisches Kloster. Dort hing er besonders an der Schwester Maximiliane, einer Tochter Maximilians von Mexiko.[2] Ein Jahr später zog er nach Duderstadt, wo er auch die Schule besuchte. In dieser Zeit fiel ihm ein schwerer Schrank auf den Kopf, woraufhin er einen Schädelbruch erlitt. In Duderstadt hielt er sich nur kurze Zeit auf und kehrte bald nach Lingen zurück. Dort war er in einer Familie Boss untergebracht. Am Mittagstisch der Witwe Boss haben ihm die Kostgänger, meistens Techniker, entweder Pfeifenlauge auf den Kopf gegossen oder ihm unanständige Bilder gezeigt. Damals war er aber noch zu jung gewesen, um diese Bilder zu verstehen. Avancen des Sohnes der Witwe Boss, mit ihm das Bett zu teilen, lehnte er ab.

Sein Vater mietete einige Zeit später ein Haus in Beesten bei Lingen. Dort besuchte Bernhard E. auch die Volksschule. Er war ein guter Schüler, und sein Wunsch war es, Lehrer zu werden. Mit zehn Jahren kam er in Lingen auf die Bürgerschule, wo er von seinen Lehrern so oft geschlagen wurde, dass er bald die Lust am Lernen verlor.

Die New Yorker Kolonialbranche, die Gartenbauschule
in Düsseldorf und ein Zwischenstopp bei den Mormonen

Nach Abschluss der Schule schickte der Vater Bernhard E. zu einer Schwester nach Amerika. 1884, also 17-jährig, kam er in New York an. Zu Beginn arbeitete er in einem jüdischen Konfektionsgeschäft, später wechselte er in die Kolonialbranche über. Im Anschluss daran nahm er noch verschiedene Stellen in größeren und kleineren Geschäften an, bis er schließlich in einem großen Exportgeschäft unterkam. Auf Veranlassung des Vaters kehrte er einige Male für kurze Zeit nach Deutschland zurück, bevor er sich dort 1903 wieder dauerhaft niederließ.

In Hannover eröffnete Bernhard E. eine Feinkosthandlung. Nach einiger Zeit ging es ihm gesundheitlich nicht gut. Er berichtet von einer Kneippkur, die er deshalb in Bad Wörishofen machte und die ihm gut bekam. Danach kehrte er nach Hannover zurück und probierte es erneut als Feinkosthändler. Kurz darauf starb sein Vater, und es kam, da dieser kein Testament gemacht hatte, zu Erbschaftsstreitigkeiten mit seinen Angehörigen. »Da haben sie mir nach dem Leben getrachtet, ich sollte ein Ritualopfer werden«, so Bernhard E. rückblickend.

In seiner Nachbarschaft in Hannover wohnte eine jüdische Familie, und eines Tages begegnete Bernhard E. ein Rabbiner mit kreidebleichem Gesicht und teuflischem Blick. Das sei ihm alles sehr sonderbar vorgekommen und er habe Angst gehabt, dass man ihm etwas antun wolle. Der Arzt, den er daraufhin konsultierte, hielt aber alles für Einbildungen und überwies ihn in die St. Josefs Heilanstalt für männliche Gemüts- und Nervenkranke in Berlin-Weißensee. Hier verbrachte er drei Monate. Danach berichtet Bernhard E. von einer Generalbeichte, die er hatte ablegen wollen. Als Beichtvater suchte er sich einen Kapuzinerpriester aus, der sich jedoch als besagter Dr. zum Sande herausstellte. Der wollte lediglich von ihm wissen, ob er geisteskrank sei. Nach seiner Entlassung aus der Anstalt Berlin-Weißensee verdingte er sich einige Zeit als Gärtner. Mittlerweile nach Düsseldorf umgezogen, besuchte er sogar die Gartenbauschule. Dort habe man mit der Zeit angenommen, dass mit ihm etwas nicht stimme, woraufhin er sich zur Erholung in die Obhut der Alexianer in Neuss begab.[3]

Von Neuss aus ging es für Bernhard E. zurück nach Amerika. Über New York, den Westen und die südlichen Staaten gelangte er schließlich bis nach Kalifornien. Bevor er sich in Kalifornien für längere Zeit niederließ, machte er noch einen kurzen Zwischenstopp bei den Mormonen. Während in Europa der 1. Weltkrieg wütete, arbeitete er als Pfleger in diversen Krankenhäusern. Sämtliche Versuche, ihn vor Ort mit Krankenschwestern zu verkuppeln, scheiterten.

Nach Kriegsende kehrte Bernhard E. nach Deutschland zurück und eröffnete ein weiteres Mal ein Feinkostgeschäft. Fünf Jahre sei dies auch gut gelaufen, danach nicht mehr, zudem habe er sein ganzes erspartes Geld während der Inflationszeit verloren.

Über die Zeit unmittelbar vor Beginn seiner nächsten und letzten Hospitalisierung im März 1938 macht Bernhard E. die folgenden Angaben. In den letzten Monaten vor seiner Aufnahme in der westfälischen Anstalt Langenhagen litt er an einer Bronchitis. Dies hatte die zeitweilige Einweisung in die Lungenheilstätte Heidehaus zur Folge, wenngleich er vermutet, dass für seinen Aufenthalt politische Gründe ausschlaggebend waren.[4] Vom Heidehaus, wo er sich sehr gut erholt habe, sei er vor ungefähr zehn Wochen nach Langenhagen verlegt worden. So weit Bernhard E.s Schilderungen über sein Vorleben.

Hitler aus Amerika, Benito Mussolinis Onkel und gelebter Katholizismus

In der Heil- und Pflegeanstalt Hildesheim gilt Bernhard auf der einen Seite als ruhiger, freundlicher und angenehmer Patient, auf der anderen Seite als anspruchsvoller Eigenbrötler. Gerade im Hinblick auf die Verpflegung kommt es immer wieder zu Meinungsverschiedenheiten zwischen ihm und dem Pflegepersonal. Sowohl die Versorgung in der Anstalt als auch die Lebensmittel, die von den Pflegern für ihn aus der Stadt besorgt werden, stellen ihn nur schwerlich zufrieden. Seine Unzufriedenheit pflegt er dem Personal auch persönlich mitzuteilen.[5] Aus der Krankengeschichte geht weiterhin hervor, dass die Pfleger mit der Zeit gereizt reagieren, wenn Bernhard E. einmal mehr in ausführlicher Weise auf sein ereignisreiches Vorleben zu sprechen kommen möchte.[6]

Von seinen Mitbewohnern in der Anstalt hält sich Bernhard E. meist fern. Nur ab und an erzählt er ihnen von kuriosen politischen Begebenheiten. So berichtet er einem Mitpatienten, Admiral Raeder[7] und Außenminister von Neurath[8] wären die unehelichen Söhne von Hindenburg. Ferner meint er zu wissen, dass Hitler früher in Amerika war und von dort nach Deutschland herübergekommen sei. Auf Nachfrage gibt er dann allerdings an, dass Hitler aus Linz stamme und er ihn sehr verehre, auch wenn dieser anfangs sehr gegen die Geistlichkeit hat kämpfen müssen.[9]

Bei einer ärztlichen Visite Ende Juli 1938 benimmt sich Bernhard E. sehr geheimnisvoll und weiht die Ärzte in die folgenden Begebenheiten ein: »Bowerschwan ist mein romantischer und Engels ist mein realer Name. Ich bin aus dem Sprosse des Papstes Gregor. Damit habe ich Anrecht auf einen Altensitz in der Engelsburg.[10] Ich habe

*Abb. 17: Rauchender Schornstein des Krematoriums
der Anstalt Hadamar*

der Politik ganz und gar entsagt. Ich lege meine Rechte und die meiner Geschwister in die Hände meines Neffen, Herrn Benito Musso-
lini.« Abschließend teilt er den Ärzten noch mit, er wolle »in der al-
lernächsten Zeit über Hamburg nach Italien fahren.«

Ansonsten hält sich Bernhard E. tagsüber sehr viel im Freien auf
oder schreibt lange Briefe an einen katholischen Geistlichen. Darüber
hinaus setzt er sich in schriftlicher Form viel mit religiösen Problemen auseinander. Dabei bringt er seine Ansichten erst einmal provi-
sorisch zu Papier, bevor er sie dann sorgfältig ins Reine überträgt.[11]
Im Laufe der Zeit wird er, was die Verpflegung in der Anstalt angeht,
immer anspruchsloser, beschwert sich diesbezüglich kaum noch und
kommt daraufhin mit den Pflegern immer besser aus. In der Krankengeschichte wird weiterhin zufrieden vermerkt, dass Bernhard E.
mittlerweile nur noch spricht, wenn er gefragt wird. Den anderen Patienten gegenüber ist er nach wie vor zurückhaltend, kümmert sich
aber, wie es in der Krankengeschichte heißt, »in aufopferungsvoller
Weise« um einen schwer erkrankten Mitbewohner.[12]

Am 6. Januar 1939 wird Bernhard E. in die Heil- und Pflegeanstalt
Wunstorf überführt. Auch dort wird er als ein freundlicher, angeneh-

mer und höflicher Patient beschrieben. Er beschäftigt sich etwas mit Hausarbeit und übernimmt die seelsorgerische Betreuung seiner gläubigen Mitpatienten. Nach wie vor kümmert er sich rührend um besonders hilfsbedürftige Patienten, insbesondere um Glaubensbrüder.[13] Zwar wird in Wunstorf vermerkt, dass sich Bernhard E. gut eingelebt habe und ein bescheidener und fleißiger Patient sei, dennoch scheint er in der neuen Umgebung nicht rundum zufrieden zu sein, da es an einer Stelle in der Akte heißt, Bernhard E. habe eine Zeit lang darauf gedrängt, nach Hildesheim zurückkehren zu dürfen, da er sich dort als Katholik besser aufgehoben fühle.[14]

Am 23. April 1941 wird Bernhard E. in die Zwischenanstalt Idstein überführt. Mit diesem Eintrag endet auch die Krankengeschichte. Aus Idstein wird Bernhard E. kurze Zeit später in die hessische Tötungsanstalt Hadamar deportiert und dort vergast.

1   BAB, R 179/5579, vgl. die Einträge in der Krankengeschichte der Anstalt Hildesheim vom 20.05.1938.
2   Maximilian von Mexiko, eigentlicher Name Erzherzog Ferdinand Maximilian, kam am 06.08.1832 in Wien zur Welt. 1854 wurde er zum Oberbefehlshaber der k. u. k. Kriegsmarine ernannt. Napoleon III. krönte ihn 1864 zum Kaiser von Mexiko. In der neuen Heimat sah sich der junge Kaiser jedoch vor unüberwindliche Probleme gestellt. Die anderen amerikanischen Staaten akzeptierten ihn nicht als rechtmäßige Autorität des Landes, sondern sahen in ihm vielmehr ein Werkzeug der französischen Intervention und verweigerten ihm deshalb die Unterstützung. Im Jahre 1867, nach dem Abzug der französischen Truppen, wurde Maximilian in Querétaro (Mexiko) verhaftet, zum Tode verurteilt und standrechtlich erschossen.
3   Die Brüdergemeinschaft der Alexianer, benannt nach dem Heiligen Alexius, hat ihr zentrales Betätigungsfeld von jeher in der Pflege und Betreuung von armen, kranken und an den Rand der Gesellschaft gedrängten Menschen. Seit dem 17. Jahrhundert kümmern sich die Alexianer auch um Geisteskranke.
4   Über die Länge seines Aufenthaltes im Heidehaus macht Bernhard E. keine Angaben.
5   BAB, R 179/5579, Eintrag vom 28.06.1938.
6   Ebd., Eintrag vom 22.08.1938.
7   Erich Raeder (1876-1960) war im 1. Weltkrieg Admiralsoffizier. Im Jahre 1935 wurde er im Zuge der Neuorganisation der Streitkräfte Oberbefehlshaber der Marine. Raeder, 1939 zum Großadmiral ernannt, überwarf sich 1943 mit Hitler und wurde daraufhin als Oberbefehlshaber abgesetzt. Im Nürnberger Kriegsverbrecherprozess wurde er zwar zu lebenslanger Haft verurteilt, aufgrund seines schlechten Gesundheitszustandes konnte er jedoch bereits 1955 das Gefängnis wieder verlassen.

8 Konstantin Freiherr von Neurath (1873-1950) wurde 1932 deutscher Außenminister und blieb dies zunächst auch nach der »Machtergreifung«. 1938 trat
   Neurath, der in seiner Funktion nur wenig Einfluss besaß, von seinem Amt
   zurück. Nach der Zerschlagung der »Rest-Tschechei« erfolgte die Berufung
   zum Reichsprotektor von Böhmen und Mähren. Neurath reichte 1943 formell
   seinen Rücktritt ein. Im Nürnberger Kriegsverbrecherprozess zu 15 Jahren
   Haft verurteilt, wurde er bereits 1954 wegen Krankheit aus dem Gefängnis
   wieder entlassen.

9 BAB, R 179/5579, Eintrag vom 21.07.1938.

10 Ihren heutigen Namen verdankt die Engelsburg Papst Gregor dem Großen,
   dem im Jahre 590 eine göttliche Vision wiederfuhr: Ein Engel erschien ihm
   über dem Mausoleum und kündigte das Ende der Pest an, indem er sein
   Schwert in die Scheide steckte.

11 BAB, R 179/5579, Eintrag vom 15.08.1939.

12 Ebd., Eintrag vom 07.11.1939.

13 Ebd., Eintrag vom 18.04.1939.

14 Ebd., Eintrag vom 27.01.1941. In Bezug auf die Gegend um Hildesheim ist zu
   berücksichtigen, dass es sich hier um eine streng katholische Gegend handelte.
   Dies mag bei dem Bemühen von Bernard E., in die Hildesheimer Anstalt zurückzukehren, eine wichtige Rolle gespielt haben.

Günter E. –
»Entstammt einer erblich belasteten Sippe«

Petra Fuchs

Günter E. wird am 14. September 1929 im brandenburgischen Schmolde/Ostprignitz als erstes Kind des Arbeiterehepaares Gustav und Frieda E. geboren.[1] Drei Schwestern kommen nach ihm zur Welt, Edith 1930, Waltraud 1932 und Gerda 1933. Die älteste Schwester Edith leidet, wie es später heißen wird, an »mongoloider Idiotie«[2], die jüngste, Gerda, sei »geistig ebenso wie Edith zurückgeblieben«[3], während Waltraud zunächst »als normal geschildert«[4] wird. Die Familie lebt in ärmlichsten Verhältnissen in der märkischen Kleinstadt Wittstock an der Dosse. Als Wohnraum steht den sechs Familienmitgliedern ein einziges Zimmer und eine Küche mit einem Schlafraum zur Verfügung.[5] Es sind nur zwei Betten vorhanden, für Bettwäsche reichen die finanziellen Möglichkeiten jedoch offenbar nicht aus, denn die Eltern sind arbeitslos und beziehen »Unterstützung aus öffentlichen Mitteln«.[6] Im Februar 1934 erstatten Hausmitbewohner Anzeige beim Wittstocker Wohlfahrtsamt und erklären, die Kinder des Ehepaares E. seien völlig verwahrlost. Bei der Überprüfung der häuslichen Verhältnisse finden die Beamten die Wohnung »in einem unbeschreiblich verschmutzten« und wie an anderer Stelle besonders betont wird, in »menschenunwürdigem Zustande« vor. Der Einwand Frieda E.s, an einem Sonnabendvormittag sehe es »in einer kinderreichen Familie naturgemäss nicht besonders sauber und aufgeräumt« aus, wird von den behördlichen Vertretern als leere Ausrede zurückgewiesen. Die Verwahrlosung der Kinder trat insbesondere bei der zweijährigen Waltraud hervor, deren Gesicht »mit einer dicken, festen Schmutzschicht überzogen« gewesen sei, berichtet die zuständige Fürsorgerin. Im Rahmen der weiteren Untersuchung »zeigte sich wie verkommen auch die Wäsche des Kindes war«. Gegen ihren Versuch, das Kind aufzunehmen, erheben die Eltern jedoch »in lärmender Weise Einspruch, ja sogar handgreiflich« wollten sie werden. Schließlich werden alle vier Kinder in Begleitung eines Polizeibeamten »zu einstweiliger Pflege« im Wittstocker Krankenhaus untergebracht. Gegen die Eheleute E. werden zwei gerichtliche Verfahren eingeleitet, das eine zielt auf die Unterbringung der Kinder in Fürsorgeerziehung ab, das andere dient der zwangsweisen Unfruchtbarmachung von

Gustav und Frieda E. Nach Ansicht des zuständigen Kyritzer Kreisarztes stehen die Eheleute im Verdacht, an »angeborenem Schwachsinn«, einer Erbkrankheit im Sinne des »Gesetzes zur Verhütung erbkranken Nachwuchses«,[7] zu leiden, und werden daher für die
Sterilisierung »in Vorschlag gebracht«. Das bereits in der Weimarer
Republik ausgearbeitete »Sterilisationsgesetz« wird nach der »Machtergreifung« durch die Nationalsozialisten rasch und rigide umgesetzt.
Erst im Januar 1934, einen Monat bevor das Ehepaar E. durch die
Nachbarn angezeigt wurde, ist es in Kraft getreten.[8] Am 3. Juni 1934
ergeht der Beschluss des Wittstocker Amtsgerichtes zur Überweisung
der vier Geschwister E. in Fürsorgeerziehung, eine Maßnahme, die
laut gültigem Reichsjugendwohlfahrtsgesetz »der Verhütung oder
Beseitigung der Verwahrlosung« dient und »in einer geeigneten Familie oder Erziehungsanstalt unter öffentlicher Aufsicht und auf öffentliche Kosten« durchgeführt wird.[9] Zu den Gründen heißt es: »Die
Eltern der Kinder machen einen äußerst beschränkten Eindruck und
sind infolgedessen zur Erziehung ihrer Kinder völlig ungeeignet, obwohl sie das nicht wahrhaben wollen; sie haben daher die Unterbringung ihrer Kinder in Fürsorgeerziehung widersprochen. Der Ehemann bestreitet, Trinker zu sein, und ist auch nach Angabe seiner
Ehefrau noch nicht betrunken nach Hause gekommen. Infolgedessen
verdienen diese Erklärungen keinen Glauben. Besteht hiernach bereits eine körperliche Verwahrlosung der Kinder, so droht ihnen weiterhin auch die Gefahr sittlicher und geistiger Verwahrlosung infolge
der geschilderten Unzulänglichkeit der elterlichen Erziehung in einer
Umgebung, in der es an jeder Ordnung und Sauberkeit fehlt. Andere
Erziehungsmaßnahmen erscheinen unter den obwaltenden Umständen als völlig aussichtslos, sodass allein die beantragte Unterbringung
der Kinder in Fürsorgeerziehung in Frage kommt.«[10] Vorübergehend
werden die vier Geschwister daraufhin in einer privaten Pflegestelle
untergebracht.

Familienpflege

Für gut vier Monate, von Februar bis Juli 1934, befinden sich Günter,
Edith, Waltraud und Gerda E. in Familienpflege bei der verwitweten
Bezirkshebamme Elisabeth Ladendorf in Stepenitz/Ostprignitz.
Wenngleich auch die dortigen Lebensverhältnisse bescheiden sind,
schläft doch jedes Kind in einem eigenen Bett, ist ausreichend mit

Wäsche versorgt und wird tagsüber mit Spielen beschäftigt. Im Sommer steht sogar ein »schöner Sandhaufen auf dem abgeschlossenen Hof« zur Verfügung. Elisabeth Ladendorf und ihre erwachsene Tochter bemühen sich um die ihnen anvertrauten Kinder, und auch der zuständige Fürsorger, ein Pfarrer, »kümmert sich sehr [...] nach Aussage der Pflegemutter und ist viel da«.[11] Nach den Fürsorgeerziehungsberichten des Jugendamtes betragen die Kinder sich artig und, »ist die Hebamme auswärts und auch die erwachsene Tochter einmal fort, was selten vorkommt, so kümmern sich eine bekannte Frau des Ortes um die kleine Familie, auch die 10 jährige Tochter (ein weiteres Pflegekind von E. Ladendorf; P.F.).«[12] Offensichtlich ohne Vorankündigung werden Günter und seine zwei älteren Schwestern, Edith und Waltraud, jedoch Ende Juli 1934 aus der Pflegestelle abgeholt und in das Landesjugendheim Strausberg gebracht. Die einjährige Gerda wird in das Augusta-Heim in Brandenburg/Havel überwiesen, eine kleine Einrichtung für vorschul- und schulpflichtige sowie für Hilfsschulkinder des Deutschen Roten Kreuzes.[13] Die Familienpflegerin wendet sich vergeblich an das Landesjugendheim mit der Bitte, die drei dort untergebrachten Geschwister an sie zurückzugeben, »denn ich und meine Tochter haben sich zu sehr an die Kinder gewöhnt«. Gustav E., der lediglich über die Verlegung seiner drei ältesten Kinder in Kenntnis gesetzt wird, schreibt bereits Anfang August nach Strausberg: »Ich möchte hiermit mal anfragen, wo das vierte Kind mit Namen Gerda E. geb. am 27.8.33 zu Mittelstadt zur zt. aufhält. Da sie mich nur über die drei Kinder benachrichtigt haben, möchte ich sie bitten, über den verbleib des vierten Kindes Auskunft zu geben.« Der Strausberger Leiter verweist Gustav E. zur weiteren Nachfrage jedoch lediglich an eine übergeordnete Stelle in Berlin, denn, so konstatiert er knapp, »in meinem Heim sind nur die von mir genannten Kinder untergebracht.« Tatsächlich bleibt Gerda E. etwas mehr als ein Jahr im Augusta-Heim, bis sie am 30. August 1935 erneut »in eigene Pflege und Erziehung« zu Elisabeth Ladendorf gegeben wird.

Landesjugendheim Strausberg:
»ein anhängliches, zutrauliches, ~~lebendiges~~ Kind«

»Günter E. ist heute durch das Jugendamt in Wittstock dem Knabenheim zugeführt worden«, lautet der Aufnahmevermerk des Landes-

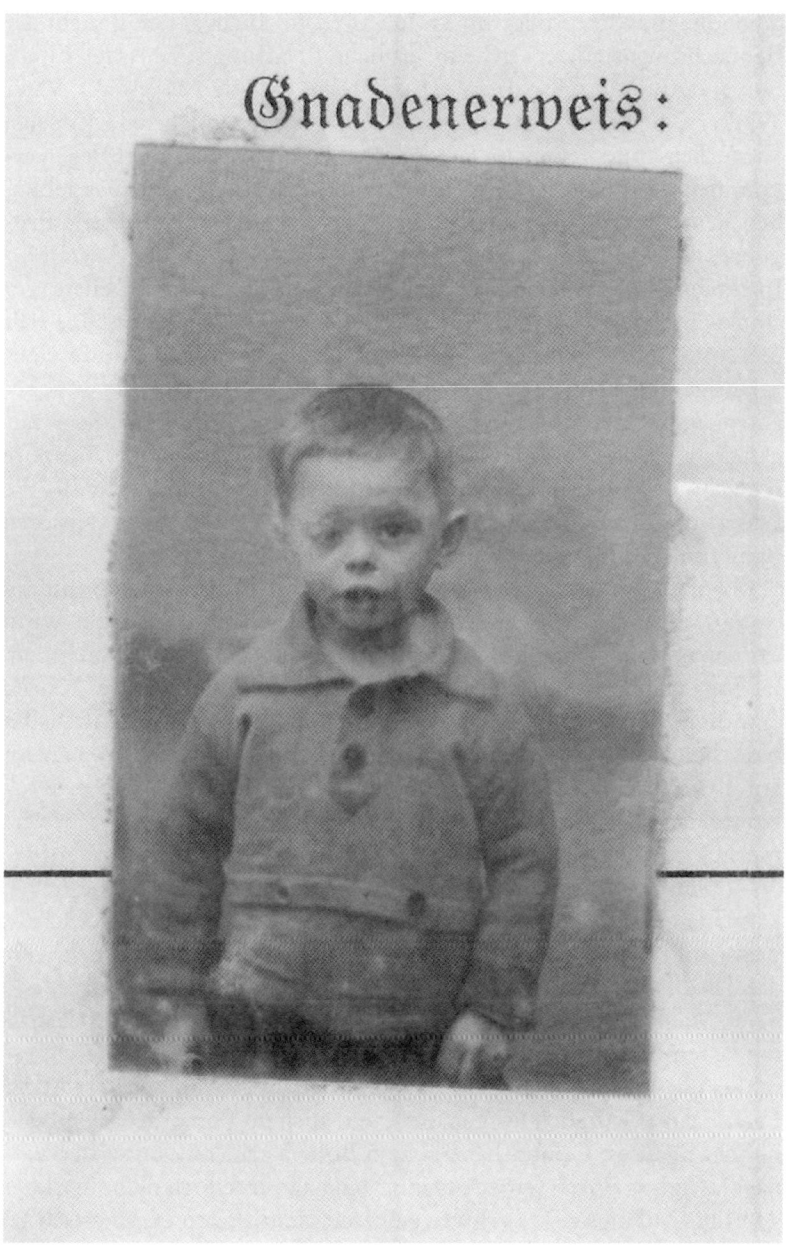

Abb. 18: Gunter E.

jugendheimes Strausberg am 27. Juli 1934. In einem ersten Bericht der Beobachtungsstation wird eine erbliche Belastung seitens der Eltern nun endgültig festgeschrieben, beide seien »geistig beschränkt, Vater Trinker«, heißt es dort unumstößlich. Gustav und Frieda E. seien »liederlich« und ließen die Kinder »im Schmutz und ohne Pflege verkommen«. Günter sei unterernährt und geistig stark zurückgeblieben, seine Entwicklung bleibe abzuwarten, lautet immerhin die Prognose, das Kind sei »geeignet für [das] Verbleiben in der Anstalt«.[14] In regelmäßigen Abständen werden von stets wechselnden Fürsorgerinnen Berichte an das Jugendamt erstattet, im Dezember 1934 hält die zuständige Vertreterin fest, Günter habe »kaum die Stufe eines 3-jährigen erreicht. Sprache besteht fast gar nicht.« Für die erzieherische Beeinflussung habe sich der Zögling aber »einigermassen« zugänglich gezeigt. Günter sei »anhänglich, spielerisch«, er begreife schlecht, habe sich aber »ganz gut eingewöhnt«[15] und könne für die Unterbringung in Familienpflege empfohlen werden. Unter sonstigen Bemerkungen hält die Fürsorgerin fest: »Leichter Nässer«.

Ebenfalls im Dezember bittet Gustav E. darum, seinen Sohn am ersten Weihnachtstag besuchen zu dürfen, was ihm gestattet wird. Offenbar ist er jedoch nicht zu Besuch gekommen. Auch aus dem Jahr 1935 sind zwei Postkarten erhalten, in denen sich Gustav E. nach dem Befinden seines Sohnes erkundigt und wieder darum bittet, ihn besuchen zu dürfen. Im Juli 1935 möchte er gerne wissen, »was mein Sohn Günter machen tut bitte schreiben sie mir bescheit ob er noch gesund ist [...]«,[16] und im Oktober 1935 fragt er aus Lärz, wo er vermutlich vorübergehend auf einer Baustelle arbeitet, in Strausberg an, ob er seinen Sohn am »Sonnabend 26. oder Sonntag, den 27. besuchen kann, da ich in Berlin bin bitte schreiben Sie bis Freitag [...] bescheit, weil ich Freitag Vormittag ab fahre«.[17] Seine Bitten um Besuch werden jeweils befürwortet, er führt das angekündigte Vorhaben jedoch beide Male nicht aus. Die Gründe für dieses widersprüchliche Verhalten lassen sich aus den in der Akte erhaltenen Dokumenten nicht erschließen. »Besuch nicht gekommen«, wird im November 1935 in der Personalakte lediglich festgehalten, und auch im Fürsorgeerziehungsbericht heißt es, Günter habe keinen Besuch erhalten, unter der Vernachlässigung durch seine Angehörigen habe er jedoch nicht merkbar gelitten. Anfangs sei es schwer gewesen, den Jungen erzieherisch zu beeinflussen, notiert die Fürsorgerin rückblickend weiter, die Situation habe sich aber gebessert. Seine geistige Entwicklung mache bedeutende Fortschritte, Günter sei verständiger geworden. Bestrafungen seien nicht notwendig gewesen, er sei ein anhängliches und zutrauliches Kind. Gegenüber den Erziehern und Mitzöglingen verhielte er sich aufgeschlossen und friedfertig. Wegen seiner Unterernährung erhielt Günter im Laufe des Jahres 1935 täglich ½ l Milch, an anderer Stelle findet sich ein Hinweis auf die zeitweise Verabreichung von Traubenzucker. Da der schmal gebaute Junge dennoch weiterhin »körperlich zurückgeblieben« ist, empfiehlt die Bericht erstattende Fürsorgerin seine weitere Unterbringung in Heimerziehung.[18]

»Hat in seiner geistigen Entwicklung keinerlei Fortschritte gemacht«

Mit Beginn des Schuljahres 1936 wird Günter E. schulpflichtig. Nach Einschätzung des Landesjugendheimes Strausberg ist er seit drei Monaten zwar ein »freies, fröhliches Kind, rege«, das gut beobachtet und leicht verschüchtert werden kann; aufgrund seiner zurückgebliebenen körperlichen Entwicklung hält der zuständige Arzt ihn jedoch für nicht schulfähig, Günter wird daher bis Ostern 1937 vom Schulbesuch zurückgestellt.[19] Erneut scheint Gustav E. um eine Besuchserlaubnis, diesmal für den 1. Osterfeiertag, angefragt zu haben – sein Schreiben ist in der Akte nicht erhalten –, handschriftlich ist jedoch wieder vermerkt, dass er nicht da gewesen ist.[20] Ob das Nichterscheinen Gustav E.s möglicherweise im Zusammenhang mit seiner kurz vorher erfolgten Unfruchtbarmachung steht,[21] kann aus den Akten heraus nicht beantwortet werden. Wenig später, am 24. April 1936, wendet er sich an das Landesjugendheim mit der Frage, »ob ich nicht den Jungen [unleserlich] für immer bekommen kann denn ich habe ja Arbeit und ich kann den Jungen selbst ernähren denn ich habe so lange mir das gefallen lassen denn ich bin der Mensch der auch meine Kinder selbst auf ziehen kann [...]«.[22] Nach Ansicht des Jugendamtes kann das Kind jedoch aufgrund der häuslichen Verhältnisse nicht zurückgegeben werden, »beide Eltern sind schwachsinnig; namentlich die Mutter ist nicht in der Lage, ein außerordentlich schwächliches Kind zu pflegen«,[23] lautet die Stellungnahme der Fürsorgerin, die nach der Anzeige beim Wittstocker Wohlfahrtsamt durch die Nachbarn der Familie E. die Unterbringung der Geschwister in Fürsorgeerziehung veranlasst hatte. Binnen drei Wochen nach seiner Anfrage, Mitte Mai 1936, erhält Gustav E. einen ablehnenden Bescheid hinsichtlich der Rückgabe seines Sohnes in den elterlichen Haushalt. Der

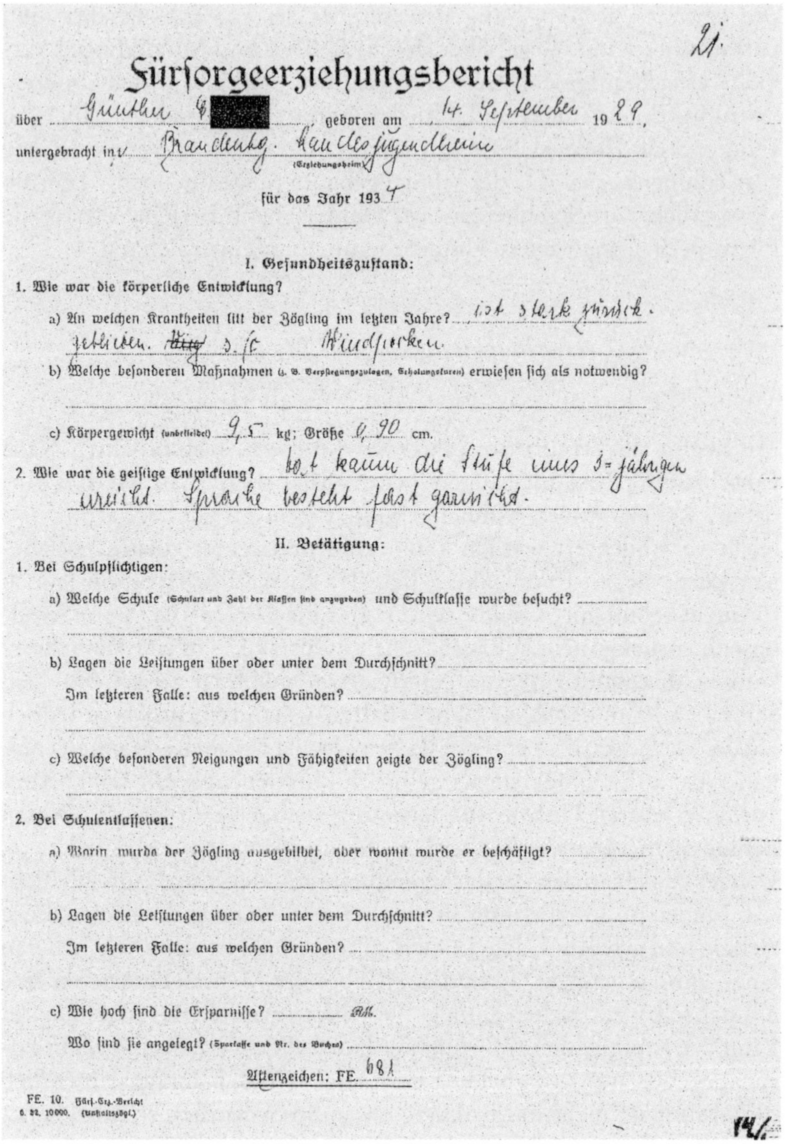

GÜNTER E.

Fürsorgeerziehungsbericht

über _Günther E._ ____, geboren am _14. September_ 19 _29_,

untergebracht in _Brandenbg. Landesjugendheim_
(Erziehungsheim)

für das Jahr 193 _4_

I. Gesundheitszustand:

1. Wie war die körperliche Entwicklung?

a) An welchen Krankheiten litt der Zögling im letzten Jahre? _ist stark zurückgeblieben. ~~Hüg~~ ? jc   Windpocken._

b) Welche besonderen Maßnahmen (z. B. Verpflegungszulagen, Erholungskuren) erwiesen sich als notwendig?

c) Körpergewicht (unbekleidet) _9,5_ kg; Größe _0,90_ cm.

2. Wie war die geistige Entwicklung? _hat kaum die Stufe eines 3=jährigen
erreicht. Sprache besteht fast garnicht._

II. Betätigung:

1. Bei Schulpflichtigen:

a) Welche Schule (Schulart und Zahl der Klassen sind anzugeben) und Schulklasse wurde besucht?

b) Lagen die Leistungen über oder unter dem Durchschnitt?

Im letzteren Falle: aus welchen Gründen?

c) Welche besonderen Neigungen und Fähigkeiten zeigte der Zögling?

2. Bei Schulentlassenen:

a) Worin wurde der Zögling ausgebildet, oder womit wurde er beschäftigt?

b) Lagen die Leistungen über oder unter dem Durchschnitt?

Im letzteren Falle: aus welchen Gründen?

c) Wie hoch sind die Ersparnisse? _RM._

Wo sind sie angelegt? (Sparkasse und Nr. des Buches)

Aktenzeichen: FE. _681_

FE. 10.   Fürs.-Erz.-Bericht
6. 32. 10000.   (Unitätszügl.)

*Abb. 19: Fürsorgeerziehungsbericht für das Jahr 1934,
datiert vom 29. Dezember 1934*

146

III. Charakterbildung:

a) War der Zögling für erzieherische Beeinflussung zugänglich? *einigermassen*

b) Wie war sein Verhalten gegen Erzieher und Mitzöglinge? *ganz gut*

c) Waren Bestrafungen notwendig? _____ Welche? _____

Weswegen? _____

d) Wie ist das Gesamturteil? (fleißig, strebsam, gewissenhaft, ordnungsliebend, widerspenstig, ehrlich oder faul, stumpf u. a.)

Anfänglich, spielerisch, begreift schlecht, hat sich ganz gut eingewöhnt.

IV. Verhältnis zu den Angehörigen:

a) Erhielt der Zögling Besuche, Pakete, Briefe? (Zutreffendes unterstreichen) Von wem? _____

b) Erwiderte der Zögling die Zuneigung seiner Angehörigen? _____

Litt er unter ihrer Vernachlässigung? _____

c) Unterstützten die Angehörigen die Erziehungsarbeit, waren sie gleichgültig, oder machten sie Schwierigkeiten? _____

V. Vorschläge für die weitere Erziehung:

Ist der Zögling für Familienpflege (Lehre, Dienst) geeignet, oder welche Gründe sprechen dagegen? *Nein   s.j.T.L. + IIId*

VI. Sonstige Bemerkungen.

Leichter Masser

Thausberg, den 29·XII. 1934

Hildegard Wolf

An
den Herrn Landesdirektor der Provinz Brandenburg
— Fürsorgeerziehungsbehörde
in Berlin W 10.

Vater lässt in seinen Bemühungen jedoch nicht nach, am 20. Oktober unternimmt er einen neuen Versuch und bittet den Leiter des Landesjugendheims, »meinen Sohn zu Weihnachten auf Urlaub zu haben, ich hole ihn ab und bringe ihn auch wieder hin, ich bitte ihn auf 3 Wochen bei uns zu haben, wir sind ihnen sehr dankbar, wenn er zu Weihnachten bei uns ist. Werter Herr Direktor, sind sie bitte so gut, und schicken sie [?] bescheit.« Im Nachsatz fügt er noch hinzu: »Wollte noch fragen ob mein Sohn die Geburtstagskarte erhalten hat.«[24] Die Geburtstagskarte habe Günter bekommen, antwortet der Strausberger Direktor vorerst, nimmt aber zu der Anfrage augenscheinlich nicht Stellung. Erst nach erneuter Rückfrage wird die Beurlaubung Günters »aus erziehlichen Gründen« abgelehnt, »wahrscheinlich«, deutet man dem Vater unbestimmt an, »wird Günter in der nächsten Zeit in ein anderes Heim verlegt werden, da er Sonderanstaltsbehandlung bedarf«.[25] Dieses Schreiben, das der Personalakte beigelegt, aber nicht datiert ist, scheint Gustav E. nicht erreicht zu haben, denn im November wendet er sich zweimal erneut an die Einrichtung mit der Bitte, dem Antrag auf Weihnachtsbeurlaubung zu entsprechen, »da wir unseren Sohn Günter E. schon 4 Jahre lang nicht gesehen haben«.[26] Die Eltern E. wissen zu diesem Zeitpunkt nicht, dass ihr Sohn sich bereits seit knapp vierzehn Tagen in der brandenburgischen Landesanstalt Potsdam befindet, einer Einrichtung zur Pflege, Erziehung und Bildung geistig behinderter Kinder. Die Einrichtung steht unter der Leitung des Kinder- und Jugendpsychiaters Hans Heinze, der nur drei Jahre später einer der Hauptgutachter der nationalsozialistischen Krankenmordaktion wird und maßgeblich an der Selektion von geistig behinderten und psychisch kranken Patientinnen und Patienten beteiligt ist.[27] Eine entsprechende Benachrichtigung ist auch in der Personalakte nicht enthalten, vom 2. Dezember 1936 findet sich lediglich eine handschriftliche Notiz zur Ablehnung des Antrages auf Weihnachtsurlaub, formuliert von Dr. Ernst Illing, dem damaligen Oberarzt der Landesanstalt Potsdam, der später, wie Heinze, beteiligt ist an der Ermordung von Kindern im Rahmen der nationalsozialistischen »Euthanasie«.[28] Veranlasst hatte die Verlegung des Kindes die Strausberger Heimärztin. Es scheint, dass die äußerst rasch durchgeführte Maßnahme eine direkte Reaktion auf die hartnäckigen Versuche Gustav E.s ist, seinen Sohn aus der Einrichtung herauszuholen. Schon zwei Tage nach der Anfrage des Vaters, am 23. Oktober 1936, reicht das Landesjugendheim den Antrag an das Wittstocker Jugendamt weiter und holt eine erneute Stellungnahme zu den häuslichen und persönlichen Verhältnissen des Antragstellers ein. Nach Einschätzung der zuständigen Fürsorgerin des Jugendamtes leben die Eltern des Kindes Günter E. jedoch »in einem so ungeordneten Haushalt, dass es nicht ratsam erscheint, den Jungen zu ihnen zu lassen. Es fehlt in der Wohnung dauernd an den einfachsten Forderungen in bezug auf Sauberkeit.«[29] Im Gegensatz zu den eher positiven Beschreibungen der geistigen Entwicklung des Jungen in den Fürsorgeerziehungsberichten erklärt daraufhin die Heimärztin am 10. November 1936: »Günther E. hat seit seiner Beurteilung im Oktober 34 in seiner geistigen Entwicklung keinerlei Fortschritte gemacht. Er steht körperlich und geistig mit 7 Jahren auf der Stufe eines 4jährigen Kindes. Für ihn ist eine Sonderanstalt, in der er geistig und körperlich gefördert werden kann, angebracht. Ich bitte seine Verlegung zu veranlassen.«[30] Wenige Tage später, am 17. November 1936, wird Günter E. daraufhin in die Landesanstalt Potsdam verlegt.

Landesanstalt Potsdam:
»Wie anhänglich er ist, beweist er jeden Tag«

Günter E. sei ein »erblich belasteter, ehelich geborener, angeboren schwachsinniger, stark rückständiger, kaum lernfähiger Knabe«,[31] heißt es aus medizinischer Sicht im Zuge seiner Aufnahme in Potsdam. Er leide an hochgradigem körperlichen Infantilismus. Der Intelligenztest ergibt einen Rückstand von drei Jahren, der Siebenjährige sei auf dem Stand eines Vierjährigen. In der ersten Zeit in der neuen Anstalt verhält sich Günter »sehr scheu und schüchtern«, anfangs spricht er kaum »und bei mehrfacher Aufforderung sehr leise. Erst nach einigen Wochen wurde er mit den Jungens und mit den Tanten vertraut und zeigte sich sogar sehr lebhaft.«[32] Günter entwickelt Freude am Spielen und Basteln und stellt sich klug und geschickt an, auch seine Konzentrationsfähigkeit wird hervorgehoben. Günter E. »klettert gut und ist überall sofort dabei. Er versucht alles, was die Großen machen, knetet auch sauber, schraffiert Kärtchen in besonderer Reihenfolge, erfindet auch mal ein Ornament recht geschickt.« Der Junge erweise sich als sehr selbständig, er hole alles, was er brauche, von selbst, er könne sogar seine Schuhe schnüren und sei in seiner Kleidung korrekt, heißt es in der Krankengeschichte. Er »freut sich auf die Schule und will als Großer gewertet sein. Günter lässt sich von den Großen nicht viel gefallen. Er behauptet sich und setzt sich oft zur Wehr, setzt auch anderen zu.« Im Januar 1937 besucht Günter E. die Vorbereitungsklasse der anstaltseigenen Hilfsschule im ersten Jahr,[33] in die vor allem »bildungsfähige« Kinder und Jugendliche aufgenommen werden.[34] Erstmals wird im Fürsorgeerziehungsbericht angefragt, welchen Organisationen der NSDAP der Zögling angehört, SS, SA, HJ, Jungvolk oder BDM? »Keiner, wegen Schwachsinns«, lautet die lapidare Antwort.[35] Von Seiten der Potsdamer Anstaltshilfsschule heißt es im Juni 1937 über den Jungen, er »fühlt sich ob seiner geringen körperlichen Kräfte leicht unterlegen seinen Kameraden gegenüber. Es mangelt ihm häufig an dem nötigen Selbstvertrauen, doch zeigt er sich stets eifrig bemüht, seine Arbeiten gut und richtig zu erledigen und setzt sich, wenn nötig zur Wehr. Die schulischen Fähigkeiten sind leidlich genügend. Dank seiner Aufmerksamkeit und seines Eifers sind die Leistungen befriedigend.« Im Dezember desselben Jahres erfahren wir aus der Krankengeschichte, dass Günter E. auf der Abteilung nur spricht, »wenn er sich unbeobachtet glaubt. Auf direkte Fragen gibt er nur selten Antwort. Er ist hilfsbereit, […] ordentlich und macht nichts mehr aus eigenem Antrieb. Besonderes Interesse zeigt er für Faltarbeiten für Papier. Er fertigt gerne Flugzeuge an. Auf Spaziergängen zeigt er sich für alles interessiert, fragt nach diesem und jenem und fällt so oft angenehm in der Gruppe auf.« Gleichzeitig jedoch wird angemerkt, »daß er sich öfter nur die Schuhe mitbringt, die ihm nicht gehören. Er quält gern Tiere und lügt auch. Auch Kameraden nimmt er gern etwas fort, geht dabei sehr raffiniert vor.«[36] Was seine schulische Entwicklung betrifft, zeige Günter E. »in handwerklicher Betätigung« gute Leistungen, hält die nunmehr vierte Fürsorgerin in ihrem Bericht vom Januar 1938 fest, »in theor. Hinsicht sehr häufig unbefriedigend«. Besondere Neigungen und Fähigkeiten entwickelte der 9-jährige Junge ihrer Beobachtung nach nicht.[37] »Nur in Anstaltserziehung zu fördern«, lautete der gleichbleibende Vorschlag für die weitere Erziehung des Jungen. In der Vielzahl der Äußerungen über Günter E. fällt eine mitfühlende Bemerkung in seiner Krankengeschichte auf: »Wie anhänglich er ist, beweist er jeden Tag, kommt gern zur Erzieherin, hält mit allen gute Kameradschaft und kann sich sehr freuen. Weihnachten lief er vor Freude zu allen erreichbaren Erwachsenen und zeigte ihnen seinen Wagen. Er hat seine Sachen ganz sorgfältig gehalten und mit ihnen so lange gespielt, bis nicht mehr viel davon vorhanden war.«[38] Doch auch dieser Eindruck wird geschmälert durch die nachfolgende Bemerkung, Günter sei in den letzten Wochen durch »seine besondere

Taktik zu trotzen« aufgefallen. »Während er sonst immer aktiv und vorn an steht, hält er sich völlig zurück, wenn er etwas verboten bekam oder ein besonders schönes Stück nicht kriegte. Lange kann er dann passiv verharren und unbeteiligt bleiben und lässt sich durch nichts überzeugen.« Obwohl seine drei Schwestern sich inzwischen ebenfalls in Potsdam befinden, scheinen die Geschwister keinen Kontakt zueinander zu haben. Die Psychiaterin und Neurologin Dr. Friederike Pusch, die schließlich Günters Deportation in die Gaskammer verantwortet,[39] äußert zuletzt sogar die Ansicht: »Er hat niemals das Bedürfnis, sie [die Geschwister; P.F.] wiederzusehen oder sie aufzusuchen.«[40] Allerdings dürfte eine Kontaktaufnahme der Kinder sehr schwierig gewesen sein, denn nach dem Konzept Heinzes waren die Zöglinge der Landesanstalten Potsdam und Görden nach Geschlechtern getrennt untergebracht. Hinweise darauf, dass die Anstalt gezielt dafür Sorge getragen hätte, Geschwisterkinder zusammenzuführen, gibt es weder in der Krankenakte Günter E.s noch in den Veröffentlichungen zu den brandenburgischen Landesanstalten Potsdam und Görden. Laut Bericht der Fürsorgerin erhält Günter E. auch in Potsdam weder Besuche noch Pakete oder Briefe. Allerdings wendet sich Gustav E. im Januar 1937, nachdem er im November und Dezember des Vorjahres damit gescheitert war, Günters Entlassung zu erwirken, wieder an die Landesanstalt Potsdam: »Seit dem 24. Februar 1933 ist mein Sohn Günther in der dortigen Anstalt untergebracht. Der Grund war, dass uns falsche Nachbarn verleumdet haben. Meine Frau und ich sind nun hierüber sehr betrübt und bitten nur höflichst uns den Jungen von Ostern ab zurückgeben zu wollen. Wir wollen Ostern unseren Sohn besuchen und möchten ihn dann gerne gleich mitnehmen. Wir versprechen ihn gut zu erziehen, denn wir haben jetzt nur noch ein dreijähriges Töchterchen [Gerda; P.F.] zu Hause. Vielleicht können wir den Jungen zunächst versuchsweise bekommen. Wir werden uns auf jeden Fall sehr dankbar zeigen und alles für ihn hingeben. Ich bitte mir mitzuteilen ob ich am 1. Ostertag kommen darf, da ich am 3. Tag wieder arbeiten muss.«[41] Im Gegensatz zu seinen vorherigen Briefen fällt auf, dass dieser nicht von ihm selbst niedergeschrieben ist, sondern von einer schreibgeübteren Person. Der Brief hält sich an die formalen Standards, er ist datiert und auch von den Formulierungen her gewandter. Gustav E. unterschreibt ihn betont leserlich und mit Tinte. Sein Antrag löst das übliche Prozedere aus, Potsdam veranlasst die erneute Überprüfung der häuslichen Verhältnisse durch das Wittstocker Jugendamt, die Fürsorgerin des Jugendamtes nimmt wie gewohnt Stellung. Der Antrag des Vaters auf Entlassung seines Sohnes aus der Anstalt wird am 8. Februar 1937 erneut abgelehnt. Im Oktober desselben Jahres wendet sich Gustav E. ein weiteres Mal mit der Bitte um Beurlaubung seines Sohnes an Potsdam, ergänzend fügt er hinzu, »es soll der Landesanstalt keine unangenemmigkeit entstehen, da ich als Vater meinen Sohn selber abhole und auch hinbringe. Da mich 2 mal mein Gesuch abgelehnt ist, bitte ich nochmals für dieses Weihnachten um Urlaub für meinen Sohn.«[42] Drei Wochen später wird Gustav E. darüber informiert, dass die Landesanstalt sich wegen seines Antrags »mit den zuständigen Behörden in Verbindung gesetzt« hat, »Sie bekommen später Bescheid.«[43] Gustav E. wiederholt sein Gesuch, Mitte November bittet er mit einem maschinegeschriebenen Brief »höflichst, mir doch für meinen Sohn Günter einen 14 tägigen Weihnachts-Urlaub zu gewähren. Ich hätte nämlich zu gerne gesehen wenn mein Sohn Günter zum Fest der Freude also zum Weihnachtsfest im Familienkreise verweilen könnte. Ich bitte daher nochmals höflichst mir als Vater für meinen Sohn den Urlaub zu gewähren.«[44] Am 10. Dezember 1937 wird er schließlich davon in Kenntnis gesetzt, dass von einer Beurlaubung Günters »leider auch diesmal abgesehen werden«[45] muss.

Die Einträge in Günters Krankengeschichte werden inzwischen immer spärlicher. Fünf sind es im Jahr 1938, wobei im Januar lediglich seine Größe und sein Gewicht angegeben werden, im März vermerkt der Arzt seine Verlegung auf eine andere Station.[46] Erst im Juni heißt es etwas ausführlicher: »E. ißt immer sehr schlecht. Hat er aber etwas, was ihm gut schmeckt, ist er meist zuerst fertig. Paßt ihm etwas nicht, so schneidet er Grimassen. Sprechen tut er wenig, muß immer erst wiederholt dazu aufgefordert werden. Er spielt überall mit. Möchte überall mitmachen. Er nässt oft ein.«[47] Nur wenige Tage vor seiner erneuten Verlegung heißt es noch, er sei zutraulicher geworden.

Landesanstalt Görden: »Wegen großer geistiger Regelwidrigkeiten kein erzieherischer Erfolg zu erwarten«

Als einer von insgesamt 416 Zöglingen wird Günter E. am 5. September 1938, im Zuge der Auflösung der Landesanstalt Potsdam, mit einem Sammeltransport in die Landesanstalt Brandenburg-Görden gebracht.[48] Seine drei Schwestern, die inzwischen als »bildungsunfähig« und nicht erziehbar gelten, kommen ebenfalls von Potsdam nach Görden. Im Januar 1939, vier Monate nach Günters nunmehr dritter institutioneller Verlegung, wird auf Initiative Heinzes nun auch die Aufhebung seiner Fürsorgeerziehung beantragt. Der 10-jährige Günter E. soll zukünftig als anstaltspflegebedürftiger Kranker untergebracht werden, ein Status, der geringere öffentliche Kosten verursacht und die Fördermaßnahmen im Wesentlichen auf die Unterbringung und Pflege des Kindes eingrenzt. Er befinde sich nunmehr seit zwei Jahren in der Anstalt, »ohne dass ein bemerkenswerter Erfolg beobachtet werden konnte«, heißt es in einem Gutachten vom März 1939. »Da Günther E. insbesondere deutliche Zeichen eines körperlichen Rückstandes zeigte, war die Möglichkeit eines verspäteten geistigen Nachreife in den letzten Jahren nicht sicher auszuschließen. Sie ist aber inzwischen nicht eingetreten und ist in bemerkenswertem Unfange auch für die [unleserlich] nicht zu erwarten.«[49] Die dreijährigen jugenderzieherischen Beobachtungen zeigten, »dass auch bei Fortsetzung der F.E. (Fürsorgeerziehung; P.F.) wegen großer geistiger Regelwidrigkeiten kein erzieherischer Erfolg zu erwarten ist«. Es wird deshalb die Entlassung Günther E.s aus der Fürsorgeerziehung empfohlen, er sei jedoch als anstaltspflegebedürftig und eigne sich zur Unterbringung auf einer der Abteilungen für Schwachsinnige der Landesanstalt Görden. Am 1. April 1939, nach etwa zweijährigem Besuch der Vorbereitungsklasse der Anstaltshilfsschule, wird Günter ausgeschult, zwölf Tage später erfolgt seine Verlegung auf eine andere Station,[50] wo er als anstaltspflegebedürftiger Kranker verbleibt.[51] Auch wenn dies in der Krankengeschichte noch nicht explizit formuliert wird, gilt er mit dem Wechsel seines Status und seiner Ausschulung als »bildungsunfähig«.[52] Aus seiner Krankenakte geht nicht hervor, ob Günter E. die »Lebensschule« besucht hat, nach dem Konzept Heinzes ein Zweig der Anstaltshilfsschule für jene Kinder, die mangels »theoretischer Fähigkeiten auch das erheblich herabgesetzte Lehrziel der Anstaltshilfsschule nicht erreichen werden. Sie sieht hauptsächlich in der praktischen Betätigung den intensivsten heilerzieherischen Grundsatz für diese Gruppe von Kindern, um sie rechtzeitig für einen bescheidenen Platz im Wirtschaftsleben einsatzfähig zu machen.«[53]

Entzug des elterlichen Sorgerechtes

Für eine dauerhafte Unterbringung des Kindes in Anstaltspflege ist allerdings das Einverständnis der Eltern notwendig. Erst im Mai 1939, einen Monat nach der Entlassung seines Sohnes aus der Fürsorgeerziehung, wird Gustav E. von der Landesanstalt Görden aufgefordert, sich mit dem Verbleib Günters in Anstaltspflege einverstanden zu erklären. Heinze macht ihn gleichzeitig darauf aufmerksam, »dass ich im Weigerungsfalle gezwungen bin, die polizeiliche Ersatzbescheinigung anzufordern«.[54] Trotz dieser massiven Drohung verweigert sich Gustav E. der Maßnahme und erklärt: »Ich unterschreibe die Zustimmungserklärung nicht. Als Kind ist mein Sohn Günter nicht krank gewesen. Ich bitte den Herrn Direktor meinen Sohn auf 14 Tage zu beurlauben, und zwar ab 1. Juli. Da ich schon öfters nach Urlaub geschrieben habe, ist er mir immer wieder abgelehnt worden. Sollte diesmal wieder abgelehnt werden, so werde ich mich an Herrn Regierungs-Präsident wenden. Mein Sohn soll seinen Urlaub bei meiner Schwägerin Minna M., Wittstock, [unleserlich] verbringen. Ich bitte nochmals den Herrn Direktor daß mein Schreiben diesmal ein Erfolg hat.«[55] Das Jugendamt der Stadt Wittstock zieht daraufhin Erkundigungen über Minna M., eine Schwester von Frieda E., und deren Ehemann, den Arbeiter Wilhelm M., ein und befürwortet schließlich die Beurlaubung Günters. Voraussetzung ist, dass Minna M. das Kind nach Ablauf des bewilligten Urlaubs »widerstandslos der Anstalt« zuführt. Die Fürsorgeakten des Amtsgerichtes belegen indes, dass zeitgleich mit der Befürwortung des Urlaubs die vorläufige Anstaltsunterbringung Günter E.s bis zum 31. Dezember 1939 verfügt wird;[56] als Grundlage dafür werden die §§ 15 und 40 des Polizeiverwahrungsgesetzes vom 1. Juni 1939 geltend gemacht, das die polizeiliche Unterbringung Geisteskranker in öffentlichen Heil- und Pflegeanstalten regelt, Kranke die aus ärztlicher Sicht als gemeingefährlich gelten. Gegen die Verfügung zur vorläufigen Anstaltsunterbringung ihres Sohnes legt nun Frieda E. Beschwerde ein, der auch stattgegeben werden muss, da Günter E. »wohl schwachsinnig, aber nicht gemeingefährlich geisteskrank« ist. Nach Rücksprache mit dem städtischen Jugendamt gelangt die Ortspolizeibehörde Wittstock jedoch zu der Ansicht, »dass mit Rücksicht darauf, dass Günther E. bis zum 31.12.1939 dort [in Görden; P.F.] in polizeiliche Verwahrung genommen wurde, die Beurlaubung des Kindes zu einer Schwester der Mutter nicht mehr befürwortet wird«. Es sei »mit Wahrscheinlichkeit anzunehmen, dass die Eltern versuchen werden, sich ihrem Kinde zu nähern, wodurch dessen gesundheitliches Befinden leicht beeinträchtigt werden könnte«.[57] Um der Gefahr einer erneuten Verwahrlosung Günter E.s entgegenzuwirken, wird den Eltern in einem beschleunigten Verfahren schließlich das Sorgerecht für ihr Kind Günter entzogen, »denn auch heute 1939«, so lautet die Begründung im Gerichtsbeschluss vom 6. September 1939, »machen die Eltern bei ihrer Anhörung zu dem gestellten Antrage noch denselben beschränkten Eindruck wie vor Jahren. Auch haben sich nach Auskunft des hiesigen Wohlfahrtsamtes die Verhältnisse bei den Eheleuten E. in keiner Weise inzwischen gebessert.«[58] Die Ausübung des Personensorgerechts wird dem Kreisjugendamt Kyritz übertragen, Günter ist mit diesem Schritt seinen Eltern vollkommen entzogen.

»Ist kaum als bildungsfähig anzusehen«

In der Krankengeschichte Günter E.s bilden sich diese Vorgänge nicht ab, aber auch über ihn selbst ist immer weniger in Erfahrung zu bringen. Über einen Zeitraum von acht Monaten, von Juli 1939 bis April 1940, finden sich keine weiteren Einträge in der Krankenakte. Am 17. und 21. Mai 1940 folgen die letzten Vermerke, allerdings fällt die veränderte, stark formalisierte und standardisierte Form ins Auge. Die ausführlichen Textpassagen werden – im Gegensatz zu allen anderen Bemerkungen – sorgfältig mit der Schreibmaschine vorgenommen und beschließen den »Aktenvorgang«. Am 17. Mai 1940 heißt es in einer letzten ausführlichen ärztlichen Expertise: »Seit dem letzten Bericht hat Günther keine Fortschritte gemacht. Er hat in der Schule nicht das Einfachste lesen oder schreiben gelernt. Neues erfasst er in keiner Weise. Nur für praktische Aufgaben besitzt er ein geringgradiges Auffassungsvermögen. Zu einfachen Hausarbeiten kann er verwendet werden. Nach anschaulicher Erklärung ist G. in der Lage einen Fußboden zu kehren, zu bohnern, Staub zu wischen, Geschirr aufzuwaschen usw. Jedoch bedarf er zu jeder Arbeit eingehende anschauliche Erklärung, ehe er in der Lage ist, die einzelnen Handgriffe auszuführen. Seine Fortschritte sind dabei äußerst dürftig. Neues lernt er nur in ganz geringem Ausmaße dazu. Mehrere Aufträge können ihm nicht gleichzeitig erteilt werden. In seiner Freizeit beschäftigt sich G. mit kleinkindlichen Spielen. Er faltet aus Papier Schiffe, kleinere Tiere u. a., mit Bauklötzen und Stäbchen vermag er allerlei

Figuren aufzubauen. Neue Figuren lernt er nur äußerst schwierig dazu, nach einer Vorlage kann er nicht selbständig bauen. Im Kreise seiner Kameraden ist G. unbeliebt. In heimlicher Weise versucht er andere zu kneifen, zu puffen oder zu schlagen, wenn er dabei ertappt wird, gesteht er seine Tat nicht ein. [...] Lob und Tadel beeindrucken ihn im ersten Augenblick, er leitet aber rasch ab. Am Tage ist G. sauber, in der Nacht näßt er ein. [...].«

Nach dieser Eintragung folgt ohne neue Datierung eine Epikrise, danach entstamme Günter E. »einer <u>erblich belasteten</u> Sippe. Seine Geschwister sind in der hiesigen Anstalt untergebracht, eine Schwester leidet an mongoloider Idiotie. G. befindet sich seit 1936 in Anstalten. Er leidet an angeborenem Schwachsinn erheblichen Grades. Der Versuch der Einschulung ist mißlungen. Die Intelligenzprüfung nach Binet-Simon hat er bei einem Lebensalter von 9,8 Jahren bis zum 5,2 Jahr erfüllt. Seine Auffassungsgabe ist erheblich herabgesetzt. Nur auf praktischem Gebiet erfasst er Primitivstes, wenn es ihm anschaulich erklärt wird. Seine Fortschritte sind äußerst dürftig. G. ist kaum als bildungsfähig anzusehen. [...] Günther leidet an angeborenem Schwachsinn im Sinne des Sterilisierungsgesetzes. Er ist dauernd anstaltspflegebedürftig.«⁵⁹ Unterzeichnet ist diese letzte Stellungnahme von Hans Heinze und seiner Oberärztin Friederike Pusch. Dieser standardisierte und gleichförmige Abschluss, zu dem eine gründliche neurologische Nachuntersuchung und eine ausführliche Epikrise gehören, findet sich in der Mehrzahl aller Krankenakten minderjähriger Patientinnen und Patienten, die in der Landesanstalt Görden im Rahmen der »Aktion T4« selektiert wurden. Die Epikrisen selbst sind namentlich nicht gekennzeichnet, in der Regel auch nicht datiert. Ihnen folgt jedoch der abschließende Eintrag, häufig mit dem handschriftlich hinzugefügten Datum der »Verlegung«, also der Tötung. Die Frage der Erblichkeit der jeweiligen Erkrankung wird regelmäßig beantwortet, und fast immer wird eine Einschätzung hinsichtlich der »Bildungsfähigkeit« des betreffenden Kindes vorgenommen. Die Prognose hinsichtlich der intellektuellen Entwicklung ist gleichbedeutend mit einer Aussage über den »Lebens(un)wert« des jeweiligen Kindes. Zudem lassen sich Encephalographien und Intelligenztests als Hinweise auf Forschung deuten. Die Krankengeschichten von Edith und Gerda E., den beiden ebenfalls als schwachsinnig diagnostizierten Schwestern von Günter, enthalten weder den Befund einer neurologischen Nachuntersuchung noch eine Epikrise, wie sie sich in der Akte von Günter E. findet, vielmehr werden die üblichen, meist

17.5.40 | Seit dem letzten Bericht hat Günther keine Fort=
schritte gemacht.Er hat in der Schule nicht das Ein=
fachste lesen oder schreiben gelernt.Neues erfasst
er in keiner Weise.Nur für praktische Aufgaben be=
sitzt er ein geringgradiges Auffassungsvermögen.Zu
einfachen Hausarbeiten kann er verwendet werden.Nach
anschaulicher Erklärung ist G.in der Lage einen Fuß=
boden zu kehren,zu bohnern,Staub zu wischen,Geschirr
aufzuwaschen usw.Jedoch bedarf er zu jeder Arbeit
eingehende anschauliche Erklärung,ehe er in der Lage
ist,die einzelnen Handgriffe auszuführen.Seine Fort=
schritte sind dabei äußerst dürftig.Neues lernt er
nur in ganz geringem Ausmaße dazu.Mehrere Aufträge
können ihm nicht gleichzeitig erteilt werden.
In seiner Freizeit beschäftigt sich G.mit klein=
kindlichen Spielen.Er faltet aus Papier Schiffe,klei=
ne Tiere usw.,mit Bauklötzen und Stäbchen vermag er
allerlei Figuren aufzubauen.Neue Figuren lernt er nur
äußerst schwierig dazu,nach einer Vorlagekann er nicht
selbständig bauen.
Im Kreise seiner Kameraden ist G.unbeliebt.
In heimlicher Weise versucht er und re zu kneifen,zu

puffen oder zu schlagen,wenn er dabei ertappt wird,
gesteht er eine Tat nicht ein.Zu seinen Geschwistern,
die hier in der hiesigen Anstalt untergebracht sind,
hat er keinen Kontakt.Er hat niemals das Bedürfnis,
sie wiederzusehen oder sie aufzusuchen.Lob und Tadel
beeindrucken ihn im ersten Augenblick,er leitet aber
rasch ab.
Im Tage ist G.sauber,in der Nacht näßt er ein.Me=
dikamente sind nicht nötig gewesen.Körperlich ist er
nicht krank gewesen.

E p i k r i s e.

Nach den Angaben in den Akten und nach den Unter=
suchungen in der D...Jörden handelt es sich bei
Günther ████████ um einen 13 jährigenKnaben,der in sei=
ner körperlichen Entwicklung weit hinter dem Alter zu =
rückgeblieben ist.Er ist körperlich hochgradig infan=
til.
G.entstammt einer erblich belasteten Sippe.Seine
Geschwister sind in der hiesigen Anstalt untergebracht,
eine Schwester leidet an mongoloider Idiotie.
G.befindet sich seit 1938 in Anstalten.Er lei=
det an angeborenem Schwachsinn erheblichen Grades.Der
Versuch der Einschulung ist mißlungen.Die Intelligenz=
prüfung nach Binet-Simon hat er bei einem Lebensalter
von 3,8 Jahren bis zum 5,2 Jahr erfüllt.Seine Auffassungs=
gabe ist erheblich herabgesetzt.Nur auf praktischem
Gebiet erfasst er Primitivstes,wenn es ihm anschau=
lich erklärt wird.Seine Fortschritte sind äußerst
dürftig.G.ist kaum als bildungsfähig anzusehen.
Die körperlichen Untersuchungen in der hiesigen
Anstalt haben keinen krankhaften Befund ergeben.
Die serologischen Reaktionen im Blut auf Lues
sind neg.ausgefallen.
Günther leidet an angeborenem Schwachsinn im Sinne
des Sterilisierungsgesetzes.Er ist dauernd anstalts=
pflegebedürftig.

21.5.40 | Wird heute zur Verfügung des Reichsverteidigungs=
kommissars in eine andere Anstalt verlegt.

Abb. 20: Eintrag in der Krankenakte
vom 17. Mai 1940 und Epikrise

handschriftlichen Einträge bis zur Entlassung beider Schwestern zur Mutter im August 1946 fortgesetzt.[60] Insofern ist anzunehmen, dass Günter E. im Kontext von Forschungsinteressen in die »Aktion T4« einbezogen wurde.[61] Vor dem Hintergrund der wissenschaftlich motivierten Frage nach den Ursachen neurologischer Erkrankungen wie dem »Schwachsinn« wurden Kinder und Jugendliche aus Görden quasi »auf Bestellung« getötet in der Absicht, anschließend die Gehirne dieser Mädchen und Jungen wissenschaftlich zu untersuchen und auszuwerten.[62]

Neben der Epikrise enthält die Krankengeschichte von Günter E., die im Gegensatz zur Personalakte nur wenige Blätter umfasst, zusätzlich einen sorgfältig ausgefüllten Meldebogen, wie er zu Beginn der nationalsozialistischen »Euthanasie-Aktion T4« verwendet wurde. Die ersten Meldebögen zur Erfassung der Patientinnen und Patienten der Heil- und Pflegeanstalten gingen in Brandenburg im Frühjahr 1940 ein.[63] Das für Günter E. ausgefüllte Formular trägt die laufende Nummer 711, es ist undatiert und ebenfalls unterzeichnet von Heinze. In der Rubrik »Genaue Angabe der Art der Beschäftigung« heißt es, »nicht beschulungsfähig«. Die Frage »Erhält Patient regelmäßig Besuch« ist mit »keinen« beantwortet.[64] Der letzte Eintrag in der Krankenakte lautet: »Wird heute auf Verfügung des Reichsverteidigungskommissars in eine andere Anstalt verlegt.« Hinter dieser unscheinbar anmutenden Formulierung verbirgt sich das Todesdatum von Günter E., der 10-jährige Junge wird am 21. Mai 1940 in der Gaskammer des benachbarten Brandenburger Zuchthauses getötet.[65]

1 In stark gekürzter Form wurde die Lebensgeschichte von Günter E. bereits früher veröffentlicht. Vgl. Fuchs; Rotzoll; Richter; Hinz-Wessels; Hohendorf (2004), Minderjährige, S. 55-70. Neben der Krankenakte von Günter E., BAB, R 179/14724, liegen diesem Beitrag zwei Aktenvorgänge des Amtsgerichtes Wittstock zugrunde, zum einen aus dem Fürsorgeerziehungsverfahren, zum anderen aus dem Verfahren zur Zwangssterilisation der Eltern. Vgl. BLHA, Rep. 5 E, Amtsgericht Wittstock Nr. 337 und Nr. 338. Zusätzlich konnten die Krankenakten von Gerda und Edith E. ausfindig gemacht werden. Vgl. BLHA, Rep 55 C, Landesanstalt Brandenburg-Görden, Nr. 10893 und Nr. 11460. Von Waltraud E. ist keine Akte überliefert. Mein besonderer Dank für ihre wiederholte und intensive Unterstützung gilt hier Frau Nakat und Frau Kandler vom Brandenburgischen Landeshauptarchiv Potsdam.

2 BAB, R 179/14724, Personalakte, Bl. 5.

3 BLHA, Rep. 5 E, Amtsgericht Wittstock, Nr. 337, Gutachten vom 30.05. 1938.

4 Ebd., Gutachten von Hans Heinze vom 29.06.1939, S. 2.

5 Der »Schlafraum« wird vermutlich ein abgeteilter Bereich der Küche gewesen sein.

6 BAB, R 179/14724, Personalakte, Bl. 8.

7 Der Befund »Schwachsinn« stellte in vielen Fällen keine medizinische, sondern eine soziale Diagnose dar. Etwa zwei Drittel der 350.000 bis 400.000 Zwangssterilisationen wurden aufgrund von »Schwachsinn« vorgenommen.

8 Das Gesetz zur Verhütung erbkranken Nachwuchses wurde am 14. Juli 1933 verabschiedet. Eine Anzeige wegen des Verdachtes einer Erbkrankheit beim zuständigen Gesundheitsamt konnte auch durch Nachbarn, Verwandte etc. erfolgen, eine Möglichkeit, von der rege Gebrauch gemacht wurde.

9 Reichsgesetz für Jugendwohlfahrt (Reichsjugendwohlfahrtsgesetz-RJWG) vom 9. Juli 1922, Reichsgesetzblatt Teil I, Nr. 54/1922, S. 633-647, § 62.

10 BAB, R 179/14724, Personalakte, Bl. 6 und 7.

11 Ebd., Bl. 38, Bl. 40.

12 Ebd., Bl. 39, Rückseite.

13 Vgl. Schwoch (1999), Verzeichnis, S. 616.

14 Ebd., Bl. 16, Beobachtungsbericht des Landesjugendheimes Strausberg vom 15.10.1934.

15 Ebd., Bl. 21, Fürsorgeerziehungsbericht v. 29.12.1934.

16 Ebd., Bl. 42, Postkarte von Gustav E. an das Landesjugendheim Strausberg vom 07.07.1935.

17 Ebd., Bl. 30, Postkarte von Gustav E. an das Landesjugendheim Strausberg vom 21.10.1935.

18 Ebd., Bl. 41, Fürsorgeerziehungsbericht vom 08.01.1936.

19 Ebd., Bl. 36.

20 Ebd., Bl. 43.

21 Nur sieben Monate nach der Anzeige, am 28. September 1934, hat das zuständige Erbgesundheitsgericht Neuruppin die Unfruchtbarmachung des Ehepaares E. beschlossen. Gustav und Frieda E. nutzen die im Gesetz vorgesehene Möglichkeit zur Beschwerde und legen im August 1935 Widerspruch beim Erbgesundheitsobergericht in Berlin ein. Vgl. BLHA Potsdam, Rep. 5 E, Amtsgericht Wittstock Nr. 338, Schreiben des Erbgesundheitsgerichtes Neuruppin vom 26.08.1935. Nach der erbbiologischen Begutachtung aller Familienmitglieder wird der Beschluss des Erbgesundheitsgerichtes Neuruppin jedoch für endgültig erklärt. Gustav und Frieda E. werden am 8. April 1936 zwangssterilisiert. Vgl. BLHA Potsdam, Rep. 5 E, Amtsgericht Wittstock Nr. 338, Register für die Erbgesundheitssachen XIII-Einlagebogen.

22 Ebd., Personalakte, Bl. 44, Schreiben von Gustav E. an das Landesjugendheim Strausberg vom 24.04.1936.

23 Ebd., Bl. 45, Rückseite, handschriftliche Stellungnahme vom 07.04.1936.

24 Ebd., Bl. 49, Schreiben von Gustav E. an das Landesjugendheim Strausberg, undatiert, eingegangen am 20.10.1936.

25 Ebd., Bl. 51 und Bl. 53, Bitte um Beantwortung des Antrages von Gustav E. auf Beurlaubung seines Sohnes zu Weihnachten 1936, undatiert, eingegangen im Landesjugendheim Strausberg am 17.11.1936.

26 Ebd., Bl. 57, Schreiben von Gustav E. an das Landesjugendheim Strausberg, undatiert, eingegangen am 1.12.1936.

27 Zu Hans Heinze vgl. Beddies (2002), S. 131-134, und Castel u. a. (2003), Geschichte, S. 340-366.

28 Ernst Illing, Psychiater, überzeugter Nationalsozialist, Oberarzt an den brandenburgischen Landesanstalten Potsdam und Görden unter Hans Heinze, vom 01.07.1942 bis April 1945 als Leiter der Städtischen Nervenklinik für Kinder Wien-Spiegelgrund, wo unter seiner Verantwortung mehrere hundert körperlich und geistig behinderte Kinder im Rahmen der »Kindereuthanasie« ermordet wurden. Todesurteil durch das Volksgericht Wien, hingerichtet am 30.11.1946. Vgl. Klee (2003), Personenlexikon, S. 278; Zabel (2002), Lübben, S. 114.

29 BAB, R 179/14724, Personalakte, Bl. 50, handschriftliche Stellungnahme der Fürsorgerin vom 04.11.1936.

30 Ebd., Bl. 52, handschriftliche Notiz vom 10.11.1936.

31 Ebd., Krankengeschichte, handschriftlicher Eintrag auf dem 2. Blatt des Aufnahmebogens.

32 Ebd., Eintrag vom 15.01.1937.

33 Ebd., Eintrag vom 14.12.1937.

34 Zum pädagogischen Konzept und zum Schulbetrieb der Landesanstalten Potsdam vgl. Zabel (2002), Lübben, S. 108.

35 BAB, R 179/14724, Personalakte, Bl. 64, Fürsorgeerziehungsbericht v. 18.01.1937 (Juli-Dez. 1936) und Bl. 75, Fürsorgeerziehungsbericht v. 12.01.1939. Die Frage nach der Zugehörigkeit von behinderten Kindern und Jugendlichen zu den Organisationen der NSDAP ist keineswegs abwegig. Zum einen existierten reichsweit sogenannte Sonderbanne der Hitler-Jugend (HJ) für körperbehinderte, blinde und gehörlose Jungen und Mädchen, zum anderen legten die bestehenden Anstalten für Behinderte besonderen Wert auf die Erziehung ihrer Zöglinge im nationalsozialistischen Sinne und richteten sogar anstaltseigene HJ-Gruppen ein. Vgl. dazu z. B. Büttner (2005), Nicht minderwertig, und Fuchs (2001), ›Körperbehinderte‹. Von Zeitzeugen wird darüber hinaus berichtet, dass sie trotz ihrer Behinderung z. B. der SS angehört hatten. Vgl. dazu Krämer-Kilic und Hauschild (2000), Sprachbehindertenpädagogik.

36 BAB, R 179/14724, Krankengeschichte, Eintrag vom 14.12.1937.

37 Ebd., Personalakte, Bl. 72, Fürsorgeerziehungsbericht v. 05.01.1938 (Juli-Dez. 1937).

38 Ebd., Krankengeschichte, Eintrag vom 15.01.1937.

39 Zu Friederike Pusch und ihrer Beteiligung an der Ermordung von Kindern und Jugendlichen im Rahmen des »Reichsausschussverfahrens« und der NS-»Euthanasie-Aktion T4« vgl. Falk und Hauer (2002), Erbbiologie, S. 100f., und Schwoch (2004), Ärztinnen, S. 185-202.

40 BAB, R 179/14724, Krankengeschichte, Eintrag vom 17.05.1940.

41 Ebd., Personalakte, Bl. 62, Schreiben von Gustav E. an die Landesanstalt Potsdam vom 16.01.1937.

42 Ebd., Bl. 69, Schreiben von Gustav E. an die Landesanstalt Potsdam vom 31.10.1937.

43 Ebd., Bl. 69, Rückseite, handschriftliche Notiz vom 20.11.1937.

44 Ebd., Bl. 68, Schreiben von Gustav E. an die Landesanstalt Potsdam vom 17.11.1937.

45 Ebd., Bl. 71, handschriftlich vom 09.11.1937, gefertigt am 10.12.1937.

46 Ebd., Krankengeschichte, Eintrag vom 18.03.1938.

47 Ebd., Krankengeschichte, Eintrag vom 02.06.1938.

48 Vgl. Zabel (2002), Lübben, S. 121 f.

49 BAB, R 179/14724, Personalakte, Bl. 76, handschriftliches Gutachten vom 2.03.1939, versandt am 10.03.1939.

50 Ebd., Krankengeschichte, Eintrag vom 13.04.1939.

51 Ebd., Personalakte, Bl. 77.

52 Die Ausschulung sogenannter schwerschwachsinniger Kinder aus der Sonderschule basiert auf dem »Gesetz über die Schulpflicht im Deutschen Reich (Reichsschulpflichtgesetz)«, das am 1. November 1938 in Kraft trat. »Bildungsunfähige« Kinder mit körperlichen und geistigen Behinderungen sollten demnach von der Schulpflicht gänzlich ausgenommen werden, das bedeutet, sie wurden in keiner Weise mehr gefördert, sondern in den Anstalten verwahrt oder zu den Eltern »nach Hause entlassen«. Vgl. dazu Fuchs (2005), Sonderpädagogik, S. 120-132.

53 Zit. n. Beddies (2002), Kinder, S. 133.

54 BAB, R 179/14724, Personalakte, Bl. 78.

55 Ebd., Personalakte, Bl. 83, Schreiben von Gustav E. an die Landesanstalt Görden vom 21.05.1939.

56 BLHA Potsdam, Rep. 5 E, Amtsgericht Wittstock Nr. 337, Schreiben des Landrates des Kreises Ostprignitz an das Amtsgericht Wittstock/Dosse vom 07.08.1938.

57 BAB, R 179/14724, Personalakte, Bl. 89, Schreiben der Ortspolizeibehörde Wittstock an die Landesanstalt Görden vom 26.06.1939. Das Schreiben der Gördens vom 19.06.1939 ist in der Akte nicht erhalten.

58 Ebd., Hervorhebg. i. O.

59 BAB, R 179/14724, Krankengeschichte.

60 Vgl. BLHA, Rep 55 C, Landesanstalt Brandenburg-Görden, Nr. 10893 und Nr. 11460.

61 Sein Name ist allerdings nicht in der von Jürgen Peiffer 2004 erstellten Liste der Hirnuntersuchungsfälle aus dem Kaiser-Wilhelm-Institut für Hirnforschung Berlin-Buch verzeichnet. Wir bedanken uns für die Einsichtnahme in das Verzeichnis. Vgl. dazu weiter Peiffer (2005), Erkenntnisstreben.

62 Nachgewiesen wurde dies bereits für eine Gruppe von 59 am 28.10.1940 in Brandenburg getöteten Kindern und Jugendlichen. Vgl. Beddies (2002), Kinder, S. 137. Im Rahmen der Ergebnismonographie wird dieser Aspekt von Babette Reicherdt vertieft, die weitere »Tötungen auf Bestellung« aus der Landesanstalt Görden belegt.

63 Schulze (1999), »Euthanasie«, S. 76.

64 BAB, R 179/14724, Krankengeschichte, Meldebogen.

65 Im September 1940, vier Monate nachdem Günter E. bereits tot ist, erkundigt sich der Vater, Gustav E., in der brandenburgischen Landesanstalt Görden nach dem Aufenthaltsort seiner drei Töchter. »Ich nehme an,« schreibt er, »dass sie sich in der Anstalt in Hartheim/b. Linz (Donau) befinden, wo Günter einer Mitteilung dieser Anstalt zufolge am 4.06.1940 verstorben ist.« Vgl.

BLHA Potsdam, Rep 5 E, Amtsgericht Wittstock Nr. 337, Bl. 70, Rückseite. Wie bei vielen im Rahmen der »Aktion T4« getöteten Patientinnen und Patienten sind das Todesdatum und der Todesort gefälscht. Die drei Schwestern von Günter E. verbleiben – obwohl Frieda E. im September 1941 beim Amtsgericht Wittstock einen Antrag auf Entlassung ihrer Töchter stellt – weiter in der Landesanstalt Görden. Nach dem letzten Eintrag von Friederike Pusch wird Edith E. mit 15 Jahren, im August 1946, auf Antrag der Mutter nach Hause entlassen. Von dort aus wird sie jedoch schließlich in die brandenburgische Landesanstalt Wittstock überwiesen, von der jedoch keine Krankenakte mehr erhalten ist.

Erich F. –
»Hält sich sauber. Ißt allein. Spielt gern«

Petra Fuchs

Am 3. Mai 1928 wird der fünfjährige Erich F. aus Hadmersleben bei Magdeburg mit der Diagnose »Idiotie« in die Psychiatrie eingewiesen. Die Anstalt, in der der geistig behinderte Junge für den Zeitraum der nächsten elf Jahre, bis März 1939, verbleibt, ist in der Krankenakte nicht verzeichnet. Im Aufnahmebefund vom 3. Mai 1928 heißt es lediglich: »Ehelich geborene Eltern nicht blutsverwandt. *Ein Vetter der Mutter war Idiot, ein Onkel väterlicherseits geistesschwach.* Normale Geburt. Lernte sehr spät laufen, fasste nicht nach Gegenständen, blieb ängstlich beim Treppensteigen und lernte schlecht sprechen. Die Sprache besserte sich langsam, blieb aber unvollkommen.«[1] Über die familiären Verhältnisse und den Kontakt der Eltern zu ihrem behinderten Kind lässt sich der Akte nichts Näheres entnehmen. Die hervorgehobene Bemerkung zum geistigen Zustand anderer Familienmitglieder wird zeitgenössisch in der Regel als Hinweis auf die Erblichkeit der Erkrankung gedeutet; diese Praxis ist keine spezifisch nationalsozialistische, vielmehr wird sie lange vor 1933 geübt.[2] Wie die Untersuchung ergibt, ist Erich F. bei seiner Aufnahme 102 cm groß und wiegt rund 15 kg. »In der körperl. Entwicklung zurückgeblieben«, stellt der aufnehmende Arzt fest. Der nach vorn gebeugte Brustkorb des Jungen und die geschädigten Zähne scheinen Folgen einer durchgemachten Rachitis zu sein. Das Verhalten des Patienten wird mit knappen Worten kommentiert: »Hält sich sauber. Ißt allein. Spielt gern.« Es vergeht gut ein Jahr, bis der aufnehmende Arzt im April 1929 eine erneute Eintragung vornimmt: »Körperlich gesund. Schädelumfang 46. Spricht einige undeutliche Worte. Spielt. Kann einfache Aufträge ausführen. Nicht schulfähig.« Die weiteren fast gleichlautenden, stereotypen Einträge erfolgen bis 1936 regelmäßig jeweils meist im April. An den Handschriften lassen sich die wechselnden Personen erkennen, die sich über die Jahre hinweg zu dem Patienten äußern. Der namentlich nicht bekannte aufnehmende Arzt wird im April 1930 vermutlich von einem Kollegen abgelöst, der Erich F. fünf weitere Jahre lang begleitet. Im Juni 1935 nimmt ein dritter Arzt Einträge in die Krankengeschichte vor, und in den Jahren 1936 bis 1941 lassen sich vier weitere Handschriften erkennen. Fast immer wird festgehalten »körperlich gesund«, im April 1930 notiert der Arzt zusätzlich: »Ißt allein. Kennt die Personen seiner Umgebung, spricht aber die Namen sehr undeutlich aus. Sauber. Tut, was man ihm sagt. Nicht schulfähig.« Auf die »Schulunfähigkeit« und die undeutliche Sprache des Kindes wird immer wieder abgehoben, beide Merkmale zählen zu den medizinisch-pädagogischen Konstanten in der Lebensgeschichte von Erich F. Im April 1931 heißt es dazu: »Spricht noch wenig. Sauber. Nicht zu beschäftigen. Nicht schulfähig.« Ein Jahr später spricht Erich F. »etwas mehr«. Im April 1934 fällt jedoch auf, dass der Junge plötzlich an- und ausgezogen werden muss, er ist unsauber, und in zwei aufeinanderfolgenden Jahren konstatiert der jeweilige Arzt knapp: »Spricht nicht mehr« bzw. »spricht noch nicht«. Im Mai 1936, Erich F. ist mittlerweile 13 Jahre alt geworden, wird festgehalten: »29 Kg. Etwas gewachsen. Hält sich sauber. Ißt allein. Spricht nur einige undeutliche Worte. Gang gebückt.« Gegen Ende des Jahres erkrankt Erich F. an »leichtem Scharlach«, von einem Aufenthalt in einem Krankenhaus wird er Anfang des Jahres 1937 »geheilt zurück« in die Anstalt verlegt. Mehr als zwei Jahre lang erfolgt keine Eintragung in seine Krankengeschichte. Am 14. März 1939 heißt es über den inzwischen 16-jährigen Jugendlichen: »Wenig geistige Fortschritte. Körperlich wohl. Wird nach Gnadental verlegt.« Die Kolonie Gnadental zählt zu den Hoffnungstaler Anstalten, einer Filiale der von Bodelschwingh'schen Anstalten in Bethel und liegt im brandenburgischen Lobetal bei Berlin-Bernau. Der Grund für Erich F.s Verlegung wird in der Krankengeschichte nicht genannt, vermutlich erfolgt sie, weil er inzwischen das arbeitsfähige Alter erreicht hat. In Gnadental wird die Krankenakte aus der unbekannten Vorgängereinrichtung in der gleichen Weise weitergeführt wie zuvor. Weit mehr als ein Jahr nach seiner Aufnahme, im Dezember 1940, lautet der erste Vermerk lediglich: »Kein besonderer Befund. Nicht zu beschäftigen.« Zu diesem Zeitpunkt sind die kirchlichen Proteste gegen die »Euthanasie«, die seit Mitte des Jahres 1940 laut geworden waren, vorübergehend verstummt.[3] Von dieser Entwicklung betroffen ist auch der Leiter der Hoffnungstaler Anstalten, Pastor Paul Gerhard Braune.[4] In seiner Einrichtung sind die Meldebögen zur Erfassung der Patienten und Patientinnen bereits im Herbst 1939, zehn Monate nach der Verlegung Erich F.s in die Zweiganstalt Gnadental, eingetroffen.[5] Braune ist über die gehäuften Todesmeldungen nach den ersten »Verlegungen« von psychisch kranken und geistig behinderten Menschen aus den Einrichtungen der Diakonie informiert. In enger Zusammenarbeit mit Friedrich (»Fritz«) v. Bodelschwingh, dem Leiter der Anstalten in Bethel, verhandelt er persönlich mit Vertretern des Reichsinnenministeriums, der Reichskanzlei des Führers und der Wissenschaften, um ein sofortiges Ende der geheimen »Aktion T4« zu erreichen. In seiner »Denkschrift für Adolf Hitler« vom 9. Juli 1940 zeichnet er ein detailliertes Bild der Vorgänge und wendet sich gegen die Krankentötungen.[6] Am 12. August 1940, Erich F. ist zu diesem Zeitpunkt ein gutes Jahr in Gnadental, wird Pastor Braune von der Gestapo verhaftet. Da sich jedoch die Gerüchte über die Ermordung von Kranken mit seiner Verhaftung wie ein Lauffeuer verbreiteten, wird er bereits Ende Oktober 1940 wieder aus der »Schutzhaft« entlassen. Zuvor muss er schriftlich versichern, zukünftig keine Maßnahmen der NSDAP und des Staates anzugreifen.[7] Es bleibt offen, ob diese Loyalitätserklärung Braunes Grund dafür ist, dass Erich F. an die »T4«-Verwaltungszentrale in Berlin gemeldet und dort nach dem üblichen Begutachtungsverfahren selektiert wird. Im Rahmen der »Aktion T4« wird der 18-jährige junge Mann am 29. Januar 1941, knapp zwei Jahre nach seiner Verlegung nach Gnadental und »auf Anordnung des zuständigen Herrn Reichsverteidigungskommissars« in die sächsische Zwischenanstalt Altscherbitz verlegt. »Abgeholt«, lautet konsequent knapp der letzte Eintrag in seiner Krankengeschichte. Am 24. März 1941 wird Erich F. mit 79 weiteren psychisch kranken oder geistig behinderten Kindern, Jugendlichen und Erwachsenen von Altscherbitz aus in die Tötungsanstalt Bernburg deportiert und dort vergast.[8]

1 BAB, R 179/2665, Hervorhebg. i. O.
2 Zur Vorgeschichte der nationalsozialistischen Zwangssterilisation und »Euthanasie« gibt es eine Fülle von Veröffentlichungen. Verwiesen sei hier nur beispielhaft auf Klee (1983), »Euthanasie«; Schmuhl (1992), Rassenhygiene; Weingart (1992), Rasse.
3 Zu den kirchlichen Protesten gegen die »Euthanasie« vgl. Klee (1983), »Euthanasie«, S. 205; S. 325; Schmuhl (1992), Rassenhygiene, S. 327-330; Walter (1996), Psychiatrie, S. 673.
4 Braune (1887-1954) ist zugleich Vizepräsident des Central-Ausschusses der Inneren Mission. Die Hoffnungstaler Anstalten/Lobetal mit ihren Zweiganstalten leitet er von 1922 bis zu seinem Tode. Zum Wirken Braunes und zu seinem Protest gegen die Krankentötungen vgl. auch Braune (1983), Hoffnung.

5 Klee (1983), »Euthanasie«, S. 115; Schmuhl (1992), Rassenhygiene, S. 327. Biographie und Werk dokumentiert die Ausstellungsbroschüre (2004), Paul Gerhard Braune.

6 Die Denkschrift wurde der Reichskanzlei des Führers übergeben, an Hermann Göring weitergeleitet und soll auch Hitler zur Kenntnis gebracht worden sein, vgl. Schmuhl (1992), Rassenhygiene, S. 329; Walter (1996), Psychiatrie und Gesellschaft, S. 672. Das Dokument ist abgedruckt in Klee (1985), Dokumente, S. 151-162.

7 Nowak (1984), »Euthanasie«, S. 92.

8 Vgl. Kalendarium der Transporte nach Bernburg, in: Schulze (1999), »Euthanasie«, S. 161.

Gertrud G. –
»Sie sei hier in einen Aberglauben verstrickt –
Aberglauben das sei die Irrenanstalt«

Gerrit Hohendorf

Über Kindheit und Jugend von Gertrud G. ist nur sehr wenig bekannt. Wir erfahren lediglich, dass sie am 11. Dezember 1893 in Kunkelmühle, Kreis Thorn in Westpreußen, geboren wurde. Ihr Vater hieß Heinrich F., ihre Mutter Franziska F. Während der Vater noch vor der endgültigen Anstaltsaufnahme von Gertrud G. im Jahre 1927 gestorben war, lebte ihre Mutter noch bis zum Jahre 1934. Gertrud G. hatte mehrere Geschwister, zu ihrem Bruder bestand noch bis kurz vor ihrem Tode Kontakt, ihre Schwester starb 1929. Ihr Ehemann, der Schlosser Friedrich G., den sie am 11. Dezember 1919 heiratete, stammte ebenfalls aus dem Kreis Thorn. Wann Gertrud G. ihre westpreußische Heimat verlassen hat, Thorn wurde nach dem Ende des 1. Weltkriegs polnisch, ließ sich nicht mehr feststellen. Jedenfalls lebte sie mit ihrem Ehemann in Potsdam, nach seinen Angaben sei sie in der ersten Zeit der Ehe ordentlich und fleißig gewesen. 1921 wurde der Sohn Hans und 1924 die Tochter Katharina geboren. Eine weitere Tochter kam am 16. September 1927 in der brandenburgischen Heil- und Pflegeanstalt Görden zur Welt. Nach Görden war Gertrud G. am 30. Januar 1927 eingewiesen worden, und hier blieb sie ununterbrochen bis zu ihrer Verlegung in die Heil- und Pflegeanstalt Neuruppin im Jahre 1938. Zum Zeitpunkt der Geburt ihrer zweiten Tochter war der Ehemann von Gertrud G. bereits verstorben. Er hatte sich Ende März 1927 in der Nähe von Potsdam erhängt. Die Kinder von Gertrud G. wuchsen getrennt auf, Hans kam in ein Waisenhaus, Katharina starb kurz nach Ende des 2. Weltkriegs an Diphtherie, und die zweite Tochter Erika wurde von Pflegeeltern an Kindes statt angenommen. Erika erfuhr erst nach dem Krieg von der Existenz ihrer Geschwister.[1]

Aus der Krankengeschichte

Erste Zeichen seelischer Not machten sich Weihnachten 1925 bemerkbar. Gertrud G. war zu diesem Zeitpunkt 32 Jahre alt. Sie litt unter Stimmen, die von »Mördern« sprachen. Im Frühjahr 1925 wurde Gertrud G. unter der Verdachtsdiagnose einer Paranoia im Städtischen Krankenhaus in Potsdam beobachtet. Sie machte damals einen sehr gehemmten Eindruck, die Konzentrationsfähigkeit sei mangelhaft gewesen. Die Diagnose hat sich jedoch nicht endgültig klären lassen. Gertrud G. wurde am 4. Mai 1926 auf Wunsch der Angehörigen entlassen und kam in Familienpflege nach Hannover. Aus den erhaltenen Unterlagen geht nicht eindeutig hervor, ob sie zur weiteren Genesung zu Verwandten nach Hannover ging oder ob es sich um reguläre Familienpflegestellen gehandelt hat, die in den zwanziger Jahren im Rahmen der offenen Fürsorge eingerichtet worden waren.[2] Offensichtlich kam es jedoch nicht zu der erhofften dauerhaften Besserung ihres Zustandes. Im September 1926, Gertrud G. war wieder in ihre Familie nach Potsdam zurückgekehrt, wurde eine Verschlimmerung bemerkt.

Weihnachten 1926, so der Bericht des Städtischen Krankenhauses in Potsdam, habe sie häufig grundlos gelacht. Im Januar 1927 habe sie ihrem Ehemann den Eintritt in die Wohnung mit der Begründung verweigert, dass er ein fremder Mann sei. Ein paar Tage später sei sie auf dem Wohlfahrtsamt erschienen und habe eine Entschädigung für Beschimpfungen verlangt, die ihr Personen auf der Straße zugerufen hätten. Sie habe auch fremde Menschen in der Wohnung gesehen und dem Ehemann gesagt, dass sie den Schwiegervater mit der Axt erschlagen würde. Schließlich habe sie den Ofen angeheizt, die Tür offen und die Kinder in der Wohnung zurückgelassen. Die Aufnahme erfolgte zunächst wieder im Städtischen Krankenhaus in Potsdam. Der dortige Befund lautet:

»Die Kranke hält an ihrem unerschütterlichen Wahnsystem fest, glaubt an die Existenz von ›unsichtbaren‹ und ›halluzinatorischen‹ Menschen, die ihr nachstellen. Sinnestäuschungen sind hier nicht beobachtet. Abgesehen vom Wahnsystem geordnetes Verhalten bei erhaltener Klarheit im Denken. Konzentrationsvermögen etwas beeinträchtigt. Gesichtsausdruck leidend. Affektlage leicht gedrückt.«[3]

Diagnostisch legte man sich nunmehr eindeutig auf Paranoia fest. Die Prognose der Erkrankung wurde als heilbar bzw. besserungsfähig angesehen, auch sei die Kranke weder sich noch anderen gefährlich gewesen. Dennoch hielten die Ärzte in Potsdam einen längeren Aufenthalt in einer Anstalt für Geisteskranke für erforderlich, und so wurde

Gertrud G. am 30. Januar 1927 in die Landesanstalt Görden bei Brandenburg an der Havel verlegt.

Bei der Aufnahme in Görden berichtet Gertrud G., sie sei in einer
Nervenheilanstalt, weil sie nach der Geburt ihres zweiten Kindes ner-
venkrank geworden sei. Seit einigen Wochen sei es schlimmer geworden. Sie merke, dass ihr Mann sich verändert habe, er habe ein ganz
anderes Wesen, manchmal auch ein anderes Gesicht bekommen. Solche Gedanken würden ihr eingegeben und eine Stimme sage ihr, dass
ihre Kinder nicht mehr die ihrigen seien, dass sie vertauscht worden
wären. Auch habe sie das Gefühl, dass die Verwandten gegen sie seien
und sich zurückziehen würden. Einmal in der Nacht, als sie allein
gewesen sei, habe sie einen schwarzen Hund gesehen, der sei immer
an ihrem Bett herumgeschlichen, sie sei vor Angst ganz steif geworden und habe sich nicht rühren können. Auch habe ihr Mann sie für
verrückt erklärt, der habe das nicht verstanden. Geschlechtskranke
Menschen seien zu ihr durchs Schlüsselloch gekommen und hätten
Heilung gewollt. Einmal hätten diese sie auch »geschlechtlich gebrauchen« wollen und dies im Traum auch wahr gemacht. Die Nachbarn
hätten sie auch lange Zeit mit ihren Radioröhren beobachtet, ausge-
horcht und ihre Gedanken weggenommen, so dass sie die eigenen
Gedanken laut gehört habe. Auch hätten diese im Jahre 1916 auf sie
geschossen. Zwei Kugeln seien ihr durch die Brust gegangen. Als
16-jähriges Mädchen (im Jahre 1909) habe sie gewisse Leute als Zionisten angesehen und diese jetzt als ihre Nachbarn wiedererkannt. Im
Jahre 1923 sei Gift in ihre Wohnung gebracht worden. Suizidabsich-
ten habe sie nicht, sie habe schon zweimal den Geist aufgegeben, aber
er sei wiedergekommen und sie hoffe, dass sie hier (in der Anstalt)
wieder gesund werde. Sie hoffe auf Heilung und dass sie den Geist
wieder loswerde, den sie im Leibe habe und der sie immer drücke und
quäle.

Die Fragen nach der Intelligenz ergeben zwar lückenhafte geogra-
phische Schulkenntnisse, aber ein gutes geschichtliches Wissen. Sie
wird nach dem Weltkrieg, nach dem Reichspräsidenten Hindenburg,
Kaiser Wilhelm dem Zweiten, Martin Luther und Napoléon befragt
und weiß richtig zu antworten. Der psychopathologische Befund des
aufnehmenden Arztes vermerkt eine »indifferente« Stimmung und
hebt hervor, dass sie ihre Ideen ohne Affekt vorbringe. Krankheitseinsicht sei ansatzweise vorhanden, jedoch keine Kritikfähigkeit.⁴

Auf der Station wird sie als ruhig und gelassen beschrieben, sie sei
klar und habe sofort eine Patientin wiedererkannt, mit der sie im

Potsdamer Krankenhaus zusammen gewesen wäre. Das Benehmen und die Kleidung seien unauffällig, sie beteilige sich an der Unterhaltung und stricke. Gertrud G. hält sich für erholungsbedürftig, aber nicht für geisteskrank.

Sie berichtet auf der Station, dass ihr richtiger Mann gestorben und heimlich begraben worden sei. Ein anderer habe sich an seiner Stelle in ihre Wohnung eingeschlichen und sie auch »geschlechtlich gebraucht«. Gertrud G. glaubt, schwanger zu sein. Sie schreibt an ihren Mann: »›ich habe einen schwermütigen, toten Mann gehabt u. der ist als Lokomotivführer begraben. Und Du bist nur ein […] angeeigneter Mann, der sich meines Mannes Recht nahm.‹« Zugleich glaubt sie, von ihrem toten Mann ein totes Kind im Leib zu haben. Mitte Februar 1927, zwei Wochen nach ihrer Aufnahme in Görden, erhält sie Besuch von ihrem Ehemann, den sie, obwohl sie ihn nicht als ihren richtigen Mann anerkennt, dennoch als solchen behandelt und bei dem sie sich nach ihren Kindern erkundigt. Sie wird weiterhin als freundlich, umgänglich und geordnet beschrieben. Zwei weitere Wochen später, Ende Februar 1927, besucht der Ehemann sie erneut. Sie ist freundlich und teilnehmend zu ihm, erklärt ihm aber gleichzeitig, dass ihr richtiger Mann und ihre richtigen Kinder tot seien. Auch ihrem Bruder, der sie kurze Zeit später besucht, erzählt sie dasselbe. Dieser berichtet, wohl gegenüber dem Anstaltspersonal, dass der Ehemann ein Trinker sei und sie schlecht behandelt habe. Nach Meinung des Bruders ist der Ehemann schuld am Zustand seiner Frau. In den folgenden Tagen klagt Gertrud G. über »Schwangerschaftsbeschwerden«, zieht sich ins Bett zurück und drängt zum ersten Male auf Entlassung. Sie wolle zu ihrer Familie zurück, zuerst aber zur Polizei, um festzustellen, wo ihr richtiger Mann und ihre richtigen Kinder geblieben seien. In erregtem Ton verlangt sie vom Pflegepersonal den Schlüssel zu ihrer Wohnung.

Am 31. März 1927 erhält Gertrud G. die Nachricht, dass ihr Mann sich erhängt habe. Er wurde am 24. März 1927 zuletzt lebend gesehen und am 27. März außerhalb der Stadt Potsdam an einem Baum hängend aufgefunden. Gertrud G. nimmt die Mitteilung vom Tod ihres Mannes zunächst scheinbar ganz teilnahmslos auf. Später sagt sie, sie habe in diesen Tagen immer das Gefühl gehabt, als ob etwas Schlimmes vorgefallen sei. Sie erkundigt sich nach ihren Kindern und erzählt dann: Ihr richtiger Mann sei in Hamburg wegen des Verdachts, auf See ein Mädchen ermordet und in der Feuerung verbrannt zu haben, in Untersuchung gesessen. Er sei jedoch aus Mangel an Beweisen freigesprochen worden. Sie habe ihm die Tat nie zugetraut. Dann berichtet sie noch, dass ihr Mann früher Bier getrunken und sie zunächst gut behandelt habe. Erst in den letzten Jahren der Ehe habe er sie geschlagen. Wenige Tage nach dem Tod ihres Ehemanns verlangt sie ihre Entlassung, um für ihre Kinder zu sorgen. Und sie beklagt sich, dass man sie nicht an der Beerdigung ihres Mannes habe teilnehmen lassen. Sie müsse nun das Grab anlegen, ohne zu wissen, ob es wirklich ihren Mann berge. Sosehr Gertrud G. darauf drängt, sich nach dem Tod ihres Mannes um ihre Angelegenheiten und ihre Kinder außerhalb der Anstalt zu kümmern, so wenig wird dies unter Hinweis auf ihren Krankheitszustand zugelassen.

Anfang April 1927 wird die von Gertrud G. vermutete Schwangerschaft durch eine ärztliche Untersuchung bestätigt. In den folgenden Wochen fühlt Gertrud G. sich zunehmend durch Gedankenübertragungen von Seiten der Mitpatientinnen und des Personals beeinträchtigt: Mehrere Mitpatientinnen hätten einen Ring gegen sie geschlossen, »um ›sie mit Sinn und Gedanken und [unleserlich] der Ehe zu verfolgen‹«. Auch befürchtet sie, dass sie ihrer Sachen in ihrer Wohnung in Potsdam durch diesen Ring beraubt werde. Der gut gemeinte Hinweis des Referenten der Krankengeschichte, dass sich der Pfleger ihrer Kinder nach Auskunft des Wohlfahrtsamtes auch um ihre Sachen kümmern werde, bringt für Gertrud G. nur eine vorübergehende Beruhigung.

Beeinträchtigt durch die Andeutungen ihrer Mitpatientinnen und durch körperliche Missempfindungen gequält, zieht Gertrud G. sich vermehrt ins Bett zurück. Das Pflegepersonal bemerkt dazu, sie sei untätig und lasse sich bedienen. Dass sie versehentlich eine Kaffeetasse umgeschüttet, aber keinen Handgriff gemacht habe, die Folgen zu beseitigen, hatte das Anstaltspersonal bereits im Mai 1927 moniert. Zu dieser Zeit vermerkt die Akte auch zum ersten Mal, dass Gertrud G. wütend auf eine Mitpatientin losgegangen sei, von der sie glaubte, dass diese ihr ihren toten Mann genommen habe. Immer wieder drängt Gertrud G. auf ihre Entlassung und wird abschlägig beschieden. Am 25. Juli 1927 findet sich der Vermerk, die Patientin wolle nur aufstehen, wenn sie sofort entlassen werde: »Sie sei hier in einen Aberglauben verstrickt – Aberglauben das sei Irrenanstalt.« An diesem Tage wird Gertrud G. zum ersten Male auf eine andere Station verlegt.

Geburt des Kindes in der Anstalt

Am 10. September 1927 morgens um 1.30 Uhr gebiert Gertrud G. ein gesundes Mädchen. Das Mädchen erhält den Namen Erika Elisabeth. Die Krankengeschichte vermerkt zwei Tage später: »Pat. ist geistig klarer und im Denken auffallend geordnet, bringt der Pflege des Kindes [unleserlich] eigenes großes Interesse entgegen, erscheint nicht mehr so abgelenkt.« Das Kind blieb offensichtlich noch einige Zeit bei der Mutter. Eine gute Woche nach der Geburt erhält Gertrud G. Besuch von ihrer Schwägerin und ihrer Schwiegermutter. Mit der Begründung, sie könne das Kind ja zu *ihren* Verwandten geben, lehnen es Mutter und Schwester des verstorbenen Ehemannes ab, das Kind zu sich zu nehmen. Die Krankengeschichte vermerkt weiter, dass die Schwiegermutter in wenig freundlichen Worten durchblicken ließ, der Ehemann habe sich nicht seiner Frau wegen umgebracht. Beim Fortgang aus dem Krankensaal äußert sich die Schwägerin folgendermaßen: »›Ja, steht man alle auf u. geht raus, dann werdet ihr gesund!‹« Bei den Angehörigen ihres verstorbenen Mannes findet Gertrud G. in ihrer Situation offensichtlich wenig Verständnis und Unterstützung. Während Gertrud G. langsam wieder aufstehen kann, wird das Kind getauft. Nachdem sie sich zunächst mit der Taufe einverstanden erklärt hat, reagiert sie später mit »Beeinträchtigungsideen«, vermutlich deshalb, weil sie bei der Taufe nicht dabei sein konnte und das Kind von ihr getrennt wurde. Wie lange die Tochter Erika bei Gertrud G. blieb und wann sie zu Pflegeeltern gegeben wurde, lässt sich der Akte nicht entnehmen. Anfang Dezember 1927 notiert Gertrud G. ihre Gedanken auf mehreren Zetteln, die sie dem Anstaltspersonal aushändigt und deren Inhalt sich in der Krankenakte wiederfindet. Darin beschäftigt sie sich zumindest gedanklich mit der Versorgung ihres Kindes: »Ich habe meinem Kind zu geben die Milch, die ihm zusteht [...] zur pünktlichen Stunde. Habe mein Kind gern und rein zu halten.« Sie hofft, dass sie zu Weihnachten ihren Kindern wieder als Mutter zur Verfügung stehen kann, zumal da »das Wohlfahrtsamt nur noch zum Tage meine Wirtschaft [= Haushalt] in Aufbewahrung behält«.

Auf einem weiteren Zettel bringt Gertrud G. ihre Ängste zum Ausdruck: In ihrer Wohnung soll ihrem Kinde auf dem Stuhl der Kopf abgehackt worden sein. Sie sei nicht zu Hause gewesen. Sie habe keine Meldung machen können, da sie niemanden vorgefunden habe. Die Angst, ihrem Kind, das ihr offensichtlich in der Zwischenzeit

weggenommen wurde, könnte etwas zugestoßen sein, beherrscht ihre
Gedanken, und sie fordert immer wieder, entlassen zu werden, um es
zu retten.

Fluchtversuche, Gewalt und Disziplinierung

Nachdem Gertrud G. am 29. November 1927 und am 8. Dezember
1927 jeweils auf eine andere Station verlegt worden ist, fühlt sie sich
zunehmend von Mitpatientinnen bedroht und setzt sich gegen die
imaginierten Bedrohungen auch körperlich zur Wehr. So schlägt sie
eine Mitpatientin, weil diese ihr alles Blut aus dem Körper zöge und
es mit ihren Kindern genauso gemacht habe. Auch der Oberpflegerin
habe sie einen Tritt versetzt, da sie ihr für jede Falschheit einen Fuß-
tritt geben müsse. Schließlich kommt es auch zu Auseinandersetzungen wegen ihres Traurings, wobei sie glaubt, dass dieser von anderen
Mitpatientinnen und Pflegerinnen getragen würde. Die Erregungszustände und Gewalttätigkeiten werden beantwortet mit Verlegung auf
die Unruhigenstation, mit Isolierung, d.h. Absonderung von den
Mitpatientinnen, und schließlich am 20. Februar 1928 auch mit einem
elfeinhalbstündigen Dauerbad, einem zu dieser Zeit noch gebräuchlichen Disziplinierungsmittel der Anstaltspsychiatrie. Erst auf ein Beruhigungsmittel (Veronal) hin wird sie an diesem Abend etwas ruhiger.

Doch Gertrud G. fühlt sich weiterhin durch eingegebene Gedanken, unangenehme körperliche Beeinflussungen und Sinnestäuschungen beeinträchtigt, sie drängt weiterhin auf Entlassung und unternimmt am 27. April 1928 einen Fluchtversuch, der jedoch bemerkt
wird. Im Mai 1928 bringt sie ihren Freiheitswillen dadurch zum Ausdruck, dass sie dem Arzt während der Visite eine Ohrfeige gibt: »Er
solle ihr ihre Sachen und ihre Koffer heraus geben, damit die nach
Hause fahren könne.« Und am folgenden Tag kommentiert sie ihr
Verhalten: »Nur wenn sie es immer so mache wie gestern, werde sie
ihre Freiheit allmählich erzwingen.« Die Reaktion ist nichtsdesto-
trotz die Verlegung auf eine andere Station, auf die sie in ihrem au-
genblicklichen Zustand besser passe. Im Juni 1928 erhält sie noch einmal Besuch von ihrer Schwiegermutter, die sie freundlich begrüßt
und mit der sie in Hut und Mantel gleich mitgehen will. Dabei äußert
sie ein großes Interesse an ihren Kindern. Es folgen immer wieder
Erregungszustände, deretwegen Gertrud G. isoliert wird. Bei einer

tätlichen Auseinandersetzung mit einer als gewalttätig bekannten Mitpatientin zieht sich Gertrud G. einige Platzwunden und blutende Schneidezähne zu.

Am 2. Oktober 1928 erhält Gertrud G. Besuch vom Vormund ihres jüngsten Kindes, dem sie ganz geordnet über den Bestand ihrer Wohnung und ihre wirtschaftlichen Verhältnisse Auskunft gibt. Wiederum drängt sie hinaus, um ihr Kind pflegen zu können.

Zu Beginn des Jahres 1929 versucht sie ihrem Entlassungswunsch dadurch Gehör zu verschaffen, dass sie Stoffreste vom Weihnachtsbaumschmuck anzündet. Diese müssten zu Asche werden, damit das Gequatsche, d.h. ihre Gehörsinnestäuschungen, aufhöre und sie entlassen würde.

Im März 1929 konnte Gertrud G. zeitweise mit Näharbeiten beschäftigt werden, sie wird jedoch im weiteren Verlauf immer wieder als unruhig und unter dem Einfluss von Sinnestäuschungen stehend beschrieben, dabei schimpft sie immer wieder lebhaft mit imaginierten Personen, die sie offensichtlich bedrängen. Einmal wird bemerkt, dass sie ihren eigenen Urin trinkt, den sie in ihrer Not als Medizin einnehme. Am 13.4.1929 unternimmt sie einen weiteren Fluchtversuch, indem sie im Garten auf den Rücken einer Mitpatientin steigt und versucht über den Zaun zu springen. Am 8. Mai 1929 erhält Gertrud G. die Nachricht vom Tode ihrer Schwester. Sie will sofort zum Begräbnis fahren, wartet am Gartentor auf eine Gelegenheit hinauszukommen, wird jedoch auf die Station zurückgebracht.

Rückzug

Im Mai 1929 scheint sich eine gewisse Beruhigung eingestellt zu haben, Gertrud G. wird als äußerlich im Ganzen geordnet beschrieben. Sie berichtet aber weiterhin über Stimmen, die ihr sagen würden, dass sie die Anstalt verlassen solle, auch werde sie weiterhin durch Gedankenübertragungen belästigt. Es wechseln Zeiten, in denen Gertrud G. als ruhig und fleißig, mit Zeiten, wo sie als verstimmt, erregt und drohend beschrieben wird. Im Januar und im April 1930 unternimmt Gertrud G. noch einmal zwei Fluchtversuche, wird jedoch immer wieder zurückgeholt. Zeitweise kümmert sie sich um eine junge Mitpatientin, die sie für ihre Tochter hält. Dabei bemerkt sie klug: Da diese Weihnachtsurlaub bekommen soll, wolle sie mitgehen, »denn der Urlaub gelte auch für die Mutter«. Zeitweise verrichtet sie etwas

Nr. 284

Brandenburg a.H. ——, den 6. Juni ——— 19 40

Die ████████████████ geborene ██████

——————————————, evangelisch —————,

wohnhaft Brandenburg a.H. Neuendorfer Straße 90 c ——,

ist am 5. Juni 1940 ———————— um ——— 18 Uhr 25 ——— Minuten

in ihrer Wohnung ————————————————— verstorben.

Die Verstorbene war geboren am 19.November 1893 ———

in Konkelmuehle

(Standesamt Gross-Nessau,Kreis Thorn/Westpr. Nr. 60/1893 ——)

Vater: ██████████████

Mutter: ████████████████ geborene ████████

D—— Verstorbene war — nicht — verheiratet

Eingetragen auf mündliche — schriftliche — Anzeige des Leiters der
Landes-Pflegeanstalt Brandenburg a.H. ——————————

D—— Anzeigende

Vorgelesen, genehmigt und ——————— unterschrieben

Der Standesbeamte

In Vertretung Hir c h e ———

Todesursache: Herzbeutelentzündung

Eheschließung de—— Verstorbenen am ——————— in —————

(Standesamt ——————————————— Nr. ———)

C 250. Beglaubigte Abschrift aus dem Sterbebuch.
Verlag für Standesamtswesen G. m. b. H., Berlin SW 61, Gitschiner Str. 109. F 10

C 250

Abb. 21: Sterbeurkunde Gertrud G.

Hausarbeit oder ist in der Nähstube beschäftigt. In der Küche jedoch gibt es Schwierigkeiten, weil sie dort telefoniert und dann erregt wird, wenn man ihr den Hörer wegnimmt.

Die Länge und Häufigkeit der Einträge in die Krankengeschichte nehmen nun deutlich ab. Paradigmatisch ist die folgende Bemerkung vom 4. August 1930: »Halluziniert stark, tritt aber wenig in Erscheinung.« Im Laufe des Jahres 1931 wird sie als ruhig und verträglich, gelegentlich auch als verstimmt beschrieben. Sie wird regelmäßig mit Näharbeiten beschäftigt und stört in keiner Weise. Was hier als Anpassungsleistung an die Ordnung der Anstalt positiv hervorgehoben wird, scheint seinen Preis in einem weitgehenden Rückzug der Patientin Gertrud G. von der Außenwelt zu haben. Ihre lebendige Widerständigkeit und ihre Hoffnung auf eine Rückkehr in die Welt außerhalb der Anstalt scheinen gebrochen.

Im Januar 1932 wird sie jeweils aus Platzgründen mehrfach verlegt. Die Einträge in der Krankengeschichte geben nun immer seltener Einblick in die Erlebniswelt und Gefühlssphäre von Gertrud G. Sie beschreiben fast stereotyp den unveränderten, gelegentlich aggressiven Zustand der Patientin:

»Im Ganzen unverändert, vielleicht eher noch mehr zurückgegangen, häufig sehr laut, meist infolge starken Halluzinierens, schimpft und schreit, wird auch aggressiv. Muss von Zeit zu Zeit deshalb im Bett von den anderen abgesondert werden. Zeitweise mit leichten Arbeiten zu beschäftigen, wird aber häufig davon durch ihre Verkehrtheiten abgehalten.«[5]

Im April 1934 muss sie wieder auf die Unruhigenstation übernommen werden, da sie eine Mitpatientin geschlagen hatte. Im Mai 1934 erfährt sie brieflich vom Tod der Mutter, habe jedoch wenig Notiz davon genommen. Es folgen weitere Verlegungen.

Im September 1935 wird sie nochmals psychopathologisch untersucht. Sie berichtet, dass sie zwölf Kinder habe, ihr Mann noch lebe und als Staatssekretär tätig sei. Sie berichte viel Unverständliches, leide unter Stimmenhören und sei zeitlich und örtlich nicht orientiert. Im Oktober 1935 wird sie wegen Renovierungsarbeiten wieder auf eine andere Station verlegt. Dort wird sie aufgrund eines tätlichen Angriffs auf eine Mitpatientin in eine Zelle gesperrt und muss dann wieder auf eine Unruhigenstation verlegt werden. Sie wird als »stumpf« beschrieben, halte sich sauber und antworte in völlig verworrener Weise.

Abb. 22: Im alten Zuchthaus befand sich zwischen Januar und Oktober 1940 die Tötungsanstalt Brandenburg

Im Februar 1936 wird vermerkt, dass sie wegen ihres etwas gespannten, zu Verkehrtheiten neigenden Verhaltens fast stets zu Bett gehalten werden müsse. Im Oktober 1936 heißt es: »Völlig zerfahren, beschäftigt sich mechanisch mit Näharbeiten.«

1937 ändert sich das Bild wieder etwas: Gertrud G. wird als nett, willig, sauber, fügsam und ordentlich beschrieben. Sie arbeite auf Station, müsse aber dazu oft angehalten werden. Wegen Krätze muss sie für drei Monate auf eine andere Station verlegt werden.

Neuruppin

Am 14. Juni 1938 wird Gertrud G. in die Landesanstalt Neuruppin verlegt. 1938 wurden Gördener Patientinnen und Patienten in verschiedene brandenburgische Landesanstalten verlegt, um Raum für den Aufbau eines Kinder- und Jugendpsychiatrischen Zentrums unter dem neuen Direktor Dr. Hans Heinze zu schaffen.[6]

In Neuruppin wird Gertrud G. als freundlich, »läppisch« und in ihren Antworten zerfahren beschrieben. Sie führe Selbstgespräche, sei verwirrt und habe Sinnestäuschungen. An ihrer Umgebung nehme sie kaum Anteil. Sie arbeite zunächst in der Schälküche, wird als fleißig beschrieben. Da sie dort gestört habe, wird sie jedoch bald auf Station zurückbehalten und ab 1939 mit Federreißen beschäftigt. Im Februar

1939 erhält sie noch einmal Besuch von ihrem Bruder, mit dem sie sich im Ganzen geordnet unterhalten habe.

Der psychische Befund vom April 1939 lautet: »Pat. ist völlig zerfahren, produziert nur völligen ›Wortsalat‹. Eine Verständigung mit ihr ist in keiner Weise möglich.«

Am 16. Januar 1940 vermerkt die Krankengeschichte, dass in Zustand und Verhalten kaum eine Änderung eingetreten sei. Sie gebe nur verworrene, zum Teil ganz unverständliche, mit Wortneubildungen durchsetzte Antworten. Sie könne Fragen nach ihren Brüdern, die ihr Pakete schicken würden, nicht beantworten, wisse nichts über Hitler und Hindenburg. Im Federkeller habe sie nicht behalten werden können, da sie alles durcheinandergeworfen habe. Sie stehe offenbar unter dem Einfluss von Sinnestäuschungen, mache Abwehrbewegungen, als wenn sie Lästiges verscheuchen wolle. Der letzte Eintrag vom 16. Mai 1940 vermerkt nochmals: »In Zustand und Verhalten unverändert. Pat. soll auf behördliche Anordnung am 20.5.1940 mit Sammeltransport von hier abgeholt werden.«

Die Todesurkunde bescheinigt ihren Tod am 6. Juni 1940 »in ihrer Wohnung« in der Neuendorfer Str. 90c in Brandenburg an der Havel. Als Todesursache wird Herzbeutelentzündung angegeben. In der Neuendorfer Straße 90c befindet sich das Alte Zuchthaus Brandenburg mit der dort im Jahre 1940 betriebenen Gaskammer.[7]

1 Voranstehendes nach Angaben des Enkelsohnes von Gertrud G. im Gespräch mit dem Verfasser im Dezember 2003. Die Familiennamen wurden auf Wunsch der Familienangehörigen verändert.
2 Zur Familienpflege im Kontext der Reformpsychiatrie der 20er Jahre vgl. Siemen (1987), Menschen, S. 88ff.
3 BAB, R 179/14371, Ärztliches Zeugnis für die Aufnahme von Geisteskranken und Idioten des Städtischen Krankenhauses Potsdam vom 19.01.1927.
4 BAB, R 179/14371, Aufnahmebefund der Landesanstalt Görden, alle weiteren Angaben und Zitate aus der Krankengeschichte.
5 Ebd., Eintrag vom November 1932.
6 Falk und Hauer (2002), Erbbiologie, S. 88.
7 Das Dokument wurde freundlicherweise von dem Enkelsohn zur Verfügung gestellt.

Julius G. –
»Geboren in einer verrufenen Gasse«

Martin Roebel

Julius G. zählte durch seine soziale Herkunft zu den Randgruppen der Gesellschaft, im damaligen Sprachgebrauch war er ein »Asozialer« und somit stigmatisiert. Den größten Teil seines Lebens verbrachte er in Heil- und Erziehungsanstalten, mit deren Reglement sein »ungezügeltes Wesen« nicht zurechtkam. Seine Lebensgeschichte ist uns im Wesentlichen durch die ausführlichen Angaben in dem gerichtlichen Unterbringungsbeschluss überliefert, der sich in der Krankenakte befindet.

Sohn einer Prostituierten

Julius G. wurde am 17. Februar 1912 unehelich »in Köln in einer verrufenen Gasse von einer Prostituierten geboren [...]. Von seinem Vater weiß er nichts«, heißt es im Unterbringungsurteil aus dem Jahre 1939. Mit dem als »asozial« geltenden Beruf der Mutter unterstreicht der begutachtende Psychiater das seiner Ansicht nach erblich bedingte Verhalten des jungen Mannes, obwohl er als Begründung dafür nur soziale Verhaltensweisen angibt. »Die Mutter hat sich um ihn nur in den ersten Lebensjahren gekümmert. Sie ließ ihn schon als kleinen Jungen in Waisenpflege nehmen«, lautet ein Eintrag in der Krankengeschichte.[1] Verwandte, die ihn hätten aufnehmen können, gab es nicht. Julius G. war also schon früh ganz auf sich allein gestellt und von der öffentlichen Fürsorge abhängig. Während seiner Schulzeit soll er durch »eine Reihe übler Streiche« aufgefallen sein. »So entwendete er Kohlen, drang einmal in eine Gärtnerei ein und schnitt dort aus lauter Mutwillen junge Bäumchen ab. Einmal brach er einen Opferstock auf. Das entwendete Geld verjubelte er.« Zweimal blieb Julius G. während seiner schulischen Laufbahn sitzen.

»Dauernd anstaltspflegebedürftig«

Im Alter von 14 Jahren kam Julius G. in eine Erziehungsanstalt, nach nur drei Monaten wurde er wegen seines »ungezügelten Wesens« in

die Heilanstalt Düsseldorf-Grafenberg verlegt und von dort bald mit
der Diagnose »Imbecillität und Psychopathie« in eine katholische
Einrichtung, die Alexianer-Heilanstalt in Krefeld, gebracht. Hier
schätzte man den Jungen als »dauernd pflegebedürftig« ein. Julius G.
erlernte in dieser Einrichtung das Sattlerhandwerk. Aus der Alexianer-Heilanstalt flüchtete er insgesamt achtmal und versuchte dabei
unter anderem als blinder Passagier mit der Bahn zu entkommen.
Doch jedes Mal sei G. von verschiedenen Personen »als geistig Minderwertiger erkannt« und »an die Anstalt zurückgeführt« worden.

Zwangssterilisation wegen »angeborenen Schwachsinns«

Wegen angeborenen Schwachsinns stellte der Arzt der Alexianer-Anstalt im Sommer 1937 den Antrag auf Unfruchtbarmachung. Nach
dem persönlichen Eindruck, den der »Unfruchtbar zu Machende« bei
den mehrfachen Vernehmungen vor dem Erbgesundheitsgericht
machte, tauchten zunächst nicht unerhebliche Bedenken an der Richtigkeit dieser Diagnose auf, zumal die Intelligenzprüfung keine son-
derlichen Ausfälle ergab. Deshalb wurde seine Beobachtung in der
Heilanstalt Grafenberg angeordnet. Das dort erstellte Gutachten bescheinigte ihm ebenfalls angeborenen Schwachsinn, »eine Debilität
mit besonderen ethischen Defekten«: »Wenn G. auch auf den ersten
Blick nicht so sehr schwachsinnig erscheint, sondern sogar stellen-
weise ›gerissen‹ so beweist doch neben seinem zweifellos vorhandenen Intelligenzdefekt, der in Grafenberg einem dreizehnjährigen und
im Franz-Sales-Haus² einem neunjährigen gleichgeachtet wurde, sein
ganzes Verhalten hierselbst, daß wir es mit einem ethisch überaus tief-
stehenden asozialen Verbrecher zu tun haben.«³ So wurde Julius G.
mit Beschluss des Erbgesundheitsgerichts vom 27. April 1938 als
»erbkrank« eingestuft und seine Zwangssterilisation angeordnet. Im
Juli wurde er in einem Krefelder Krankenhaus unfruchtbar gemacht.

Als »falscher Pater« bis nach Berlin

Im August 1938, entwich Julius G. erneut aus der Krefelder Alexianer-Heilanstalt und stahl hierbei einem Pater die Kleidung, um sich
zu tarnen. Bei der Flucht verletzte er sich jedoch am Fuß. Um sich
kostenlos behandeln zu lassen, gab er sich im Düsseldorfer Marien-

hospital als »Pater Bentonius Hirsing« aus, der sich auf der Durchreise befinde. Auch in anderen katholischen Hospitälern verfuhr er so, um sich Geld zu »erschwindeln«. Als blinder Passagier gelangte er mit der Bahn bis nach Berlin, wo er am Alexanderplatz von der Polizei festgenommen und in ein Kölner Gefängnis überführt wurde.

Prozess und Gutachten

In Köln kam Julius G. zunächst in Untersuchungshaft, dann wurde ihm wegen Diebstahls und Betruges in drei Fällen vor dem Krefelder Schöffengericht der Prozess gemacht. Zwei Ärzte begutachten ihn im Auftrag des Gerichtes erneut: der Krefelder Gefängnisarzt und der leitende Nervenarzt der Alexianer-Anstalt, der schon aufgrund der angeblichen »Gemeingefährlichkeit« von Julius G. dessen Zwangssterilisation veranlasst hatte. Die Gutachten werden in der Urteilsbegründung ausführlich zitiert. Auch diese beiden Fachleute diagnostizierten »angeborenen Schwachsinn«, obwohl beide sich einig waren, dass Julius G. keine Intelligenzminderung zeigte. Wie bereits bei der Begründung für die Zwangssterilisierung wird auch jetzt das Konstrukt des »moralischen Schwachsinns« herangezogen. »Der Defekt des Angeklagten äußert sich freilich weniger nach der intellektuellen Seite hin. Der Angeklagte besitzt die Einsicht in das Strafbare seiner Handlungen. Sein Schwachsinn berührt mehr die charakterliche Sphäre, das Fühlen und das Wollen, und beeinträchtigt in erheblichen Maße die Fähigkeit, nach der vorhandenen Einsicht zu handeln, d.h. dem Drang zum Verbrechen zu widerstehen. […] Da es sich um einen asozialen schwachsinnigen geisteskranken Verbrecher handelt, der immer wieder in seine Straftaten zurückfällt, erscheint dauernde Anstaltspflege bzw. Sicherheitsverwahrung angezeigt.« Seine Ausbruchsversuche aus der Alexianer-Anstalt wurden zudem als Ausdruck »eines krankhaften Wandertriebes« gedeutet.

Lebenslängliche Unterbringung in der Psychiatrie

Das Schöffengericht schloss sich der Meinung der Gutachter an, dass »der Angeklagte infolge seiner durch die Veranlagung bedingten krankhaften Haltlosigkeit und asozialen Triebhaftigkeit zum Schutz der Allgemeinheit, im Interesse der öffentl[ichen] Sicherheit, in die

Heil- und Pflegeanstalt gehört. [...] Denn nach seinem bisherigen Verhalten in der Freiheit muß damit gerechnet werden, daß er auf freiem Fuße erneut den Rechtsfrieden in erheblicher Weise durch Straftaten stören würde. Diese Befürchtung liegt um so mehr nahe, als der Angeklagte nichts Rechtes kann, um sich im Kampf um das tägl. Brot zu behaupten, und keine Angehörigen besitzt, die ihm Halt und Stütze sein könnten. Sodass er der Versuchung zu unrechtem Tun in erhöhtem Maße ausgesetzt sein würde. Die Gefährdung der Öffentlichkeit durch den Angeklagten darf auch um deswillen nicht gering veranschlagt werden, weil der Angeklagte ›scheinbar‹ gar nicht schwachsinnig ist, jedenfalls bei seiner nicht ungeschickten Art, anscheinend ruhig, sachlich und durchaus geordnet zu reden, und bei seiner im großen und ganzen kaum nennenswert geminderten Intelligenz leicht bluffen und täuschen kann.« Das Schöffengericht Krefeld verurteilte Julius G. schließlich am 28. Februar 1939 zu sechs Monaten Gefängnis und anschließender Unterbringung in einer Heil- und Pflegeanstalt nach § 42b StGB.[4] Bei der Festlegung des Strafmaßes berücksichtigte das Gericht zwar, dass Julius G. nicht vorbestraft war, strafverschärfend sei jedoch, dass er »in recht dreister und unverschämter Manier als Betrüger aufgetreten ist«.

Tütenkleben im festen Haus

Julius G. wurde ab dem 12. Mai 1939 im »festen Haus« der am Niederrhein gelegenen forensisch-psychiatrischen Abteilung der Provinzial-Heil- und Pflegeanstalt Bedburg-Hau untergebracht. In der Krankenakte sind nur einige Krankenblätter erhalten, aus denen hervorgeht, dass G. vorwiegend mit Tütenkleben beschäftigt gewesen ist, dabei sei er »mäßig fleißig« gewesen, Besuch habe Julius G. nie erhalten. Ansonsten verhalte er sich ruhig, falle kaum auf und habe keinerlei Schwierigkeiten gemacht. Er sei sonst ein williger und eifriger Arbeiter. In einer Anamneseaufzeichnung des Stationsarztes kommt der Patient indirekt selbst zu Wort: »Er sei zu der Einsicht gekommen, daß das, was er gemacht habe, nicht richtig sei. Anderes könne er zu seiner Vergangenheit nicht sagen. Sein Wunsch sei nach guter Führung entlassen zu werden und ihm Gelegenheit zu geben, daß er auch zeigen könne, daß er sich im Leben bewähre. Er bestreite aber eine verbrecherische Neigung in sich zu haben. Denn seine Straftaten bestünden doch nur aus Ausbruchsversuchen und kleineren Betrügereien. Das täten die Gesunden auch. Man habe ihm bis jetzt noch keine Gelegenheit gegeben den Beweis zu führen, daß er tatsächlich im Leben etwas leisten könne. Man habe ihn aus der Erwägung heraus, daß er schon so lange in der Anstalt sei, in Krefeld immer sehr kurz gehalten. Während seinen Erzählungen lacht er in schwachsinniger Art still vor sich hin, gestikuliert pathetisch.«

»... mit Sammeltransport verlegt«

Der letzte Eintrag in der Krankenakte vom 5. März 1940 lautet: »Wegen weitreichender Räumung der Anstalt überführt nach Waldheim/ Sachsen, dort am 6.3.1940 angekommen.« In Bedburg-Hau waren die Patienten zuvor durch eine aus Berlin angereiste »Ärztekommission« der »Euthanasie«-Zentrale selektiert worden. Nur für einen Teil der für die Vernichtung bestimmten Kranken wurde hierbei auch ein Meldebogen ausgefüllt.[5] Ein solches Formular mit handschriftlichen Eintragungen ist in der Krankenakte von Julius G. erhalten. Auch hier ist seine Diagnose mit »angeborener Schwachsinn« angegeben. Er sei in einer »defekten Umgebung im Zuhältermilieu« aufgewachsen und erscheine »haltlos und triebhaft«. Nach der in Bedburg-Hau geübten Praxis transportierte man die nicht gerichtlich eingewiesenen Patienten mit dem Zug direkt in die Tötungsanstalt Grafeneck, die forensischen Patienten wurden zunächst in mehreren Sammeltransporten in die Zwischenanstalt Waldheim verlegt.[6] Den letzten Hinweis auf das Schicksal von Julius G. gibt ein Stempel in der Krankenakte: »2.4.40 von Heil- und Pflegeanstalt Waldheim mit Sammeltransport verlegt«, heißt es dort knapp. Noch am selben Tag wurde Julius G. in Brandenburg vergast.

1   BAB, R 179/11558.
2   Das Franz-Sales-Haus in Essen ist eine 1884 gegründete, bis heute bestehende Einrichtung der Caritas für geistig behinderte Kinder und Erwachsene. Zur Geschichte der Einrichtung von ihren Anfängen über die Zeit des NS bis zum Kriegsende vgl. van der Locht (1997), Fürsorge.
3   Der Begriff »moralischer Schwachsinn« oder »moralische Idiotie« wurde durch den Schweizer Psychiater Hans Wolfgang Maier geprägt und bezeichnete Menschen, deren Verhalten von den gesellschaftlichen Normen und Erwartungen abwich, vgl. Maier (1908), Moralische Idiotie. Die meisten Psychi-

ater der Zeit – von Eugenik und Rassenhygiene geprägt – waren der Ansicht, dass »moralischer Schwachsinn« erblich sei, vgl. Bock (1986), Zwangssterilisation, S. 320f.; Heitzer (2005), Zwangssterilisation, S. 124ff.

4   Der § 42b Reichsstrafgesetzbuch trat am 1. Januar 1934 in Kraft und sollte sich gegen »gefährliche Gewohnheitsverbrecher« wenden, die damit zur »Sicherung und Besserung« in einer Heil- und Pflegeanstalt untergebracht werden konnten. Die gesetzliche Regelung diente dazu, die sogenannten kriminellen Geisteskranken, die zuvor wegen Unzurechnungsfähigkeit freigesprochen worden waren, dauerhaft der Gesellschaft zu entziehen. Der Zeitraum der psychiatrischen Unterbringung hing nun in der Regel von der Beurteilung der behandelnden Psychiater und dem Ermessen der Gerichte ab und konnte lebenslang dauern.

5   Zur Ausfüllung der Meldebögen in Bedburg-Hau durch die Ärztekommission der »T4« vgl. die Aussage von Friedrich Mennecke vom 2.12.1946, abgedruckt in Vormbaum (2005), »Euthanasie«, S. 170.

6   Zur Verlegung der forensischen Patienten aus dem Rheinland vgl. Schröter (1994), Psychiatrie, S. 142.

Hedwig H. –
»Nur ihr eigenes Geburtsdatum weiß sie noch«

Paul Richter

Die Krankenakte von Hedwig H. enthält neben Angaben zur Diagnose, zur Behandlung und zum Verlauf ihrer Erkrankung nur ein Gutachten zur Scheidung der Eheleute, das für das Landgericht Neustrelitz erstellt wurde. Die wenigen überlieferten Dokumente geben vorwiegend Auskunft über die Diagnose, mit der Hedwig H. in der Psychiatrie untergebracht ist, und über den weiteren Verlauf ihrer Erkrankung. Über ihre Herkunftsfamilie und ihren Lebensalltag enthält die Akte nur spärliche Informationen.

Hedwig H. wird 1904 in Neustrelitz geboren. Als Nächstes ist die Geburt ihres Sohnes im Jahr 1922 in der Akte vermerkt. Erst kurze Zeit nachdem der Sohn zur Welt gekommen ist, heiratet Hedwig H. den Vater des Kindes, den Fernfahrer Friedrich H. Nach Angaben des Ehemannes, erhoben zum Zeitpunkt der ersten stationären Aufnahme von Hedwig H. im Jahr 1935, erkrankten die Eheleute 1924 an einer Geschlechtskrankheit und unterzogen sich mehreren Kuren.

Am 25. November 1935 wird Hedwig H. erstmals stationär in der Landesheilanstalt Domjüch in Mecklenburg-Strelitz aufgenommen.[1] Bei ihrer Aufnahme berichtet der Ehemann, seine Frau habe im Frühjahr 1935 eine Grippe durchgemacht, sei aber zu früh aufgestanden, um ihn, der einen schweren Unfall erlitten hatte, zu pflegen. In dieser Zeit habe sie Zittern im linken Arm und bald darauf auch in den Beinen bekommen. Im Laufe des Sommers sei sie interesseloser geworden, habe nicht mehr so wie früher Anteil genommen. Bald habe sich auch zunehmend Vergesslichkeit gezeigt. Sie habe sich in der letzten Zeit oft wie ein »kleines Kind« benommen. Als er, der Ehemann, von der Arbeit zurückgekommen sei, habe sie zu Hause sinnlos geschrieen und gelärmt, »so dass die ganze Nachbarschaft zusammengelaufen« sei. Der Hausarzt habe ihm dann geraten, seine Frau unverzüglich in die Anstalt zu bringen.

Bei der Aufnahme habe Hedwig H. sich ruhig verhalten, notiert der Arzt. Sie sei deutlich abgestumpft erschienen. Gegenüber ihrer Unterbringung in die Anstalt habe sie sich gleichgültig gezeigt. Ihre Personalien habe Hedwig H. zutreffend angegeben und sich auch örtlich orientiert gezeigt. Datum und Monat habe sie jedoch nicht nennen können, auch nicht den Wochentag, lediglich die Jahreszahl habe sie richtig aufgeführt. Ihre Sprache sei »deutlich verwaschen« gewesen, Hedwig H. war demnach nicht in der Lage, korrekt und flüssig zu sprechen. Auf der Station habe sich gezeigt, dass ihre Kleidung und auch ihr Körper stark verschmutzt, die Haare verfilzt gewesen seien.

Hedwig H. selbst berichtet, sie stamme aus Neustrelitz, ihre Eltern seien am Leben und gesund. Sie halte sich nicht für krank. Sie habe nur öfter Kopfschmerzen gehabt und Zittern in den Beinen, was jedoch von der Anstrengung käme. Früher sei sie mal krank gewesen und habe viele Spritzen bekommen. Sie könne jedoch nicht sagen, wann das gewesen sei. Zeitangaben kann sie nicht machen, notiert der Arzt, Hedwig H. weiß weder, wann sie geheiratet hat, noch, wann ihr Sohn geboren ist. Sie kann auch nicht sagen, wie alt ihr Mann und ihre Eltern sind. Nur ihr eigenes Geburtsdatum weiß sie noch. Laut Aufnahmebefund sei eine Intelligenzprüfung aufgrund der bereits bestehenden erheblichen kognitiven Defizite nicht möglich gewesen, hält der Arzt in der Krankenakte fest. Es bestünden erhebliche Einbußen im Kurzzeitgedächtnis. So sei Hedwig H. nicht in der Lage, eine kurze Geschichte gleich nach dem Vorlesen nachzuerzählen. Auch Kopfrechnen, Zahlennachsprechen und Erinnern einer Merkzahl fielen ihr äußerst schwer. Hinweise auf Wahnideen und Sinnestäuschungen ergäben sich nicht. In ihrer Stimmung zeige sich Hedwig H. überwiegend euphorisch, dennoch weine sie mehrmals laut auf, ohne einen Grund dafür angeben zu können. Die Diagnose Syphilis wird durch die Laborwerte bestätigt. Hedwig H. leidet bereits zum Zeitpunkt der ersten stationären Aufnahme an den klassischen Symptomen eines Abbaus des Gehirns, wie sie bei einer Progressiven Paralyse[2] häufig zu beobachten sind. Obwohl die beschriebenen psychischen und neurologischen Symptome, die Hedwig H. zeigt, darauf hindeuten, dass die Erkrankung bereits fortgeschritten ist, wird wenige Wochen nach ihrer stationären Aufnahme eine Malaria-Kur durchgeführt.[3] Danach schließt sich eine Therapie mit Neo-Salvarsan[4] an. Beide Heilverfahren führen zu einer kurzzeitigen Besserung des Krankheitszustandes. Nach Angabe des Arztes zeigt Hedwig H. wieder mehr Interesse an ihrer Umgebung, sie beteiligt sich an Gesprächen und liest Bücher, wenngleich sie das Gelesene nicht wiedergeben kann. Ihre Stimmung ist wieder euphorisch. Auf Fragen, die sie aufgrund ihrer Erkrankung nicht beantworten kann, reagiert sie jedoch eher weinerlich. Da die Krankenkasse eine weitere Kostenübernahme ablehnt, nimmt der Ehemann seine Frau im Februar 1936 zu sich nach Hause.

Doch nur wenige Monate später, am 22. Juni 1936, wird Hedwig H. erneut in die Heilanstalt Domjüch aufgenommen. Der Ehemann gibt an, seine Frau sei unsauber geworden, sie laufe fort, lasse sich nicht leiten und bedürfe ständiger Aufsicht. Die ärztliche Untersuchung ergibt, dass der geistige Abbau bei Hedwig H. inzwischen noch weiter fortgeschritten ist. Sie kenne weder das Alter ihres Sohnes noch ihr eigenes Geburtsdatum, und auch ihr eigenes Alter könne sie nicht anzugeben. Das aktuelle Datum könne sie ebenfalls nicht nennen. Hedwig H. sei sich zwar bewusst, dass sie sich in einer Anstalt befinde, kenne aber deren Namen nicht. Auf Fragen gebe sie wiederholt die gleichen Antworten und sei nicht in der Lage, deutlich zu artikulieren und flüssig zu sprechen. Sie ist kaum noch zu verstehen.

In den folgenden Jahren werden keine systematischen Therapieversuche mehr unternommen. Die Denkfähigkeit nimmt weiter ab. Zusätzlich treten abrupte Erregungszustände auf, in denen sie ohne äußeren Anlass schreit und wild um sich schlägt. Sie trägt einen »festen Kittel« [5], da sie laut Krankenakte »alles zerreißt und zerbeißt«. Ihr Kontakt zur Umwelt bricht mehr und mehr ab.

Anfang 1941 beantragt ihr Ehemann die Scheidung. Im Februar wird im Rahmen des Scheidungsverfahrens vor dem Landgericht Strelitz ein psychiatrisches Gutachten erstattet. Darin heißt es, »dass die geistige Gemeinschaft zwischen den Ehegatten aufgehoben ist [und] eine Wiederherstellung der Gemeinschaft nicht mehr erwartet werden kann«. Nur wenige Monate später wird die 37-jährige Hedwig H., vermutlich in der Tötungsanstalt Bernburg, ermordet. Die Krankenakte schließt am 11. Juli 1941 mit dem Vermerk »ungeheilt entlassen«.

1 Zur Geschichte dieser Einrichtung vgl. Witzke (2001), Domjüch.
2 Die Progressive Paralyse (fortschreitende Lähmung) ist aufgrund der heutzutage guten Behandlungsmöglichkeiten der Syphilis selten geworden. Sie ist gekennzeichnet durch eine fortschreitende Demenz, eine zunehmende Einschränkung der geistigen Fähigkeiten aufgrund eines Befalls des Gehirns durch die Syphiliserreger. Betroffen sind vor allem Gedächtnis und Denkvermögen sowie Sprache, Artikulation und Motorik. Manchmal kommt es auch zu einer Veränderung der Persönlichkeitsstruktur. Weitere Symptome der

Progressiven Paralyse sind Wahnvorstellungen, früher typisch der expansive Größenwahn. Im Endstadium der Erkrankung sind die Betroffenen ganz und gar pflegeabhängig.

3 Die Malariatherapie der Progressiven Paralyse wurde 1917 von Julius Wagner-Jauregg in Wien eingeführt (Nobelpreis für Medizin 1927). Die Patientinnen und Patienten wurden mit Blut, das die Erreger der Malaria tertina enthielt, geimpft, und nach einer Reihe von Fieberschüben ließ sich eine deutliche Besserung bzw. Remission der Symptomatik beobachten, vgl. Wagner-Jauregg (1936), Einwirkung, und Gerstmann (1928), Malariabehandlung.

4 Neo-Salversan ist ein Quecksilberpräparat zur Behandlung der Syphilis und wurde 1912 von Paul Ehrlich entdeckt.

5 Es handelt sich um eine Form der Zwangsjacke.

Friedrich J. –
»Wo man ging und stand,
da war Hedwig Zeidler da…«

Stephanie Schmitt

Die Angaben über das Vorleben von Friedrich J. erhoben in der »T4«-Zwischenanstalt Zschadraß stammen von ihm selbst. Er sei am 6. Dezember 1876 in Leipzig geboren und habe dort die IV. Bürgerschule und anschließend die Leipziger öffentliche Handelslehranstalt besucht. Er »habe immer gute Zensuren gehabt«. In den Jahren 1895 bis 1900 sei er in Hamburg als Buchhalter tätig gewesen, bevor er sich ein Jahr »in Übersee« befand. Die Rückkehr nach Leipzig 1901 sei durch eine Erkrankung an »Schwarzwasserfieber« (Malaria tropica)[1] notwendig geworden. In Leipzig habe Friedrich J. wieder Beschäftigung als Buchhalter gefunden.[2] 1906 erleidet er einen Nervenzusammenbruch, dessentwegen er in Pilling in Aue behandelt worden sei. Im selben Jahr sei Friedrich J. wieder »in Stellung« gegangen, habe seine Tätigkeiten jedoch »scheinbar« oft gewechselt und sei im Laufe des Jahres für vier Wochen im Sanatorium Starke in Berka an der Ilm untergebracht gewesen. Bis zum Jahre 1908 habe er dann als Kaufmann gearbeitet, im gleichen Jahr sei er dann nach Brasilien ausgewandert. 1914 sei er nach Europa zurückgekehrt, sei aber sofort in Zivilgefangenschaft »bei den Franzosen« geraten. Fünf Jahre verbrachte Friedrich J. in Gefangenschaft, bevor er am 5. November 1919 nach Leipzig zurückkehren konnte. Hier gelang es ihm nicht, in seinen erlernten Beruf zurückkehren, er habe sich von nun an seinen Lebensunterhalt mit Adressenschreiben verdient. Seit 1935 soll er sich in einem Obdachlosenheim befunden haben.

Der psychische Zustand des Patienten wird in einem kurzen Abschnitt des Aufnahmebefundes beschrieben: Er sei »örtlich und zeitlich voll orientiert«,[3] heißt es einleitend, er gebe Gehörstäuschungen zu, behaupte aber selbst, »das seien nur Gehirnkongestionen«, dann berichtet Friedrich J. darüber, dass »man mal an schöne Stunden erinnert« werde: »Da hat man mal eine Hedwig Zeidler kennen gelernt. Wo man ging und stand, da war Hedwig Zeidler da.«

Über sein Familienleben gibt der Patient in der Ausführung seiner Lebensgeschichte keine Auskunft. Der Auszug aus den Akten des Fürsorgeamtes Leipzig empfiehlt bereits im Januar 1934, »den Kranken in ein Pflegehaus oder die Heilanstalt Dösen unterbringen zu lassen«. Es wird hervorgehoben, dass Friedrich J. sich zu dieser Zeit unter der Obhut seines 70 Jahre alten Bruders befindet, der nach Ansicht des Fürsorgeamtes nicht mehr in der Lage ist, ihn zu versorgen.

Die Aufzeichnungen des Fürsorgeamtes belegen, dass bei Friedrich J. bereits 1934 eine chronische Geisteskrankheit diagnostiziert wird. Zu diesem Zeitpunkt kommt es jedoch nicht zu einer Einweisung in eine psychiatrische Einrichtung, sondern, wie aus dem Zschadrasser Aufnahmebefund hervorgeht, zu einer Einweisung in ein nicht näher genanntes Obdachlosenheim. Seit dem 30. November 1939 hat sich Friedrich J. im Obdachlosenhaus Leipzig befunden. Dort werden die Diagnosen Paranoia und Adipositas[4] gestellt.

In die Landesheil- und Pflegeanstalt Zschadraß wird der Patient am 17. März 1941 mit einem Sammeltransport aus dem Obdachlosenheim Leipzig gebracht. Über das Verhalten und das Krankheitsbild des Patienten ist dort wenig zu erfahren. Friedrich J. »gibt Gehörstäuschungen zu«, außerdem werden Beziehungsideen beschrieben. Sonst sei Friedrich J. »ziemlich verschlossen in Bezug auf seine wahnhaften Erlebnisse«. Die Diagnose, welche in Zschadraß gestellt wird, lautet Schizophrenie, mit zwei Fragezeichen.

Am 5. Mai 1941 endet die aktenkundige Lebensgeschichte des Friedrich J., an diesem Tag wird er »verlegt in eine andere Anstalt«.

1 Schwerste Form der Malaria mit akuter Lebensgefahr.
2 Ein Jahr lang arbeitete er als Buchhalter in einem Versandhaus, danach war er vier Monate bei der Firma Heine & Co beschäftigt. Im Anschluss daran fand Friedrich J. eine Anstellung bei der Firma Epperlein & Co, wo er von 1903 bis 1905 tätig war.
3 BAB, R 179/7929, Aufnahmebogen aus der Landesheil- und Pflegeanstalt Zschadraß. Alle Zitate im Text beziehen sich auf dieses Dokument.
4 Fettleibigkeit.

Friedrich Arthur L. –
»Ich teile dem Amtsgericht Leipzig mit, daß ich nicht Irrsinnig bin …«

Sascha Topp

»Geehrter Herr Vormund!
[…] Ich erlaube mir Ihnen zu schreiben. Ich gab mich hin zur Operation um dem Keim des Sexuellen Triebes zu befreien um die Freiheit wieder zu erlangen. Darum bitte ich Sie höflichst um Ihre Einwilligung meiner baldigen Entlassung an die hiesige Anstalt-Direktion Einzureichen.
Hochachtungsvoll
Friedrich L.«[1]

Die letzte Möglichkeit für Friedrich Arthur L., seinen nunmehr seit dem Jugendalter anhaltenden, nahezu ununterbrochenen Zwangsaufenthalt in Sicherungsanstalten gegen ein Leben in Freiheit einzutauschen, bot sich im Juni des Jahres 1932. Aus den Unterlagen der Arnsdorfer Krankengeschichte geht hervor: »Da wir L. einerseits nicht mehr für behandlungsbedürftig halten, andererseits bei der derzeitigen Lage der Gemeinden eine billigere Unterbringungsweise gewählt werden muß, fragen wir an, ob die Überführung nach Colditz erfolgen kann. […] Bei weiterer Bewährung könnte von Colditz aus in absehbarer Zeit die Entlassung des L. versucht werden.« Weniger als ein halbes Jahr zuvor war bei Friedrich Arthur L. auf eigenen Wunsch und mit Einwilligung seines Vormundes eine Kastration vorgenommen worden. Wie anhand der erhaltenen handschriftlichen Briefe und anderer Vermerke in der Krankengeschichte deutlich wird, verband Friedrich Arthur L. mit dieser drastischen Maßnahme die letzte Hoffnung, in den frühen 1930er Jahren dem Anstaltsleben zu entkommen. Diese Hoffnung sollte sich nicht erfüllen.

Friedrich Arthur L. war am 17. Juni 1896 in der sächsischen Kleinstadt Liebertwolkwitz, im Kreise Leipzig, als eines von sieben Kindern des Ehepaares Emilie Marie und Karl Friedrich L. geboren worden. Von den Geschwistern überlebten nur er und seine jüngere Schwester Marie Helene L. Nach Friedrich Arthurs eigenen Angaben war der Vater, der in der Krankenakte als Trinker bezeichnet wird, in verschiedenen Berufen tätig, anfangs als Knecht, zuletzt als Ziegelbrenner. Als Friedrich Arthur etwa zehn Jahre alt war, verstarb der Vater, sechs Jahre später folgte die Mutter. Nach dem Tod der Eltern wurden die beiden Kinder von der öffentlichen Wohlfahrt aufgefangen. Friedrich Arthurs Schwester Marie Helene, zeitweise in der Landeserziehungsanstalt Chemnitz-Altendorf, zeitweise wieder im mütterlichen Haushalt untergebracht, erlebte die Jahre nach dem Tod der Mutter in der sächsischen Anstalt für Geistesschwache Thekla bei Leipzig. Noch zehn Jahre nach ihrer Aufnahme verwies Friedrich Arthur auf ihren dortigen Aufenthalt in einem seiner Protestschreiben. Über ihr weiteres Schicksal nach dem Jahr 1932 ist nichts bekannt.[2]

Auch Friedrich Arthur L. war noch zu Lebzeiten der Mutter in der Landeserziehungsanstalt Chemnitz-Altendorf aufgenommen worden und hatte dort die Zeit von seinem 15. bis zu seinem 17. Lebensjahr verbracht. Nachdem er zuvor die mittlere Volksschule in Liebertwolkwitz besucht hatte, mehrfach nicht versetzt worden und schließlich aus der 4. Klasse abgegangen war, folgte von 1911 bis 1914 statt einer Fortbildungsschule[3] jener Aufenthalt in der Landeserziehungsanstalt. Da er sich nach eigenen Angaben schon als Schüler an Schulmädchen vergangen habe, sei er deshalb in Fürsorge gekommen. Hierin ist auch der Grund für die erste öffentliche Unterbringung zu vermuten.

Einen Beruf konnte Friedrich Arthur L. nicht erlernen, jedoch gelang es ihm, in den ersten Jahren nach seiner Entlassung aus Chemnitz-Altendorf mehrere Anstellungen als Hilfsarbeiter zu bekommen. So arbeitete er zunächst über drei Jahre für einen Bauern der Umgebung, danach weitere drei Jahre als Hilfsarbeiter im Gaswerk II in Connewitz, um dann, nach kurzzeitigen Unterbrechungen mit Arbeitslosenunterstützung, wieder mehrere Monate als Kutscher bei der Aktiengesellschaft Connewitz und dann als Ochsenanspänner auf der Domäne Sestewitz, hinter Güldengossa, seinen Lebensunterhalt zu verdienen. Weitere Hilfsarbeiten führten Friedrich Arthur aus seinem Heimatgebiet heraus, über das Erzgebirge nach Berlin und Pommern. Als Tagelöhner auf Wanderschaft wurde er mehrfach von der Ordnungspolizei aufgegriffen und dann wegen Bettelns und Landstreichens zu mehrwöchigen Haftstrafen und mehrmonatigen Aufenthalten in Arbeitsanstalten verurteilt. Nach der in der Krankengeschichte erhaltenen »Strafliste« erfolgte dies allein in der zweiten Hälfte der 1920er Jahre an die zehn Mal. Dazu zählten ein halbes Jahr Korrektion in Sachsenburg 1924, sechs Monate Arbeitsanstalt Großsalze 1925, neun Monate Nachhaft in Ueckermünde 1926 sowie weitere sechs Monate Gefängnis in den Jahren 1927/28.⁴ Das Spektrum der Delikte erstreckte sich von den bereits genannten bis hin zu Unterschlagung, versuchter Notzucht und versuchtem schwerem Raub. Letztere Straftat führte im Jahr 1928 zur Verurteilung mit der bis dahin höchsten Strafe von einem Jahr und sechs Monaten, auf die jedoch drei Monate Untersuchungshaft angerechnet wurden. Diese Strafe hatte der 32-jährige Friedrich Arthur L. in den pommerschen Strafgefängnissen Stargard und Naugard bis zum 8. November 1929 verbüßt. Wie es im Abschlussgutachten der Strafanstalt Naugard heißt, gelang es »nach mühsamen Verhandlungen«, Friedrich Arthur L. im Übergangsheim der Schlosswerkstätten in Colditz/Sachsen unterzubringen. »Hier wird er daraufhin geprüft, ob seine Überführung in die Bewahrtenabteilung der Landesanstalt notwendig wird. Nach einer bereits hierher gelangten Mitteilung ist L. unschädlich und so weit als möglich nutzbringend gemacht worden.«

Seine Überführung als Bewahrter nach der Landesanstalt Colditz wurde am 25. November 1929 vollzogen. Doch zwei Wochen vor Weihnachten desselben Jahres wurde Friedrich Arthur L. am 9. Dezember 1929 überraschend aus Colditz entlassen und befand sich nun erstmals seit dem Spätsommer des Jahres 1928 unerwartet wieder auf freiem Fuß. In einem späteren Gutachten von 1930 wurde diesbezüglich erklärt: »Die Entlassung in die Freiheit war unter allen Umständen bedenklich.« Laut den in der Krankengeschichte beiliegenden Unterlagen der Staatsanwaltschaft Leipzig hatte Friedrich Arthur L. bereits einen Tag nach der Entlassung »in den Anlagen zwischen Markt u. Königsplatz versucht, Frau Margarete H., geb. S. mit Gewalt geschlechtlich zu gebrauchen«. Die Folge dieses Rückfalls war eine achtwöchige Untersuchungshaft in der Elisenstraße in Leipzig, während deren die Erhebung einer Anklage geprüft wurde. Am 8. Februar 1930 erging jedoch der Beschluss der Staatsanwaltschaft Leipzig, das Verfahren gegen L. wegen versuchter Notzucht einzustellen. Hintergrund war das für die Staatsanwaltschaft erstellte Gutachten des Gerichtsarztes. Dieser stellte fest, »daß es sich im vorliegenden Falle ohne Zweifel um einen geistigen Schwachsinn stärkeren Grades handelt. [...] Nach der hiesigen Untersuchung und Beobachtung ist der Schwachsinn des Beschuldigten so hochgradig, daß Zweifel seiner Zurechnungsfähigkeit z. Zt. der ihm zur Last gelegten strafbaren Handlungen ausgesprochen werden müssen. Die Billigung des § 51 StGB ist deswegen notwendig. In logischer Schlußfolgerung halte ich aber die Entmündigung des L. und seine dauernde Unterbringung in einer geschlossenen Anstalt für notwendig.« Ab dem Zeitpunkt der unmittelbar darauf vollzogenen Einweisung in die Landesanstalt Leipzig-Dösen im Februar 1930 finden sich keine Hinweise mehr auf Entlassungsüberlegungen von Seiten der Verantwortlichen in der Krankengeschichte.

Im Zuge der Aufnahme in Leipzig-Dösen erstellte der Dienst habende Arzt ein Gesprächsprotokoll, in dem auch der Intelligenzgrad analysiert werden sollte. Friedrich Arthur L. wurde hier als Patient von 1,48 m Größe und 62 kg Gewicht mit etwas breitbeinigem Gang beschrieben. An anderer Stelle wurde ein fortgeschrittener grauer Star festgestellt, der seine stark verringerte Sehkraft erklärte. Zum psychischen Zustand wurde notiert: »Ruhig, schwachsinnig, aber zu jeder Auskunft willig bereit. Redet von seinen Verbrechen mit stumpfer Gleichgültigkeit, als wenn sie durchaus nichts Unrechtes wären. […] Auf der Station ist er zu allem willig, tauscht sich auch mit anderen lebhaft aus, gesteht jedem, der es wissen will, auch seine verbrecherischen Handlungen, ohne jedes Schamgefühl.« Wenige Monate nach der Einweisung erstellte der damalige Dösener Anstaltsarzt Dr. Gottschick ein weiteres ärztliches Gutachten im Zuge des Entmündigungsverfahrens. In diesem Gutachten mit Datum vom 5. April 1930 wird zusammenfassend erklärt: »L. ist ein intellektuell und moralisch sehr tiefstehender Mensch. Es besteht bei ihm ein angeborener Schwachsinn mittleren Grades (Imbecillitas). Er ist der Typ der schwachsinnigen Landstreicher, ohne jede Urteils oder Willenskraft, seinen Trieben (bes. dem gesteigerten Sexualtrieb) […] nachgebend; […] Außerdem besteht Neigung zu Alkoholexzessen u. grundlosen Selbstbezichtigungen. Zu einer selbstständigen Lebensführung ist L. nicht imstande. Er bedarf der dauernden Unterbringung in einer geschlossenen Anstalt, da er für sich und auch für seine Umgebung gefährlich ist. Auf Grund der obigen Ausführungen komme ich zu dem Schluß, dass L. nicht fähig ist, seine Angelegenheiten selbst zu erledigen, u. als geistesschwach im Sinne des § 6 BGB erachtet werden muß.«[5]

Am 31. Mai 1930 erging der Verwahrungsbeschluss. Wenige Wochen später wurde zudem ein Vormund aus Leipzig eingesetzt.

Während sich Friedrich Arthur L. im Sommer zunächst mit der Unterbringung in der Anstalt abfand und wohl erklärte, dort bleiben zu wollen, drängte er wiederum gegen Ende des Jahres 1930 erneut auf seine Entlassung und stellte einen Antrag auf Verlegung in das Bezirksheim Thekla zu seiner Schwester, jedoch ohne Erfolg. Der

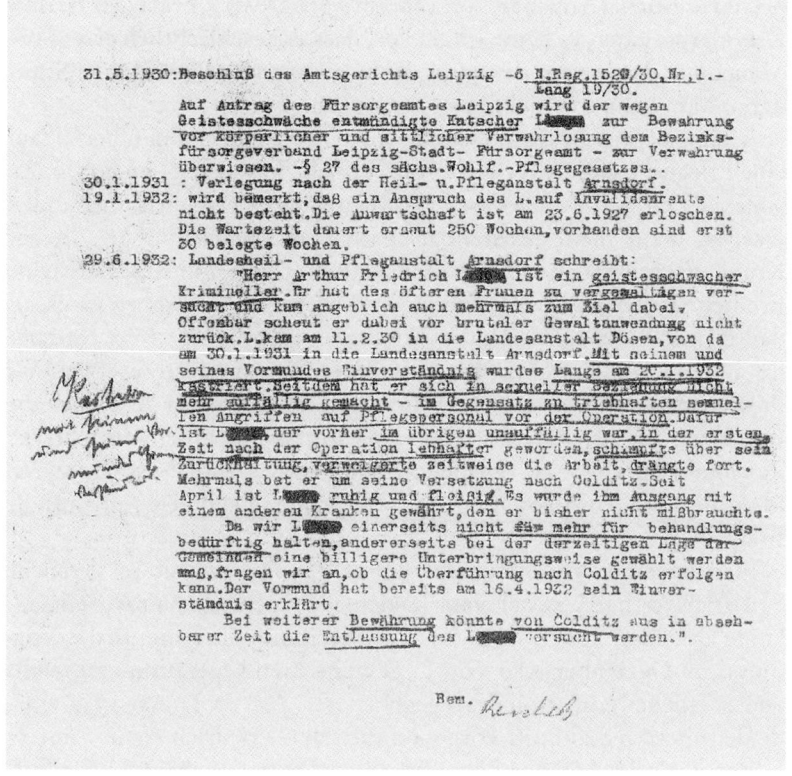

Abb. 23: Auszug aus der Krankengeschichte

Gesamtaufenthalt in Leipzig-Dösen dauerte etwa ein Jahr, bis am 30. Januar 1931 die Verlegung aus »Platzgründen nach der Landesanstalt Arnsdorf« erfolgte.

Friedrich Arthur, »ruhig, geordnet, freundlich, fleißig«, zeigte sich bei der Aufnahme in Arnsdorf »einsichtig für das Strafbare seiner Handlungsweisen«. Er »entschuldigt sich mit den starken Drang zu verbrecherischen Handlungen, der jede Überlegung ausgeschaltet habe«. In den folgenden Monaten wird er in der Krankengeschichte als stumpf, gleichgültig aber vor allem als fleißiger Arbeiter charakterisiert. Am 30. Juli 1931 ereignete sich jedoch ein Zwischenfall: »sah das weibliche Personal unheimlich an, wurde blaß, umfasste plötzlich ein Wärterin und umarmte sie stürmisch, ohne ein Wort zu sprechen. Hochgradig erregt. Atmete schwer. Die Wärterin musste mit Gewalt befreit werden. (Angaben von Oberpfleger Dost).« Friedrich Arthur L. erklärte später, es käme öfters vor, dass er geschlechtlich erregt sei. Manchmal dauere die Erregung Wochen, manchmal auch nur Stunden: »Man kann das nicht bestimmt sagen.«

Anfang September, etwa einen Monat nach dem ersten Überfall auf eine Pflegerin, äußerte er den Wunsch, sich »kastrieren« zu lassen. Zu welcher Zeit und durch wessen Anregung der Entschluss entstanden war, ist nicht mehr feststellbar. Laut den Aufzeichnungen in der Krankengeschichte hatte Friedrich Arthur erklärt, nur so jemals seine Freiheit wiedererlangen zu können. »Der Sexualtrieb sei zu groß, als daß er nicht immer wieder zu Attentaten führe.« Der Arzt forderte ihn unmittelbar auf, einen Brief an seinen Vormund aufzusetzen und diesen um Erlaubnis zur Operation zu bitten. Ob der Arzt hier die Hoffnung auf eine damit verbundene Entlassung zu einem späteren Zeitpunkt bestärkt hat oder den Patienten wissentlich im Unklaren über die geringen Aussichten einer Entlassung ließ, bleibt eine offene Frage.

Nachdem im November des Jahres 1931 zwei weitere Versuche Friedrich Arthur L.s, sich verschiedenen Frauen auf dem Anstaltsgelände zu nähern, nicht verhindert werden konnten, stimmte der Vormund im Dezember »der von L. gewünschten Operation« zu, »falls eine ärztliche Indikation dazu gegeben ist«. Am 20. Januar 1932 wurde der operative Eingriff vorgenommen und Friedrich Arthur mit 35 Jahren kastriert. Noch auf dem Weg zum Operationshaus, so der Eintrag in der Krankengeschichte, habe er »2 mal versucht, sich an weiblichen Personen unsittlich zu vergehen«. Eine Woche nach der Operation erklärte Friedrich Arthur L., dass der Sexualtrieb nahezu verschwunden sei. »Auf Befragen gibt Pat.[ient] zu, die Masturbation ›der Wissenschaft halber‹ versucht zu haben; es sei jedoch keine Erektion (bezw. nur eine solche von sehr kurzer Dauer) und erst recht keine Ejakulation eingetreten.«

Wie stark bei Friedrich Arthur L. die Zustimmung zur Operation mit seiner Erwartung der baldigen Entlassung verknüpft war, zeigen die Beschreibungen seines Unmutes, als sich noch nach Monaten keine Aussicht auf die gewünschte Freilassung abzeichnete. In einem seiner erhaltenen Protestschreiben an das Amtsgericht Leipzig heißt es: »In Bezug auf den Beschluß des Amtsgerichts Leipzig vom 31.5.1930 erhebe ich hiermit Protest, indem ich hier meine Einwilligung zur Operation gab da ich nun schon 2 Jahre und 2 Monate In Internierung befinde da ich meine Freiheit wieder erlange will Auf

Epikrise: Dieser aus schwer belastender Familie stammende Schwachsinnige
war von jeher stark überreizbar in sexueller Beziehung. Seine
geringen moralisch-ethischen Qualitäten und sein mangelnder
Wille bedingten einen häufigen Wechsel der Arbeitsstellen
mit immer kleineren Zeiten der Tätigkeit, bis er völlig
herunterkam und Landstreicher wurde. Während er anfangs mit
Hilfe seines Verdienstes seinem triebhaften Drängen nachkommen
konnte, sah er sich jetzt gezwungen, mit Gewalt seinem Triebe
genüge zu tun. Seine charakterliche Haltlosigkeit ließ ihn auch
zu anderen Vergehen greifen, dass er immer häufiger mit dem Straf-
gesetz in Konflikte kam. Jeder Besserungsversuch scheiterte.Auf-
fallend ist seine schwachsinnige Neigung zur Selbstbezichtigung
von Straftaten, die nicht nachgewiesen werden konnten. Seine
Triebstärke beherrschte ihn schließlich so sehr, dass er blind-
lings in aller Öffentlichkeit ein Notzuchtsverbrechen begehen
musste, das der Anlaß zu dauernder Anstaltsverwahrung zum Schutze
der Öffentlichkeit wurde. Doch selbst in der Anstalt suchte er
jeder Gelegenheit, seinen Trieb zu befriedigen, nachzukommen.
Seit der im Jan. 1932 vollzogenen Kastration ist die somatische
Komponente der Libido völlig geschwunden; psychisch liegt noch
ein libidinöses Gedankenspielen vor, doch ohne ernstere Bedeutung. Nach Masturbationsversuchen noch geringe, kurzdauernde
Erektionen. Psychisch erschien er anfangs ungünstig alteriert,
was jedoch nur durch die fehlgeschlagene Hoffnung auf sofortige
Entlassung nach der Kastration zurückzuführen ist.

Körperlich stellt er den Kastratentyp dar.
Seiner Entlassung stehen keine Bedenken entgegen, nur Schwierigkeiten insofern, weil man keine Arbeitsmöglichkeit für ihn hat,
so daß er vorläufig noch bewahrt bleiben muß. Er verrichtet aber
dem Grade seines Schwachsinns entsprechende Arbeit. Die durch
den Verlust des Krieges bedingte erhöhte Stetigkeit seines Wesens läßt eine mindestens gleichwertige Arbeitsfähigkeit wie
vor der Kastration erwarten.

Abb. 24: Epikrise mit Datum vom 4. Mai 1933

mein Gesuch an die Direktion der Heilanstalt Arnsdorf wegen meines freien [Ausgangs] hat Sie Abgelehnt darum bitte ich das Amtsgericht um Ihre Einwilligung meines freien [Ausgangs] zu gewähren.
Ich habe stets gearbeitet und bin den Anordnungen meines Vorgesetzten immer nachgekommen. Dann bitte ich daß Amtsgericht zu
Leipzig um Überweisung noch Colditz a.d. Mulde als Versorgter [...]
Ich teile dem Amtsgericht Leipzig mit daß ich nicht Irrsinnig bin
denn wenn ich hir der Heilanstalt Arnsdorf Meine beantragte Arbeit
verrichten kann wie ich es in der Aussenwellt getan habe und für mein

späteres Vortkommen weiter verichten Will.«[6] So drängte er anhaltend auf seine Entlassung bzw. Verlegung nach Waldheim oder Colditz, lehnte die ihm angebotenen beaufsichtigten Spaziergänge als Bevormundung ab und musste wegen zunehmender Gewalttätigkeiten mehrere Tage in den Wachsaal verlegt werden. In der Krankengeschichte wurde vermerkt: »Zweifellos ist L. in den letzten Wochen schwieriger geworden, als das vor Operation beobachtet wurde.« So bewirkte die gesteigerte Gewaltbereitschaft, dass seine Anträge auf freien Ausgang weiterhin nicht bewilligt wurden, weshalb Friedrich Arthur am 2. Juli 1932 erneut – laut Eintrag – schwer erregt war, »schrie, tobte und drohte, alles kurz und klein zu schlagen«. Im folgenden Monat wechselten sich nun ruhige Phasen mit erregten ab, in denen er erstmals auf die Abteilung A 5 I verlegt und »eingebettet«[7] wurde.

Nach ruhigeren Wochen im August 1932 wurde er ohne Begründung verlegt, erneut in die Bewahrtenabteilung der Anstalt Colditz. Im Colditzer Krankenblatt werden vor allem die körperlichen Veränderungen bei Friedrich Arthur beschrieben. Die Gewichtstabelle zeigt einen Anstieg der gemessenen Werte von 66,5 kg bei der Aufnahme in Colditz bis zu 85 kg Körpergewicht im Mai des Jahres 1935. Bereits in der am 4. Mai 1933 vorgenommenen letzten Nachuntersuchung zur Operation wurde die Gewichtszunahme um ca. 10-15 Pfund festgestellt. Dort heißt es: »zeigt typisch weiblichen Fettansatz an den Hüften, Oberschenkeln und der Brust. […] Bartwuchs ist schwächer geworden; […] die Körperkräfte haben nachgelassen.« In einer Epikrise mit demselben Datum – ohne Angabe des Verfassers – wurde die Entscheidung über das weitere Schicksal von Friedrich Arthur L. erneut bestätigt. Zwar stünden seiner Entlassung keine Bedenken entgegen, jedoch müsse er vorläufig noch bewahrt werden, weil man keine Arbeitsmöglichkeit für ihn habe. Damit war sein Versuch, auf diesem Wege die Freiheit zu erlangen, gescheitert.

In den darauffolgenden Jahren bis zum Ausbruch des Zweiten Weltkrieges setzte sich die Verlegungskette im Alltagsleben von Friedrich Arthur weiter fort. Auf einen zweijährigen Aufenthalt in der Landesanstalt Bräunsdorf folgte eine mehrjährige Unterbringung in der Arbeitsanstalt Leipzig. Von dort aus unternahm Friedrich Arthur L. seinen letzten Versuch, entlassen zu werden, und stellte im Mai 1939 einen entsprechenden Antrag beim Amtsgericht Leipzig. Wie aus der begründeten Ablehnung zu erkennen ist, wirkten sich nun Friedrich Arthurs Entscheidung zur Kastration und die aus der

Operation folgenden körperlichen Veränderungen nachteilig aus. Das Amtsgericht stellte fest, dass »L. infolge seiner körperlichen Beschaffenheit nur leichteste Arbeit verrichten könne und [...] nie in der Lage sein werde, im öffentlichen Leben sein Fortkommen zu finden. Dies würde aber dazu führen, daß er der Gefahr der Verwahrlosung ausgesetzt würde, wenn er die Anstalt verlassen und sich selbst einen Broterwerb suchen müßte.«[8]

Zu welchem Zeitpunkt die Arbeitsanstalt Leipzig von der Meldebogenaktion betroffen war, ist nicht bekannt. Am 19. Dezember 1940 wurde dort ein Sammeltransport zusammengestellt, der Friedrich Arthur L. mit anderen Patienten nach der sächsischen Anstalt Zschadraß verbrachte.

Bei der Aufnahme in Zschadraß wurde Friedrich Arthur zum wiederholten Mal zu seinem bisherigen Lebenslauf befragt, worauf ein knapper Wissens- bzw. Intelligenztest folgte. Die Diagnose wurde erneut als »Schwachsinn mittleren Grades« vermerkt. Körperlich nunmehr wieder mit 58 kg beschrieben, bot der 44-jährige Friedrich Arthur in der Zwischenanstalt keinen Anlass für besondere Vermerke in der Krankengeschichte. Eintrag 12. Februar 1941: »Während seines hiesigen Aufenthaltes immer ruhig und unauffällig, keine besonderen Vorkommnisse. Wird heute in eine andere Anstalt verlegt.«

---

1 BAB, R 179/13346, Heilanstalt Arnsdorf, Schreiben Friedrich Arthur L. an seinen Vormund, laut Vermerk auf dem Brief vom 16.06.1932.

2 Nach einer »T4«-internen Statistik vom 31.08.1941 war das Alters- und Pflegeheim Thekla von der Meldebogenaktion erfasst worden. Hierbei wurden 110 belegte Betten vermerkt und 110 Meldebogen ausgefüllt (vgl. BAB, R 96 I, 6, Bl. 10 (125300/1). Im Bestand R 179 befinden sich keine Akten aus dieser Einrichtung.

3 Berufsschule.

4 Die in der Krankenakte erhaltenen Exzerpte aus den Akten des Landgerichts Stargard i. Pommern zeigen, dass bereits 1927 die Frage der Zurechnungsfähigkeit von Friedrich Arthur L. aufgeworfen worden war. Der verantwortliche Kreisarzt hatte jedoch in seinem Gutachten vom 01.09.1927 die Einschätzung abgegeben: »Typ eines generativen Gewohnheitsverbrechers«, »Gemeingefährlicher Sexualverbrecher geworden«, »§ 51 nicht zuzubilligen, aber als imbezill anzusehen, d.h. geistig minderwertig, da er an einem ausgesproch.[en] moral.[ischem] Schwachs.[inn] leidet; verringert zurechnungsfähig«. Der § 51 lautete wie folgt: (1) Eine strafbare Handlung ist nicht

vorhanden, wenn der Täter zur Zeit der Tat wegen Bewußtseinsstörung, wegen krankhafter Störung der Geistestätigkeit oder wegen Geistesschwäche unfähig ist, das Unerlaubte der Tat einzusehen oder nach dieser Einsicht zu handeln. (2) War die Fähigkeit, das Unerlaubte der Tat einzusehen oder nach dieser Einsicht zu handeln, zur Zeit der Tat aus einem dieser Gründe erheblich vermindert, so kann die Strafe nach den Vorschriften über die Bestrafung des Versuchs gemildert werden (vgl. StGB (1943)).

5 BGB, § 6 (Entmündigung): (1) Entmündigt kann werden: 1. wer infolge von Geisteskrankheit oder von Geistesschwäche seine Angelegenheiten nicht zu besorgen vermag; 2. wer durch Verschwendung sich oder seine Familie der Gefahr des Notstandes aussetzt.

6 BAB, R 179/13346, Heilanstalt Arnsdorf, Schreiben Friedrich Arthur L. an das Amtsgericht Leipzig, o. Datum. Anhand der zeitlichen Angaben über die Aufenthaltsdauer ist der Brief auf den Februar 1932 zu datieren.

7 Die »Einbettung« war eine Methode zur Beruhigung, bei der die Patientinnen und Patienten zwangsweise ins Bett verbracht und dort wohl auch festgebunden wurden. Es scheint sich hier um eine Maßnahme mit regionalem Bezug zu handeln.

8 BAB, R 179/13346, Abschrift des Beschlusses vom 24.05.1939, 184 VII L. 44/36, gez. Dr. Mey, Amtsgericht Leipzig, Abt. 184.

Luise Ernestine Maria L. –
»… der Vater hat mich auf dem Gewissen«

Stephanie Schmitt

Am 11. Dezember 1934 wird Luise L. von der Psychiatrischen und Nervenklinik der Universität Gießen, in der sie sich zu diesem Zeitpunkt zwei Monate befand, in die Landesheilanstalt Herborn überwiesen. Unter Vorbehalt diagnostizierte der damalige Direktor der Psychiatrischen und Nervenklinik, Prof. Hermann Hoffmann,[1] eine spastische Spinalparalyse,[2] also eine spastische Lähmung der Beine. Auf dem Aufnahmebogen der Landes-Heil- und Pflegeanstalt Herborn findet sich auf der Kopfseite demgegenüber der handschriftliche Eintrag: »Multiple Sclerose?«.[3]

Die am 18. Februar 1901 in Saarbrücken geborene Arbeitertochter Luise Ernestine Maria L. habe sich in der Kindheit normal entwickelt, heißt es in der Abschrift der Krankengeschichte aus Gießen, sie sei nicht ernstlich krank gewesen und habe in der Volksschule »leicht gelernt«, außerdem sei sie »nicht sitzen geblieben«. Über die familiären Verhältnisse gibt die 1934 erhobene Anamnese genaueren Aufschluss: der Vater sei 60 Jahre alt und immer gesund gewesen, die Mutter sei 55 Jahre alt, es seien »in der ganzen Familie keine Nerven- und Geisteskrankheiten nachweisbar«. In Herborn wird drei Jahre später allerdings ein völlig anderes Bild entworfen: »Ein Vatersbruder war ›beschränkt‹, wahrscheinlich angeborener Schwachsinn, [er] starb in der Landesheilanstalt Mönchen-Gladbach. Eine Schwester leidet an angeborenem Schwachsinn. Eine Vatersbruderstochter [sic!] beging mit 19 Jahren einen Suizidversuch, war danach gelähmt, eine andere Tochter des Vatersbruders leidet wahrscheinlich an Schizophrenie.«[4] Was in der Krankengeschichte der Universitätsklinik Gießen nicht diagnostiziert wird, nämlich eine erbliche Belastung der Patientin, wird in Herborn 1937 mit ebendiesen vagen Angaben festgeschrieben. Dabei entsprechen die vermerkten psychischen Auffälligkeiten in der Familie dem Generalverdacht einer erblichen Belastung, ohne spezifisch auf die körperliche Erkrankung von Luise Ernestine Maria L. bezogen zu sein. Tatsächlich entstammt die Patientin äußerst schwierigen familiären Verhältnissen. In der Abschrift der Krankengeschichte aus Gießen ist vermerkt, dass Luise L. selbst »ihr Leiden auf die Familienverhältnisse«[5] zurückführt. Geordnet gibt sie Auskunft über ihr Leben; das Bild, das sie von ihrem sozialen Umfeld zeichnet, wird in der Krankenakte als »äußerst traurige sittliche Verrohung des Elternhauses« bezeichnet: »Der Vater der Patientin hatte jahrelang mit seiner Tochter ein Verhältnis, bis schließlich die Patientin 1920 ein Kind erwartete, der Vater gab bei der Geburt 1920 einen anderen Mann als Vater an; 1925, nachdem sie fünf Jahre in Frankfurt in Stellung war, zeigte sie den Vater, da dieser sie ständig bedrohte, beim Gericht an. Er wurde zu drei Jahren Zuchthaus verurteilt.«[6] Laut Aussage der Patientin habe sich der Vater auch an einer Schwester vergangen, die Mutter und die anderen Geschwister hätten von diesen Vorgängen gewusst, »hätten es aber für nichtig angesehen«.[7] Die Eltern und die Geschwister würden sich heute nicht mehr um sie kümmern, weil sie »die Familie unglücklich« gemacht habe. Durch die Verurteilung des Vaters ist Luise L. von staatlicher Seite her Recht zugesprochen worden, ihre Familie jedoch löst die »Schuldfrage« zu Ungunsten der missbrauchten Tochter und schließt diese aus dem Familienleben aus. Dass die Patientin den Mut hatte, den väterlichen Missbrauch öffentlich zu machen, um so seinem Verhalten ein Ende zu bereiten, wird seitens der anderen Familienmitglieder als Schande wahrgenommen, eine Schande, die Luise L. allein zu verantworten habe.

Nach eigener Aussage der Patientin sei »der Vater an allem Schuld und hätte sie auf dem Gewissen«, sie habe infolge des Rechtsstreits den Kontakt zur Familie ganz abgebrochen. Die Tochter, welche aus dem Verhältnis zwischen Vater Heinrich L. und Tochter Luise L. hervorgegangen war, befand sich unter der Diagnose »angeborener Schwachsinn« seit 1936 in der Heilerziehungsanstalt Kalmenhof bei Idstein. Aufgrund der ungünstigen Verwandtschaftsverhältnisse ist die Tochter, welche Luise L. selbst nicht mehr gesehen hat, als »erbkrank« eingestuft und in Idstein sterilisiert worden.[8]

Ebenfalls im Jahre 1925, in der Zeit, als sie ihren Vater angezeigt hatte, stellte die Patientin fest, dass »sie schlechter sich fortbewegen konnte«. Aufgrund der sich zunehmend verschlechternden gesundheitlichen Situation ging sie am 1. Oktober 1927 in ein Altersheim in Braunfels, wo sie bis 1932 blieb. Von 1932 bis 1934 lebte sie im Altersheim der Stadt Wetzlar, welche die Patientin in die Orthopädische Klinik der Universität Gießen einwies, wo sie »einige Male geröntgt worden« sei. Die orthopädische Klinik hat »eine Holzunterlage unter die Fußsohle angebracht. Therapie: lediglich heiße Bäder«. Von dort wurde Luise L. am 13. September 1934 an die Psychiatrische und

Nervenklinik der Universität Gießen weiter verwiesen. Am 11. Dezember 1934 wurde sie in die Landes-Heil- und Pflegeanstalt Herborn gebracht, wo sie bis zu ihrem Abtransport in die Tötungsanstalt bleibt. Neben der spastischen Spinalparalyse wird bei Luise L. eine multiple Sklerose differentialdiagnostisch erwogen, außerdem eine leichte Debilität diagnostiziert; diese medizinischen Diagnosen sind in der Krankengeschichte mit einem Fragezeichen bzw. dem Vermerk »nicht ganz sicher« versehen.[9]

Über den psychischen Zustand Luise L.s wird 1934 folgendes Urteil abgegeben: »Es handelt sich zweifellos um eine leicht debile Person; Rechnen und Merkfähigkeit vermindert; Rechenaufgaben werden nur zum Teil richtig gelöst; mehrere Worte und Gegenstände sich zu merken, fällt ihr schwer. Patientin ist ruhig und geordnet; fühlt sich zufrieden; nimmt mit leicht lächelndem, euphorischem Gesichtsausdruck an der Exploration teil.«

Das weitere Schicksal der Patientin wird in der Krankengeschichte der Landes-Heil- und Pflegeanstalt Herborn beschrieben. Im Sommer des Jahres 1933 und »vor einigen Jahren«[10] soll die Patientin Suizidversuche unternommen haben, heißt es in der Krankengeschichte.

Luise L. wird bis zum Jahre 1940 seitens der Ärzte und Pfleger als angenehme und fleißige Patientin dargestellt, die außer den zunehmenden körperlichen Gebrechen keine besonderen Auffälligkeiten im Verhalten zeigt. Sie wird als »immer in guter Stimmung, heiter und freundlich«[11] beschrieben, jedoch ist sie durch die fortschreitende Behinderung mehr und mehr in ihrer Bewegungsfreiheit eingeschränkt, ein Umstand, der sich auch auf die Gemütslage und die Arbeitsfähigkeit von Luise L. auswirkt. So heißt es in einem Eintrag in der Krankengeschichte vom 8. September 1937: »Pat.[ientin] ist im Gehen durch die spastische Parese[12] der Beine sehr behindert. Trotzdem hilft sie nach Kräften auf der Abteilung bei kleinen Näharbeiten und auch beim Gemüseputzen, sowie in der Abteilungsküche. In der Stimmung meist zufrieden, bekommt manchmal Streitigkeiten mit anderen Kranken.« Im folgenden Jahr kommen zu dem bestehenden Krankheitsbild rheumatische Beschwerden im Nacken hinzu. In der Krankengeschichte wird zunehmend betont, dass die Patientin sich über die bestehenden Schmerzen beklagt. Als einzige Therapiemaßnahme wird ihr Bettruhe verordnet, doch bleibt Luise L. »trotz ihrer Hilflosigkeit sehr arbeitsam«.[13] Da außer gelegentlicher Bettruhe weder eine medikamentöse Therapie noch bewegungstherapeutische Maßnahmen ergriffen werden, kommt es schließlich so weit, dass »sie selbst den kurzen Weg von der Abteilung zur Kartoffelschälküche nicht ohne Unfall zurücklegen kann«,[14] und in einem Eintrag der Krankengeschichte vom 12. Dezember 1940 heißt es: »Konnte während des ganzen Jahres nicht mehr zur Arbeit gehen, da das Beinleiden eher noch zugenommen hat. Sie strickt aber sehr fleißig und brauchbar in der Abteilung, ist nur insofern manchmal etwas störend, als sie sehr unduldsam, unverträglich und streitsüchtig ist«.

Aufgrund der familiären Verhältnisse hat Luise L. während ihres sechsjährigen Aufenthaltes in Herborn keinen Besuch erhalten. Auch ist anzunehmen, dass sie nach ihrer Einweisung in die psychiatrische Anstalt weder etwas über das Schicksal ihrer aus dem Missbrauch durch den Vater entstandenen Tochter erfahren hat noch sie einmal hätte besuchen können.[15]

Luise L.s Verhalten in der Anstalt verändert sich mit dem Fortschreiten ihrer Erkrankung: Wurde sie anfangs als »ruhig, freundlich und geordnet«[16] beschrieben, so zeigt sie sich zuletzt »häufig verstimmt, gereizt [und] unverträglicher als früher«.[17] Ob der grundlegende Wechsel ihrer Stimmungslage als Reaktion auf die sich verschlechternden Zustände in der Anstaltspsychiatrie der 30er Jahren zu deuten ist, kann aus den wenigen erhaltenen Dokumenten der Akte nicht sicher gesagt werden. Die Krankengeschichte aus Herborn weist pro Jahr ein bis zwei kurze Einträge auf, die einem bestimmten Schema folgen. Im Vordergrund stehen hier die Arbeitsfähigkeit und das Krankheitsbild, über den tatsächlichen psychischen Zustand der Patientin lässt sich kein hinreichendes Bild gewinnen.

Nach einem letzten Eintrag vom 15. Mai 1941 bricht die Herborner Krankengeschichte ab: »Der neurologische Befund hat sich insofern gegenüber dem der Giessener Psychiatrischen Klinik etwas geändert, als die Spasmen[18] der unteren Extremitäten zugenommen haben. Die Patientin kann kaum mehr gehen, fällt öfter und liegt viel im Bett. […] Beschäftigt sich etwas mit Strumpfstricken.« Luise L., die im Gegensatz zur überwiegenden Mehrzahl aller NS-»Euthanasie«-Opfer an keiner psychischen Erkrankung litt und aus schwierigen Lebensumständen stammt, wird im Rahmen der »Aktion T4« selektiert. Sie befindet sich mehr als fünf Jahre in der Anstalt und ist nicht mehr leistungsfähig, vermutlich deshalb wird sie nach Hadamar »überführt« und dort ermordet.

1   Hermann Hoffmann (1891-1944) war 1933 bis 1936 Direktor der Psychiatri-
     schen und Nervenklinik der Universität Gießen, bevor er wieder nach Tübin-
     gen zurückkehrte und Nachfolger seines Lehrers Robert Gaupp auf dem dor-
     tigen Lehrstuhl für Psychiatrie wurde. Seit 1933 NSDAP- und SA-Mitglied,
     engagierte er sich in der kriminalbiologischen und erbbiologischen Erfor-
     schung von sogenannten Asozialen, Gemeinschaftsunfähigen und Gewohn-
     heitsverbrechern und war somit an der wissenschaftlichen Legitimation der
     Verfolgung dieser Personengruppe im Nationalsozialismus beteiligt. Für die
     Hinweise zu Hermann Hoffmann danken wir Sigrid Oehler-Klein, Gießen.
     Vgl. dies. (2003), Gießen, S. 206-211, und Leonhardt (1996), Hermann F.
     Hoffmann.

2   Die spastische Spinalparalyse ist eine seltene Erkrankung des zentralen Ner-
     vensystems, bei der die zum Rückenmark führenden motorischen Nerven-
     bahnen degenerieren. Daraus entsteht eine spastische Schwäche und Lähmung
     vorwiegend der Beine, die Arme sind erst im späteren Verlauf betroffen. Es
     wird in der Mehrzahl der Fälle eine Erblichkeit angenommen, gelegentlich
     kommt die Erkrankung jedoch auch ohne familiäre Häufung vor. Sie ist nur in
     ganz seltenen Fällen mit einer Demenz, d.h. mit einer Einschränkung der geis-
     tig-kognitiven Fähigkeiten, verbunden. In der Regel beginnt die Erkrankung
     im Kindesalter und nimmt einen langsam fortschreitenden Verlauf. Gelegent-
     lich tritt sie jedoch auch erst im Erwachsenenalter zwischen dem 30. und 40.
     Lebensjahr auf.

3   Die multiple Sklerose ist eine Erkrankung, bei der nicht die Nervenzellen sel-
     ber untergehen, sondern die sie isolierenden Nervenscheiden. Ursache ist ein
     bis heute noch nicht im Einzelnen aufgeklärter Autoimmunprozess, d.h. eine
     Zerstörung von Gewebe durch ein körpereigenes Abwehrgeschehen. Die ers-
     ten Symptome der multiplen Sklerose treten häufig bereits im jungen Erwach-
     senenalter auf. Der Verlauf der Erkrankung ist schubweise oder chronisch
     fortschreitend. Die Symptome sind äußerst vielfältig und reichen von Störun-
     gen der Lautbildung über Sehstörungen, Störungen der Koordination und des
     Gleichgewichtssinnes, Sensibilitätsstörungen bis hin zu spastischen Lähmun-
     gen und Blasenfunktionsstörungen.

4   BAB, R 179/3397, Familienanamnese und Vorgeschichte der Patientin der
     Landesheilanstalt Herborn vom 13.11.1937.

5   Ebd., Abschrift der Krankengeschichte der Psychiatrischen und Nervenklinik
     Gießen, Angaben der Patientin vom 13.09.1937, S. 2.

6   Da der Vater wegen Missbrauchs verurteilt wurde, die Patientin also vor Ge-
     richt volle Glaubwürdigkeit genoss und sie sich bei der Exploration ruhig und
     geordnet zeigte, ist die handschriftlich eingetragene Diagnose Debilität aus
     dem Altersheim Wetzlar fragwürdig.

7   BAB, R 179/3397, Abschrift der Krankengeschichte der Psychiatrischen und
     Nervenklinik Gießen, Angaben der Patientin vom 13.09.1937, S. 2.

8   Ebd., der Eintrag lautet: »Der Vater trieb mit Probandin Blutschande. Aus
     diesem blutschänderischen Verhältnis ging eine Tochter hervor, die an ange-
     borenem Schwachsinn leidet und bereits sterilisiert ist, sie befindet sich seit
     1936 in der Heilerziehungsanstalt Kalmenhof bei Idstein.«

9   Ebd., der Eintrag lautet: »Diagnose: Bild der spastischen Spinalparalyse.
     Jedoch keine v[unleserlich]? nachweisbar«.

10 Ebd., Eintrag vom 11.12.1934.

11 Ebd., Eintrag vom 19.12.1934.

12 Unvollständige Lähmung der Muskulatur mit erhöhtem Muskeltonus.

13 BAB, R 179/3397, Eintrag vom 29.07.1938.

14 Ebd., Eintrag vom 11.12.1938.

15 Nach Auskunft der Leiterin des zuständigen Archivs des Landeswohlfahrts-verbandes Hessen, Dr. Christina Vanja, ist von der Tochter keine Krankenak-te aus dem Kalmenhof überliefert.

16 BAB, R 179/3397, Krankengeschichte der Landes-Heil- und Pflegeanstalt Herborn, Eintrag vom 11.12.1934, Eintrag vom Oktober 1935.

17 Ebd., Eintrag vom 15.05.1941.

18 Spasmen sind ungewollte starke Muskelkrämpfe, die mit Schmerzen verbun-den sein können.

Elfriede N. –
»Ich weiß genau seit wann
mein Bruder so anders zu mir ist!«

Nadin Zierau, Petra Fuchs

Elfriede N. ist 34 Jahre alt, als sie am 22. August 1927 von ihrem Bruder, dem angehenden Rechtsanwalt Dr. Reinhard N., in die brandenburgische Landesanstalt Görden gebracht wird. Sie sei »klein und zierlich, fast etwas kindlich [und] sehr zart«, heißt es im Aufnahmebefund. Ihr Gesichtsausdruck sei »intelligent; etwas verspannt, besonders beim Sprechen, dabei freundlich und liebenswürdig«.

Elfriede N. wird am 12. März 1893 in Riga als mittleres von drei Kindern geboren. Der ältere Bruder verstirbt bereits in seinem ersten Lebensjahr. Ihr drei Jahre jüngerer Bruder Reinhard kommt am 25. Februar 1896 zur Welt. Er spielt eine wichtige Rolle in ihrem Leben, ganz besonders nach dem Tod der Eltern und in der Zeit ihrer langjährigen Anstaltsunterbringung. Vor der Russischen Revolution[1] lebt die Familie in Riga, von wo sie Ende 1905 nach Berlin flüchtet. Der Vater, Hermann N., ist Kaufmann, später leben der Rentier und seine Frau von angelegtem Kapital und Landbesitz. Hermann N. besitzt ein ruhiges Temperament, seine Frau Gertrud dagegen ist gesellig und lebhaft. Erst nach der Flucht der Familie aus Riga wird sie sehr still und lebt ganz in sich zurückgezogen.

Nach den Angaben des Bruders lebt Elfriede N. bis zum Alter von zwölf Jahren in Riga, wo sie auch die Schule besucht.[2] Nachdem die Familie Riga verlassen hat, wohnt sie in Berlin, am Rande des Bayerischen Viertels im Westen des Bezirks Schöneberg. Im Winter 1905/1906, während die N.s der Revolution zu entkommen versuchten, erkrankt Elfriede »im Anschluss an eine stürmische Seefahrt an einer schweren Influenza mit anschließender Mittelohrentzündung, die eine andauernde Schwerhörigkeit, zeitweise an Taubheit grenzend, zurückliess«. Trotz ihrer Einschränkungen durch die Erkrankung lässt Elfriede N. in ihren schulischen Leistungen nicht nach, vielmehr ist das Mädchen in der Schöneberger Chamissoschule[3] stets Klassenerste. »Im Verkehr schloss sie sich aber wenigen an und zeigte oft ein hochfahrendes trotziges Wesen«, bemerkt Reinhard N. gegenüber dem Arzt. Ob Elfriede N. ihr Abitur macht, ist auf der Basis der Krankenakte nicht sicher zu sagen.[4] Nach dem Abschluss der höhe-

ren Mädchenschule besucht sie zunächst ein Jahr lang ein Töchter-
pensionat im Harz. Ihre Interessen liegen nach den Schilderungen
ihres Bruders »mehr auf literarischem als auf praktischem Gebiet«.
Autodidaktisch beschäftigt sie sich intensiv mit Englisch und Franzö-
sisch, »betätigte [sie] sich auch selbst schriftstellerisch«. Der Versuch,
das Lehrerinnenexamen für die englische Sprache zu machen, scheitert jedoch an ihrer Schwerhörigkeit. Schließlich absolviert Elfriede N. eine Ausbildung als wissenschaftliche Laborantin im Berliner
Lettehaus[5] und legt zu Kriegsbeginn ihr Examen in den Fächern
Fotografie, Histologie und Röntgenografie ab. Sie lebt weiterhin im
Elternhaus und verlobt sich 1919, kurz nach dem Tod des Vaters, mit
einem Vetter. Die Verbindung wird jedoch bald wieder gelöst, da »die
Verlobten sich wenig verstanden«. Reinhard N. bemerkt, seine
Schwester habe »durch die unbefriedigenden Verhältnisse in der Ver-
lobungszeit und auch durch die Auflösung des Verlöbnisses sichtbar
schwer gelitten«. Nach dieser krisenhaften Zeit erkrankt die Mutter
an Krebs, und Elfriede N. übernimmt ihre Pflege bis zum Tod der
Mutter im Jahr 1923. »Bei ihrer zarten Gesundheit mag sie sich auch
hierbei überanstrengt haben«, äußert der Bruder dem Arzt gegenüber.
Eine Erholungsreise sei jedoch wegen der »Zeitumstände (Höhezeit
der Inflation, beginnende Deflation, ich [= der Bruder] selbst im As-
sessorexamen und ohne selbständigen Beruf)« nicht möglich gewesen. Im Sommer 1924 findet Elfriede N. eine Anstellung bei Professor
Arthur Posnansky, einem österreichisch-ungarischen Ingenieur, der
in La Paz/Bolivien eine Ziegelei betreibt und sich für den Erhalt der
Ruinenstadt Tiahuanaco einsetzt.[6] Posnansky hat sich die Entschlüs-
selung der Symbolik der Inkaarchitekturen zur Aufgabe gemacht,
und Elfriede N. fühlt sich von seiner Arbeit stark inspiriert. Im Spätsommer 1924 machen sich die ersten Krankheitszeichen bemerkbar,
die wohl eng mit den Entschlüsselungsversuchen verknüpft sind. Elfriede N. beginnt mit der Suche nach Bildern und Zeichen in ihrem
Lebensalltag und findet bald »in allem eine zu ihr irgendwie in Beziehung gesetzte Symbolik [...]: in der Farbe von Kleidern, auch fremder
Personen und der von Blumen, durch die ihr bestimmte Mitteilungen
gemacht werden sollten, in Zeitungsartikeln, in denen durch bestimmte Worte nach einem besonderen Kodex ihr Nachrichten vermittelt werden sollten; auch in lebenden Personen, die mit anderen,
von früher her bekannten identifiziert wurden«. Reinhard N. vermag
nicht mehr zu unterscheiden, »wo normale Logik aufhörte und Phantasie anfing«. Nur wenige Monate nachdem die ersten Krankheitszei-

chen zu Tage getreten sind, versucht Elfriede N. sich das Leben zu nehmen. Reinhard N. nimmt an, dass der Selbstmordversuch »wohl in einem Verfolgungswahn« erfolgte. Einer Tante gegenüber, die Elfriede N. deswegen Vorhaltungen machte, gab sie selbst jedoch als Motiv an: »Wenn man eine höhere Gewalt über sich hat, die mich und meinen Bruder vernichten will, dann kann man nicht anders.«[7] Elfriedes Verhalten verändert sich in der Folge des gescheiterten Suizids auffällig, sie ist von heftiger Unruhe befallen, die sich durch ungestümes Aufspringen und unartikuliertes Aufschreien vor allem auch in der Nacht bemerkbar macht. Ihre Stimmungen wechseln jäh und unvorhersehbar und finden auch körperlich ihren Niederschlag: »Der Gang war unruhig, bald schnell, bald schleichend.« Noch im Dezember des Jahres 1924 führt eine erste psychiatrische Untersuchung zu ihrer kurzfristigen Unterbringung in einer im Harz gelegenen Heilstätte für Nervenkranke.[8] Der Leiter der Einrichtung bittet Reinhard N. jedoch bereits im Januar 1925, seine Schwester abzuholen, da er sie unter den gegebenen Verhältnissen nicht vor einem weiteren Selbstmordversuch schützen könne. »Leider kann ich auch heute keine günstigen Nachrichten geben. Die Kranke ist wieder unruhiger, besonders des Nachts, sodass ich gezwungen bin, ihr zunächst für die Nacht eine Extrapflegerin zu geben. Da nun leider in absehbarer Zeit keine Änderung unter den hiesigen Verhältnissen zu erwarten ist und auch die Form der Krankheit über das Maß dessen hinausgeht, was hier behandelt werden kann, vor allem unter den hiesigen Verhältnissen keine Möglichkeit besteht, sie vor Gefahren einer Selbstbeschädigung zu schützen, so bitte ich sie von hier fortzunehmen, und rate, sie in eine geschlossene Anstalt zu geben.«[9] Vor diesem Schritt scheint Reinhard N. jedoch noch zurückgeschreckt zu sein, denn nach Rücksprache mit einem zweiten Psychiater »habe ich dann nach Zurückholung meiner Schwester von einer Unterbringung in einer geschlossenen Anstalt noch abgesehen und sie wieder zu Hause behalten«, berichtet er. In diese Zeit fällt vermutlich seine eigene Verheiratung. Elfriede N.s seelischer Zustand bessert sich nicht, und so scheitert auch der im Sommer 1925 unternommene Versuch einer beruflichen Beschäftigung in der Röntgenabteilung des Oskar-Helene-Heimes, einer Einrichtung für körperbehinderte Kinder und Jugendliche in Berlin-Zehlendorf. Während in dieser Zeit »der Beziehungswahn, die Personenverwechslungen und die Farbensymbolik abzuklingen« scheinen, klagt Elfriede N. im Oktober 1926 erstmals über »anhaltende Geräusche in der Art von Orgelspielen, Glockenläuten und Maschinenhämmern«. Sie fragt ihre Umgebung »oft viele Male am Tag, ob wir anderen denn nichts von diesem Läuten und Hämmern hören«, berichtet der Bruder. Wenig später beginnt Elfriede N. menschliche Stimmen zu hören, eine Frauen- und drei Männerstimmen überwachen sie ständig und verwirren sie mit widersprechenden Ratschlägen. Etwa um Weihnachten 1926 beginnt Elfriede N., sich laut mit den Stimmen zu unterhalten; scheinbar um sie abzuwehren, droht sie: »Wenn Sie jetzt nicht sofort ruhig sind, dann werde [ich] laut wiederholen und alles aufschreiben, was Sie mir für Unsinn sagen.« In dem Glauben, sie müsse das Abitur nachholen, betreibt Elfriede N. mit größtem Eifer Selbststudien in Griechisch und Latein, ihre Arbeit unterbricht sie nur für eine kurze Zeitspanne am Mittag. Während ihres Studiums führt sie erregte Auseinandersetzungen mit ihren Stimmen, insbesondere mit der Frauenstimme, in der sie »eine Lehrerin erblickt, die nichts kann und ihr Falsches beibringen will. Aber auch andere Dinge, der Vermögensverfall durch die Inflation, häusliche Arbeiten meiner Frau u. a. geben Stoff zur Erregung und Auseinandersetzung mit den Stimmen«, erläutert Reinhard N. »Meine Dame, wenn Sie nicht gleich ruhig sind, werde ich alles aufschreiben, was Sie mir erzählen; vielleicht kommen Sie dann zur Vernunft«, notiert der Arzt, der schließlich ihre Einweisung in die Heil- und Pflegeanstalt veranlasst. »Es bleibt mir nichts anderes übrig«, antwortet Elfriede N., »ich werde Ihnen jetzt laut antworten, damit andere auch hören, was Sie mir für einen Unsinn erzählen [...] Es ist ja alles Blödsinn [...]. Wenn die Deutsche Bank etwas von mir will, soll sie selbst kommen, nicht durch eine Dame mit mir reden, die noch nicht einmal ihren Namen sagt.« Die fortwährenden lauten Konfrontationen mit den Stimmen führen schließlich zu wiederholten Beschwerden durch die Nachbarn, und es »entstehen peinliche Unzuträglichkeiten dadurch, dass das Strassenpublikum sich vor dem Zimmer der Kranken aufstellt«. Elfriede N. selbst hält sich für gesund, die Stimmen führt sie auf radioelektrische Wellen zurück, für die sie besonders empfänglich sei. Sie versucht sogar, den Sender zu ermitteln, indem sie die Technische Hochschule aufsucht. In der Auseinandersetzung mit ihren Stimmen äußert sie einmal:

»Sie wollen mir sagen, dass Sie grosse Macht haben; das ist doch nichts Neues; natürlich hat die Elektrizität große Macht. Wenn Sie mich aber für Ihre Versuche gebrauchen wollen, machen Sie es doch vernünftig. Vor allen Dingen müssen Sie doch erst meine Zustim-

mung haben [...]. Es ist ja bloß jammerschade, dass ich immer antworte, aber wie soll ich mich denn anders wehren, wo ich schwerhörig bin und alles schon sowieso schwer ist [...].«

Und dann wieder entgegnet sie ihrer Stimme:

»Ich habe aber auch gemeldet, dass ich schon so lange gequält werde [...] dann scheinen Sie ja von Elektrizität weniger zu wissen als
ich [...]. Nein, ich wollte meinen Bruder nicht mit hineinziehen,
aber dann kommen Sie doch nicht mit solchen Sachen und hören
Sie endlich auf. [...] Bloß weil ich keine Eltern mehr habe und den
Bruder nicht in die Elektrizität schicken will?«[10]

Im Februar und August 1927 wird Elfriede N. in der Psychiatrischen
und Nervenklinik der Berliner Charité untersucht. »Schizophrene
Psychose, vor allem durch dauernde Gehörshalluzinationen charakterisiert«, lautet die Diagnose des Arztes, und er empfiehlt dringend
Elfriedes Aufnahme in eine geschlossene Anstalt.

Landesanstalt Brandenburg-Görden (1927-1938)

Am 22. August 1927 wird Elfriede N. in der Landesanstalt Brandenburg-Görden aufgenommen, wo sie zunächst elf Jahre lang, bis Oktober 1938, verbleibt. Zu Beginn ist sie fest davon überzeugt, »am 5.
September« wieder nach Hause« entlassen zu werden. Dies verlange
ihre Arbeit, und es sei außerdem ihr Wunsch, lautet ihre Begründung.
Eine Woche nach Elfriedes Einweisung erhält sie Besuch von einer
Tante. Als nach 14 Tagen auch ihr Bruder erscheint, glaubt sie, »er
wäre zur Abholung gekommen«, und muss erst wieder beruhigt und
zum Bleiben überredet werden. Zu diesem Zeitpunkt ist Reinhard N.
stark von seiner juristischen Karriere in Anspruch genommen, die
sich im Laufe der folgenden Jahre in enger Bindung an das nationalsozialistische Regime entfalten soll. Bereits jetzt hat der junge Rechtsanwalt die ersten Kontakte zur NSDAP geknüpft und fungiert als
deren Rechtsberater im Gau Groß-Berlin. Die Verfassung seiner
Schwester ist währenddessen einem stetigen Wechsel unterworfen,
phasenweise liegt Elfriede N. »untätig, mit geschlossenen Augen und
unansprechbar im Bett, auch bei den Visiten«,[11] dann wieder steht sie
auf, ist »freier und zugänglicher«,[12] oder aber sie zeigt sich ganz plötz-

lich unzufrieden mit ihrer Umgebung und »verlangt sehr energisch, eigensinnig-trotzig eine ›Änderung dieses Zustandes‹«.[13] Zeitweise beschäftigt sich Elfriede N. tagsüber, wie sie es schon von zu Hause aus gewohnt ist, selbst und »betreibt ganz eifrig ihre griechischen Studien«. Dem Arzt und dem Pflegepersonal gegenüber zeigt sie sich »willig und freundlich«. Sie sei »fügsam und von bescheidenem, dankbarem, netten Wesen«, heißt es anfangs in der Krankengeschichte. Eine Mitpatientin verschreckt sie jedoch, als sie ihr »ohne begründeten Anlaß« mit den Fäusten droht.[14] Reinhard N. hält den Kontakt zu seiner Schwester weiterhin aufrecht, im Wechsel mit einer Tante besucht er sie, allerdings in größeren zeitlichen Abständen, oder er schreibt ihr. Elfriede N. aber reicht der Kontakt bei weitem nicht aus, sie leidet unter der Abwesenheit ihres Bruders und der allmählich immer weniger werdenden Zuwendung. In der Abschrift eines ihrer Briefe an Reinhard, die in der Krankengeschichte erhalten ist, gibt sie ihrer Not Ausdruck: »Lieber Heini, ich hab's Beten gelernt! Wenn du wüsstest, wie ich auf Dich gewartet habe!«[15] Jedes Mal, wenn er Elfriede in Görden aufsucht, geht es ihr besser. »Gestern vom Bruder besucht; war gesammelter, ruhiger, zugänglicher, freundlicher«, vermerkt der Arzt beispielsweise im März 1929. Ihr gewalttätiges Verhalten ist zum Teil der psychischen Erkrankung geschuldet, zum Teil wird es aber auch immer dann besonders stark, wenn der ersehnte Besuch von Bruder und Tante ausbleibt, was immer häufiger geschieht. »Oft außer Bett, an den Türen rüttelnd, schimpfend, dass nicht zu den Angehörigen gelassen wird, auch auf die Pflegl.[inge] einschlagend«, heißt es im Dezember 1929 in der Krankenakte, und im darauffolgenden Monat wird vermerkt: »Stieß, trat, biß, kniff, schrie, schimpfte, rüttelte [unleserlich] u. dgl. wegen Ausbleibens von Angehörigenbesuch, brauchte Injektion.« Die Anwendung dieser und anderer Zwangsmaßnahmen, die ihrer Beruhigung dienen sollen, wird regelmäßig in der Krankenakte verzeichnet. In einer ihrer ruhigeren Phasen spielt sie Klavier, aber auch jetzt erwartet sie ihren Bruder, »der ihr schrieb, dass er wieder einmal kommen werde«.[16] Schließlich beginnt sie zu halluzinieren und glaubt »vielfach den Bruder hier zu sehen (im Garten!) und zu hören und drängt entsprechend heraus. Beschäftigt sich sonst aber ganz nett mit Lektüre, Zeichnen und Malen, Klavierspiel und ist auch freundlicher!«[17] Wenn Elfriede N. nicht um sich schlägt oder vehement ihre Entlassung fordert, steht sie häufig stundenlang an der Tür oder am Fenster, um nach ihrem Bruder zu rufen, »›Heini‹, Reinhard«, oder nach ihm und der Tante Ausschau zu halten. Oft halluziniert sie und glaubt, Reinhard im Garten zu sehen oder zu hören. In solchen Momenten »drängt sie heraus« und »verlangt einsichtslos nach Berlin fortgelassen zu werden«.[18] Nur wenige Monate später lautet ein Eintrag: »Pat.[ientin] hat Schreiben an Ref.[erenten] mit Entlassungswunsch ausführlich [...] in 5 Sprachen vorgetragen! Überreichte den Brief mit freundlichem, etwas verschmitztem Lächeln. Verhalten in den letzten Wochen ganz gemäßigt, beschäftigt sich mit ihren Sprachen, macht ganz gleichmütig, zufriedenen Eindruck.«[19]

Im Dezember 1931, einen Tag vor Heiligabend, besucht Reinhard N. seine Schwester das letzte Mal,[20] und auch die Tante bricht den Kontakt zu ihr offensichtlich vollkommen ab. In der Krankenakte finden sich dazu zwar keine Erläuterungen, im Gegensatz zu vorher werden aber keine weiteren Besuche mehr vermerkt. Zu dieser Zeit ist Reinhard N. seit gut zwei Jahren Mitglied der NSDAP,[21] im Laufe des Jahres 1932 steigt er zum ehrenamtlichen Leiter des Gaurechtsamtes der Partei auf. Elfriede verfolgt derweilen mit großem Interesse die politischen Vorgänge durch die Lektüre der Zeitung. Sie macht sich Abschriften von einzelnen Aufsätzen und »guckt immer nach dem Namen ihres Bruders [...], auf den sie sehr stolz ist«, heißt es im Dezember 1932. Die Einträge in der Krankenakte zu ihrem Befinden und Verhalten werden allmählich weniger und knapper. Elfriede N. erwartet auch weiterhin den Besuch ihres Bruders, der in der Zwischenzeit zum Vorstandsvorsitzenden der Anwaltskammer Berlin geworden ist. Später steigt er zum Präsidenten der Reichsrechtsanwaltskammer, schließlich sogar zum Präsidenten des Ehrengerichtshofes der Reichsrechtsanwaltskammer auf. Einmal hört Elfriede ihren Bruder in der Anstalt vorfahren und »glaubt, man wolle ihn nicht zulassen. Schimpft, stampft mit den Füßen, droht mit Gericht und Staatsanwalt; auch Ohrfeigen will sie austeilen.«[22] Ein anderes Mal schlägt sie mit dem Schuh zwei Scheiben an der Flurtür ein, weil sie meint ihren Bruder sprechen zu hören und unbedingt zu ihm will.[23] Dem betreuenden Personal gegenüber soll Elfriede N. sich überheblich und verletzend verhalten haben, zu den Ärzten hingegen sei sie sehr freundlich gewesen. »Im ganzen weiter unverändert. Sitzt meist zurückgezogen, mitten unter ihren ›Sachen‹ in den Ecken herum, führt leise, gelegentlich auch mal lauter, Selbstgespräche. Zum Arzt ganz freundlich, zum Personal überheblich [...]. Spricht von diesem nur: ›die Dienstmädels‹ die sich wieder mal ›Unverschämtheiten‹ erlaubt hätten, wenn sie den angesammelten Unrat ausräumen mussten.«[24] Im Jahr 1934 ist Elfriede N. fast völlig ertaubt. »Hört übrigens kaum noch, eine Verständigung ist nur durch Gebärden oder schriftlich möglich.«[25] An ihrem Verhalten im Zusammenhang mit ihrem Bruder verändert sich jedoch nichts. Sie »leidet darunter, dass der Bruder so selten schreibt, befürchtet er könnte erkrankt sein und ihre Hilfe dringend benötigen, möchte zu ihm, um ihn zu pflegen«,[26] greift ein empathischer Eintrag der Krankengeschichte aus dem Jahr 1935 ihre Gefühlslage auf. Nach dem vollständigen Rückzug ihres Bruders verlangt Elfriede N. immer stärker nach ihm. »Drängt in letzter Zeit wieder lebhafter auf Entlassung oder Verlegung in eine Berliner Anstalt. Sie gehörte doch nach Berlin! In paranoider Weise um ihren Bruder besorgt. Diese krankhafte Einstellung wird genährt durch das oft monatelange Schweigen des Bruders«,[27] heißt es dazu 1936. Scheinbar besteht auch kaum noch schriftlicher Kontakt zwischen den Geschwistern, die doch einst eng miteinander verbunden waren. Der fehlende Kontakt trägt zur Verschlimmerung der Erkrankung bei. »Fordert ultimativ und mit Nachdruck ihre Entlassung nach Berlin. Weist Inserate an, will sich um in diesen angebotenen Stellen bemühen. Wird drohend, als Ref.[erent] mit dem Kopf schüttelt. Musste zu Bett gebracht werden.«[28] Von den anderen Kranken nehme sie kaum Notiz und beschäftige sich fast ausschließlich mit ihren Büchern. »Schleppt ihre ›wissenschaftlichen Arbeiten‹ ständig in einem Karton mit sich herum, will ihn auch mit ins Bett nehmen. Immer wieder empört und erregt wenn er von Zeit zu Zeit ausgeräumt werden muss. Fragt, ob das auf Anordnung des Ref.[erenten] geschieht und wird jedes Mal drohend wenn diese Frage bejaht wird. Bei Bettruhe und Entziehung von Zeitungen und Schreibzeug bald wieder beruhigt.«[29] Tätigkeiten, für die die anderen Anstaltsbewohnerinnen herangezogen werden, verweigert Elfriede mit der Begründung, »sie arbeite eben geistig, sie sei Bakteriologin«.[30] Bereits elf Jahre befindet sie sich zum Zeitpunkt dieses Eintrags in Brandenburg-Görden.

Ab Mai 1938 setzen in den brandenburgischen Heil- und Pflegeanstalten Patientenverlegungen großen Ausmaßes ein, da die Landesanstalt Potsdam geschlossen wird.[31] Die Mehrzahl der Kranken aus dieser Einrichtung wird nach Görden verlegt. Um dort Platz für Neuankömmlinge zu schaffen, werden zwischen Mai und Oktober 1938 Gördener Stammpatientinnen und -patienten in andere brandenburgische Landesanstalten verbracht.[32] Diese Umstrukturierungsmaßnahmen betreffen auch Elfriede N., die am 25. Oktober 1938 in die Landesanstalt Landsberg an der Warthe verlegt wird.

Landesanstalt Landsberg/Warthe (1938-1940)

»Von der L.A. Görden überführt«, lautet der erste Eintrag in Landsberg. Etwa zwei Wochen lang wird in der Krankengeschichte nichts weiter vermerkt, erst Anfang November 1938 heißt es über die neu zugegangene Patientin: »Steht auf, sitzt ruhig im Tagesraum und beschäftigt sich mit ihren Büchern. Bittet sich eine Zeitung kaufen und ihren Schmuck tragen zu dürfen. – Möchte gern entlassen werden. Ist ruhig aber schwierig im Umgang und kann sehr heftig werden.«[33] Obwohl der Wechsel von Görden, wo Elfriede N. immerhin elf Jahre lang untergebracht war, in eine völlig neue Umgebung mit fremden Ärzten, Schwestern und Mitpatientinnen, einen Bruch dargestellt haben muss, finden sich dazu keine Hinweise in der Krankenakte. Elfriedes Alltag setzt sich scheinbar in der gleichen Weise fort. Ihren dringenden Wunsch nach Entlassung zu ihrem Bruder Reinhard hat sie noch immer nicht aufgegeben, vielmehr findet Elfriede »tausend, zum Teil sehr scharfsinnige Argumente dafür, dass er sich selbst so wenig um sie kümmert u. auch sein Versprechen, sie zu besuchen, nicht wahr gemacht hat. Sie kann nicht einsehen, warum man sie nicht nach Berlin fahren lässt. Sie sei das Reisen gewöhnt und wenn ihr Bruder nichts von ihr wissen wolle, so gäbe es genug Pensionen etc. und außerdem habe sie eine ganze Reihe von Verwandten dort.«[34] Reinhard N., der mit seiner Ehefrau und seinen drei Kindern in Berlin-Dahlem lebt, ist inzwischen zum Justizrat ernannt worden.[35] Zu seiner Schwester hat er keinerlei Kontakt mehr. Im Februar 1939, nur vier Monate nach ihrer Verlegung in die Landesanstalt Landsberg, unternimmt Elfriede N. einen Fluchtversuch. Sie wird jedoch »am Bahnhof [wieder] aufgegriffen, als sie aus dem Wartesaal II herauskam – Ist heute nett und bittet immer wieder, man möge sie doch gehen lassen. [] ›Ich weiß genau seit wann mein Bruder so anders zu mir ist! Seit dem Umsturz, seit die neuen Gesetze heraus sind. Früher hat er sich immer gekümmert und mich besucht. Er ist doch nun der nächste Mensch, den ich auf der Welt habe, seit meine Eltern tot sind. Können Sie denn nicht verstehen, dass ich unter diesen Umständen leide: immer die vielen Menschen, das schlechte Essen, schlechte Luft im Raum und nicht ordentlich geheizt. Und wenn man auch noch schwerhörig ist, so ist alles doppelt schwer.‹«[36] Elfriedes Vermutung, dass der Kontaktabbruch ihres Bruders im Zusammenhang steht mit den veränderten politischen Verhältnissen, ist realistisch.[37] Neun Monate lang erfolgen keine weiteren Einträge in der Krankenakte, erst im Oktober notiert der Arzt: »Auf der Abteilung recht ruhig und zufrieden, beschäftigt sich mit ihren Briefen und Zeitungen. Die Kranke bittet aber immer wieder entlassen zu werden.« Neben der gewohnten eigenständigen Beschäftigung hilft Elfriede N. in Landsberg jedoch auch bei den »Zupfarbeiten« mit.[38] Für das Jahr 1940 finden sich lediglich drei Einträge in der Krankenakte, nach denen sich Elfriede N. »im allgemeinen recht zurückhaltend« verhält und kaum auffällt. Sie sucht keinen Kontakt zu ihren Mitpatientinnen, »hilft mit« und beschäftigt sich ein wenig mit Handarbeiten. Wie gewohnt fordert sie in Phasen, in denen sie »erregt« ist, »uneinsichtig ihre Entlassung«. Ohne weitere Erläuterung wird sie am 9. Oktober 1940 in einem Sammeltransport in die als Zwischenanstalt fungierende Landesanstalt Teupitz verlegt. Erst drei Monate nach ihrer Aufnahme heißt es dort nur: »Nimmt keine Notiz von den anderen Kranken, sitzt dauernd am Fenster und schaut heraus. Drängt auf Entlassung.« Fünf Tage vor ihrem 48. Geburtstag, am 20. Februar 1941, wird Elfriede N. gemeinsam mit siebzig anderen Frauen von Teupitz in die Tötungsanstalt Bernburg deportiert und ermordet.[39]

1   Die erste Phase der politischen Umwälzungen in Russland umfasst den Zeitraum von 1905 bis 1907, in deren Folge in der Februarrevolution von 1917 der Zarismus abgelöst und im Oktober desselben Jahres die kommunistische Herrschaft etabliert wurde.
2   Vgl. BAB, R 179/8817.
3   Die am 1. April 1900 gegründete Einrichtung war die erste städtische höhere Mädchenschule in Schöneberg und ist die heutige Grund- und Volkshochschule des Bezirkes. Vgl. Archiv Schöneberg, Text-Archiv, Sozialgeschichtliche Dokumente, Bildung/Wissenschaft, Schulen A-F.
4   In den Jahresberichten der Schule werden die Absolventinnen namentlich aufgeführt. Elfriede N. ist dort allerdings nicht verzeichnet. Vgl. Archiv Schöneberg, Sozialgeschichtliche Dokumente, Mädchenbildung/Mädchenschulen/Ausbildungsmöglichkeiten, VI/6.
5   Wilhelm Adolf Lette gründete 1866 in Berlin den Verein zur Förderung der Erwerbstätigkeit des weiblichen Geschlechts. Als erste Einrichtung dieser Art wurde der Lette-Verein vorbildlich für alle Berufsbildungsstätten für Frauen in Deutschland. Die Schule des Lette-Vereins befindet sich seit 1902 in Berlin-Schöneberg. In mehreren Berufsfachschulen wurden junge Frauen u.a. in kaufmännischen Berufen, zur Fotografin und Medizinisch-Technischen As-

sistentin, in einer Fachklasse für Mode und als Hauswirtschaftsleiterinnen ausgebildet. Vgl. Hauff (1928), Lette-Verein.

6 Arthur Posnansky (1873-1946) betrieb eine große Ziegelei in La Paz. Er setzte sich für den Erhalt der Ruinenstadt Tiahuanaco in Bolivien ein, die Anfang des 20. Jh. im Auftrag der bolivianischen Regierung als Steinbruch genutzt wurde. Die Anlage mit Tempeln und Palästen war ursprünglich Kultstätte und religiöses sowie politisches Zentrum.

7 BAB, R 179/8817, Aufzeichnungen des Bruders der Patientin.

8 Es handelt sich um das »Haus Schönow« in Blankenburg.

9 BAB, R 179/8817, Bl. 6.

10 Ebd.

11 Ebd., Eintrag vom 24.11.1927.

12 Ebd., Eintrag vom 25.11.1927.

13 Ebd., Eintrag vom 7.12.1927.

14 Ebd., Eintrag vom 27.10.1927.

15 Ebd., Eintrag vom 26.09.1928.

16 Ebd., Eintrag vom 19.03.1930.

17 Ebd., Eintrag vom 01.05.1930.

18 Ebd., Eintrag vom 17.09.1930.

19 Ebd., Eintrag vom 20.01.1931.

20 Ebd., Eintrag vom 24.12.1931.

21 Er trat am 1. November 1929 in die NSDAP ein. Die Angaben zum Familienstand, zur beruflichen Stellung und den Mitgliedschaften Reinhard N.s sind der Parteistatistischen Erhebung der NSDAP von 1939 und der Personalkartei entnommen. Vgl. BAB, Bestand des ehemaligen BDC, NSDAP-Gaukartei und BDC, PK.

22 BAB, R 179/8817, Eintrag vom 30.10.1933.

23 Ebd., Eintrag vom 07.12.1933.

24 Ebd., Eintrag vom 20.05.1934.

25 Ebd., Eintrag vom 20.12.1934.

26 Ebd., Eintrag vom 25.08.1935.

27 Ebd., Eintrag vom 05.07.1936.

28 Ebd., Eintrag vom 20.07.1937.

29 Ebd., Eintrag vom 02.12.1937.

30 Ebd., Eintrag vom 20.05.1938. Elfriede N. verwendet tatsächlich das Wort »Bakteriologin«.

31 Vgl. dazu Zabel (2002), brandenburgische Landesanstalten, S. 120f.

32 Es handelte sich um die Einrichtungen Landsberg/Warthe, Lübben, Eberswalde, Sorau, Neuruppin, Meseritz-Obrawalde und die Samariteranstalt Fürstenwalde, vgl. Falk und Hauer (2002), Erbbiologie, S. 88.

33 BAB, R 179/8817, Eintrag vom 02.11.1938.

34 Ebd., Eintrag vom 15.01.1939.

35 Die Ernennung erfolgte am 30. Januar 1939.

36 BAB, R 179/8817, Eintrag vom 08.02.1939.

37 In der deutschsprachigen Forschung zu hochrangigen Vertretern der NS-Justiz gibt es bislang keine eigenständigen Veröffentlichungen zu Reinhard N. Erwähnung findet er im Rahmen eines Aufsatzes, der sich mit der Rolle der Rechtsanwaltskammer im Zusammenhang mit der Vertreibung der jüdischen

Rechtsanwälte nach 1933 beschäftigt. Schon im April 1933 hatte Reinhard N. eine Liste mit 35 jüdischen Anwälten veröffentlicht, die künftig noch zugelassen werden sollten. In seiner Funktion als Präsident der Reichsrechtsanwaltskammer befürwortete er 1939 die Befreiung der Anwaltschaft »von artfremdem Einfluss« durch den Ausschluss der jüdischen Kollegen. Vgl. Landau (2003), Justiz, S. 110. Auf die Aktivitäten Reinhard N.s in diesem Zusammenhang nimmt auch der internationale Zusammenschluss jüdischer Rechtanwälte und Juristen, »The International Association of Jewish Lawyers and Jurists« Bezug. Vgl. Dombek (1999), »We were determined«, S. 6. Es spricht einiges dafür, dass Reinhard N. gute Kontakte ins Reichsjustizministerium hatte. Darüber hinaus ist er als Herausgeber eines maßgeblichen Fachbuches in Erscheinung getreten. Unser besonderer Dank für diese wertvollen Hinweise gilt Dr. Helia Daubach, Leiterin der Dokumentations- und Forschungsstelle »Justiz und Nationalsozialismus« an der Justizakademie des Landes Nordrhein-Westfalen in Recklinghausen.
38 Ebd., Eintrag vom 07.12.1939. Das »Zupfen«, meist von textilem Material, galt als »mechanische« Arbeit und zählte zu den niedrig bewerteten und weniger anerkannten Tätigkeiten innerhalb der Psychiatrie.
39 Schulze (2002), Teupitz, S. 195-207.

Gertrud N. –
Im Netz

Sascha Topp

Am 22. Februar 1933, wenige Tage vor ihrem 34. Geburtstag, wurde Gertrud N. in der Privatklinik für Nerven- und Gemütskranke Kennenburg im württembergischen Esslingen aufgenommen. Laut Vermerk in der Krankengeschichte[1] handelte es sich formal um eine freiwillige Aufnahme. Jedoch war Gertrud auf Wunsch ihrer Eltern durch den Assistenzarzt Dr. von Baeyer[2] aus der badischen Universitätsklinik Heidelberg[3] nach Kennenburg[4] überwiesen und dort direkt auf die »unruhigen Abteilung« verlegt worden. Aus einem beiliegenden Aktenauszug der Universitätsklinik geht hervor, dass es sich um einen »subacuten Schub einer Hebephrenie« handelte, deren erste Erscheinungen bereits zwölf Jahre zuvor aufgetreten waren.

Die Kennenburger Krankenakte gibt ausführlich zu Verhaltens- und Symptombeschreibungen Auskunft, wogegen die Personalakte mit den Angaben über die Kostenabrechnungen und die Korrespondenz mit den Angehörigen nicht erhalten geblieben ist. Zu Gertruds regionaler und sozialer Herkunft werden kaum Hinweise geliefert. Ihre Unterbringung in einer privaten psychiatrischen Einrichtung lässt auf eine finanziell gut situierte Familie schließen, deren Wohnort wohl im unmittelbaren Einzugsgebiet der Universitätsklinik Heidelberg im Land Baden gelegen haben muss. Zwar wurde in der Krankenakte Gertruds letzter Wohnort mit Zürich angegeben, wohin sie im April 1930 verzogen war.[5] Dennoch ist zu vermuten, dass sie sich unmittelbar vor der Einweisung wieder bei ihren Eltern aufgehalten hat.

In der Aufnahmebeschreibung der Krankenakte heißt es über Gertrud, sie sei ein »schlankes, hübsches Mädchen«: »Pat.[ientin] sitzt mit leerem Gesichtsausdruck ernst vor sich hinstarrend in ihrem Bett. Sie reicht freundlich die Hand, gibt Antworten, aber völlig ohne Affekt und ganz gleichgültig.« Einerseits gebe sie auf einige der ärztlichen Fragen korrekte Antworten, wonach sie andererseits während der Visite plötzlich Unsinn schwatze. Mit Vorliebe lege sie sich in die Badewanne oder in Betten anderer Patientinnen. Weder einem der Ärzte noch einer Pflegerin oder Oberin gelinge es, Kontakt mit ihr zu bekommen.

Die psychiatrische Diagnostik blieb über Jahre hinweg durchaus widersprüchlich. Drei Monate nach der Aufnahme stellte ein Arzt fest, dass sie das Bild einer »verblödeten, alten Katatonikerin« und im Oktober desselben Jahres das Bild einer »leeren etwas läppischen etwas schnippischen Schizophrenie« böte. Dennoch wurde im Rahmen der am 19. April 1934 erstatteten Anzeige im Sinne des Gesetzes zur Verhütung erbkranken Nachwuchses neben der Bemerkung »dauernd anstaltsbedürftig« die Diagnose »manisch-depressives Irrsein« vermerkt.[6] Im Zuge ihrer »Entlassung« findet sich auf dem Deckblatt der nun wohl endgültige Diagnoseneintrag »Schizophrenie«.

Während der 30er Jahre hielt Gertruds Familie durch mehrere Besuche den Kontakt aufrecht. Während Gertrud am 15. April 1933 absolut gleichgültig auf ihre Mutter reagiert habe und »so albern, unzugänglich und läppisch wie immer« gewesen sei, begrüßte sie diese bei einem Besuch ein Jahr später herzlich und fing an zu weinen. Auch wenn ihre Äußerungen dabei von Seiten der Ärzte als »uneinfühlbar« bewertet wurden, war ihre emotionale Regung nicht zu übersehen. Anfang der 30er Jahre hatte sie von Zeit zu Zeit Briefe an ihre Angehörigen verfasst. Diese Briefe, die nicht in der Krankenakte erhalten sind, seien aus ärztlicher Sicht jedoch sehr wirren Inhalts gewesen. Als im Mai 1935 das Entmündigungsverfahren zum Abschluss kam, wurden mit einiger Wahrscheinlichkeit ihre Eltern mit der Vormundschaft betraut. Den letzten Aktenhinweis auf einen familiären Kontakt stellt ein Vermerk dar, wonach Gertrud sechs Jahre nach dem letzterwähnten Besuch von der Mutter im September 1939 über den Tod ihres Vaters unterrichtet wurde. Dabei zeigte sie, so ein Eintrag in der Krankengeschichte, keine Regung.

Unruhige und ruhige Phasen in Gertruds Anstaltsalltag lösten sich ab. Manches Mal wurde sie als »recht nett und freundlich« erlebt, so dass auch Ausgänge in den Garten möglich waren. Doch bereits für die ersten Jahre ihres Kennenburger Aufenthaltes überwiegen die Beschreibungen, wonach sie zeitweise erregt auftrat und auch Boxkämpfe begann. Unmittelbar nach einem dieser Ausbrüche im Februar 1933 schätzte sie selbst diese Situation gelassen mit den Worten ein: »Das war ein Tobsuchtanfall, jetzt ist er vorbei.« Unmittelbar zuvor hatte sie den Dienst habenden Arzt verkannt und diesem mit Erschießen gedroht. Einer imaginären Person namens Simon rief sie Kommandos und jedem ihr Begegnenden zu: »Hände hoch«. Ein Arzt beschrieb seine Verunsicherung mit den Worten: »Das Gesicht bekommt bei solchen Gelegenheiten aber auch wenn sie sonst im Saal sprungbereit herumschleicht etwas ganz unheimlich hexenhaftes.« Vor allem während der Menses war sie äußerst unruhig, verweigerte das Essen, spuckte um sich und schlug nach dem Arzt. Sich selbst und den Schwestern riss sie büschelweise die Haare aus. Auch schmierte sie mit Urin und Kot und aß ihren Kot. Manche ihrer Unruhephasen gingen mit sexueller Erregung einher, in der sie den Ärzten Heiratsanträge machte.

Ab Ende des Jahres 1935 war der Einsatz von Zwangsmaßnahmen vermerkt worden. Dazu zählte nicht nur die Vergabe von Brechmitteln, die zu einer kurzfristigen Erschöpfung und Beruhigung führten. Tagsüber erhielt Gertrud N. dreimal täglich das Beruhigungsmittel Luminal. In der Akte heißt es: »Sehr gespannt, wird manchmal aggressiv, kommt deswegen schließlich unters Netz, ergeht sich von hier aus in Schimpfereien in einem zu Teil ganz unverständlichen Kauderwelsch mit Wortneubildungen.« Wiederholt wird erwähnt, dass Gertrud nachts nur nach der Verabreichung von Morphium-Scopolamin und Paraldehyd in den Schlaf fand. Diese Medikation wurde durch die Verabreichung von Kampfer bei sexueller Erregung ergänzt.

Seit den Sommermonaten des Jahres 1936 spiegeln die Einträge eine gewisse Beruhigung wider. Die Hintergründe dieser Entwicklung bleiben unklar, jedoch mag der Stationswechsel eines Teils des medizinischen Personals eine Rolle gespielt haben, da sich Gertrud im Februar 1936 »nach Abzug von Fr. Dr. H. nach oben« zunehmend ruhiger verhalten habe. Von aggressiven Rückfällen abgesehen, die aus Sicht des medizinischen Personals die dauerhafte Verabreichung von Medikamenten notwendig erscheinen ließ, war Gertruds Leben insbesondere im Laufe der zweiten Hälfte der 30er Jahre durch die Anwendung verschiedener therapeutischer Maßnahmen geprägt. Schon kurz nach Gertruds Aufnahme im März 1933 war in der Akte vermerkt worden, dass sie unter Anleitung einer Pflegerin, Frl. Zeller, »stets anständig und eifrigst« an der Gymnastik teilnehme und »unzweifelbar Freude an Gymnastik« habe. Dann, in der zweiten Hälfte des Jahres 1936, ließ sich Gertrud dazu bewegen, unter Aufsicht zu häkeln. Schon bald war sie ein »regelmäßiger Gast des Therapieraums«. Ihr Häkeln verbesserte sich trotz ihrer »Zerfahrenheit«. Und wenn sie nicht an der Arbeitstherapie teilnahm, blätterte sie in Zeitschriften. Im November 1936 hielt man es für erwähnenswert, dass sie auch eine Bastarbeit besonders geschickt vollbracht habe und »zeitweise sehr manierlich sein« könne.

Als die Ärzte im Jahr 1937 glaubten, wieder eine Verschlechterung von Gertruds Zustand zu beobachten, wurde unmittelbar vor Weihnachten mit ihren Eltern über alternative Therapiemöglichkeiten ge-

sprochen. Gertruds Verhalten war laut Akte erneut sowohl von starker sexueller Erregung und aggressivem Auftreten geprägt als auch
durch »katatone« Phasen gekennzeichnet, in denen sie in starren
Haltungen, die Arme in die Luft gestreckt, das Bett nicht verlassen
konnte. Mit Zustimmung der Eltern wurde noch im Dezember eine
Insulinkur eingeleitet.

Die ersten beiden Wochen der Insulinkur ließen keine Wirkung erkennen, jedoch glaubte man eine gewisse Zustimmung aus Gertruds
Verhalten ablesen zu können. »Sie macht beim Spritzen keine Schwierigkeiten, im Gegenteil, sie hat es sichtlich gern, wie mit ihr etwas
geschieht.« Wie Gertrud selbst die Eingriffe erlebte, bleibt fraglich,
sie war durch die Hypoglykämie[7] epileptischen Anfällen, Streck-
krämpfen und Zuckungen ausgesetzt, gegen die wiederum Luminal
und Calcium verabreicht werden mussten.

Von Januar bis Juni des Jahres 1938 bleiben die Beschreibungen
über die Wirkung der Therapie ambivalent. Mit einer gewissen Empathie berichten die Ärzte über Gertruds Reaktionen unmittelbar
nach Abklingen der Anfälle. Danach sei sie viel zugänglicher und
freundlicher, so dass zum ersten Mal eine geordnete Unterhaltung
mit ihr möglich schien. Sie höre mit sichtlicher Freude Musik und
äußere den Wunsch, einen langen Ausflug machen zu dürfen. Einmal
erklärte Gertrud unter Tränen: »ich muss nach Hause, habe Heimweh. Lasst mich fort sonst hänge ich mich noch auf.« Da über die
Monate hinweg Gertruds gereizte Stimmung bestehen blieb, wurde
erst im Juli 1938 die Therapie nach 135 Schocks und dem wiederholten Auftreten von Bulbärsymptomen[8] abgebrochen.

Spätestens seit den Sommermonaten des Jahres 1938 wurde Gertruds
Verhalten deutlich negativer beschrieben. Wie auch noch 1939 mehrmals erwähnt, ließ sie sich nicht zu Arbeiten heranziehen. Unter dem
Einfluss von Halluzinationen fühlte sie sich durch andere Patientinnen
bedroht und schlug um sich. Da ihre Gewaltausbrüche oft unvermittelt
hervorbrachen, wurde sie nun zunehmend unter dem Netz gehalten. In
ruhigen Phasen blieb sie im Bett und versuchte jeden Kontakt zu vermeiden. Auch im Jahr 1940 sahen sich die Ärzte mit Gertruds wider-
strebendem Verhalten konfrontiert. Zwischenzeitlich hatte sich jedoch
eine Routine im Anstaltsalltag eingestellt. »In den Morgenstunden
meist unter dem Netz, während sie am Nachmittag ab und zu in den
Garten gebracht werden kann.«

Gertruds Verlegung aus dem württembergischen Kennenburg in
die Tötungsanstalt Grafeneck war für den 16. Oktober anberaumt

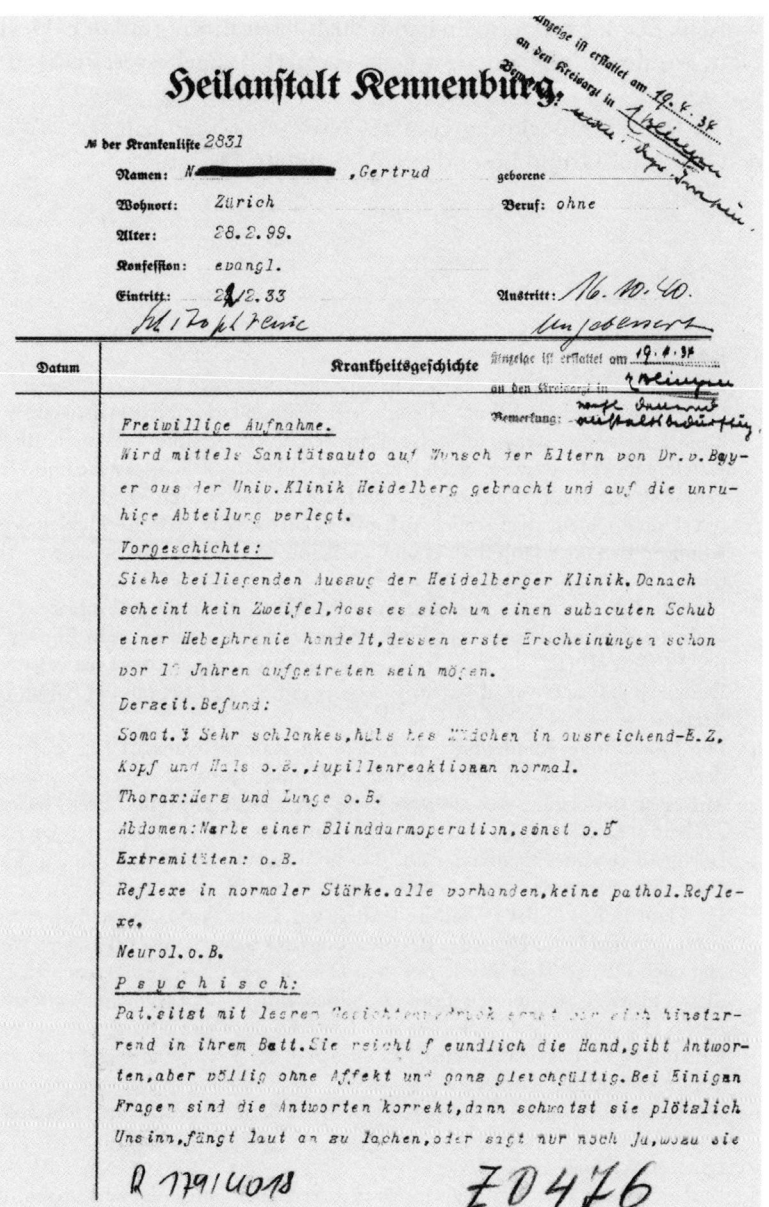

Abb. 25: Auszug aus der Krankengeschichte, Deckblatt

worden. Darauf verweist ein handschriftlicher Eintrag auf dem Deckblatt, wo ihre Entlassung mit dem Vermerk »ungebessert« eingetragen wurde.

Der letzte Akteneintrag vom 26. November 1940 hält fest: »Wird
erst heute auf Grund besonderer Anordnung verlegt.«⁹

1 BAB, R 179/4018.
2 Dr. Walter von Baeyer, geb. 1904 in München, war 1929 bis 1933 Assistent an
  der Psychiatrischen Klinik Heidelberg. Während des Nationalsozialismus
  konnte er wegen seiner teilweise jüdischen Vorfahren die wissenschaftliche
  Karriere nicht fortsetzen. Nachdem er 1945-1955 die Psychiatrische und Nervenklinik der Stadt Nürnberg geleitet hatte, wurde er nach Heidelberg berufen. Unter seinem maßgeblichen Einfluss entwickelte sich die Heidelberger
  Klinik in den 60er Jahren zu einem anerkannten Zentrum für Sozialpsychiatrie.
3 Eine Recherche zur Krankenakte im historischen Archiv der Psychiatrischen
  Universitätsklinik Heidelberg blieb leider erfolglos. Lediglich ein Eintrag in
  der Patientenkartei, die den dortigen Aufenthalt dokumentiert, ist erhalten.
  Demnach wurde Gertrud N. vom 10.09.1932 bis 22.02.1933 in der Klinik behandelt.
4 Die Einrichtung Kennenburg war 1840 als Kaltwasseranstalt gegründet, in
  den nachfolgenden Jahrzehnten mehrfach umgebaut und erweitert worden.
  Mit einer Bettenzahl von etwa 70 Ende der 1930er Jahre und drei Häusern
  zählte die Klinik zu den kleineren ihrer Zeit. Als Besitzer und leitender Arzt
  zeichnete 1937 der Sanitätsrat Dr. Reinhold Krauß verantwortlich. Zur gleichen Zeit waren als zweiter Arzt Dr. Paul Krauß sowie der Assistenzarzt
  Dr. Hans Fuhry in der Privatklinik tätig. Vgl. Laehr (1937), Anstalten.
5 Eintrag in den Unterlagen des Bevölkerungsamtes der Stadt Zürich. Der Weg-
  zug nach Deutschland wurde mit dem Datum vom 27.03.1933 vermerkt. Für
  diesen Hinweis danken wir Frau Dr. Silberzahn-Jandt, Esslingen. Weiterfüh-
  rende Hinweise zur Geschichte der Einrichtung Kennenburg, in der auch
  Gertrud N. berücksichtigt wird, finden sich in der 2006 herausgegebenen Bro-
  schüre »Verortung der Seele«.
6 Die Durchführung der Sterilisierung ist in der Krankengeschichte nicht dokumentiert.
7 Unterzuckerung.
8 Bulbär, griech., das verlängerte Mark betreffend. Die Folgewirkungen, die
  nach dieser hohen Anzahl verabreichter Insulinschocks bei Gertrud N. aufgetreten sind, werden in der Akte nicht näher beschrieben. Die Symptome der
  offensichtlich erlittenen Störung im Bereich der Hirnnervenkerne können
  demnach eine Vielzahl an Reaktionen meinen, das Spektrum reicht von
  Sprachstörungen, bei denen die Sprache verlangsamt und undeutlich wird

bzw. ganz versagen kann, über Störungen der Schluck- und Kaubewegungen bis hin zu (schweren) Lähmungserscheinungen.

9 Insgesamt wurden 11 Kennenburger Patientinnen und Patienten Opfer der »Aktion T4« (freundliche Mitteilung von Frau Dr. Silberzahn-Jandt). In einer »T4«-internen Auflistung aller Einrichtungen, die mit Meldebogen erfasst worden waren, erhielt Kennenburg die Nr. 3 von insgesamt über 900 erfassten Institutionen. Folglich wurden nur zwei andere Einrichtungen aus den Ländern Baden und Württemberg noch vor Kennenburg in der Zentralstelle registriert. Nach dieser Liste wurde für mindestens 25 Patientinnen und Patienten aus der Privatklinik mit 73 Betten ein Meldebogen ausgefüllt. Der Bestand R 179 im Bundesarchiv Berlin enthält nur noch eine weitere Krankenakte aus dieser Anstalt, R 179/5359, Gerd B.

B. Oppenheimer[1] –
»Wir fürchteten schon damals,
daß wir ihn das letzte Mal sehen würden«

Maike Rotzoll

Spurensuche

»Ich wäre Ihnen dankbar, wenn Sie mir das ganz offen schreiben würden. Ich garantiere dann für eine schonende Weitergabe«: Mit dieser Bitte bemühte sich Hermann Maas, Pfarrer der evangelischen Heilig-Geist-Kirchengemeinde in Heidelberg, im Mai 1946 um Auskunft über den Verbleib eines früheren jüdischen Mitbürgers. Er zählte zu den Wenigen, die tatkräftig versucht hatten, Juden vor der Vernichtung durch das NS-Regime zu bewahren oder ihnen zumindest Unterstützung zu gewähren.[2] So war es sicher nicht zufällig, dass sich ein nach New York emigrierter früherer Heidelberger Bürger gerade an Hermann Maas wandte, wenn er nach dem Verbleib von Angehörigen forschen wollte. Moritz Oppenheimer, früherer Direktor des Heidelberger Traditionsunternehmens im Bereich der industriellen Getreideverarbeitung, der »Herrenmühle«, richtete sein Anliegen ein Jahr nach Kriegsende an Hermann Maas. Ein »besorgter Vater«, so schrieb dieser daraufhin an den Leiter der Anstalt Kork bei Kehl/Baden, Pfarrer Adolf Meerwein, sei auf der Suche nach seinem Sohn. B. Oppenheimer sei jahrelang in Kork untergebracht gewesen. Dem Vater, Moritz Oppenheimer, sei es gelungen, im Anschluss an seine Deportation nach Südfrankreich in die Vereinigten Staaten zu flüchten. Nun habe er ihn, Hermann Maas, gebeten, in Erfahrung zu bringen, ob B. noch lebe, »und wenn nicht, wie er gestorben ist«.[3]

Die Bitte um Offenheit und das Angebot einer »schonenden Weitergabe« durch Hermann Maas, der sich in seiner Anfrage auch daran erinnerte, »den Jungen einmal in Kork in der Anstalt gesehen zu haben«, legen die Vermutung nahe, dass er beim Schreiben des Briefes die Antwort schon ahnte.

Seine Befürchtung erwies sich als berechtigt. Tatsächlich gehörte B. Oppenheimer zu den 113 Patientinnen und Patienten aus Kork, die dem nationalsozialistischen Krankenmord zum Opfer gefallen waren.[4] Dies bestätigte Pfarrer Meerwein bereits am 28. Mai 1946 in einem Schreiben an den Vater, der nicht nur über Pfarrer Maas, sondern auch über das französische Rote Kreuz Nachforschungen zum Verbleib seines Sohnes angestellt hatte, und er fügte hinzu: »Es ist mir unvergeßlich, mit welcher Freude B[...] mit den anderen zusammen den grossen Omnibus bestieg in der Hoffnung, einen Ausflug mitmachen zu dürfen, während wir selbst mit einer inneren Bedrängnis und Sorge machtlos zusehen mußten, denn wir fürchteten schon damals, daß wir ihn das letzte Mal sehen würden.«[5]

Wahrscheinlich hat Moritz Oppenheimer die Nachricht vom Tod seines Sohnes noch erhalten. Er starb am 23. Juni 1946 im Alter von 80 Jahren in New York.[6]

Vertreibung aus Heidelberg: das Schicksal der Familie Oppenheimer

Moritz Oppenheimer gehörte lange Zeit zu den Honoratioren der Stadt Heidelberg. 1865 in Neckarbischofsheim geboren, zog es ihn, wie viele jüdische Bewohner des Heidelberger Hinterlandes, um die Jahrhundertwende in die Stadt. Dort konnte er sich als angesehener Unternehmer etablieren. Verhielt er sich in Bezug auf die Wahl des Wohnortes typisch für den jüdischen Bevölkerungsteil, so war seine Familie mit sechs Kindern für jüdische Verhältnisse der damaligen Zeit dagegen ungewöhnlich groß.[7] Seine Ehefrau Marie, geb. 1872, stammte aus Sinsheim,[8] die vier ältesten Kinder Heinrich, Martha, Willy und Ernst wurden zwischen 1896 und 1900 noch in Neckarbischofsheim geboren. Die beiden jüngsten Söhne, B. (*1904) und Gustav (*1909), kamen in Heidelberg zur Welt.[9]

Wie andere Vertreter aus der seit 1890 zugewanderten »Gründergeneration« jüdischer Fabrikanten- und Großkaufmannsfamilien war Moritz Oppenheimer als Direktor der »Herrenmühle« auch im politischen und sozialen Bereich aktiv.[10] Besonders bemerkenswert ist sein kommunalpolitisches Engagement, das noch vor dem Ersten Weltkrieg begann und sich bis gegen Ende der Weimarer Republik erstreckte. Bei den letzten Wahlen der Kaiserzeit 1912 wurde er als einer von vier jüdischen Vertretern in die Heidelberger Stadtverordnetenversammlung gewählt.[11] Nicht nur diese Mandate, auch die Wahl zweier Juden in den Stadtrat machen das Ansehen jüdischer Kommunalpolitiker zu diesem Zeitpunkt deutlich. Im Verlauf der Weimarer Republik nahm die Zahl der amtierenden jüdischen Politiker allerdings stetig ab – die zunehmende Akzeptanz zionistischer

Positionen in der jüngeren Generation führte zu einem Rückzug aus dem politischen Raum: 1922 gab es nur noch vier jüdische Stadtverordnete, 1926 ging ihre Zahl auf drei zurück, und 1930 blieb Moritz Oppenheimer als letzter übrig.[12]

Dem Synagogenrat der jüdischen Gemeinde in Heidelberg, der sich vor allem aus Fabrikanten, Kaufleuten, Rechtsanwälten und Privatiers zusammensetzte – jüdische Mitglieder der Universität engagierten sich weniger in der Gemeinde –, gehörte Moritz Oppenheimer von 1927 bis 1933 an.[13] Zwei Jahre zuvor war er mit 66 Jahren am 30. Juni 1931 als Direktor der »Herrenmühle« in den Ruhestand getreten.[14]

Die Jahre nach der »Machtergreifung« durch die Nationalsozialisten zeigten auch in Heidelberg, wie oberflächlich die Integration der jüdischen Bevölkerung in die deutsche Gesellschaft gewesen war. Jedenfalls kam es nun innerhalb weniger Jahre über die bekannten Stationen des Judenboykotts von 1933, der Nürnberger Rassegesetze von 1935 und der Reichspogromnacht 1938 zur vollständigen Ausgrenzung, zu Vertreibung und Vernichtung des jüdischen Bevölkerungsteils. Dieses Schicksal teilte auch die Heidelberger Familie Oppenheimer. Eine Sippentafel, die Moritz Oppenheimer am 10. Juli 1938 für die Anstalt Kork ausfüllte, lässt erkennen, dass zu diesem Zeitpunkt bereits zwei Söhne ausgewandert waren: Willy, von Beruf Kaufmann, nach Buenos Aires und der jüngste Sohn Gustav nach Porto Allegre.

Kurz darauf, am 22. Juli 1938, verließ auch die einzige Tochter Martha mit ihrer 1923 geborenen Tochter Margot[15] Heidelberg in Richtung Brasilien.[16] Als Aufenthaltsort des Syndikus Dr. Heinrich und des Kaufmanns Ernst Oppenheimer wird 1938 Hamburg angegeben. Heinrich gelang im September 1940 die Auswanderung über Russland und Japan ebenfalls nach Südamerika.[17] Das Schicksal von Ernst Oppenheimer ist bisher nicht dokumentiert, er konnte jedoch wahrscheinlich noch rechtzeitig der Vernichtung durch das NS-Regime entkommen.[18]

Die in Heidelberg allein zurückgebliebenen Eltern waren, gemeinsam mit der übrigen aufgrund der zunehmenden Auswanderung bereits stark verkleinerten jüdischen Restgemeinde, in der ältere Menschen und Frauen erheblich überwogen, zunehmenden Repressalien ausgesetzt. So wurden sie ab 1939 auf wenige »Judenhäuser« verteilt,[19] die ihren Verfolgern einen noch leichteren Zugriff boten. Die Eheleute Oppenheimer mussten in ein »Judenhaus« im Heidelberger Stadtteil Bergheim umziehen.[20] Auch sie trugen sich mit Auswande-

Abb. 26: Arbeitstherapie:
Jungen beim Gemüseputzen (Kork/Baden)

rungsgedanken. Vielleicht war die Verantwortung für ihren seit 1922 in der badischen Heilanstalt Kork untergebrachten Sohn B. ein Grund, ihre Emigrationspläne zu verzögern. Ihn mitzunehmen dürfte in der damaligen Situation kaum möglich gewesen sein, zumal es für psychiatrische Patientinnen und Patienten in vielen Ländern Einwanderungsbeschränkungen gab.[21] Sollten sie daher B. zurücklassen müssen, wollten sie ihn zumindest versorgt wissen: Im Mai 1939 schrieb Moritz Oppenheimer an die Anstalt Kork: »da ich nicht weiß, ob ich nicht in absehbarer Zeit auswandern muß, frage ich hiermit bei Ihnen an, ob ich meinen Sohn B[...] mit Abfindung eines Kapitalbetrags bei Ihnen einkaufen kann, damit derselbe lebenslänglich in Ihrer Anstalt verbleiben kann.«[22] Die abschlägige Antwort der Anstaltsdirektion endete mit dem Verweis auf die Zuständigkeit des städtischen Fürsorgeamtes in Heidelberg.[23] Unterstützung wird er dort kaum angefragt oder gefunden haben, jedenfalls schloss Moritz Oppenheimer einen Vertrag mit der in Berlin ansässigen »Gesellschaft zur Förderung wirtschaftlicher Interessen von in Deutschland wohnhaften oder wohnhaft gewesenen Juden« (F.W.I.)[24] ab, die sich verpflichtete, »für den Unterhalt in der Heilanstalt Sorge zu tragen«. Der Vertrag muss vor der Verschleppung des Ehepaares Oppenheimer nach Südfrankreich im Oktober 1940 abgeschlossen worden sein.[25] Wahrscheinlich wurden ihre Auswanderungspläne durch die plötzliche Deportation unterbrochen: In Baden und der Saarpfalz wurden am 22. und 23. Oktober 1940 die meisten transportfähigen Juden (insgesamt 6 504 Menschen, darunter 309 aus Heidelberg und Umgebung) abgeholt und in das Lager Gurs im unbesetzten Südfrankreich gebracht. Marie und Moritz Oppenheimer überlebten im Gegensatz zu vielen anderen den harten Winter im Lager.[26] Nach ihrer Entlassung aus der Internierung am 13. April 1941 gelang es ihnen, von Südfrankreich aus in die USA auszuwandern.[27] So erfuhren sie zunächst nichts mehr über das Schicksal ihres Sohnes B.

Krankengeschichte und Lebensgeschichte: B. Oppenheimer

1904 geboren, wuchs B. Oppenheimer zunächst bei seiner Familie in Heidelberg auf, berichtet der Heidelberger Arzt Dr. Bernhard Rotschild im ärztlichen Zeugnis für die Aufnahme in die »Heil- und Pflegeanstalt für Epileptische in Kork« im Jahr 1922. Weiter heißt es in dem Bericht, B. sei von Geburt taubstumm, ansonsten sei seine körperliche und geistige Veranlagung zunächst normal gewesen. So schickten ihn seine Eltern vom sechsten bis zum zehnten Lebensjahr zunächst in eine Taubstummenanstalt in Frankfurt, die folgenden sechs Jahre verbrachte er in einer entsprechenden Institution in Heidelberg. Über den Charakter des Jungen wird berichtet: »Immer ruhig, fügsam, anhänglich«. Die geistigen Leistungen B.s waren laut ärztlichem Zeugnis in den letzten Jahren vor 1922 deutlich zurückgegangen, so dass er schließlich dem Unterricht kaum noch hatte folgen können. Im Spätsommer 1918, im Alter von 14 Jahren, habe B., so Dr. Rotschild, das erste Mal einen epileptischen Anfall erlitten, als auf einer Wiese bei der Taubstummenanstalt Heidelberg ein Flieger landete – auch später seien die Anfälle häufig bei aufregenden, freudigen Ereignissen aufgetreten. Seither waren im Monat neben ein bis zwei schweren Anfällen – mit Krämpfen und Bewusstlosigkeit – auch kleinere Anfälle, sogenannte Absencen und Petit-Mal-Zustände beobachtet worden. Die Intelligenz B.s sei »seit den Anfällen nicht sehr wesentlich zurückgegangen«. Er sei »gleichgiltig, fügsam«, führe einfache Aufträge aus, sei »anhänglich an die Familie, gehorsam gegen die Eltern« und versuche »sich innerhalb seiner Grenzen nützlich zu machen«, er kenne sich in der Umgebung aus und könne Einkäufe für den Haushalt erledigen. Dagegen habe er im vorhergehenden Jahr bei Versuchen, ihn bei einem Gärtner, einem Schneider und einem Buchbinder lernen zu lassen, »versagt«. Die Notwendigkeit der Aufnahme in Kork begründete Dr. Rotschild gleich dreifach: Zunächst könne durch geeignete Therapie[28] die Häufigkeit der Anfälle gesenkt werden. Zudem sollten »Schädlichkeiten in der Lebensweise« vermieden werden, und weiterhin sei eine Berufsschulung dringend. Am Ende seines Zeugnisses fasste er seine Empfehlung für eine Anstaltsbehandlung wie folgt zusammen: »Der Junge ist 17 1/2 Jahre, steht auf der Unterrichtsstufe der 4. Klasse einer Taubstummenanstalt, hat nichts gelernt, womit er im öffentlichen Leben seinen Unterhalt verdienen könnte. Bei seinem Schwachsinn und sonstigen Mängeln könnte er jetzt zur Zeit der Pubertät leicht Schwierigkeiten in der Freiheit machen.« Sein Gutachten und das gleichzeitige Bemühen von Moritz Oppenheimer zeitigten Erfolg: Am 16. März 1922 wurde B. Oppenheimer als sogenannter Selbstzahler in der rund 200 Kilometer von Heidelberg entfernten evangelischen Anstalt Kork bei Kehl/Baden aufgenommen. Ihrem gesellschaftlichen Status gemäß veranlassten die Eltern die Aufnahme in die zweite Pflegeklasse.[29]

Die Verlaufseinträge in B.s Krankengeschichte unterscheiden sich wenig von denen anderer psychiatrischer Patientenakten in dieser Zeit: Sie sind dürftig, pro Jahr wird oft nur ein mehr oder weniger aussagekräftiger Satz eingetragen, der es nicht leicht macht, zwischen den Zeilen zu lesen. Zumindest lässt sich aus einem Eintrag aus 1923 – »Im Allgemeinen brav + folgsam + still. Geht in die Schule, hilft im Haushalt« – entnehmen, dass zu diesem Zeitpunkt der gewünschten Schulausbildung noch Rechnung getragen wurde. Zu Beginn seines Anstaltsaufenthaltes konnte B. Oppenheimer auch noch Urlaubstage bei seiner Familie in Heidelberg verbringen. So schrieb Moritz Oppenheimer 1923 an die Anstaltsdirektion, sie hätten B. »recht sehr lieb« und es tue ihnen leid, »wenn die Ferien vorbei sind«.[30] Zum Thema Schule oder Berufsausbildung ist im weiteren Verlauf der Akte nichts mehr zu erfahren, die Möglichkeit einer Entlassung wird in der Krankengeschichte nicht in Erwägung gezogen. In den ersten Jahren wird B. meist positiv im Sinne von »willig«, »fleißig« und »gehorsam« beschrieben und seine Arbeitsfähigkeit erwähnt.

1929 heißt es dann, er könne nur ganz leichte Arbeit im Garten machen. Die Einträge in den folgenden Jahren halten zumeist nur die

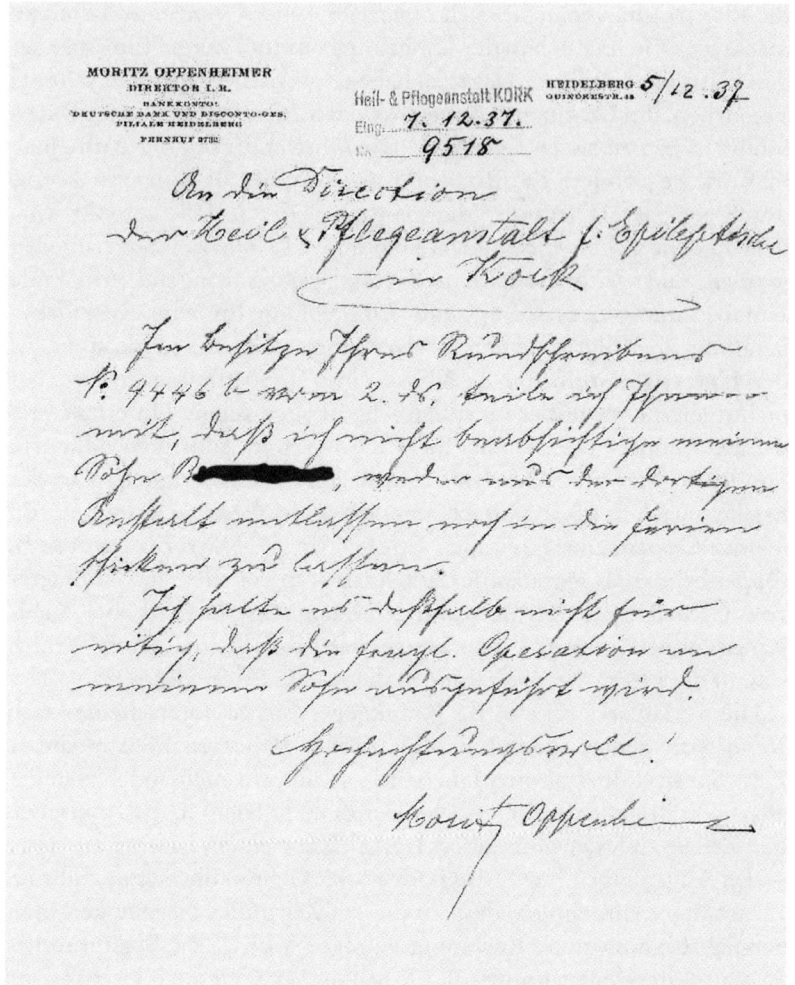

Abb. 27: Brief Moritz Oppenheimer an die Anstalt Kork 1937:
Ablehnung der Sterilisation

Zahl der Anfälle fest, zwischendurch finden sich Hinweise auf den
»erheblichen Schwachsinn« und auch auf reizbare Verstimmungen.
Die 1938 durchgeführte Sterilisation wird nicht in der Krankengeschichte, wohl aber im Korrespondenzteil der Akte erwähnt. Moritz
Oppenheimer wehrte sich mit einem Brief vom 5. Dezember 1937
gegen die geplante Unfruchtbarmachung seines Sohnes.

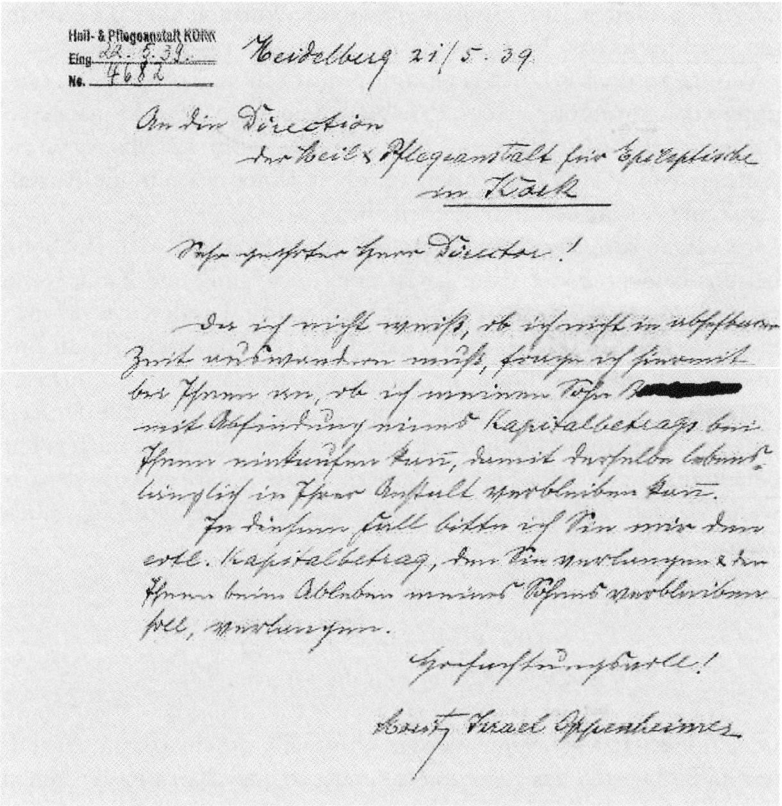

Abb. 28: Brief Moritz Oppenheimer an die Anstalt Kork 1939 zur
Frage der »Einpfründung«

Der Anstaltsarzt behauptete jedoch in seiner Antwort, die Anstalt
sei nicht geschlossen »im Sinne des Gesetzes« und daher müsse die
Sterilisation der Patienten durchgeführt werden.[31] Insgesamt wurden
bis Kriegsbeginn rund ein Drittel der Korker Pfleglinge sterilisiert. In
den meisten Fällen erfolgte dies nicht nur mit Zustimmung, sondern
auf ausdrücklichen Antrag der Korker Anstaltsleitung – ein Beispiel
für die Akzeptanz der Zwangssterilisation innerhalb der evangelischen Kirche.[32]

Welche Rolle die »Rassezugehörigkeit« B.s bei der Beurteilung seines Krankheitszustandes oder seines Verhaltens spielte, lässt sich aus
den Aktenvermerken der behandelnden Ärzte und des Pflegeperso-

nals nicht ersehen. Eine zusammenfassende Wertung über B.s Verhalten wird im letzten Verlaufseintrag von Januar 1939 vorgenommen: »Ab und zu noch reizbar verstimmt, mürrisch und verdrossen, mitunter auch zornmütig erregt. Erheblich dement«.[33] Vier Monate später lehnte die Anstaltsleitung mit Schreiben vom 22. Mai 1939 die Anfrage von Moritz Oppenheimer, ob er seinen Sohn in die Anstalt »einkaufen« könne, unumwunden ab.

Es sei, so die abschlägige Antwort, nicht möglich, »daß Ihr Sohn bei uns eingepfründet wird. Er ist noch recht jung und kann, wenn nicht Besonderes eintritt, recht alt werden, zum anderen weiß man nicht, ob seine Krankheit nicht eines Tages es nötig macht, ihn in eine Irrenanstalt zu überführen. Er hat schon jetzt dann und wann Erregungszustände, und man weiß nicht, ob dieselben nicht mit der Zeit sich vermehren und heftiger auftreten und wir ihn dann nicht mehr behalten können. Falls Sie auswandern müssen, wäre es wohl ratsam, wenn Sie sich mit dem Städt. Fürsorgeamt in Heidelberg besprechen würden [...]«

NS-»Euthanasie« in Baden:
B. Oppenheimer und die »Aktion T4«

Gleich nach Kriegsbeginn wurden frontnahe psychiatrische Anstalten im Südwesten des Reiches evakuiert, so auch Kork in der Nacht vom 3. auf den 4. September 1939.[34] Über den vorübergehenden Umzug der gesamten Belegschaft in die evangelische Anstalt Stetten im württembergischen Remstal erhielt Moritz Oppenheimer durch einen Brief vom 22. September 1939 Nachricht: »Unsere Leute befinden sich wohl, auch B[...] ist recht munter und es geht ihm gut. Es geht ihm in keiner Weise etwas ab. Wir sehnen uns natürlich danach recht bald wieder nach Kork zurückkehren zu können.« Diese Worte zu Kriegsbeginn wirken um Normalität bemüht. Zu diesem Zeitpunkt konnte kaum jemand ahnen, in welchem Maße der »Krieg nach außen« auch mit einem »Krieg nach innen« gegen geisteskranke Menschen verbunden sein sollte.[35]

Baden gehörte zu den ersten betroffenen Regionen.[36] In Stetten – für die dort weiterbestehende Anstalt Kork – trafen die sogenannten Meldebögen, versendet durch das Reichsinnenministerium, bereits am 16. Oktober 1939 ein. Am Tag darauf erhielt der Anstaltsarzt Dr. Heinrich Wiederkehr den Auftrag, die Bögen auszufüllen. Der

Abb. 29: Karte von Moritz Oppenheimer an die Anstalt Kork vom Juli 1940

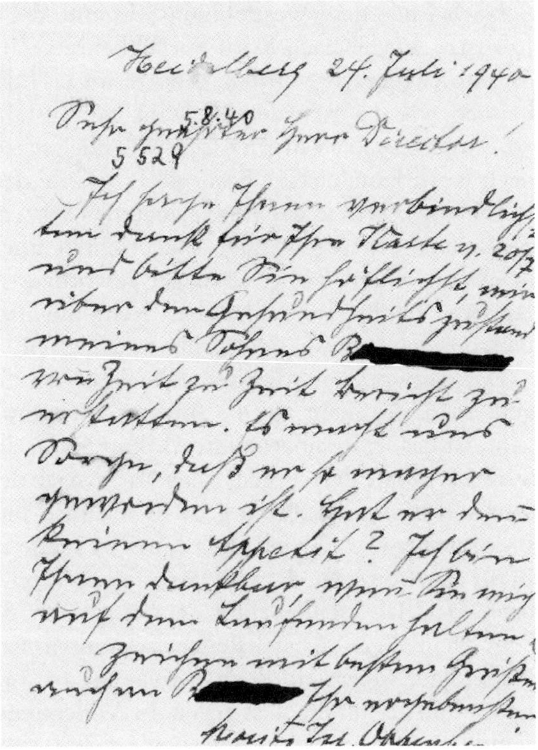

Arzt ging wohl zu diesem Zeitpunkt davon aus, dass arbeitsfähige Patienten zwecks irgendeines möglichen späteren Arbeitseinsatzes erfasst werden sollten.[37]

Eine Patientengruppe, der auch hier von Beginn an besondere Aufmerksamkeit galt, waren die jüdischen Kranken:[38] Am 23. April 1940 wurde vom badischen Innenministerium ein Erlass abgesandt, der B. Oppenheimer und zwei jüdische Patientinnen der Anstalt Kork direkt betraf: Er enthielt die Anordnung, jüdische Heimbewohnerinnen und -bewohner gesondert zu erfassen.[39] Kork wurde frühzeitig in die »Aktion T4« einbezogen mit allen Konsequenzen auch für die drei jüdischen Bewohner. Im weiteren Verlauf der NS-»Euthanasie« wurden jüdische Anstaltspatientinnen und -patienten Opfer von »Sonderaktionen«: Sie wurden zunächst in bestimmte Anstalten verlegt, von denen aus sie nach kurzer Zeit in die Tötungseinrichtungen gebracht wurden.[40]

Nach Ende des »Westfeldzugs« konnte die evakuierte Anstalt im Juli 1940 wieder nach Kork zurückkehren. Zu den ersten Patienten, die zurückgebracht wurden, gehörte am 24. Juli 1940 auch B. Oppenheimer, wie der scheidende ehemalige Anstaltsleiter Karl Stolz am 10. August 1940 an Moritz Oppenheimer schrieb. Bei der Rückkehr nach Kork hatte er eine besorgte Postkarte des Vaters vorgefunden. In seinem letzten in der Akte erhaltenen Schreiben bittet Moritz Oppenheimer um regelmäßige Nachrichten über B.s Zustand:[41] »Es macht uns Sorge, daß er so mager geworden ist. Hat er denn keinen Appetit? Ich bin Ihnen dankbar, wenn Sie mich auf dem Laufenden halten, zeichne mit besten Grüßen auch an B[...]«.

Das Antwortschreiben des ehemaligen Anstaltsleiters vom 10. August 1940, der nicht auf die Bitte nach regelmäßiger Nachricht eingeht, ist das letzte überlieferte Dokument in der Krankengeschichte. Stolz beruhigte den sorgenvollen Vater, nach der Rückkehr gehe es B. sehr viel besser. Zu essen gebe es reichlich und an Appetit fehle es B[...] nicht: »So wie ich eben höre, ist heute auch ein Päckchen für B[...] angekommen, da wird er strahlen, wenn er dasselbe in Händen hat«. Der Brief schließt mit dem angesichts der vorausgegangenen, dem ehemaligen Anstaltsleiter bekannten Ereignisse – hatte sein Nachfolger Meerwein doch bereits am 19. Juni 1940 im badischen Innenministerium Protest gegen die Verlegungen geäußert[42] – unverständlichen Satz: »Sie dürfen, so wie es jetzt steht, wegen B.[...] beruhigt sein«.

Am 23. Oktober 1940 wurde die zweite und zugleich letzte Verlegung von 43 Patientinnen und Patienten aus Kork in eine Tötungsanstalt durchgeführt.[43] Mit diesem Transport fuhr auch B. Oppenheimer nach Grafeneck.[44] Am gleichen Tag wurden seine Eltern nach Gurs deportiert.

Aus Heidelberg erkundigte sich am 7. April 1941 der Polizeidirektor – Abteilung jüdisches Vermögen – angelegentlich nach B.s Verbleib. Wenige Tage später lautete die Antwort, er sei »in eine nicht genannte staatliche Anstalt verlegt« worden.[45]

1 Aus Gründen des Personenschutzes muss nach den Bestimmungen des Bundesarchivs Berlin der Vorname dieses ehemaligen Anstaltspatienten abgekürzt werden. Sofern nicht anders vermerkt stammen die zitierten Dokumente B. Oppenheimers aus der im Bundesarchiv Berlin erhaltenen Krankengeschichte, BAB, R 179/2960. Eine längere Version dieser Biografie wurde bereits publiziert: Rotzoll; Hinz-Wessels; Fuchs; Richter; Hohendorf (2004), Anstaltspatient.

2 Hermann Maas (1877-1970) gründete im Anschluss an Diskussionen innerhalb der Bekennenden Kirche 1938 an der Heilig-Geist-Kirche in Heidelberg eine Hilfsstelle für Christen jüdischer Herkunft, die jedoch als Anlaufstelle für alle jüdischen Mitbürger gedacht war und mit dem Berliner »Büro Grüber«, das eine analoge Zielsetzung verfolgte und dessen Mitinitiator Hermann Maas war, zusammenarbeitete. Ziel dieser Hilfsstelle war, die betreffenden Menschen zu beraten und ihnen bei Auswanderung den Weg in die Zielländer zu erleichtern. Maas konnte durch seine Verbindungen, die weit über Heidelberg hinausreichten, zahlreichen Juden helfen. Vgl. Moraw (1996), Diktatur, S. 516-519, und Keller; Lohrbächer; Marggraf; Thierfelder; Weber (Hg.) (1986), Jerusalem, S. 67. Aufgrund seiner Aktivitäten wurde Maas 1943 aus dem Pfarramt entfernt und Ende 1944 mit 67 Jahren nach Frankreich deportiert. Nach dem Krieg kehrte er an die Heilig-Geist-Kirche zurück. Bis zu seinem Lebensende setzte er sich für eine Aussöhnung mit Israel ein, 1966 erhielt er für seine Unterstützung verfolgter Juden die Yad-Vashem-Medaille, vgl. Maas (1986), Mein Leben, S. 13-24, und Oppenheimer (1992), Hermann Maas, S. 117-119.

3 Brief von Maas an Pfarrer Meerwein vom 28.5.1946, Diakonie Kork, Archiv, Notakt B. Oppenheimer. Sogenannte Notakten wurden in Kork für die im Rahmen der nationalsozialistischen »Euthanasie« abtransportierten Patienten angelegt, da diesen die von der Anstalt geführten Krankenakten bei der Verlegung mitgegeben werden mussten. Die Kenntnis dieser Dokumente verdanken wir Herrn Klaus Freudenberger (Diakonie Kork).

4 Die Gesamtzahl der in Kork lebenden Bewohner betrug 305, vgl. Faulstich (1993), Irrenfürsorge, S. 281.

5 Brief von Pfarrer Meerwein an Moritz Oppenheimer vom 28.5.1946, Diakonie Kork, Archiv, Notakt B. Oppenheimer.

6 Kopie des Erhebungsbogens für die Dokumentation der Judenschicksale 1933-45 in Baden-Württemberg aufgrund der Akten der Landesämter für die Wiedergutmachung zu Moritz Oppenheimer, Stadtarchiv Heidelberg, vgl. Weckbecker (1983), Gedenkbuch 1983, S. 148.

7 Vgl. Wennemuth (1996), Geschichte der Juden, S. 351-353.

8 Kopie des Erhebungsbogens für die Dokumentation der Judenschicksale 1933-45 in Baden-Württemberg aufgrund der Akten der Landesämter für die Wiedergutmachung zu Marie Oppenheimer, Stadtarchiv Heidelberg. Vgl. Weckbecker (1983), Gedenkbuch, S. 147.

9 In Weckbecker (1983), Gedenkbuch, werden die Namen und Geburtsorte von Heinrich (S. 146), Martha (S. 111), Willy (S. 149) und Gustav (S. 145) erwähnt. Ernst und B. fehlen hier, Angaben zu ihnen finden sich in einer im Juli 1938 von Moritz Oppenheimer ausgefüllten Sippentafel, die der in der Heilanstalt Kork angelegten Krankenakte über B. Oppenheimer beiliegt.

10 Vgl. Wennemuth (1996), Geschichte der Juden, S. 353.

11 Ebd., S. 426.

12 Ebd., S. 427 428.

13 Ebd., S. 374.

14 Bis 1941 bezog er eine Pension von der Beamtenpensionskasse des Vereins deutscher Handelsmüller, vgl. Stadtarchiv Heidelberg, Kopie des »Erhebungsbogens für die Dokumentation der Judenschicksale 1933-45 in Baden-Württemberg aufgrund der Akten der Landesämter für die Wiedergutmachung« zu Moritz Oppenheimer.

15 Den Hinweis verdanken wir Norbert Giovannini. Vgl. Stadtarchiv Heidelberg, Korrespondenz mit ehemaligen jüdischen Bürgern der Stadt Heidelberg, Brief von M. Levi Mattoso vom 9.8.1988.

16 Weckbecker (1983), Gedenkbuch, S. 111.

17 Stadtarchiv Heidelberg, Kopie des »Erhebungsbogens für die Dokumentation der Judenschicksale 1933-45 in Baden-Württemberg aufgrund der Akten der Landesämter für die Wiedergutmachung« zu Heinrich Oppenheimer.

18 Ernst Oppenheimer wird ebenso wie die anderen vier ausgewanderten Kinder im Gegensatz zu seinem ermordeten Bruder B. im Erhebungsbogen zur Dokumentation der Judenschicksale seiner Mutter Marie unter der Rubrik »Namen und Geburtstage der Kinder« erwähnt. Der Erhebungsbogen wurde wahrscheinlich 1961 ausgefüllt. In der Datenbank zu den Opfern des Holocaust von Yad Vashem/Israel finden sich mehrere Opfer mit dem Namen Ernst Oppenheimer, darunter einer aus Hamburg. Das Geburtsdatum stimmt jedoch nicht mit dem des Sohnes von Marie und Moritz Oppenheimer (geb. 1900) überein.

19 Moraw (1996), Diktatur, S. 520 und S. 526.

20 Das ehemalige »Judenhaus« steht in der Bergheimer Straße 25. Den Hinweis verdanken wir Norbert Giovannini.

21 Vgl. Hinz-Wessels (2002), Schicksal, S. 274.

22 Handschriftlicher Brief vom 21.5.39.

23 Das städtische Fürsorgeamt Heidelberg beteiligte sich an judenfeindlichen Maßnahmen, vgl. Moraw (1996), Diktatur, S. 473-479. Auch andernorts taten die »örtlichen Fürsorgestellen alles, um die Juden aus dem Sicherheitsnetz der öffentlichen Unterstützung zu stoßen und die finanzielle Last auf private, von der Reichsvereinigung finanzierte jüdische Wohlfahrtsverbände abzuwälzen«, vgl. Friedlander (1997), Weg, S. 420, und Walk (Hg.) (1996), Sonderrecht, S. 257 und 297. Zur Situation jüdischer Anstaltspatienten, deren Verwandte das Land verlassen hatten, vgl. Friedlander (1997), Weg, S. 421-423.

24 Die Gesellschaft F.W.I. wurde am 20.4.1934 in das Handelsregister des Amtsgerichts Charlottenburg eingetragen und am 3.12.1942 aus dem Handelsregister gelöscht, Amtsgericht Berlin-Charlottenburg Handelsregister B Nr. 54540.

25 Das einzige Dokument zu diesem Vorgang ist ein Brief der Gesellschaft F.W.I. vom 1.4.41 an die Anstalt Kork, der in der dortigen »Notakte« zu B. Oppenheimer enthalten ist.

26 30,4 % der nach Gurs deportierten Heidelberger Juden überlebten den Holocaust. Insgesamt 29 Personen gelang die Emigration aus Frankreich in die USA, eine geringere Anzahl fand in anderen Ländern Aufnahme, vgl. Moraw (1996), Diktatur, S. 539. Unter den älteren Lagerinsassen war die Zahl der

Opfer besonders groß: Nach Weckbecker (1985), Judenverfolgung, S. 199, überlebten von 26 über 75-jährigen Heidelbergern nur vier das Lager Gurs, darunter Moritz Oppenheimer.

27 Neben Verwandten und Bekannten der Lagerinsassen bemühte sich auch Hermann Maas um für die Ausreise in die USA, nach England und in die Schweiz notwendige Affidavits, vgl. Weckbecker (1985), Judenverfolgung, S. 205.

28 Bisher sei B. nur mit Brom oder kleinen Dosen Luminal behandelt worden.

29 In dem recht umfangreichen Schriftwechsel zwischen Moritz Oppenheimer und der Anstaltsdirektion geht es zu Beginn vorwiegend um die Höhe des Pflegegeldes in der zweiten Klasse, besonders während der Weltwirtschaftskrise. Die Anstalt zeigte sich nach der Korrespondenz, die meist in einem freundlichen Ton gehalten ist, durchaus entgegenkommend. Etwas schärfer im Ton klingen lediglich der Hinweis der Anstaltsleitung, das Pflegegeld sei nur »durch die Unterstützung unserer Glaubensgenossen« so niedrig, und die schriftliche Ermahnung von Ende 1935, doch wie die Angehörigen der übrigen Patienten ein Weihnachtspäckchen zu schicken.

30 Brief vom 31.8.1923. Letztmals wird ein Urlaub 1933 erwähnt, 1936 heißt es in einem Brief aus Kork an Moritz Oppenheimer, B. wolle in den Ferien heim, aber dies sei ja nicht möglich. 1927 fragte Moritz Oppenheimer in dem Taubstummenheim des nur 10 km entfernten Neckargemünd nach, ob man seinen Sohn dort aufnehmen könne. In einem Brief aus Kork an die Leitung des Taubstummenheims vom 12.9.27 heißt es jedoch, B. bedürfe »besonderer Leitung, ständiger Aufsicht und Pflege«.

31 Im Fall von B. Oppenheimer ordnete das Erbgesundheitsgericht Offenburg am 16.12.1937 eine Pflegschaft für das Verfahren an, zum Pfleger wurde ein Verwalter der Anstalt bestimmt. Der Termin beim Erbgesundheitsgericht fand am 11.8.1938 statt. Zur Sterilisation jüdischer Patienten vgl. auch Friedlander (1997), Weg, S. 429.

32 Freudenberger und Murr (1990), Deportation, S. 463-467; Nowak (1984), »Euthanasie«; Scheuing (2004), Landeskirche.

33 Im Meldebogen von Herbst 1939 heißt es, B. sei »explosiv erregt und gewalttätig«, vgl. Durchschlag des Meldebogens, Diakonie Kork, Archiv, Notakte B. Oppenheimer.

34 Freudenberger und Murr (1990), Deportation, S. 472, und Faulstich (1998), Hungersterben, S. 247.

35 Ebd., S. 241.

36 Ebd., S. 262 gibt einen Überblick über den zeitlichen Ablauf der »Aktion T4«.

37 Freudenberger und Murr (1990), Deportation, S. 473.

38 Vgl. Friedlander (1997), Weg, S. 418-448.

39 Freudenberger und Murr (1990), Deportation, S. 473.

40 Hinz-Wessels (2002), Schicksal, S. 270; Friedlander (1997), Weg, S. 432.

41 Postkarte vom 24.7.1940. Zunächst dankt Moritz Oppenheimer für eine Karte vom 20.7.40, die nicht in Abschrift in der Akte erhalten ist. So ist nicht klar, ob in dieser Karte eine Gewichtsabnahme vermerkt war oder ob wohl eher unwahrscheinlich – noch ein Besuch stattgefunden hat. Im Meldebogen von Herbst 1939 findet sich die Angabe, B. erhalte selten Besuch, Diakonie Kork, Archiv, Notakte B. Oppenheimer.

42 Freudenberger und Murr (1990), Deportation, S. 477. Meerwein berichtete dies in einer Zeugenaussage 1947. Ministerialrat Sprauer habe ihm mit Verhaftung gedroht, falls er weiterspreche. Am selben Tag habe er den badischen Landesbischof informiert. Die badische Kirchenleitung wandte sich am selben Tag mit einem Schreiben nach Karlsruhe gegen die Verlegungsmaßnahmen. Der württembergische Landesbischof Wurm ging im Juli 1940 einen Schritt weiter und protestierte bei Reichsinnenminister Frick. Vgl. auch Thierfelder (2006), Meerwein.

43 Freudenberger und Murr (1990), Deportation, S. 480.

44 B. Oppenheimer ist unter diesem Datum im Gedenkbuch in Grafeneck aufgeführt. Diesen Hinweis verdanken wir Thomas Stöckle, Gedenkstätte Grafeneck.

45 Diakonie Kork, Archiv, Notakte B. Oppenheimer. Der Antwortbrief aus Kork ist auf den 12.4.1941 datiert.

Bodo S. –
»Man hat mir ja auch
den Spitznamen Zeitlupe gegeben«

Annette Hinz-Wessels

Bodo S. wird am 9. September 1912 als Sohn des Tischlers Wilhelm S. und seiner Ehefrau in Berlin geboren.[1] Er wächst ohne Geschwister bei seinen Eltern im Berliner Bezirk Neukölln auf, Weiteres ist über seine Kindheit nicht bekannt. Im Alter zwischen zehn und zwölf Jahren erkrankt er an einer Encephalitis lethargica (oder Encephalitis epidemica). Zwischen 1916 und 1927 infizierten sich bis zu fünf Millionen Menschen mit dieser Gehirnentzündung.[2] Die rätselhafte Seuche, die auch als Kopfgrippe bezeichnet wird, fordert zahlreiche Tote, viele Menschen überleben sie mit schweren dauerhaften Hirnschäden.

Zu dieser Gruppe gehört auch Bodo S. Aufgrund seiner Erkrankung benötigt er eine besondere Betreuung, um die sich die Abteilung Jugendfürsorge im Bezirks-Wohlfahrts- und Jugendamt in Berlin-Neukölln kümmert. Im Oktober 1926 wird er von einem Nervenarzt in Berlin untersucht und aufgrund seines Gutachtens im Februar 1927 im neu errichteten Heilerziehungsheim »Jungborn« des Evangelischen Johannesstiftes in Berlin-Spandau untergebracht. Nach rund elf Wochen empfiehlt der dort tätige Nervenarzt jedoch seine Verlegung in die Wittenauer Heilstätten. Seiner Ansicht nach eignet sich ein Heilerziehungsheim für schulpflichtige Knaben mit psychopathischer Konstitution wie der Jungborn nicht für einen derartig kranken Jungen. Störend wirken, so der Heimarzt, seine andauernden hypochondrischen Klagen, sein weinerliches Verhalten, seine ständigen energielosen Redereien sowie seine mangelnde Konzentrationsfähigkeit und Disziplinlosigkeit im Unterricht. Als weitere unangenehme Gewohnheit Bodos bezeichnet er sein permanentes »unsinnige[s] Wassertrinken« mit anschließenden »unappetitliche[n] Würgebewegungen«, obwohl die körperliche und die Urin-Untersuchung keine krankhaften organischen Befunde ergeben hätten. Positiv vermerkt der Arzt allerdings, dass Bodo im »Kern seines Wesens [...] gutmütig und anständig« sei, infolge seiner Willensschwäche könne er jedoch seine guten Vorsätze niemals in die Tat umsetzen.

Bodo wird entsprechend dem Gutachten des Heimarztes an die
Wittenauer Heilstätten überwiesen, seine Eltern sind mit seiner Unterbringung auf einer Erwachsenen-Station jedoch nicht einverstanden und nehmen ihn nach nur acht Tagen wieder aus der Anstalt heraus. Dem Neuköllner Bezirks-Jugendamt erklären sie entrüstet, dass
sich der 14-Jährige unter den geistesgestörten Männern die gemeinsten Redensarten habe anhören müssen. Trotzdem halten sie die erneute Unterbringung des Jungen in einem Heim für erforderlich.
Auch ihnen fällt die scheinbar unbegrenzte Flüssigkeitsaufnahme ihres Sohnes auf. In der Akte des Jugendamtes werden die Beobachtungen der Mutter mit folgenden Worten festgehalten: »Stöhnend steht
der Junge auf, stürzt sofort auf die Wasserleitung zu, trinkt ungeheu-
ere Quantitäten und setzt dieses unsinnige Trinken den ganzen Tag
über fort, bis er erbricht. Nachts wandert er umher, reisst den Eltern
die Bettdecke fort, geht mit dem Eimer auf die Strasse. Neulich ist er
– nur mit dem Hemd bekleidet – in ein Lokal gegangen.« Laut ärztlichem Gutachten des Neuköllner Jugendamtes klagt Bodo bei seiner
erneuten Vorstellung am 13. Oktober 1927 selbst über sein Befinden:
»Es wäre ihm ›so wirr und schwindelig‹ im Kopf. Er könne häufig
nicht recht sehen. Es ginge ihm besser, wenn er kein Wasser tränke.
Er müsste aber durchaus trinken, weil es ihm ›so im Magen brennt‹«.
Der Arzt hält Bodos »Wassersucht« für eine Zwangsneurose infolge
der erlittenen Encephalitis lethargica, diagnostiziert »stereotype Ausdrucksbewegungen – besonders in der Mundregion« und empfiehlt,
da »der Vater augenscheinlich den Zustand des Sohnes der nachts auf-
steht und herumläuft, nur schwer ertragen kann«, eine Unterbringung in einer speziellen Abteilung der sächsischen Heilanstalt Chemnitz-Altendorf, »wo Jugendliche nach Gehirngrippe beobachtet und
behandelt werden«.

Tatsächlich wird Bodo im Januar 1928 in der Psychiatrischen und
Nervenklinik der Berliner Charité vorgestellt. Hier untersucht ihn
Dr. Rudolf Thiele,[3] der sich wenige Jahre zuvor über die Folgeschäden einer epidemischen Gehirnentzündung bei Kindern und Jugendlichen habilitiert hat und in seinem Gutachten ebenjene Diagnose
auch für Bodo S. stellt: Residuärerscheinungen, d.h. bleibende Krankheitssymptome, einer abgeklungenen akuten Encephalitis lethargica.
In der abschließenden Stellungnahme der Charité ist von einer posten-
cephalitischen Wesensveränderung bei Bodo die Rede. Bei der ebenfalls durchgeführten internistischen Untersuchung stellt man als Ur-

sache für Bodos maßlose Trinksucht ein Diabetes insipidus[4] fest, auch dies eine häufig beobachtete postencephalitische Nacherkrankung. Darüber hinaus werden bei Bodo epileptische Anfälle diagnostiziert, die offensichtlich den Anlass bieten, ihn in der für Epileptiker zuständigen städtischen Heilanstalt in Berlin-Wuhlgarten unterzubringen. Der dort zuständige Arzt kann allerdings bei seiner Untersuchung im November 1928 keine derartigen Anfälle erkennen, vielmehr stellt er Charakterveränderungen (»Bodo neigt seit seiner Erkrankung zu allerlei Unfug und zu gemeinsten Redensarten.«) als Folgeerscheinungen einer abgeklungenen Encephalitis lethargica fest und plädiert für die Überweisung des Jugendlichen in ein Heilerziehungsheim. Zur Ausübung irgendeiner planmäßigen Arbeit hält er Bodo »vorläufig« nicht für fähig.

Der für das Neuköllner Jugendamt tätige Arzt ist mit dieser Einschätzung nicht einverstanden. Seines Erachtens eignet sich Bodo S. als schwerer Psychopath – wenn auch nicht gemeingefährlich – nicht für ein Heilerziehungsheim. Vielmehr rät er im Januar 1929 zu einer Unterbringung in der städtischen Nervenklinik für Kinder und Jugendliche Wiesengrund. Alternativ schlägt er das Wilhelmstift in Potsdam vor, das als brandenburgische Landesanstalt vor allem der Betreuung und Erziehung von Kindern und Jugendlichen mit leichteren geistigen Behinderungen und psychischen Erkrankungen dient.

Zwischenzeitlich hat sich Bodos Verhalten in Wuhlgarten offensichtlich geringfügig gebessert, zumindest bezeichnet der Anstaltsarzt im Januar 1929 gegenüber dem Bezirksamt Neukölln »seine asozialen Eigenschaften« als so weit abgeklungen, »dass man es wagen könnte, ihn – sorgfältigste Aufsicht vorausgesetzt – versuchsweise den Eltern zu überlassen und ihn ebenfalls unter strengster Aufsicht einer leichten beruflichen Beschäftigung zuzuführen«. Eine derartige Chance sieht der vom Jugendamt bestellte Arzt für Bodo nicht. Er untersucht Bodo ebenfalls im Januar 1929 und hält als Ergebnis schriftlich fest:

»Bei der heutigen Intelligenzprüfung zeigt sich, dass von 6 Gegenständen nur 4 behalten werden, von 6 Zahlen ebenfalls nur 4. Bei so schwacher Merkfähigkeit in lautlicher und optischer Hinsicht dürfte er kaum als Bote, wie er sich seine künftige Tätigkeit vorstellt, Genügendes leisten. Wenn er einen Beruf ergreifen soll, so kann es höchstens im Rahmen eines Heims geschehen, wo genügend Aufsicht geübt wird und man genügend Rücksicht nimmt auf seine immer noch als krankhaft anzusehende Wesensart. Wenn er bei den

Eltern bleibt, wird kaum die Möglichkeit bestehen, ihn einer regel-
rechten Arbeit zuzuführen. Vielleicht könnte der Versuch gewagt
werden, da Bodo sich nach Aussage der Mutter nach Arbeit sehnt,
und da er nach dem Attest des Arztes in Wuhlgarten sich im Rahmen
einer Anstalt einzuordnen vermag, ihn in der Anstalt Tannenhof unterzubringen (sonst käme nur Psychopathenheim in Frage).«

Seiner Empfehlung entsprechend wird Bodo im April 1929 in einem
Erziehungsheim untergebracht, allerdings nicht in der städtischen
Einrichtung Tannenhof in Berlin-Lichtenrade, sondern in dem evangelischen Erziehungsheim Waldhof in Templin (Uckermark), dem die
Stadt Berlin regelmäßig Fürsorgezöglinge sowie psychisch kranke
und lernbehinderte Kinder und Jugendliche aus den Berliner Bezir-
ken zur schulischen Betreuung und – soweit möglich – auch zur Ausbildung in der Landwirtschaft oder im Handwerk überweist.
   Nur zwei Tage nach Bodos Aufnahme gibt der Leiter des Waldhofs, Pastor Heinrich Grüber,[5] bereits seinen ersten Erziehungsbericht gegenüber dem Neuköllner Jugendamt ab: »Der am 13.4.1929
dem hiesigen Heim zugeführte Bodo S. ist ein äusserst schwieriger
Junge, der sich gegen jegliche Beeinflussung sperrt. Er macht den Eindruck eines Jungen, der immer den Willen durchgesetzt hat. Aus dem
Jungen kann aber nur etwas werden, wenn nun einmal eine zielbe-
wusste, klare, heilpädagogische Beeinflussung einsetzt, die in Verbindung mit einer Lehrausbildung steht.« Wir haben die Befürchtung,
dass der Junge, wenn ihm hier nicht der Willen gelassen wird, den er
zu Hause gehabt hat, so lange auf seine Eltern einwirkt, bis dass eine
Zurücknahme aus dem Heime erfolgt, wir sind aber auch andererseits
nicht gewillt, uns mit solchen Jungen zu belasten, die nur kurzfristig
hier sind und bei denen die angewandte Mühe nachher durch kurz-
sichtige Eltern wieder illusorisch gemacht wird.«
   Grüber hielt Bodos Eltern offensichtlich für viel zu nachgiebig gegenüber ihrem Sohn. Er befürchtete, sie würden sich von möglichen
Klagen über seine Unterbringung erweichen lassen und ihn umgehend wieder aus dem Heim herausnehmen. Für eine erfolgreiche Erziehungsarbeit war nach Grübers Ansicht ein mindestens einjähriger
Heimaufenthalt Bodos erforderlich, der, so Grüber, nicht ohne Einwilligung des zuständigen Bezirksamtes sowie des Heimes von den
Eltern unterbrochen werden dürfte.
   Im Juli 1929 wird Bodo im Waldhof von dem Wittenauer Psychiater Dr. Friedrich Panse[6] untersucht. In seinem anschließend erstellten

Gutachten beschreibt Panse ihn als »einen Dauerzustand nach Encephalitis epidemika« mit maskenhaftem Gesichtsausdruck, langsamer
gebundener Motorik, dauerndem leichten Zittern des ganzen Unterkiefers und etwas stärkerem Vibrieren des Unterkiefers«. Erstmals
wird damit bei Bodo die häufigste Folgeerkrankung der Encephalitis
lethargica, der Parkinsonismus, diagnostiziert. Das späte Auftreten
der typischen Symptome – vor allem das Zittern, das »Maskenge-
sicht« und der verlangsamte Bewegungsablauf – stellt keinen Einzelfall dar, bei zahlreichen Überlebenden einer Encephalitis lethargica
beobachten die Ärzte erst »im Verlaufe von Monaten und Jahren« die
Zeichen des chronischen Stadiums. »Intellektuell« entspricht Bodo
nach Panses Einschätzung »dem Durchschnitt«, allerdings hebt der
Psychiater hervor, dass er »erhebliche Erziehungsschwierigkeiten
durch Triebhandlungen« mache. Eine ähnliche Feststellung trifft der
Waldhof-Direktor im Juli 1929 in einem weiteren Erziehungsbericht
für das Neuköllner Jugendamt, ohne allerdings auf die Ursache seines
Verhaltens – die schwere Gehirnerkrankung – zu verweisen: »In der
Zeit seines Hierseins hat der Junge erhebliche Schwierigkeiten gemacht dadurch, dass er ganz den ihm im Augenblick beherrschenden
Triebe folgen will. Es fehlt ihm gänzlich ein ausdauerndes Wollen.
Kurz gesteckte Ziele erreicht er mit oft erstaunlichen Leistungen, die
man gar nicht in ihm vermutet. Im übrigen scheiterten bisher alle Versuche, ihn im Körbeflechten auszubilden an seiner geringen Konzentrationsfähigkeit. Er beginnt, nachdem er eingehend unterwiesen
wurde, die betreffende Arbeit ganz gut, doch schon nach wenigen
Minuten hat er alles wieder vergessen, macht alles falsch oder träumt
vor sich hin. Mit den Kameraden ist er oft sehr freundlich, meist aber
zankt er sich mit einem herum und zieht dabei ihm körperlich Über-
legene vor. Im allgemeinen ist sein Verhalten stark wechselnd. Körperlich ist er frischer und beweglicher geworden, sodass die Hoffnung
besteht, dass mit der körperlichen Erholung auch die psychische fortschreiten wird.«

Anfang Februar 1930 wird Bodo erneut einem Facharzt für Psychiatrie vorgestellt, nämlich dem Oberarzt und Privatdozenten der Nervenklinik der Berliner Charité Dr. Kurt Pohlisch.[7] Dieser bestätigt im
Wesentlichen den früheren Untersuchungsbefund seines Kollegen,
stellt jedoch zugleich eine Verschlechterung des Krankheitsbildes fest.
Nach Pohlischs Einschätzung ist »die parkinsonähnliche Starre mittlerweile anscheinend etwas fortgeschritten, wie das dem gesamten

Krankheitsverlauf der Enzephalitis epidemica [...] entspricht. Zur Zeit besteht eine deutliche striäre Starre des gesamten Körpers mit besonderer Beteiligung der linken Extremitäten. Das Gesicht ist mimikarm und starr. Der Unterkiefer hängt etwas herab, sodass der Mund offengehalten wird. Gelegentlich besteht vermehrter Speichelfluss. Eine Besserung der striären Starre ist nicht zu erwarten, deshalb kommt eine Berufsausbildung nicht in Betracht.«[8] Neben diesen körperlichen Symptomen weist Bodo nach Pohlischs Auffassung mit seiner »Neigung zu Schikanierereien seiner Kameraden, zu gesteigerter Reizbarkeit und Entwenden von Kleinigkeiten, die seinen Kameraden gehören«, auch in psychischer Hinsicht die typischen Begleiterscheinungen eines encephalitischen Hirnprozesses auf. Der Psychiater hält Bodos psychische Störungen für so erheblich, dass er von einer Unterbringung in der Familie abrät und für seinen Verbleib im Waldhof plädiert. Bodo passe sich, so Pohlisch, dem Milieu im Erziehungsheim leidlich an und sei als Botengänger gut zu gebrauchen.

Der vermutlich ebenfalls Anfang 1930 verfasste Erziehungsbericht des Waldhof-Direktors Heinrich Grüber klingt noch pessimistischer: »Gesundheitszustand: Aussehen und Muskelspannung schlecht. Er leidet an den Folgen einer Kopfgrippe. Besondere Pflege. Geistige Entwicklung: Geistig schwer geschädigt, es ist kein Fortschritt zu verzeichnen auf intellektuellem Gebiet. Führung (Charaktereigenschaften): Die Schwierigkeiten, die aus seinen triebhaften Handlungen entspringen, nehmen ab. Doch liegt darin kein eigentlicher Fortschritt, sondern das scheint vielmehr auf Grund der immer mehr abnehmenden Nervenkraft zu erfolgen. Verhalten zu den Kameraden: Zieht sich mehr von der Allgemeinheit zurück und sucht die Freundschaft einzelner, wird aber seines zänkischen Wesens wegen meist abgewiesen. Verhalten zu den Erziehern: bedarf sehr aufopfernder Pflege und Hingabe, seine Behandlung erfordert viel Nervenkraft; meist zeigt er sich dem Erzieher gegenüber unzugänglich und versucht den eigenen Willen durchzusetzen. Verhalten der Angehörigen: Die Eltern sind sehr wechselnd in ihrem Verhalten.«

Abschließend bemerkt Grüber: »Nahm unlängst in einem Warenhaus einen Selbstbinder fort. Seine Arbeitsleistung ist gleich null. Bedarf weiterhin der Heimbehandlung und besonderer körperlicher Pflege.«

Grübers Befürchtungen hinsichtlich des Verhaltens von Bodos Eltern scheinen sich schon bald zu bestätigen. Tatsächlich nehmen diese offensichtlich ohne Zustimmung des Neuköllner Jugendamtes den

Jungen in der ersten Jahreshälfte 1930 wieder zu sich. Schon nach kurzer Zeit wachsen ihnen die mit Bodos Erkrankung verbundenen Verhaltensauffälligkeiten aber offensichtlich über den Kopf. In der Familienfürsorge Neukölln vermerkt der zuständige Sachbearbeiter am 28. Mai 1930: »Herr Wilhelm S. bittet um erneute Unterbringung seines Sohnes. Der Zustand des Jungen ist so schlecht, daß er nicht länger im elterlichen Haushalt verbleiben kann. Herr S. verpflichtet sich den Jungen nicht wieder aus dem Heim herauszunehmen ohne vorherige Einholung ärztlicher und jugendamtlicher Äußerung.«

Am 10. Juni 1930 wird Bodo zusätzlich nochmals dem vom Jugendamt bestellten Nervenarzt vorgestellt, der in seinem Gutachten folgende Beobachtungen festhält: »Bodo S. zeigt körperlich die Symptome des Parkinsonismus, insbesondere Starrheit des Gesichtes und kaum irgend welche Mimik beim Sprechen oder Zuhören, ferner grosse Langsamkeit in Bewegungen, dabei grobschlägiges Zittern der Hände. Der linke Mundwinkel hängt etwas herab, es besteht leichter Stabismus. Die Sehnenreflexe sind gesteigert, aber nicht spastisch [...] In psychischer Beziehung besteht asoziales Verhalten. Neigung zum Herumtreiben, Ungehorsam und Unbelehrbarkeit. In letzter Zeit zeigt sich wiederum ein starker Drang zum Wassertrinken (Diabetes insipidus). Es handelt sich um einen krankhaften Zustand nach Gehirngrippe im Sinne schwerer Psychopathie, der durch pädagogische Einflüsse nicht beseitigt werden kann. Wegen seiner krankhaft asozialen Eigenschaften und seines körperlichen Zustandes, der ihn als dauernd arbeitsunfähig erscheinen lässt, bedarf er der Aufnahme in eine Anstalt, wo er gleichzeitig medizinisch behandelt wird.«

Für den Arzt kommt als geeignete Anstalt in erster Linie die städtische Heilanstalt Wuhlgarten in Betracht, in zweiter Linie empfiehlt er das Wilhelmstift in Potsdam.

Zunächst wird Bodo allerdings noch einmal im Waldhof untergebracht, bis ihn der Vater von dort am 16. September 1930 abholt und in das Potsdamer Wilhelmstift begleitet. Hier macht Bodo bei der Aufnahme offensichtlich einen ängstlichen und weinerlichen Eindruck auf den aufnehmenden Arzt, zudem äußert er den Wunsch, wieder in das Templiner Erziehungsheim zurückkehren zu dürfen.

An den beiden folgenden Tagen wird er körperlich und psychisch eingehend untersucht. Sein Körperbau wird als grazil, sein Ernährungszustand als dürftig beschrieben. Bei einer Körpergröße von 158 cm wiegt er lediglich 43,5 Kilogramm. Einen vom Arzt durchgeführten Wissens- und Intelligenztest besteht er allerdings gut. Die Fragen nach Himmelsrichtungen, Schaltjahren, großen deutschen Gebirgen und Flüssen beantwortet er fehlerlos. Seine Auskünfte zu zeitgeschichtlichen Fragen weisen ihn als politisch gut informierten 19-Jährigen aus. Bodo weiß, wann der Weltkrieg stattfand, wer damals und heute regierte, kann beide Reichspräsidenten der Weimarer Republik nennen, kennt die zeitgenössische Staatsform Deutschlands und das Exil des letzten Kaisers. Auch Unterschiedsfragen wie Baum – Strauch oder Bach – Teich beantwortet er richtig.

Bevor jedoch ein möglicher Behandlungsversuch unternommen werden kann, verlässt Bodo das Wilhelmstift nach nur einwöchigem Aufenthalt bereits wieder. Auf sein Drängen hin bringen ihn seine Eltern nochmals in dem Erziehungsheim Waldhof-Templin unter. Dort verbleibt Bodo jedoch nur kurze Zeit. Am 16. April 1931 – wenige Monate bevor der Waldhof wegen angeblicher Misshandlungen von ihm anvertrauten Jugendlichen erst in die öffentlichen Schlagzeilen und dann auf die Anklagebank gerät[9] – holt ihn sein Vater »auf Aufforderung des Bezirksjugendamtes Neukölln« in Templin ab, um ihn nach viertägigem Aufenthalt in der elterlichen Wohnung erneut im Wilhelmstift vorzustellen.

Schon bei der Aufnahme registriert der untersuchende Arzt das krankheitstypische starke Zittern von Bodos Extremitäten, das in der Folgezeit noch zunimmt. Aus diesem Grund beginnt man nach Einwilligung der Eltern im Juni 1931 mit einer Diathermie.[10]

Die Behandlung muss jedoch laut Krankengeschichte bereits nach der zweiten Sitzung abgebrochen werden, weil Bodo sich weigert, die Anweisungen des Personals zu befolgen und nach der Diathermie im Bett zu bleiben. Als die Kur fortgesetzt wird, bleibt der Erfolg allerdings auch nach 23 Sitzungen aus: Das Zittern besteht unverändert fort. Darüber hinaus bereitet Bodo offensichtlich während der gesamten Behandlungsdauer wegen seines ständigen Verstoßes gegen das Rauchverbot und seinen verbalen Ausfällen gegen Patienten und Pfleger erhebliche Schwierigkeiten. Häufig finden sich in seiner Krankengeschichte Einträge wie »Gerät sehr leicht mit anderen in Schlägereien [...] ist sehr leicht erregbar [...] belästigt wo er kann, Pfleger und Ärzte«. Die bei Postencephalitikern häufig angewandte Behandlung mit Atropin[11] wird für Bodo aufgrund seiner Erregbarkeit ausgeschlossen. Ganz offensichtlich ist das Anstaltspersonal erleichtert, als Bodo im Herbst 1931 in die neu geschaffene Sonderabteilung für Encephalitiker in der brandenburgischen Landesanstalt Neuruppin

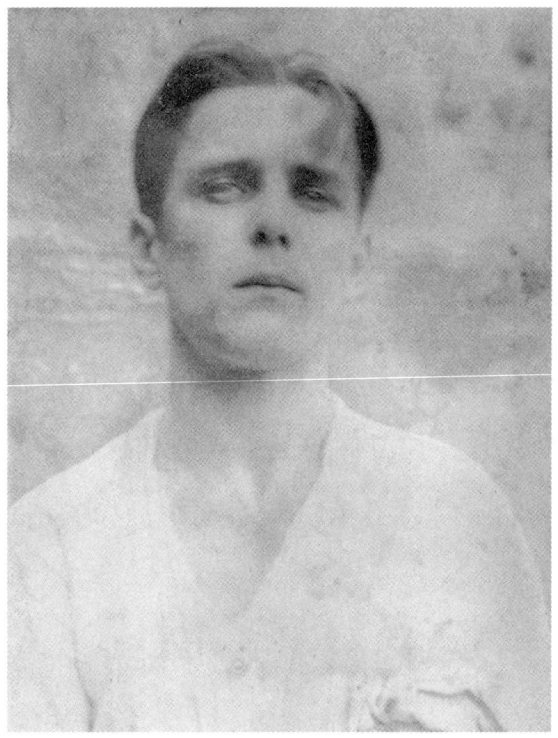

Abb. 30: Bodo S.,
Aufnahme von 1931

verlegt wird. Die Eintragungen in Potsdam enden am 23. Oktober 1931 mit dem ironischen Wortspiel »Eignet sich besser für Neuruppin als für Atropin.«

Anders als im Wilhelmstift entscheiden sich die behandelnden Ärzte in der brandenburgischen Heil- und Pflegeanstalt Neuruppin schon kurz nach Bodos Ankunft trotz seiner Krankengeschichte für eine Atropin-Behandlung. Bodo spricht auf diese Kur auch zunächst gut an, arbeitet in der Gärtnerei und äußert den Wunsch nach einer baldigen Entlassung, weil er sich stark genug für eine Arbeit außerhalb der Anstalt fühlt. Schon bald nach seiner Ankunft wird er gegenüber Mitpatienten und Personal streitsüchtig und widerspenstig. Unter dem 9. November 1931 heißt es in Bodos Krankengeschichte: »Ist unverträglich, reizt, neckt und schlagt Mitkranke. Wird verwarnt.« Vier Tage später lautet der Eintrag: »dauernd Klagen über sein unverträgliches Wesen. Außerdem legt er sich zu anderen Patienten ins Bett.

Fügt sich auch nur schwer den Anordnungen des Gärtners. Verlegt nach B1.«

»Auf dringende Ermahnungen hin« bessert sich sein Verhalten offensichtlich für ein, zwei Monate, dann gilt er wieder als unfügsam und zänkisch.

Am 20. Februar 1932 fährt Bodo S. in Begleitung eines Pflegers von Neuruppin nach Berlin ins Moabiter Kriminalgericht, wo er vom Untersuchungsrichter des Prenzlauer Landgerichts zur Vorbereitung einer Anklage gegen mehrere Erzieher des Waldhofs wegen Misshandlungen von Fürsorgezöglingen als Zeuge vernommen wird. Der wenige Monate später in Prenzlau eröffnete Waldhof-Prozess erregt deutschlandweit Aufsehen. Er bildet den Abschluss einer Reihe von Fürsorgeskandalen und Heimrevolten, die in der zweiten Hälfte der zwanziger Jahre durch eine ausführliche, häufig aber auch entstellende Presseberichterstattung der breiten Öffentlichkeit die noch bestehenden alltäglichen Missstände in den Erziehungsanstalten sichtbar vor Augen führt.

Bodo S. ist auch während des Waldhof-Verfahrens im Mai/Juni 1932 erneut als Zeuge geladen, sein Auftritt im Amtsgericht Templin stößt angesichts der Bedeutung des Falles auf ein republikweites Medienecho. Die Vossische Zeitung[12] nennt ihn in ihren Prozessberichten einen Schwachbegabten, der vor Gericht den Eindruck eines sehr kränklichen und schwächlichen Menschen mache und von seinen Kameraden im Waldhof wegen seiner langsamen Bewegungen den Namen »Zeitlupe« erhalten habe.

Das Berliner Tageblatt[13] spricht von einer sich »dramatisch« gestaltendem Vernehmung eines »sichtlich kranken schwächlichen Jungen« und zitiert den Wortwechsel zwischen dem Vertreter der Nebenklage, Rechtsanwalt Dr. Löwenthal, und dem Zeugen Bodo S. wie folgt: »Warum sind Sie nach Waldhof gekommen? Zeuge: Auf Wunsch meiner Eltern zur Erlernung eines Handwerks. Löwenthal: Wissen Sie, warum W. Sie gezüchtigt hat? Zeuge: Weil ich nicht schnell war. Nebenkläger: Warum waren Sie nicht schnell genug? Zeuge: Weil ich krank war. Ich konnte doch nicht schneller arbeiten. Man hat mir ja auch den Spitznamen Zeitlupe gegeben. Nebenkläger: Kam es öfters vor, dass jemand geschlagen wurde? Zeuge: O ja, mit einem Schlüsselring wurde oft geworfen. Nebenkläger: Warum haben Sie sich nicht beim Direktor Grüber beschwert? Zeuge: Wir wollten unsere Ruhe haben.« Im Templiner Kreisblatt[14] heißt es zu seinem Auftritt: »Der Zeuge macht einen schwer psychopathischen Eindruck (Posten-

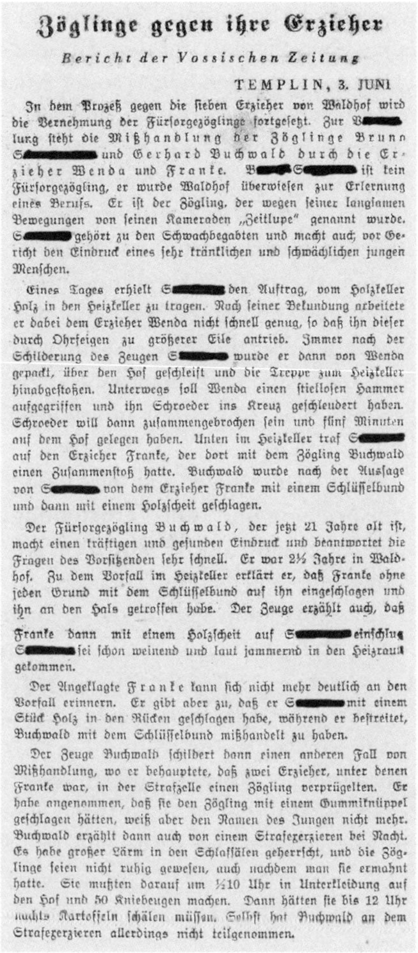

Abb. 31: Ausschnitt aus dem Bericht der Vossischen Zeitung vom 3. Juni 1932

Zöglinge gegen ihre Erzieher

Bericht der Vossischen Zeitung

TEMPLIN, 3. JUNI

In dem Prozeß gegen die sieben Erzieher von Waldhof wird die Vernehmung der Fürsorgezöglinge fortgesetzt. Zur B███lung steht die Mißhandlung der Zöglinge Bruno S███ und Gerhard Buchwald durch die Erzieher Wenda und Franke. B███ S███ ist kein Fürsorgezögling, er wurde Waldhof überwiesen zur Erlernung eines Berufs. Er ist der Zögling, der wegen seiner langsamen Bewegungen von seinen Kameraden „Zeitlupe" genannt wurde. S███ gehört zu den Schwachbegabten und macht auch; vor Gericht den Eindruck eines sehr kränklichen und schwächlichen jungen Menschen.

Eines Tages erhielt S███ den Auftrag, vom Holzkeller Holz in den Heizkeller zu tragen. Nach seiner Belundung arbeitete er dabei dem Erzieher Wenda nicht schnell genug, so daß ihn dieser durch Ohrfeigen zu größerer Eile antrieb. Immer nach der Schilderung des Zeugen S███ wurde er dann von Wenda gepackt, über den Hof geschleift und die Treppe zum Heizkeller hinabgestoßen. Unterwegs soll Wenda einen stiellosen Hammer aufgegriffen und ihn Schroeder ins Kreuz geschleudert haben. Schroeder will dann zusammengebrochen sein und fünf Minuten auf dem Hof gelegen haben. Unten im Heizkeller traf S███ auf den Erzieher Franke, der dort mit dem Zögling Buchwald einen Zusammenstoß hatte. Buchwald wurde nach der Aussage von S███ von dem Erzieher Franke mit einem Schlüsselbund und dann mit einem Holzscheit geschlagen.

Der Fürsorgezögling Buchwald, der jetzt 21 Jahre alt ist, macht einen kräftigen und gesunden Eindruck und beantwortet die Fragen des Vorsitzenden sehr schnell. Er war 2½ Jahre in Waldhof. Zu dem Vorfall im Heizkeller erklärt er, daß Franke ohne jeden Grund mit dem Schlüsselbund auf ihn eingeschlagen und ihn an den Hals getroffen habe. Der Zeuge erzählt auch, daß Franke dann mit einem Holzscheit auf S███ einschlug S███ sei schon weinend und laut jammernd in den Heizraum gekommen.

Der Angeklagte Franke kann sich nicht mehr deutlich an den Vorfall erinnern. Er gibt aber zu, daß er S███ mit einem Stück Holz in den Rücken geschlagen habe, während er bestreitet, Buchwald mit dem Schlüsselbund mißhandelt zu haben.

Der Zeuge Buchwald schildert dann einen anderen Fall von Mißhandlung, wo er behauptete, daß zwei Erzieher, unter denen Franke war, in der Strafzelle einen Zögling verprügelten. Er habe angenommen, daß sie den Zögling mit einem Gummiknüppel geschlagen hätten, weiß aber den Namen des Jungen nicht mehr. Buchwald erzählt dann auch von einem Strafexerzieren bei Nacht. Es habe großer Lärm in den Schlafsälen geherrscht, und die Zöglinge seien nicht ruhig gewesen, auch nachdem man sie ermahnt hatte. Sie mußten darauf um ½10 Uhr in Unterkleidung auf den Hof und 50 Kniebeugen machen. Dann hätten sie bis 12 Uhr nachts Kartoffeln schälen müssen. Selbst hat Buchwald an dem Strafexerzieren allerdings nicht teilgenommen.

cephalitiker) und gibt an, eine Kopfgrippe gehabt zu haben. Im ›Waldhof‹ trug er seiner Langsamkeit wegen den Spitznamen ›Zeitlupe‹. Er sollte Gärtner lernen, kam auch in die betreffende Abteilung, seine Nerven versagten aber. ›Ich habe es nicht schlecht im Waldhof gehabt‹, sagte er. Das Essen sei reichlich gewesen, hätte aber besser sein können. Die Frage, ob es zu Hause besser gewesen sei, läßt er unbeantwortet. Die Unterkunft ging. Der Erzieher K. hätte ihn einmal beim Kartoffellesen mit einem Rohrstock übers Gesäß geschlagen. Auf die Frage nach den anderen Erziehern antwortete er, sie waren nicht besonders. Als er in der Heizung beschäftigt war, hatte er einen Zwischenfall mit dem Erzieher W., wobei ihn dieser mit einem Hammer geworfen haben soll.« Auch die Richter gehen in ihrem späteren Urteilsspruch ausführlich auf Bodos Krankheit und die bleibenden Schäden ein: »Er ist in seiner Körperlichkeit, wie schon der blosse Augenschein zeigt, schwer behindert und macht einen kranken Eindruck [...] Bei den Erziehern des Waldhofs galt er als Querulant, der absichtlich und nur um zu ärgern, ihre Anordnungen übertrat, der es bei keiner Arbeit aushielt und nur andere störte. Diese Einschätzung beruhte auf einem Irrtum. S. hat die ganze Zeit seines Aufenthaltes im Waldhof unter den Folgen seiner schweren Erkrankung zu leiden gehabt und seine Unbrauchbarkeit zur Arbeit sowie sein abseitiges Benehmen war zumindest überwiegend eine Auswirkung der Krankheitsfolgen.«[15]

Der Prozess gegen die sieben angeklagten Erzieher endet mit zwei Freisprüchen und fünf Verurteilungen. Die Verwendung eines Holzscheites gegen Bodo S. zur Bestrafung einer angeblichen Arbeitsverweigerung werten die Richter nur als einfache Körperverletzung. Bodo selbst kann sich an diese Züchtigung bei seiner Zeugenvernehmung nicht erinnern. Der von Bodo beschriebene Hammerwurf des Erziehers W. gilt dagegen als gefährliche Körperverletzung. Zwar leugnet der Angeklagte die Tat, doch ist der Zeuge S. nach Auffassung des Gerichts glaubwürdig. In der Urteilsbegründung heißt es zu dem umstrittenen Vorfall: »Nach dem Gutachten des psychiatrischen Sachverständigen ist seine Intelligenz intakt; bezüglich seines Reproduktionsvermögens hat er eher Ausfälle, als daß er etwas hinzufügte. S.s Angaben über den Hammerwurf werden auch gestützt durch den Zeugen G. Dieser hat vom Fenster der Küche [...] den Wurf gesehen.«

Der Medien-Rummel um den Prozess und die als Zeugen vernommenen früheren Waldhof-Zöglinge hinterlassen bei Bodo einen nachhaltigen Eindruck. Nach seiner Rückkehr in die Anstalt wird in seiner Krankengeschichte notiert, Bodo sei vorlaut und spreche ständig von dem Verfahren. Ganz offensichtlich bringt das Anstaltspersonal im Gegensatz zu den Prenzlauer Richtern kaum Verständnis für sein Krankheitsbild auf. Das in seiner Krankenakte bemängelte vorlaute Verhalten hält allerdings nicht lange an: Bodo gilt bald darauf als »leidlich verträglich und folgsam« und geht eine Zeitlang »regelmäßig fleißig« zur Außenarbeit, bis er sich am 26. Juni 1932 unerlaubt aus der Anstalt entfernt und mit einem anderen Patienten – angeblich zu

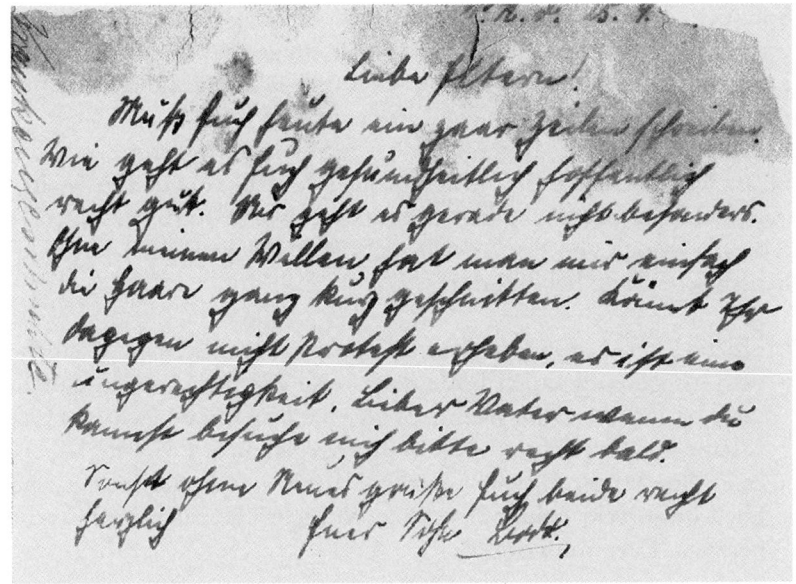

Abb. 32: Postkarte von Bodo S. an die Eltern
vom 25. September 1936

Fuß – nach Berlin zu seinen Eltern wandert. Auf ihren Antrag hin
wird Bodo daraufhin ein vierwöchiger Urlaub gewährt, aus dem er
allerdings bereits am 4. Juli zurückkehrt.

In der Folge zeichnet die Krankenakte ein wechselndes Bild seines
Verhaltens: Mal gibt sich Bodo widerspenstig und streitsüchtig, mal
verhält er sich ruhig und verträglich. Am 10. Dezember 1934 lautet
der Eintrag:»Neigt in letzter Zeit zunehmend mit gleichaltrigen
Kranken zu homosexuellen Handlungen. Verlegt nach B2«.

Eine Anzeige an den zuständigen Amtsarzt oder einen Sterilisati-
onsantrag nach dem Gesetz zur Verhütung erbkranken Nachwuchses
hält man seitens der Anstalt nicht für erforderlich. Ausdrücklich wird
in seiner Patientenakte vermerkt, bei Bodo liege keine »Erbkrankheit«, vielmehr eine Encephalitis vor. Weitere Schritte zwecks möglicher Unfruchtbarmachung sind damit nach Ansicht des zuständigen
Oberarztes unnötig.

Zu den Eltern hält Bodo weiterhin regelmäßig Kontakt, mehrfach
wird er zu ihnen nach Hause beurlaubt. Nach einem vierwöchigen
Aufenthalt Bodos im elterlichen Haushalt schreibt sein Vater im

Sommer 1936 an die Anstalt: »Geehrtester Herr Doktor, theile Ihnen mit, daß es mit meinem Sohn Bodo so einigermaßen ging. Es war zeitweise nicht gut mit ihm, aber es war ja noch auszuhalten. Aber ohne Tropfen geht es gar nicht. Mit deutschem Gruß Willi S.«

Ende September 1936 gerät Bodo wegen seiner Weigerung, sich die Haare schneiden zu lassen, in abermaligen Konflikt mit dem Anstaltspersonal. Entrüstet formuliert er eine Beschwerde-Karte an seine Eltern, die jedoch von der Anstalt nicht abgeschickt wird. In ordentlichem Schriftbild heißt es dort:

»Liebe Eltern! Muß Euch heute ein paar Zeilen schreiben. Wie geht es Euch gesundheitlich hoffentlich recht gut. Mir geht es gerade nicht besonders. Ohne meinen Willen hat man mir einfach die Haare ganz kurz geschnitten. Könnt ihr dagegen nicht Protest erheben, es ist eine Ungerechtigkeit. Lieber Vater wenn du kannst besuche mich bitte recht bald. Sonst ohne Neues grüße Euch beide recht herzlich. Euer Sohn Bodo.«

Ab 1937 wird sein Gesundheitszustand anscheinend schlechter, was sich offensichtlich auch auf seine Arbeitsleistung auswirkt. Unter dem 27. Februar 1937 wird in seiner Krankengeschichte vermerkt: »ist zur Arbeit nur wenig zu gebrauchen, da er durch das Zittern zu stark gestört wird.« Ein weiterer Eintrag am 9. November 1937 lautet: »Hilft etwas auf der Station. Zittert zeitweise stark. Muss dann zu Bett gelegt werden.« Diese Verschlechterung tritt trotz der hohen Atropin-Dosen ein, die Bodo erhält. Als Vergiftungserscheinungen auftreten, wird die Dosierung geändert und versucht, auf ein anderes Mittel auszuweichen. Bodo empfindet den Medikamentenwechsel als Verschlechterung, weshalb er im Mai 1938 wieder auf Atropin eingestellt wird. Eine Verbesserung seiner Krankheitssymptome tritt jedoch nicht ein. Vielmehr erscheint den Ärzten ein zeitweiser Wechsel zwischen Atropin und einer Atropin-Scopolamin-Mischung notwendig, da andernfalls keine medikamentöse Wirkung mehr festzustellen ist. Im Februar 1939 wird in seiner Krankengeschichte notiert: »Zittert sehr stark und ist zu keiner Arbeit fähig. Körperlich sehr mager und hinfällig. Geistig jedoch leidlich auf der Höhe. Spielt in geselliger Weise mit anderen Kranken Gesellschaftsspiele, liest viel.«

Die Eintragungen in Bodos Krankengeschichte nehmen seit 1937 kontinuierlich ab. Sein Krankheitszustand verändert sich nicht mehr. Im Jahr 1940 findet sich nur noch für den Mai ein Hinweis auf sein

Befinden: »körperlich ohne Änderung. Erhält weiter Atropin-Scopo-
lamin-Gemisch. Seelisch etwas ruhiger und zurückhaltender. Sauber,
besorgt sich selbst. Zu keiner Arbeit zu gebrauchen.«
Es folgen lediglich drei kurze Verlegungsnotizen, zunächst über
seinen internen Umzug auf andere Stationen, schließlich am 13. August heißt es: »Heute auf Anordnung des Herrn R[eichs]V[erteidi-
gungs]Komm[issars] in eine andere Anstalt verlegt.« An diesem Tag
wird Bodo S. in die Tötungsanstalt Brandenburg an der Havel verlegt
und dort ermordet.

1 BAB, R 179/14378. Im Folgenden, wenn nicht anders angegeben, stammen
  alle Zitate aus der Krankenakte.
2 Sacks (2002), Awakenings – Zeit des Erwachens, S. 53.
3 Rudolf Thiele (1888-1960), Psychiater, Assistent bei Professor Karl Bonhoeffer, 1933 dann Oberarzt in den Wittenauer Heilanstalten in Berlin, 1934 Mitglied des Erbgesundheitsobergerichts in Berlin, 1935 Leiter der Berliner Heil-
  und Pflegeanstalt Herzberge, 1937 NSDAP, 1938-1946 Ordinarius, beratender
  Militärpsychiater, 1949-1957 Ordinarius der Humboldt-Universität in Berlin
  und zugleich Direktor der Nervenklinik der Charité. Vgl. Klee (2003), Personenlexikon, S. 622.
4 Wasserharnruhr. Pathologisch gesteigerte Urinausscheidung und entsprechend vermehrte Flüssigkeitszufuhr bedingt durch eine mangelnde Konzentrationsfähigkeit der Niere. Diese wird u. a. durch den Mangel eines bestimmten Hormons der Hirnanhangsdrüse hervorgerufen.
5 Pastor Heinrich Grüber (1891-1975) trat Ende 1933 dem Pfarrernotbund bei
  und übernahm 1934 eine Pfarrstelle in Berlin-Kaulsdorf. Er war Gründer und
  Leiter der Kirchlichen Hilfsstelle für evangelische »Nichtarier« (Büro Pfarrer
  Grüber). Ende 1940 wurde er verhaftet und in das Konzentrationslager Sach-
  senhausen, später in das Konzentrationslager Dachau überstellt, aus dem er
  erst im Juni 1943 freikam. Nach dem Zweiten Weltkrieg war er von 1949 bis
  1958 Bevollmächtigter der Evangelischen Kirche bei der Regierung der DDR,
  vgl. Grüber (1968), Erinnerungen.
6 Friedrich Panse (1899-1973), Psychiater, 1924 Wittenauer Heilstätten in Berlin, 1936 Leitender Arzt am Rheinischen Provinzial-Institut für psychiatrisch-
  neurologische Erbforschung in Bonn, 1937 Lehrauftrag Rassenhygiene, NS-
  DAP und NS-Dozentenbund, ab 14.5.1940 »T4«-Gutachter, 1942 Beratender
  Militärpsychiater, 1942 apl. Professor für Psychiatrie, Neurologie und Rassenhygiene in Bonn, 1950 Freispruch Landgericht Düsseldorf wegen Beteiligung
  an Euthanasie, Direktor der Anstalt Düsseldorf-Grafenberg und der Universitätsnervenklinik Düsseldorf. Vgl. Klee (2003), Personenlexikon, S. 449.

7 Kurt Pohlisch (1893-1955), Psychiater, Oberarzt bei Professor Karl Bonhoeffer, 1934 Lehrstuhl für Neurologie und Psychiatrie in Bonn, zugleich Chefarzt der Universitätsnervenklinik, Direktor der Landesheilanstalt Bonn sowie der Rheinischen Kinderanstalt für seelisch Abnorme, 1936 zusätzlich Leiter des Provinzial-Instituts für psychiatrisch-neurologische Erbforschung in Bonn, 1937 NSDAP, ab 30.4.1940 »T4«-Gutachter, Beratender Militärpsychiater, 1950 Freispruch Landgericht Düsseldorf wegen Beteiligung an der »Euthanasie«. Vgl. Klee (2003), Personenlexikon, S. 467 f.

8 Mit parkinsonähnlichen Symptomen ist eine Erhöhung des Muskeltonus (Rigor), eine Verlangsamung der Bewegungsabläufe und ggf. ein Zittern (Tremor) gemeint. Der Begriff striäre Starre bezieht sich auf Kerngebiete im Gehirn, die die Bewegungsabläufe, insbesondere die Mitbewegungen, regulieren und modulieren.

9 Prestel (2003), Jugend, S. 269ff.

10 Heilverfahren, bei dem Wechselströme von hoher Frequenz und relativ niedriger Spannung durch den Körper geleitet werden. Die elektrische Energie wird dabei in therapeutisch wirksame Tiefenwärme umgesetzt, ohne unerwünschte Reizerscheinungen der sensiblen und motorischen Nerven hervorzurufen. Seit Beginn des 20. Jahrhunderts entwickelte sich die Diathermie auf zahlreichen Gebieten der Medizin zur therapeutischen Maßnahme, in den zwanziger Jahren gehörte sie bereits zu den gängigen Heilverfahren. Auch bei Erkrankungen des Nervensystems wurde die Diathermie regelmäßig angewandt.

11 Atropin ist ein giftiger Stoff (Alkaloid), der in Nachtschattengewächsen wie Alraunen, Engelstrompeten und Stechapfel vorkommt. Seinen Namen verdankt das Alkaloid dem Vorkommen in Tollkirschen (Atropa belladonna). Wegen seiner pupillenerweiternden Wirkung wurde Atropin z.B. in der Augenheilkunde eingeführt. Atropin ist aber auch Bestandteil von Narkotika und wird oft vor Operationen gespritzt, damit die Schleimhäute während des Eingriffs trocken liegen und sich die Patientin, der Patient nicht am eigenen Speichel verschluckt. Auch für die Behandlung von Asthma wurde es eingesetzt. Zu den Wirkungen des Atropins gehören psychomotorische Unruhe, Erregung, ständige Wiederholung derselben Handlungsabläufe, Rededrang, Euphorie, Weinkrämpfe, Irrereden, Halluzinationen, Krämpfe, Tobsucht, Hautrötung, Austrocknung der Schleimhäute, Koma, Bewusstlosigkeit und Herzrhythmusstörungen.

12 Vossische Zeitung vom 3.6.1932.

13 Berliner Tageblatt vom 3.6.1932.

14 Templiner Kreisblatt vom 4.6.1932.

15 ADW, EREV 208, Urteil-Niederschrift im Waldhof-Prozess vom 14.6.1932.

Ida Marie S. –
»…man solle sie nur ein bisschen Streicheln«

Christine Hoffmann

Die Geschichte der Ida Marie S. beginnt am 19. Mai 1936 mit einer Untersuchung im Gesundheitsamt Löbau bei Bautzen in Sachsen.[1] Dort wird, wie es später in einem Gutachten zum Entmündigungsverfahren heißt, »bei einer mühsamen Intelligenzprüfung […] ihr außerordentlicher Schwachsinn deutlich und die Sterilisierung beantragt.«[2] Ida Marie S., die am 31. Januar 1906 in Berthelsdorf als Jüngste von zwölf Geschwistern geboren wurde, ist zum Zeitpunkt ihrer Untersuchung durch das Gesundheitsamt dreißig Jahre alt. Ihr Vater ist bereits verstorben, sie lebt bei ihrer Mutter in Berthelsdorf und ist »seit beendeter Schulzeit als Landarbeiterin tätig«.[3] Über ihren Schulbesuch heißt es, er sei »ohne viel Erfolg [gewesen], sie blieb mehrere Male sitzen und kann weder richtig lesen noch schreiben«.[4]

Im Gesundheitsamt wird festgestellt, dass bei Familie S. keine weiteren »Krankheiten oder Zustände« im Sinne des Gesetzes zur Verhütung erbkranken Nachwuchses und auch keine »sonstige[n] körperliche[n] oder geistige[n] Leiden oder Abnormitäten erblicher oder nichterblicher Natur vorkommen«.[5] Weder die Anamnese noch die körperliche Untersuchung weisen größere Auffälligkeiten auf: Ida Marie S. habe sich in ihrer Kindheit – abgesehen von den schulischen Leistungen – offenbar vollkommen normal entwickelt: Sie habe keine schweren Krankheiten durchgemacht und nie unter Krämpfen gelitten. Körperlich sei sie in einem guten Zustand und von »gesunde[r] Gesichtsfarbe«. Sie sei nie straffällig geworden, trinke keinen Alkohol und habe keinerlei Beziehungen zu Männern. Auch der »psychische Befund« bietet nichts wirklich Außergewöhnliches: Sie wird als »anfangs ablehnend«, jedoch »später zugänglicher« beschrieben. Sie wirke »ängstlich« und »gehemmt«, im Übrigen sei sie »aufmerksam«, aber »langsam« und mit »wenig Auffassung«.[6]

Beim Ablegen des Intelligenztests fängt Ida Marie S. an zu weinen, als sie die Frage, welches Jahr man denn schreibe, nicht beantworten kann. »Holn's ok mal d[ie] Frau S. rein«,[7] bittet sie, als man sie fragt, zu welchem Land ihr Heimatort Berthelsdorf gehöre. Die Hauptstadt Deutschlands kann sie nicht benennen, und wer Luther oder Bismarck waren, weiß sie ebenso wenig zu beantworten wie die Fragen, wer Amerika entdeckt habe oder wann Weihnachten sei. »[Sie] windet sich unruhig, spricht leise vor sich hin, [...] holt tief Luft [und] schweigt«, notiert der den Test durchführende Hilfsarzt. Was Weihnachten bedeutet, erklärt sie schließlich »seufzend« mit einem Wort: »Geschenke«. Bei dem Versuch, die Wochentage und Monate vorwärts und rückwärts aufzuzählen, nimmt sie ihre Finger zu Hilfe, doch als es ihr dennoch nicht gelingt, schweigt sie wieder und »macht [ein] weinerliches Gesicht«. Aber sie gibt nicht auf und bemüht sich, Antworten zu finden: Auf die Frage, wo die Sonne aufgehe, antwortet sie: »im Himmel«, auf die Nachfrage, aus welcher Richtung: »unten!« Als sie den Unterschied zwischen borgen und schenken, Irrtum und Lüge, Geiz und Sparsamkeit erklären soll, gesteht sie freundlich lächelnd: »Das tu'ch ni gerne machen, borgen u[nd] schenken.« Lügen würde sie nicht und sparen täte sie »immer tüchtig«. Unter der Rubrik »spezielle Fragen aus dem Beruf« soll sie aus drei vorgegebenen Worten Sätze bilden. »Lacht dumm«, kommentiert der Arzt, als sie, die seit vielen Jahren beim Bauern arbeitet, bei den Worten »Jäger – Hase – Feld« freudig erzählt: »Im Feld bin ich alle Tage draussen.« Sprichworte wie »Hunger ist der beste Koch« oder »Lügen haben kurze Beine«, kann sie nicht erklären. »Der Apfel fällt nicht weit vom Stamm« macht für sie offenbar auch keinen Sinn: »Jetzt« – es ist schließlich Mai – »blüht doch der Baum«, ist ihr einziger Kommentar dazu. Im nächsten Prüfungsabschnitt – »sittliche Allgemeinvorstellungen« – muss sie erklären, warum man lernt, warum und für wen man spart, weshalb man sein Haus nicht anzünden darf und was man tut, wenn man Geld findet: Man lernt, »daß man später versorgt ist«, und für wen sie spart, weiß sie auch: »für mich«. Wenn man sein Haus anzündet, »kriegt man Strafe«, und gefundenes Geld »muß man wiedergeben«. Die Frage, was sie täte, »wenn sie das große Los gewönne«, erheitert sie, und sie antwortet lachend: »Da tät ich nichts mehr machen.« Wie ihre Zukunft sonst aussieht, weiß sie auch: Alles bleibt, wie es ist, wie jetzt, »wenn ich beim Bauern verdiene«.

Der die Untersuchung leitende Hilfsarzt fasst seine Beobachtungen am Ende des Protokolls folgendermaßen zusammen: »[Sie ist] ängstlich, schwer zugänglich, [er]faßt nie den Kern einer Frage, [die] Mimik [ist] teils dumm fr[eun]dl[ich], teils ängstl[ich] weinerlich; [die] Antworten kommen meist langsam; sie gibt sich Mühe, wiederholt alle Fragen leise, schafft es aber meistens nicht.« Auf der Grundlage dieser Intelligenzprüfung stellt er die Diagnose »angeborener Schwachsinn« und beantragt die Sterilisation.

Doch sowohl Ida Marie S. als auch ihre Familie halten den Eingriff für unnötig und wollen ihn nicht hinnehmen. Drei Wochen nach der Untersuchung im Gesundheitsamt holen sie bei dem Leiter der »sächsischen Landespflegeanstalt für bildungsunfähige schwachsinnige Kinder« in Großhennersdorf, Dr. Ewald Meltzer,[8] ein Gutachten ein, in dem der bekennende Befürworter der »Sterilisation geistig Minderwertiger« in diesem speziellen Fall von der Unfruchtbarmachung abrät. Meltzer betont, dass er zunächst versucht habe, die »zur Sterilisierung beantragte *Ida* Marie S. […], die in Begleitung ihrer Schwägerin Frau S. zu ihm gekommen war, »im Sinne des Merkblattes[9] zu beruhigen und von der Zweckmäßigkeit der Operation zu überzeugen«.[10] Dies sei ihm jedoch nicht gelungen, da »beide überzeugt sind, daß die Operation ganz unnötig sei, weil die Ida S. gänzlich asexuell wäre, infolgedessen keine Gefahr einer Empfängnis bestehe«. Sie habe sogar, »wenn sich einmal ein Bursche ihr genähert habe, […] ihn stets grob abgewiesen, ja einen sogar mit einer Ohrfeige bedacht«.

»Äußerlich«, so das Urteil Meltzers, »macht sie einen einfältigen, gutmütigen, aber etwas nervösen Eindruck.« Offenbar hatte auch er Ida S. noch einmal einer kurzen Intelligenzprüfung unterzogen, denn er vermerkt: »Auch vermag sie nicht, einfache Rechen- und Denkaufgaben zu lösen, wobei sie sich damit entschuldigt, viel zu aufgeregt zu sein, um nachdenken zu können, weil gestern erst die Mutter beerdigt worden wäre, die ebenfalls ›diese ganze Sache mit der Operation‹ nicht gewollt und für gänzlich überflüssig gehalten habe.«[11]

Hinsichtlich der Diagnose kommt Meltzer zu dem Schluss, dass Ida Marie S. zwar ohne Zweifel »*angeboren* schwachsinnig ist und daher unter das Gesetz zur Verhütung erbkranken Nachwuchses fällt«, dass es sich aber bei der jungen Frau, die das jüngste von zwölf Kindern ist, »um ein Spätprodukt der Mutter« handele, »das seinen Schwachsinn anscheinend nicht erblicher Anlage, sondern der geschwächten bez[iehungsweise] erlöschenden Produktionskraft der Mutter verdanke, die noch concipierte in einem Alter, wo andere Frauen längst in der Menopause sich befinden«. Für die Tatsache, »daß hier keine erbliche Anlage […] vorliegt«, spricht in den Augen Meltzers außerdem die Aussage der Schwägerin, »daß die Eltern und alle Geschwister und auch deren Kinder geistig normal und leistungsfähig gewesen sind bez[iehungsweise] sind«. Auch Ida S. selbst »scheint in praktischer Hinsicht sich für's Leben bewährt zu haben«, denn »wie die Schwägerin, so rühmt auch ein Zeugnis von einem Arbeitgeber ihre treue fleißige Arbeit«.

Zu bedenken sei außerdem, dass es »nun möglich [ist], daß die S. psychisch ungünstig auf die Zwangsvollstreckung der Unfruchtbarmachung reagiert, die ja schließlich nötig werden wird, falls sie selbst und die Angehörigen sich nicht dazu verstehen werden, und das Erbgesundheitsgericht auf der Anordnung der Operation bestehen bleibt. Der Operationsverlauf«, so Meltzer, »ist naturgemäß dann nicht immer glatt.« Er weist in diesem Zusammenhang darauf hin, »daß jüngst erst das Bezirkskrankenhaus Ebersbach eine Kranke aus hiesiger Anstalt wegen der bestehenden psychischen Erregung zurückgewiesen hat, und daß eine im vorigen Jahr dort operierte Kranke hiesiger Anstalt an den Folgen der Operation gestorben ist«. Offenbar möchte er darauf aufmerksam machen, dass Vorsicht geboten und darüber hinaus die Aufschiebung des Eingriffs in einem so gelagerten Fall durchaus gängige Praxis sei. Sorge bereitet ihm dabei besonders, dass »solche Fälle [...] stets die öffentliche Meinung [beunruhigen].«[12]

Er kommt daher zu dem Schluss, dass »die Unfruchtbarmachungsoperation bei der Ida S. unter den gegebenen Verhältnissen nicht [...] dringlich, und ihre Aufschiebung [...] kein Risiko [sei], sofern den Angehörigen zur Pflicht gemacht würde, sie immer gut im Auge zu haben und sie dafür verantwortlich zu machen, daß, wenn eine Empfängnis erfolgen sollte, sie die Ida S. sofort in das Bezirkskrankenhaus Ebersbach bringen müssen.« Als letztes Argument führt er schließlich ins Feld, dass der Verzicht oder zunächst auch nur der Aufschub der Maßnahme »die Kosten der Operation und des Krankenhausaufenthaltes sei es momentan, ja vielleicht ganz ersparen würde«.

Es scheint, als wolle er seinen Einwänden mehr Gewicht verleihen, indem er am Ende seines Schreibens noch einmal betont: »[Daher] glaube ich vorstehende Erwägungen nicht unterdrücken zu dürfen, trotzdem ich seit Jahrzehnten ein Vorkämpfer für die Sterilisation geistig Minderwertiger gewesen bin und schon vor dem Umbruch 1933 auf eigene Gefahr ihre Durchführung im mehreren Fällen bewirkt habe.«

Das Gutachten Dr. Ewald Meltzers jedoch konnte die Erbgesundheitsrichter offenbar nicht überzeugen. Da weder der erstinstanzliche Erbgesundheitsgerichtsbeschluss noch das im Falle eines Einspruches notwendige endgültige Urteil des Erbgesundheitsobergerichts in der Akte enthalten ist,[13] lässt sich nicht mehr nachvollziehen, welche Argumente die Erbgesundheitsrichter den Erwägungen Meltzers entgegengesetzt haben. Sicher ist, dass Ida Marie S. im November 1936 im

Bezirkskrankenhaus Ebersbach gegen ihren Willen unfruchtbar gemacht wurde.

Was nach der Operation geschah, lässt sich anhand der Akte nur teilweise rekonstruieren. Aus dem Überweisungsschreiben vom 23. Januar 1937 und einem beigefügten Fragebogen, den der Arzt zur Unterbringung der jungen Frau in einer Heil- und Pflegeanstalt ausfüllen musste, geht hervor, dass nach der Sterilisation eine »Veränderung der Gemütslage« bei der Patientin eingetreten sei. Sie habe »wechselnd apathisch[e], dann wieder ausgesprochen manische Züge« sowie eine »Neigung zu aggressiven Handlungen den Familienangehörigen gegenüber« gezeigt. Schließlich habe sie versucht, »im Hause Feuer anzuzünden [und] ferner […] Kinder in der Wohnung eingeschlossen«.

Am 26. Januar 1937 wird Ida S. von ihrem Bruder und ihrer Schwägerin in die Landesanstalt Großschweidnitz gebracht. Der aufnehmende Arzt beschreibt sie als »ruhig, [und] etwas verlegen. [Sie] macht einen schwachsinnigen Eindruck, [ist] persönlich [und] örtlich orientiert, zeitlich [aber] nicht.« Die weitere Befragung ergibt im Wesentlichen keine neuen Erkenntnisse: Beide Eltern seien verstorben, die Mutter erst im vorigen Jahr bei einem Schlaganfall. Ida S., das jüngste Kind, sei in der Schule »immer sitzengeblieben« und nach ihrer Schulentlassung 1920 »immer beim Bauern gewesen, bei ihrem Vetter«. »In der letzten Zeit«, so heißt es weiter in dem Bericht, »sei sie in Ebersbach operiert (sterilisiert) worden. Das sei schon lange her.« Wenig später wird die Sterilisation wieder angesprochen: »Auf den Vorhalt, sie habe die Wohnung anzünden wollen, gibt sie dies zu, das sei zu Hause gewesen, als sie von Ebersbach zurückkam. Sie habe sich über die dort vollzogene Operation geärgert.«

Die erste Nacht in der fremden Umgebung der Anstalt schlief Ida S. schlecht. Sie weinte viel und »erklärte [dann], sie wolle ruhig sein, man solle sie nur ein bißchen Streicheln«. Auch am Tag habe sie »wiederholt geweint« und geäußert, sie wolle »gern nach Haus, es sei ihr so schwer zu Mute«. »Machte sonst aber keine Schwierigkeiten. Nahrungsaufnahme gut«, wird abschließend knapp in der Krankengeschichte vermerkt.

»Immer ziemlich still, verlegen, wortkarg. Ganz leicht niedergedrückt, antwortet auf Fragen nicht. Sieht den Arzt nicht an«, ist dem Eintrag vom 29. Januar 1937 zu entnehmen, dem vierten Tag der Ida S. in Großschweidnitz. Fast einen Monat später erst folgt die dritte Notiz in der Krankengeschichte: »Immer sehr zurückhaltend, bleibt abseits von den anderen, benutzt jede Gelegenheit zum Entweichen, war auf dem Weg vom Festsaal am 7.2. ausgerissen, stellte es nachträglich als Spaß hin, spricht sehr wenig, oft fast verstockt, sinnt dauernd nach einer Entweichungsgelegenheit.«

Idas Beurteilung fällt nun zunehmend negativ aus. Weitere zwei Wochen später wird sie als »abweisend und bockig« beschrieben: »Sehr tückisches Verhalten, [...] versucht dauernd den Schwestern die Schlüssel zu entreissen, steigt im Garten über den Zaun, weigert sich, sich zu beschäftigen, macht in allem Schwierigkeiten.«[14] Anfang April wird sogar notiert, sie habe »mehrmals elektrisiert[15] werden« müssen. Am 16. April 1937, Ida S. ist nun seit fast drei Monaten in Großschweidnitz, wird eine weitere Diagnose gestellt: »Zu dem bestehenden Schwachsinn hat sich offensichtlich eine *Schizophrenie* gesellt, die Kranke steht unter dem Einfluß vorwiegend ängstlicher Affekte, ist bösartig und gereizt. Macht viel Schwierigkeiten.«

In den folgenden Monaten ändert sich das Bild nicht. Immer wieder wird Ida S. als »bockig und widerstrebend« und »gewalttätig wo sie kann« beschrieben. Sie sei »bösartig, hinterlistig und unfügsam«, »belästigt andere Kranke«, »wird gewalttätig und ausfällig gegen das Personal«, »zerreißt und zerstört was ihr unter die Finger kommt [und] läßt sich auch durch Strafen nicht abhalten«. Außerdem gilt sie als »stark fluchtverdächtig«, so dass man sie nicht mit der Kolonne zur Arbeit schicken kann. An einer Stelle ist ganz besonders deutlich und eindrücklich festgehalten, wie sie auf die Ärzte und Pfleger wirkte. Dort heißt es: »[Sie] gehört zur Zeit zu den unheimlichsten Kranken auf der Abteilung.«[16]

Neben der Krankengeschichte gibt auch das der Akte beigefügte Gutachten aus dem Entmündigungsverfahren vom 9. August 1937 Aufschluss darüber, wie die Patientin von den Ärzten gesehen wurde: Bereits bei der Aufnahme habe sie sich »einfältig, dumm und ungeniert« gezeigt. »Schon in den nächsten Tagen«, so heißt es weiter, »änderte sich das Verhalten der Kranken sehr zu ihrem Nachteil. [...] Sie war [...] tagelang still, wortkarg und abweisend und wurde schließlich zunehmend ungefügiger, sodaß sie ins unruhige Haus verlegt werden mußte. Hier entwickelte sie sich bald zu einer der unangenehmsten, bockigsten und gewalttätigsten Kranken. Wiederholt versuchte sie mit roher Gewalt dem Personal die Schlüssel zu entreissen, versuchte, über den Zaun zu steigen und zerriß, als ihr das nicht gelang, was ihr unter die Finger kam. Sie war abweisend, nie auf Fragen zu fixieren und stand anscheinend unter dem Einfluß wahnhafter

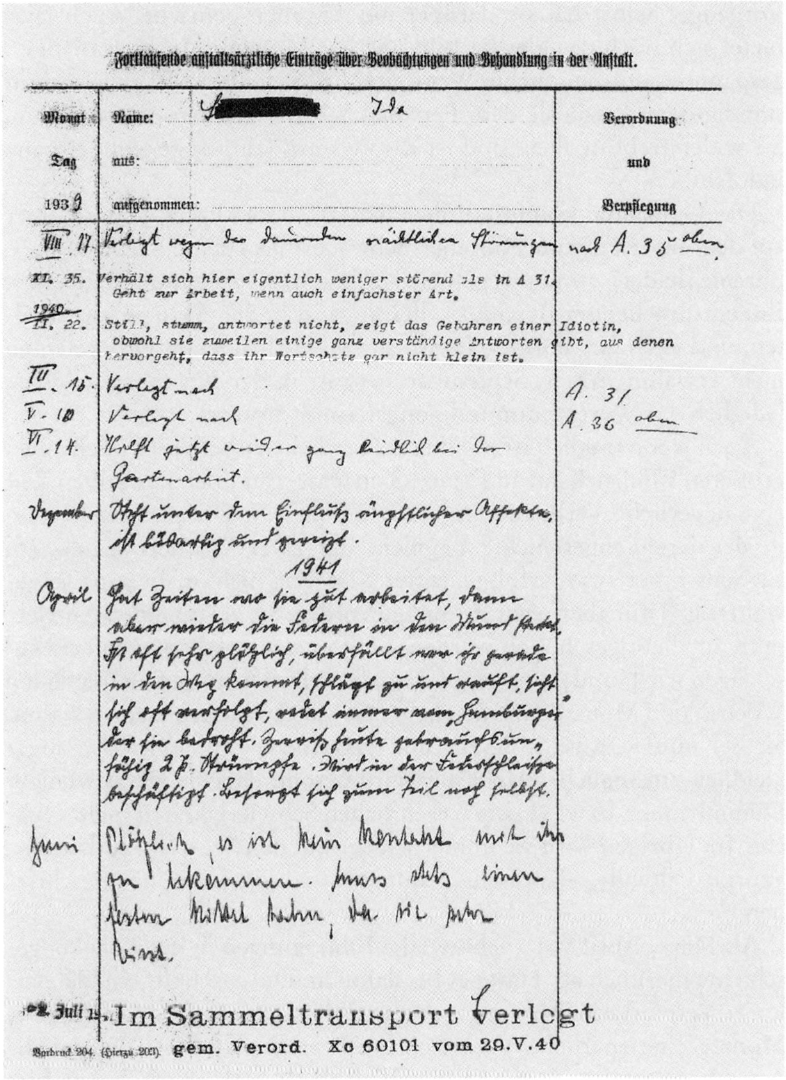

Fortlaufende anstaltsärztliche Einträge über Beobachtungen und Behandlung in der Anstalt.

Monat	Name: ▓▓▓▓ 7 Ia	Verordnung
Tag	muß:	und
193 9	aufgenommen:	Verpflegung

VIII. 17	Verlegt wegen der dauernden nächtlichen Störungen	nach A. 35 oben
XI. 35.	Verhält sich hier eigentlich weniger störend als in A 31. Geht zur Arbeit, wenn auch einfachster Art.	
1940 II. 22.	Still, stumm, antwortet nicht, zeigt das Gebahren einer Idiotin, obwohl sie zuweilen einige ganz verständige Antworten gibt, aus denen hervorgeht, dass ihr Wortschatz gar nicht klein ist.	
IV. 15.	Verlegt nach	A. 31
V. 10	Verlegt nach	A. 36 oben
VI. 14.	Hilft jetzt wieder ganz kindlich bei der Gartenarbeit.	
Dezember	Steht unter dem Einfluß ängstlicher Affekte, ist bösartig und gereizt.	
	1941	
April	Hat Zeiten wo sie gut arbeitet, dann aber wieder die Sachen in den Dreck wirft. Ist sehr jähzorig, überfällt wer ihr gerade in den Weg kommt, schlägt zu und raucht, fühlt sich oft verfolgt, redet immer vom Herumziehen das ihr bevorsteht. Zuweilen sehr gebrauchsam, fegt z.B. Steinwege. Wird in der Gärtnerei beschäftigt. Besorgt sich zum Teil noch selbst.	
Juni	Plötzlich ist es nicht mehr möglich mit ihr zu ...	
2. Juli	Im Sammeltransport verlegt gem. Verord. Xc 60101 vom 29.V.40	

Abb. 33: Auszug aus der Krankengeschichte, letztes Blatt

Vorgänge. Selbst hat sie darüber nie Angaben gemacht. Auch jetzt bietet sich noch das gleiche Bild wie vor Monaten: In hinterlistiger, gespannter, unfreundlicher Weise sitzt Frl. S. an ihrem Platz und sinnt ständig darauf, wie sie dem Personal Schwierigkeiten machen kann. Sie widerstrebt in allem und ist Zwangsmaßnahmen gegenüber ganz indolent.«

Das Gutachten kommt zu dem Schluss, dass »Frl. S. [...] an einer auf dem Boden des angeborenen Schwachsinns entstandenen Schizophrenie [leidet]«, und »wegen Geisteskrankheit zu entmündigen ist«. Ein entsprechender Beschluss allerdings ist in der Akte nicht enthalten, und auch ein Vormund wird in den vorhandenen Dokumenten nicht erwähnt. Am 1. September 1937 ist in der Krankengeschichte lediglich das Wort »Entmündigungstermin« notiert.

Auch wenn fraglich ist, ob dieses Geschehen überhaupt noch einen größeren Eindruck auf Ida Marie S. machte, trat doch zur selben Zeit eine neuerliche Verhaltensänderung bei ihr ein. Der nächste Eintrag in der Krankengeschichte nämlich, der zwei Wochen später, am 14. September 1937, erfolgte, lautet: »Ist jetzt nicht mehr ganz so gewalttätig, dafür aber recht stumpf geworden. Sie zeigt keinen Antrieb, muß zu allem geschoben werden. Läßt es sich gefallen, wenn sie geschlagen wird [und] spricht auf Anrede nicht.« Auch in den folgenden Wochen und Monaten werden keine Gewalttätigkeiten mehr erwähnt. Sie sei nun »etwas gefügiger und geordneter«, phasenweise sogar »leidlich zugänglich«. Mehrfach wird betont, dass sie »jetzt weniger Dummheiten« bzw. »keine wesentlichen Schwierigkeiten mehr« mache. Im Übrigen wird sie immer wieder mit den Worten »autistisch«, »zurückhaltend«, »läppisch«, »stumpf« und »interesselos« beschrieben.[17]

Ab März, April 1938 nehmen die Eintragungen in der Krankengeschichte merklich ab. Hatte es bis dahin im Durchschnitt ein bis zwei kurze Vermerke im Monat gegeben, wird nun nur noch etwa alle zwei Monate eine spärliche Verhaltensbeschreibung notiert. Bis auf die Tatsache, dass Ida S. zwischenzeitlich mit Gartenarbeit beschäftigt worden ist, dann jedoch wieder, »weil sie nichts mehr richtig macht und Unfug treibt«, zur Kolonne geschickt wurde, erfährt man nichts über ihren Anstaltsalltag. Ihr Verhalten wird nach wie vor als »läppisch [und] sehr kindisch« beschrieben. Außerdem »halluziniert [sie] stark und fragt oft ganz ängstlich nach ihren Verwandten«. Eine Unterhaltung mit ihr sei jedoch kaum möglich, denn »meist ist sie gar nicht zu fixieren und redet vor sich hin.«

Ab 1939 werden die Einträge noch negativer: »Sitzt blöde grinsend da, ohne Trieb, ohne Beschäftigung«, heißt es am 29. Januar 1939, und weiter: »wird nachts oft störend laut, läuft umher, schreit, muss dann isoliert werden.« Die folgenden Bemerkungen gleichen diesen fast wörtlich. Am 17. August schließlich wird sie »wegen der dauernden nächtlichen Störungen« in ein anderes Haus verlegt. Dort ist sie etwas »weniger störend« und arbeitet zudem, »wenn auch einfachster Art« – was sie arbeitet, erfährt man nicht.

Im Jahr 1940 finden sich nur drei knappe Notizen in der Krankengeschichte. »Still, stumm, antwortet nicht«, heißt es am 22. Februar 1940, »zeigt das Gebahren einer Idiotin, obwohl sie zuweilen einige ganz verständige Antworten gibt, aus denen hervorgeht, dass ihr Wortschatz gar nicht klein ist«. In dem nächsten Vermerk, der erst vier Monate später folgt, wird lediglich mitgeteilt, dass Ida S. »jetzt wieder ganz leidlich bei der Gartenarbeit« helfe. Offenbar trat in der Folgezeit erneut eine Wende zum Negativen ein: »Steht unter dem Einfluß ängstlicher Affekte, ist bösartig und gereizt«, wird im Dezember 1940 notiert.

Eine etwas ausführlichere Beschreibung der Patientin erfolgt erst wieder im April 1941: »Hat Zeiten wo sie gut arbeitet, dann aber wieder die Federn in den Mund steckt. Ist oft sehr plötzlich [im Sinne von unberechenbar impulsiv; C.H.], überfällt wer ihr gerade in den Weg kommt, schlägt zu und rauft, sieht sich oft verfolgt, redet immer vom ›Hamburger‹ der sie bedroht. Zerriß heute gebrauchsunfähig 2 P[aar] Strümpfe. Wird in der Federschleiße beschäftigt. Besorgt sich zum Teil noch selbst.«

Zwei Monate später findet sich eine letzte kurze Notiz: »Plötzlich [impulsiv; C.H.], es ist kein Kontakt mit ihr zu bekommen. Muss stets einen festen Kittel haben, da sie sehr reisst.«

Am 2. Juli 1941 endet die Krankengeschichte mit dem Stempel »Im Sammeltransport verlegt«. Gemeinsam mit 73 weiteren Frauen und Männern[18] wurde Ida Marie S. an diesem Tag aus Großschweidnitz abtransportiert und in der zur Tötungsanstalt umfunktionierten ehemaligen Landesanstalt Sonnenstein bei Pirna vergast.

1   Zur Rolle der Gesundheitsämter im Nationalsozialismus vgl. Vossen (2005), Erfassen, S. 86-97.
2   BAB, R 179/12442, Gutachten zum Entmündigungsverfahren vom 09.08.1937.

3 Ebd., Durchschlag des hilfsärztlichen Gutachtens vom 19.05.1936.

4 Ebd., Gutachten zum Entmündigungsverfahren vom 09.08.1937.

5 Ebd., Durchschlag des hilfsärztlichen Gutachtens vom 19.05.1936. Dieser Durchschlag deckt sich mit der Vorlage im Kommentar zum Gesetz zur Verhütung erbkranken Nachwuchses, vgl. Gütt; Rüdin; Ruttke (1934), Gesetz, Anlage 5, S. 71; vgl. hierzu auch Ley (2003), Zwangssterilisation, S. 45-54.

6 BAB, R 179/12442, Durchschlag des hilfsärztlichen Gutachtens vom 19.05.1936.

7 Ebd., Intelligenzprüfungsbogen vom 19.05.1936. Die Zitate sind diesem Dokument entnommen.

8 Ewald Meltzer (1869-1940), Oberregierungsmedizinalrat, Studium in Jena, Dresden und Friedrichstadt, ab 1901 Oberarzt und Leiter der sächsischen Landespflegeanstalt für bildungsunfähige schwachsinnige Kinder in Großhennersdorf. Vorsitzender des Deutschen Vereins für Erziehung, Unterricht und Pflege Geisteskranker. Ließ ab 1931 »Minderwertige« gesetzeswidrig sterilisieren. Vgl. Klee (2003), Personenlexikon, S. 402. In diesem Fall war Meltzer wahrscheinlich als Prozesspfleger im Sterilisationsverfahren eingesetzt worden. Er selbst jedenfalls bezeichnet sich an einer Stelle des Schreibens als »Pfleger«. Weitere Hinweise hierzu finden sich allerdings in der Akte nicht.

9 Im »Merkblatt über die Unfruchtbarmachung« werden Folgeschäden nach der Operation ausgeschlossen. Gleichzeitig wird hervorgehoben, dass die Betroffenen einen wertvollen Beitrag zur Erhaltung der Volksgesundheit leisten. Vgl. Gütt; Rüdin; Ruttke (1934), Gesetz, S. 67.

10 BAB, R 179/12442, Schreiben Dr. E. Meltzers an das Erbgesundheitsgericht Bautzen vom 10.06.1936; die nachfolgenden Zitate sind diesem Schreiben entnommen.

11 Ida Maries Mutter muss demnach zwischen dem 19.05.1936 und dem 10.06.1936 gestorben sein.

12 Den Ärzten war der Zusammenhang zwischen der inneren Abwehr der Patientinnen und Patienten gegen die Operation und einer hohen Komplikationsrate durchaus bekannt. Zu den physischen und psychischen Folgen der Zwangssterilisation vgl. u. a. Bock (1986), Zwangssterilisation, S. 378 ff.; Hinz-Wessels (2004), NS-Erbgesundheitsgerichte, S. 168-174; Rothmaler (1991), Sterilisationen, S. 190-192.

13 Zum Erbgesundheitsgerichtsverfahren allgemein vgl. Ley (2003), Zwangssterilisation, S. 67-99.

14 BAB, R 179/12442, Eintrag vom 08.03.1937.

15 Es handelt sich um eine psychiatrische Zwangsmaßnahme, die vermutlich auf den in der Anstalt Düsseldorf-Grafenberg tätigen Psychiater und »T4«-Gutachter Friedrich Panse (1899-1973) zurückgeht. Während des 2. Weltkrieges setzte Panse galvanischen Strom in hohen Dosen gegen sogenannte Kriegsneurotiker ein, das Verfahren wurde als »Pansen« bezeichnet. Vgl. Klee (2003), Personenlexikon, S. 449.

16 BAB, R 179/12442, Einträge vom 15.05.1937 bis 30.08.1937.

17 Ebd., Einträge vom 14.09.1937 bis 19.03.1938.

18 Vgl. Krumpolt (2001), Großschweidnitz, S. 151.

Leopoldine S. –
»…scheint sie doch zeitlich
in einer ganz anderen Welt zu sein«

Gerrit Hohendorf

Am 13. Dezember 1935 wird die 31-jährige Leopoldine S. vom Amtsarzt zur Beobachtung ihres Geisteszustandes in die Psychiatrische
Klinik und Beobachtungsstation des Wiener Allgemeinen Krankenhauses eingewiesen und am 16. Dezember in die Anstalt Steinhof wei-
terverlegt. Der Aufnahmebericht liest sich wie folgt:

> »Auf die Frage, warum sie hier ist, gibt Pat keine Antwort, doch er-
> zählt sie ganz zerfahren, eine unverständliche Geschichte, worin
> bestimmte Begriffe wie Maria Stuart, Jesulein, heilige Magdalene –
> jedesmal zurückkehren – Dabei besteht eine gewisse Affektstarre.
> Manchmal kann man das Ganze durchbrechen mit einer fri[s]ch aus-
> gesprochenen Frage. Der Inhalt des Gesprächs ist meist religiös.«[1]

Was hier in der Sprache der Psychopathologie als unverständlich und
zerfahren beschrieben wird, lässt bruchstückhaft in eine ganz andere
Welt des Erlebens blicken. Leopoldine S. beschäftigt sich mit der
Himmelsmutter, die sie ihre Mutter beschimpfen lasse und ihr selbst
zweimal die Seele herausgerissen habe. Zur Erklärung dieses Phäno-
mens sagt Leopoldine, dass Jesus es der Himmelsmutter erlaubt habe
und dass die Himmelsmutter den Größenwahn habe.[2] Auf der anderen Seite sei die Himmelsmutter sehr lieb und habe ihr einen rosa
Zettel gegeben, daraus seien Rosen gewachsen. Sie hört den Erzengel
Michael singen wie eine Nachtigall und beschäftigt sich viel mit den
Heiligen und Aposteln, die ihr in verschiedenster Weise erscheinen.
Es quält sie der Gedanke an eine Todsünde, die sie gegen das sechste
Gebot begangen habe. In welcher Weise sie gegen das Gebot »Du
sollst nicht töten« verstoßen haben könnte, wird nicht ganz klar, »ein
mohamedanischer Jude habe sie mißbraucht, sie habe 1706 Todsün-
den; das habe ihr das Jesulein gesagt, dieses sei auch auf Pav. 17«,
Pavillon 17 bezeichnet ihre Station in der Wiener Anstalt Steinhof.
   Der Einweisung in die Beobachtungsstation des Allgemeinen
Krankenhauses vorausgegangen waren Unruhezustände und Beschimpfungen, die die Mutter veranlasst haben, ihre Tochter wieder

in stationäre Behandlung zurückzubringen. Leopoldine S. war bereits
seit 1929 mehrfach und über längere Zeit in der Wiener Anstalt »Am
Steinhof« behandelt worden. Zuletzt wurde sie am 16.11.1935, also
einen Monat vor ihrer vierten und endgültigen Aufnahme, in häusliche
Pflege zur Mutter entlassen. Über ihr Leben vor der Erkrankung gibt
die Krankengeschichte nur spärlich Auskunft. Wir erfahren lediglich,
dass sie als Telegrafenmanipulantin bei der Telegrafendirektion für
Niederösterreich in Wien als Beamtin beschäftigt war und unverhei-
ratet bei ihren Eltern, Franziska und Josef S., im 16. Wiener Bezirk
Ottakring lebte. Verwandtschaftliche Beziehungen gab es nach Mähren, wo ein Onkel von Leopoldine auf dem Lande lebt. Der Bruder
litt ebenfalls an einer Schizophrenie und war bereits vor ihrer Erkrankung in der Wiener Anstalt »Steinhof« untergebracht. Außerdem gab
es noch eine Schwester. Von der Mutter ist lediglich der äußerst
knappe Bericht bei der ersten Aufnahme am 20. September 1929 erhalten, Leopoldine sei eine gute Schülerin und immer gesund gewesen. Die Krankengeschichte gibt keine Auskunft darüber, ob Leopoldine vor ihrer Erkrankung ein zurückgezogener und scheuer oder ein
lebhafter und kontaktfreudiger Mensch gewesen ist, ob sie eher heiter
oder eher schwermütig gestimmt war. Wir erfahren nichts über ihre
Vorlieben und Interessen, nichts darüber, wie das Verhältnis zu ihren
Eltern war. Genaueres über Bekanntschaften zu Männern lässt sich
ebenfalls nicht erfahren. Die Krankengeschichte hält lediglich fest,
dass sie bis wenige Tage vor der Aufnahme geistig unauffällig gewesen ist.

Ihre erste Krankenhauseinweisung erfolgte, da sie zu Hause plötzlich zu schreien begann und sich aus dem Fenster stürzen wollte. Bei
der Aufnahme in die Psychiatrische Klinik und Beobachtungsstation
des Wiener Allgemeinen Krankenhauses, Leopoldine ist zu diesem
Zeitpunkt 25 Jahre alt, bekommt sie einen »Tobsuchtsanfall« und
muss »beschränkt«, das heißt im Bett fixiert werden. Da sie nicht antwortet, drückt man in ihren Unterbauch (»Ovarialdruck«), worauf
sie ruft: »Heiliger Geist hilf mir!« Leopoldine verharrt in Angst, sie
glaubt zu verkohlen und hält sich für eine Giftschlange.[3] In der Psychiatrischen Klinik versucht man zunächst eine Malariatherapie, wie
sie Julius Wagner-Jauregg 1917 zur Behandlung der Progressiven Paralyse eingeführt hatte und die hier auch auf Erkrankungen des schizophrenen Formenkreises übertragen wird.[4] Diese Therapie muss
jedoch wegen des schlechten Allgemeinbefindens abgebrochen werden. Unter der Diagnose einer Katatonie, die zu den Erkrankungen

des schizophrenen Formenkreises gehört, wird Leopoldine schließlich am 28.10.1929 in die Anstalt »Steinhof« verlegt. Dort berichtet sie, dass sie »mit einem Berufskollegen in nähere Beziehung getreten« sei und wisse, »dass sie von Herrn S. einen Stich in die Hand bekam und seither närrisch ist«. Sie fühle sich schmutzig, da sie ziemlich viel Onanie betreibe, und sei an allem selbst schuld: »durch die Giftschlangen habe sie sich verschiedene Sachen eingebildet und hört Stimmen, die sie ›Eiterschlange‹ und ›pestkrank‹ nennen und Pech und Schleim ist in ihrem Munde.«[5] Leopoldine wirkt während ihrer ersten Anstaltsbehandlung ruhig, arbeitet zeitweise in der Nähstube, ist jedoch durch Selbstanklagen und beschimpfende Stimmen gequält. Ihren Aufenthalt in der Irrenanstalt interpretiert sie folgendermaßen:

»Pat. behauptet in einem feinen *Sanatorium* zu sein, das sie nicht verdiene da sie von ihrer Jugend her immer nur an sinnliche Sachen gedacht all ihre Pflichten vernachlässigt habe und sie verdiene nicht in eine [sic!] so feine Umgebung zu sein wo sie von Schmutz und Pech u. Eiter von weitem stinke.«[6]

Am 11. März 1930, nach sechsmonatigem Aufenthalt am »Steinhof«, wird Leopoldine in häusliche Pflege zu ihren Eltern entlassen, nachdem ihr Vater Josef S. zu ihrem Kurator bestellt worden ist. Die zweite Aufnahme erfolgt am 23. Oktober 1930, ein gutes halbes Jahr später. In der Zwischenzeit habe sie sich mit Nähen beschäftigt. Leopoldine wirkt wiederum gedrückt und gehemmt, gequält von Selbstanklagen: »es gebühre ihr die Hölle«.[7] In einem Erregungszustand zerschlägt sie Scheiben und muss im Gitterbett gehalten werden. Langsam bessert sich ihr Zustand, sie kann auf einen ruhigen Pavillon verlegt werden und arbeitet in der Nähstube. Leopoldine kann am 29.5.1931 wieder in häusliche Pflege entlassen werden. Allerdings wird die Heilungsaussicht in einem Attest für ihren Dienstherren, das Telegrafenamt in Wien, als fraglich und die Wiederherstellung der Dienstfähigkeit als unwahrscheinlich angesehen.[8]
Die dritte Aufnahme erfolgt am 4. September 1932. Leopoldine ist jetzt 28 Jahre alt. Bei der Aufnahme berichtet sie, dass sie wieder Beschimpfungen gehört habe. Ein Bekannter habe sich als Jesus ausgegeben, er habe genauso feine Züge. Sie fühlt sich von einem Postinspektor verfolgt, der in ihr stecke und in ihrem Körper herumkralle und sie sexuell belästige. Gedanklich beschäftigt sie sich immer wieder mit religiösen Themen, insbesondere mit der sechsten Todsünde.[9]

*Abb. 34: Tötungsanstalt Schloss Hartheim
mit Busschuppen an der Westseite*

Am 15. Dezember 1932 wird sie vom Bezirksgericht »beschränkt entmündigt« und nunmehr die Mutter zum Kurator bestellt. Auf der Station wird sie als abweisend, unfügsam und nicht zu beschäftigen beschrieben. Sie muss zur Pflege angehalten werden. Sie äußert öfters den Wunsch, wieder nach Hause zurückzukehren. Von der Mutter erhält sie des Öfteren Besuch. Am 12. November 1934 wird sie in die Pflegeanstalt überstellt. Das heißt ihre Erkrankung wird als chronisch angesehen. Nun finden sich nur noch spärliche Einträge in der Krankengeschichte. Auf Wunsch der Mutter wird Leopoldine am 31. Oktober 1935 zunächst beurlaubt und dann am 16. November in häusliche Pflege entlassen.[10]

Die Wiederaufnahme war jedoch, wie eingangs erwähnt, bereits nach einem Monat, nämlich am 16. Dezember 1935, notwendig. Leopoldine ist jetzt 31 Jahre alt. Ihr Verhalten wird als wechselhaft beschrieben, gelegentlich kommt es zu tätlichen Auseinandersetzungen, sie beschäftige sich nicht, schließe sich den Mitpatientinnen nicht an, müsse gepflegt werden. Am 24. März 1937, nach viereinhalb Jahren fast ununterbrochener Anstaltsbehandlung, wird Leopoldine wieder in die Pflegeanstalt überstellt. Der Zustand von Leopoldine verschlechtert sich zusehends.[11] So lautet der Eintrag vom 10. Januar 1938 beispielsweise: »Stets in gereizter Stimmung. Hat Gefühlstäu-

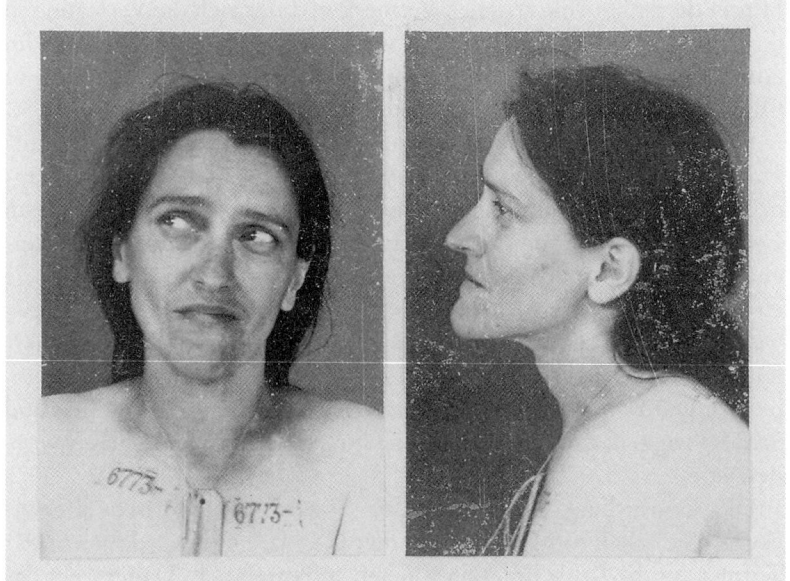

Abb. 35: Leopoldine S., Fotografie vor der Tötung

schungen – sagt sie werde gemartert, führt laute Selbstgespräche gestikuliert.« Oder am 3. Juni 1938: »Spricht verworren. Ungeordnet,
unrein. Zerreißt Wäsche. Trägt derzeit Schutzkleid – steht oder sitzt
untätig im Tagraum – muß zur Pflege angehalten werden.«

Die immer stereotyper werdenden Einträge lassen keinen Einblick
mehr in das Befinden und die Gefühls- und Erlebniswelt von Leopoldine zu. Sie sind einzig an ihrem »ungeordneten«, unruhigen und erregtem Verhalten orientiert, an dem Ausmaß, wie sie sich der Anstaltsordnung widersetzt. Sie dokumentieren zugleich die immer
häufiger angewandte körperliche Beschränkung mit der »Schutz-
jacke«. Gleichzeitig nimmt Leopoldine an Gewicht ab. Der letzte
Eintrag lautet am 4. Juni 1940: »Ungeordnet, zerfahren, unrein, häufig unruhig, zerreißt Wäsche – mit Jacke beschränkt, pflegebedürftig.
Schlaf gestört – Paraldehyd.«[12] Leopoldine wird nochmals in einen
anderen Pavillon versetzt. Am 12. August 1940 schließt ein Stempel
die Krankengeschichte ab: »Auf Grund einer Anordnung d. Koär.
[= Kommissars] f. Reichs- Verteidgg. i. eine nicht genannte Anstalt
vers. [= versetzt]«

Hinter diesem bürokratischen Vermerk verbirgt sich die Verlegung in die Zwischenanstalt Niedernhart, von wo sie am 16. August 1940 im Alter von 35 Jahren in die Gasmordanstalt Hartheim bei Linz in Oberösterreich verlegt und noch am selben Tage ermordet wurde.

Erhalten geblieben ist ein eingelegter Aktendeckel mit zwei Fotografien kurz vor ihrer Ermordung. Diese Fotos dokumentieren eindrücklich die quälende Angst und existenzielle Beunruhigung von Leopoldine S., die bereits unter den sich verschärfenden Bedingungen der Pflegeanstalt ihr Dasein bestimmt hat. Gleichzeitig wirkt sie einer anderen Welt verhaftet. Dieser anderen Erlebnis- und Gefühlswelt gegenüber hat die Anstaltspsychiatrie unter den sich verschärfenden Bedingungen des Krieges keinerlei Verständnis mehr aufgebracht. Die Fotos dokumentieren zugleich die ungeheure Hilf- und Schutzlosigkeit, mit der Leopoldine ihren Mördern ausgeliefert worden ist.

Die Ermordung der Leopoldine S. wird bürokratisch abgewickelt.[13] Sie erhält die Tötungsnummer C 6773. Diese wird ihr vor der Tötung auf die Brust und den Rücken aufgestempelt. Dabei steht das C für die Gasmordanstalt Hartheim. Auf der Rückseite des Aktendeckels mit den beiden Fotografien findet sich mit Bleistift geschrieben der folgende Vermerk: »Des 16. 8.40«. Dabei steht »Des« in der bürokratischen Sprache des Todes für »Desinfektion«.

Die Beurkundung des Todes von Leopoldine S. erfolgt in der Tötungsanstalt Brandenburg an der Havel unter der Nummer B 8794. Von dort wird die Mutter etwa Ende August 1940 die Todesnachricht und die Sterbeurkunde erhalten haben.

1   BAB, R 179/18428, Krankengeschichte Nr. 4 der Anstalt Steinhof, Abschrift der Krankengeschichte der Psychiatrischen Klinik und Beobachtungsstation des Wiener Allgemeinen Krankenhauses.

2   Diese wie die folgenden Angaben aus der Krankengeschichte Nr. 4 der Wiener Anstalt Am Steinhof.

3   Ebd., Krankengeschichte Nr. 1 der Anstalt Steinhof, Abschrift der Krankengeschichte der Psychiatrischen Klinik und Beobachtungsstation des Wiener Allgemeinen Krankenhauses.

4   Vgl. Wagner, Jauregg (1918/19), Über die Einwirkung der Malaria, siehe hierzu auch Hohendorf und Rotzoll (2004), Geschichte der Ethik, S. 16-18 mit weiterer Literatur.

5   BAB, R 179/18428, Krankengeschichte Nr. 1 der Anstalt Steinhof.

6 Ebd., Eintrag vom 5.3.1930, Hervorhebung im Original.
7 Ebd., Krankengeschichte Nr. 2 der Anstalt Steinhof.
8 Ebd., Attest vom 20.11.1930.
9 Lat. gula (Völlerei).
10 Ebd., Krankengeschichte Nr. 3 der Anstalt Steinhof.
11 Ebd., Krankengeschichte Nr. 4 der Anstalt Steinhof.
12 Ebd., Paraldehyd ist ein damals gebräuchliches Schlafmittel.
13 Vgl. Hinz-Wessels; Fuchs; Hohendorf; Rotzoll (2005), Bürokratische Abwicklung, S. 95 f.

Aloisia Veit –
Ein »Euthanasie«-Opfer aus Hitlers Familie

Annette Hinz-Wessels

Aloisia Veit wird am 18. Juli 1891 als Kind des Ehepaares Josef und Aloisia Veit, geb. Polz in Pontafel im Kanaltal in Kärnten geboren. Hier, an der Reichsgrenze zu Italien, dient ihr Vater als Oberrespizient bei der k.k. Finanzwache, die in der Donaumonarchie für die Überwachung der Zollgrenzen und der Übertrittsstellen zuständig ist.

Über Aloisias Kindheit und Jugend ist in ihrer Krankenakte[1] nichts festgehalten. Diese setzt ein mit dem 23. Januar 1932, als die 41-Jährige auf Veranlassung des Amtsarztes im Wiener Bezirk Wieden in der Psychiatrischen Klinik und Beobachtungsstation des Allgemeinen Krankenhauses der Stadt Wien aufgenommen wird. Als Grund für die Überweisung gibt der Amtsarzt an, die als Stubenmädchen im Wiener Hotel Höller arbeitende Aloisia Veit würde sich seit circa einer Woche sehr auffällig benehmen. Sie fürchte sich, über die Hotelgänge zu gehen, fange grundlos an zu weinen und sehe Gespenster. Auch bei der von ihm durchgeführten Untersuchung habe sie in einem Atemzug grundlos zu lachen und zu weinen begonnen und sich mit den Worten »Ich geh bei einem Gitter nicht vorüber« geweigert, bis zum Abtransport in die Psychiatrische Klinik in einem abgeschlossenen Raum mit einem vergitterten Fenster zu warten.

Der Amtsarzt vermutet eine Geistesstörung, möglicherweise eine Schizophrenie, und überweist sie daher zwangsweise »zur weiteren Veranlassung« der Psychiatrischen Klinik. Hier klagt sie bei der Aufnahme über ihre Einlieferung in die Psychiatrie und zeigt Angst vor der Einnahme von Medikamenten (»Wenn ich diese Medikamente muss einnehmen kann Hirnschlag eintreten«). Dem Dienst habenden Arzt gegenüber gibt sie zu, unter starken Stimmungsschwankungen zu leiden (»Vorige Woche war so eine Trauer in mir, dann so eine Glückseligkeit.«). Auch bekennt sie, Gesichter im Dunkeln zu sehen und Stimmen zu hören (»Es war so ein leidendes Gesicht, ich hab gefragt, wer das ist. Da sagte die Stimme: Das ist das Original von Jesus Christus.«). Zwei Tage später gibt sie an, sie habe Feinde in der sozialdemokratischen Organisation und sei im Erholungsheim Rosenburg im Kamp von »roten« Kolleginnen schlecht behandelt, d.h.

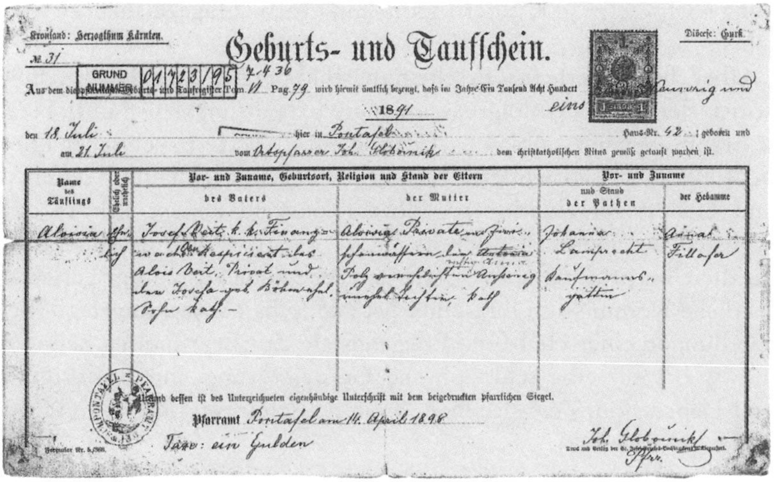
Kronland: Herzogthum Kärnten.

Geburts- und Taufschein.

Diöcese: Gurk.

№ 31

GRUND NUMMER 0 1 7 2 3 / 9 5 7-4 36

Aus dem diöcesanischen Geburts- und Taufregister Tom. VI Pag. 79 wird hiemit ämtlich bezeugt, daß im Jahre Ein Tausend Acht Hundert [illegible] und eins 1891

den 18. Juli hier in Pontafel Haus-Nr. 42 geboren und

am 21. Juli vom Ortspfarrer Joh. Globočnik dem christkatholischen Ritus gemäß getauft worden ist.

Name des Täuflings	Ehelich oder unehelich	Vor- und Zuname, Geburtsort, Religion und Stand der Eltern: des Vaters	der Mutter	Vor- und Zuname und Stand der Pathen	der Hebamme
Aloisia	ehelich	Josef Veit k. k. Finanzwache-Respicient, des Alois Veit, Privat und der Josefa geb. [illegible] Sohn kath.	Aloisia Private [illegible]	Johanna Lamprecht Kaufmanns-gattin	Anna Fillafer

Urkund dessen ist des Unterzeichneten eigenhändige Unterschrift mit dem beigedruckten pfarrlichen Siegel.

Pfarramt Pontafel am 14. April 1898

Taxe: ein Gulden

Joh. Globočnik Pfr.

Abb. 36: Geburts- und Taufschein Aloisia Veit

ignoriert worden. Auch von ihrer »Wohnungsgeberin« fühlt sie sich verfolgt. Diese wolle sie aus der Wohnung haben, weil sie zu wenig zahle.

Nach dreitägigem Aufenthalt in der Psychiatrischen Klinik wird Aloisia Veit am 26. Januar 1932 in die Wiener Heil- und Pflegeanstalt »Am Steinhof« überwiesen.

Bei der ersten Besprechung mit dem behandelnden Arzt beschreibt dieser sie als orientiert, gesprächig und zerfahren. Aloisia gibt ihm gegenüber an, seit sechs Jahren im Hotel Höller in der Burggasse als Stubenmädchen zu arbeiten. Seit einigen Wochen leide sie an Nervosität und sei deswegen vierzehn Tage lang vom 16. bis zum 30. Dezember 1931 auf Kosten der Krankenkasse im Erholungsheim Rosenburg gewesen. Wie schon in der Psychiatrischen Klinik berichtet Aloisia erneut von Erscheinungen, insbesondere von dem Gesicht Jesu Christi, bei dessen Anblick sie vor Freude niedergekniet und gebetet habe. Über ihre Familie macht sie anscheinend nur vage Angaben. In der Krankengeschichte werden sie wie folgt vermerkt: »Der Vater sei Oberrespizient bei der Wache gewesen. Die Schwester sei am Lande, schwachsinnig. Die Mutter gestorben vor 22 Jahren.« Diese unsicheren Aussagen veranlassen den Arzt ganz offensichtlich, seine Eintragungen auf der Titelseite zur Erblichkeit der Erkrankung »Schwester gkr. Eltern gkr.« mit einem Fragezeichen zu versehen.

Über ihr körperliches Erscheinungsbild bei der Anstaltsaufnahme notiert der Arzt: »Mittelgross, mässiger Ern[ährungs]zust[and], Haare braun, Augen graublau […] Zähne gut […]«. In psychischer Hinsicht gilt sie als »orientierte zerfahrene Pat. mit lebhaften Gesichts- und Gehörshalluzinationen«. Dieser Zustand ändert sich in den nächsten Wochen nicht. Bereits am 18. Februar 1932 beschließt die für die Überprüfung der Anstaltsunterbringung zuständige gerichtsärztliche Kommission ihre zunächst auf sechs Monate angelegte Behandlung in einer Heil- und Pflegeanstalt. Zur Begründung heißt es: »… es besteht eine schizophrene Geistesstörung, mit Ratlosigkeit und Depression, Zerfahrenheit, Sinnestäuschungen und Wahnideen. Sie ist geisteskrank[…]«.

Aloisias bisheriger Arbeitgeber, der Geschäftsführer des bekannten Hotels Höller in der Wiener Burggasse, nimmt Anteil an Aloisias Befinden. Bei seinem Besuch am 3. März 1932 bestätigt er Aloisias Angaben über ihre Beschäftigungsdauer und schildert sie als immer sehr fleißig und pünktlich in ihrer Arbeit. Gegenüber dem Anstaltspersonal äußert er die Überzeugung, die »übergewissenhafte« Aloisia habe sich wohl überarbeitet. Nach seiner Schilderung war Aloisia, die stets nett und ruhig gewesen sei, einen Monat vor ihrer zwangsweisen Einlieferung in die Psychiatrie plötzlich sehr gesprächig geworden und hatte Angstzustände bekommen, wenn sie mit lauterer Stimme angesprochen wurde. Aus Furcht vor »bösen Menschen und bösen Geistern« war sie nicht zu bewegen gewesen, allein zu bleiben. Schließlich hatte sie einen Lachkrampf bekommen, der dann in einem Weinkrampf endete, anschließend war sie ins Bett gegangen und danach nicht mehr aufgestanden.

Inwieweit Aloisias in Graz wohnende Familie an ihrem Schicksal Anteil nimmt, ist aus ihrer Krankenakte nicht ersichtlich. Im ersten Jahr ihres Anstaltsaufenthaltes unterrichtet die Anstaltsleitung eine Frau namens Viktoria Veit, wohnhaft in Graz, Feuerbachgasse, zweimal über den Zustand der Patientin und macht im zweiten Schreiben Angaben zu den offiziellen Besuchszeiten im Steinhof. Es erscheint daher möglich, dass hierzu eine entsprechende Anfrage aus Graz erfolgt war. Die Krankengeschichte Aloisias hält allerdings nur einmal, nämlich im April 1936, einen Patientenbesuch fest (»hatte Besuch, freute sich darüber, hat aber nicht gesprochen«). Über dessen Identität gibt die Akte keine Auskunft.

Abb. 37:
Heimatschein
der Stadt Wien

Knapp einen Monat nach ihrer Einlieferung wird Aloisia nach dem Versuch, eine Mitpatientin aus dem Bett zu werfen, erstmals zur Sicherung »ins Gitterbett gelegt«. Diese Methode zur Ruhigstellung von Patienten wendet das Anstaltspersonal auch in der Folgezeit regelmäßig bei ihr an. In der Krankengeschichte wird sie häufig als aggressiv gegenüber Mitpatienten und Pflegern beschrieben, oft duldet sie keine Kleidung und zerreißt ihre Wäsche. Nachts erhält sie Schlafmittel. Ende 1933 beginnt Aloisia erstmals, die Nahrungsaufnahme zu verweigern. In der Folgezeit wird die Essensverweigerung anscheinend zur Obsession. Am 17. Juni 1934 verlangt sie laut Krankengeschichte Papier und schreibt ihre Gedanken und Bitten gegenüber dem Anstaltspersonal nieder: »Wie lange muss ich mich noch so geizig mit dem Esszwang an das alte Leben anklammern? Bitte mir zu bestimmen, was und wie viel soll ich essen. Es wird bestimmt eine ganz kleine Menge genügen, mich von meiner entsetzlichen Folter zu befreien.« Im April 1935 bekommt Aloisia erstmals flüssige Nahrung, die sie zunächst scheinbar noch freiwillig trinkt, dann, ab Mai 1935, wird sie künstlich mit einem Schlauch ernährt. Der Eintrag »Schlundsondenfütterung« zieht sich fortan durch ihre gesamte weitere Krankenakte. Aloisia empfindet diese Art der Zwangsernährung als Folter, sie gibt an, sie wolle sterben, man solle sie nicht so quälen. Zwischenzeitlich gilt sie immer wieder als ruhige und orientierte Patientin: So beschleichen sie am 14. Januar 1936, nachdem sie zunächst um Entlassung gebeten hatte, fast im selben Atemzug Selbstzweifel, ob diese Entscheidung die richtige für sie sei: »Wo soll ich hingehen, aufs Eis, das bricht dann ein und der A… ist nass, da bleib ich lieber in meinem Affenkäfig.«

Nachdem die gerichtsärztliche Kommission am 22. September 1932 zunächst die Fortdauer ihres Anstaltsaufenthaltes für weitere acht Monate verfügt hatte, wird Aloisia bei der darauffolgenden Überprüfung am 3. Juni 1933 wegen Geistesschwäche schließlich entmündigt. Zum Kurator wird zunächst ihr früherer Arbeitgeber, der Geschäftsführer des Hotel Höllers, bestimmt. Spätestens 1936 – der genaue Zeitpunkt ist aus der Akte nicht ersichtlich – übernimmt diese Aufgabe eine aus Wien stammende Frau namens Marie Pfeiffer, über deren Beziehung zu Aloisia Veit die Akte keine Auskunft gibt. Als Kuratorin zieht Frau Pfeiffer offensichtlich Erkundigungen über Aloisias Familiengeschichte ein. Gegenüber dem Anstaltspersonal gibt sie im Oktober 1936 an, eine Schwester der Patientin lebe in Graz und sei geisteskrank und auch die Eltern hätten angeblich an einer Geisteskrankheit gelitten.

Den sich stetig verschlechternden körperlichen Zustand Aloisias dokumentiert neben der Krankengeschichte auch die in ihre Akte eingelegte Gewichtstabelle. Danach hält Aloisia das bei ihrer Ankunft im Steinhof im Januar 1932 notierte Gewicht von 49 Kilogramm mit gewissen Schwankungen bis zum April 1933. Für den darauffolgenden Mai wird erstmals vermerkt, dass die Patientin das regelmäßige Wiegen verweigert habe. Diese Verweigerungshaltung bestimmt fortan die Eintragungen in die Tabelle. Bis zum März 1936 finden sich noch vereinzelt Gewichtsangaben, die starke Schwankungen zwischen 29,5 und 42,5 Kilogramm aufweisen, ab diesem Zeitpunkt bleibt es bis zum letzten Vermerk vom September 1940 beim Dauereintrag »verweigert«.

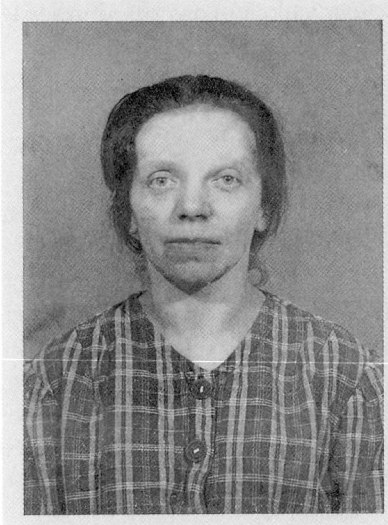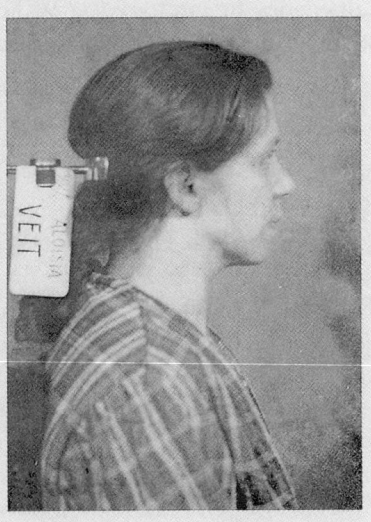

Abb. 38: Patientenfotografie Aloisia Veit [1932]

Trotz ihrer Erkrankung registriert Aloisia offensichtlich die Folgen der politischen Veränderungen, die Österreich nach dem Anschluss an das nationalsozialistische Deutsche Reich im März 1938 prägen. In der Krankengeschichte wird sie unter dem 8. September 1938 mit dem Satz zitiert: »Bin kein Hakenkreuzler, … bin Kommunistin, Komm. sind die die Schädeldecke sprengen … Hakenkreuzler schießen … bin in Wirklichkeit ein Kuchelmesser[2], die Augen sind allen ausgestochen …«

Wie schon zuvor bestimmen auch in den folgenden Jahren 1939 und 1940 Hinweise auf ihr wechselndes Verhalten – schwankend zwischen Unruhe, Erregung und Aggressivität gegenüber ihrer Umwelt und gutwilligem, regem Arbeitseinsatz – die Einträge in ihrer Krankengeschichte. Aloisia wird als stimmungslabil bezeichnet, mehrfach mit Beruhigungsmitteln behandelt oder ins »Gitterbett« gesteckt, später gilt sie wieder als »nett« und ist fleißig in der Nähstube tätig.

Im Spätherbst 1940 endet ihre Krankengeschichte. Am 28. November verlegt man sie in die »Euthanasie«-Zwischenanstalt Ybbs an der Donau. Ohne einen weiteren Akteneintrag über ihren Zustand[3] wird sie acht Tage später, am 6. Dezember 1940, in eine »unbekannte Anstalt« gebracht – mit größter Wahrscheinlichkeit in das zur »Euthanasie«-Tötungsanstalt umgebaute Schloss Hartheim bei Linz.

Doppelte Ausmerze

Mehr als drei Jahre nach Aloisias Tod werden Männer aus der engsten Umgebung Adolf Hitlers plötzlich mit ihrer Familiengeschichte und ihrer Krankheit konfrontiert: Im Januar 1944 lässt der Reichsführer SS und Chef der Deutschen Polizei, Heinrich Himmler, mit der höchsten Geheimhaltungsstufe versehene Unterlagen an den »Sekretär des Führers«, Martin Bormann, übermitteln.[4] Diese enthalten neben beschlagnahmten Briefen und Fotos einen höchst brisanten Gestapo-Bericht über ein in »gegnerischen Kreisen von Graz-St. Peter« kursierendes Gerücht, wonach angeblich in Graz ansässige Verwandte Hitlers zum Teil Halbidioten oder irrsinnig seien.[5]

Der von Himmler an Bormann übergebene Bericht stützt sich in seinen Aussagen auf Ermittlungsergebnisse der Grazer Gestapo. Diese hatte eigens einen V-Mann eingesetzt, um die Quellen und Hintergründe der in der Stadt kursierenden Gerüchte aufzuklären. Bei seinen Nachforschungen war der V-Mann auf ein im Grazer Stadtteil St. Peter ansässiges Ehepaar namens Pracher gestoßen, das über entsprechende Belege für die Richtigkeit eines Teils der umlaufenden Gerüchte verfügte. Nach Frau Prachers Angaben war ihr Gatte 1938 beim Anschluss Österreichs an das nationalsozialistische Deutschland durch in seinem Besitz befindliche Unterlagen darauf gestoßen, dass zwischen der Familie Pracher und dem »Führer« eine Verwandtschaft bestehe. Zum Beweis ihrer Behauptung legte sie dem V-Mann eine Anzahl Briefe, Schriftstücke und Fotografien vor, darunter eine Karte anlässlich des Todes von Hitlers Vater Alois im Jahr 1903, auf dem als trauernde Hinterbliebene seine Gattin Klara Hitler mit den Söhnen Alois und Adolf und den Töchtern Angela und Paula Hitler vermerkt waren. Frau Pracher besaß ferner mehrere handgeschriebene Briefe Alois Hitlers sowie Fotografien mit seiner eigenen Unterschrift und weitere Dokumente. Zu Hitlers Mutter Klara bemerkte das Ehepaar Pracher gegenüber dem V-Mann, diese sei eine geborene Schicklgruber. Aus der Linie Schicklgruber stamme auch ein Finanzoberinspizient namens Josef Veit, der bei seinem Tod 1904 in Klagenfurt vier Nachkommen hinterlassen habe. Bei diesen handele es sich um die aus erster Ehe stammenden Kinder Viktoria und

Übersicht über Verwandtschaftsbeziehungen
zwischen Aloisia Veit und Adolf Hitler

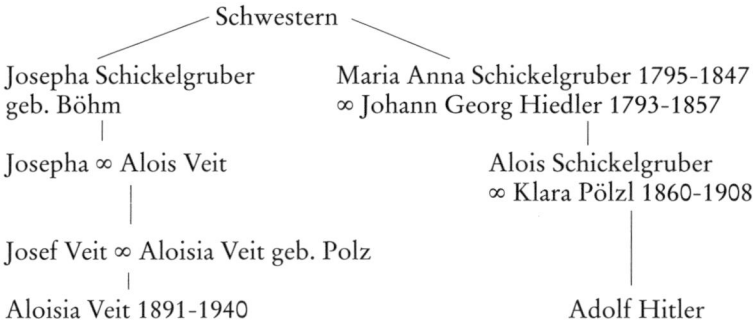

Aloisia Veit sowie die in der zweiten Ehe geborenen Kinder Josef und Josefa Veit. Vor seinem Tode habe Josef Veit seinen Verwandten Konrad Pracher gebeten, die Vormundschaft für seine Kinder zu übernehmen, was später auch gerichtlich sanktioniert worden sei. Das Ehepaar Pracher nahm daraufhin nicht nur die beiden Mädchen Josefa und Viktoria Veit zu sich in Pflege, sondern auch die verschiedenen Schriften und Dokumente, die die Verwandtschaft der Familie Veit mit Adolf Hitler belegen, in seinen Besitz. Über das Schicksal der Veit'schen Kinder wusste Frau Pracher laut V-Mann Folgendes zu berichten: Der Sohn Josef habe als 21-Jähriger im Jahre 1920 wegen angeblich unglücklicher Liebe Selbstmord verübt. Die Tochter Aloisia sei irrsinnig geworden und in der Irrenanstalt Steinhof bei Wien interniert gewesen, später sei sie in ein Berliner Irrenhaus überführt worden, wo sie im Jahre 1940 verstarb. Wörtlich heißt es in einem Mitarbeiter-Vermerk über die V-Mann-Recherchen: »Das Ehepaar Pracher meinte dazu, der Tod der Aloisia falle in die Zeit, wo man begann die Geisteskranken gewaltsam zu beseitigen. Die Josefa Veit [...] lebe noch, sei aber ein Halbidiot und arbeite in einer Bäckerei in Graz. Ebenso sei die Viktoria Veit noch am Leben, sei verheiratet, heisse E[...] und wohne in Graz in der Feuerbachgasse. Auch sie sei schwachsinnig. Maria Pracher bezeichnet sich als die Großtante und Konrad Pracher als Großonkel zu den noch lebenden Kindern des Josef Veit, Josefa und Viktoria.«

Auf die Frage des V-Mannes, wie es zu den Gerüchten gekommen sei, dass in Graz halbidiotische Verwandte des Führers leben würden, um die sich dieser aus Scham nicht kümmere, reagierte Frau Pracher mit der Auskunft, sie wisse, von wo diese ausgingen, doch wolle sie keinen Namen nennen. Der V-Mann hielt Maria Pracher selbst für die Urheberin der Gerüchte. Seiner Einschätzung nach war sie streng katholisch eingestellt, geschwätzig und stand »gesinnungsmäßig den rechtsgerichteten Kreisen« nahe. Da mit den Gerüchten »der gegnerischen Propaganda eine willkommene Angriffsbasis gegen die Person des Führers gegeben war«, hielt er »eine Unterbindung dieser Greuelpropagandaquelle im staatspolitischen Interesse« für angezeigt.

Der Leiter der Staatspolizei Graz, Dr. Großkopf, ließ daraufhin umgehend einen Blitzfernspruch an den Leiter der Gestapo, SS-Gruppenführer und Generalleutnant der Deutschen Polizei Heinrich Müller, absetzen, in dem er die wesentlichen Passagen des V-Mann-Berichts wiederholte, lediglich den Hinweis Maria Prachers auf die Ermordung der Geisteskranken unterließ. Zugleich bat er um das Einverständnis, die entsprechenden Unterlagen bei der Familie Pracher beschlagnahmen und sicherstellen zu dürfen. Der Gestapo-Chef reagierte umgehend mit der Anweisung an die Grazer Staatspolizeistelle, die Papiere, Briefe, Bilder usw. »zwecks Verhinderung missbräuchlicher Verwendung« sicherzustellen, von sämtlichen Unterlagen eine Fotokopie anzufertigen und diese »mit Kurier« nach Berlin ins Gestapo-Amt zu senden. Die Originale sollten zunächst im Panzerschrank der Grazer Gestapo verbleiben. Entsprechend diesem Befehl ließ Großkopf die Unterlagen bei der Familie Pracher konfiszieren und brachte sie am 9. Dezember 1943 persönlich nach Berlin.

In der Tat belegen die beschlagnahmten Dokumente eindeutig eine wenn auch entfernte Verwandtschaft Adolf Hitlers mit der benannten Familie Schicklgruber, aus der nicht nur Adolf Hitlers Mutter Klara, sondern auch sein Vater Alois stammte. Dessen Mutter – Hitlers Großmutter väterlicherseits – Anna Maria Schicklgruber entstammte einer kleinbäuerlichen Familie von elf Kindern. Eine ihrer Schwestern, Josepha Böhm geb. Schicklgruber, hinterließ bei ihrem Tod zwei Mädchen namens Anna und Josepha. Letztere ehelichte einen Spenglermeister namens Alois Veit. Mit diesem Ehepaar Josepha und Alois Veit führte Hitlers Vater Alois in den 70er Jahren des 19. Jahrhunderts eine angeregte Korrespondenz, in der er seine Briefpartner regelmäßig mit »Mein werter (oder lieber) Vetter« bzw. »Meine liebe Cousine« anredete. Den Anlass für die Korrespondenz bildete häufig eine schwierige Erbschaftssache, aber auch die Berufswahl des Sohnes von Josepha und Alois Veit wurde thematisiert: Josef Veit, genannt Pepi, wollte auf keinen Fall die elterliche Spenglerei übernehmen, sondern in die k.k. Finanzwache eintreten. Hitlers Vater unterstützte diesen Berufswunsch und knüpfte Kontakte zu seinen ehemaligen Kollegen aus der Finanzwache.

In späteren Jahren bestand offensichtlich kein regelmäßiger Briefwechsel zwischen dem Ehepaar Josepha und Alois Veit, ihrem Sohn Josef Veit und Alois Schicklgruber mehr.[6] Die bei der Familie Pracher aufgefundenen und überlieferten Dokumente enthalten keine Korrespondenz aus den 1880er und 1890er Jahren. Ganz abgerissen war der Kontakt aber offensichtlich nicht, wie die Traueranzeige der Familie Hitler gegenüber Josef Veit anlässlich des Todes von Hitlers Vater Alois im Januar 1903 belegt. Im darauffolgenden Jahr starb auch Josef Veit und hinterließ vier minderjährige Kinder. Damit dürften die verwandtschaftlichen Kontakte endgültig abgebrochen sein. Einen Hinweis auf Aloisia Veit, die nach Maria Prachers Angaben in einer Irrenanstalt verstorbene Tochter Josef Veits (»Pepi«) und damit Großcousine Adolf Hitlers, liefern lediglich zwei bei der Familie Pracher konfiszierte Familienportraits der Familie Veit aus den ersten Jahren des 20. Jahrhunderts. Schriftstücke zu ihrem Lebensschicksal enthalten die von der Gestapo beschlagnahmten Unterlagen nicht.

1   BAB, R 179/3811.
2   Kuchelmesser oder Kuchlmesser: österreichischer Ausdruck für Küchenmesser.
3   Die Verlegungsdaten Aloisias in die Zwischenanstalt Ybbs und von dort in eine »unbekannte Anstalt« sind mit Stempeln in ihrer Krankengeschichte festgehalten.
4   Swearingen (1995), Hitler's family secret, pp. 54-55. Siehe ebenso Enigl (2005), Hitlers, S. 30-38. Die von Swearingen und Enigl zitierte Akte wurde im Herbst 1945 im zerstörten Hauptarchiv der NSDAP in München gefunden und in die Library of Congress in Washington gebracht. Eine weitere Akte zu den Vorgängen mit weitgehend identischem Inhalt wurde vermutlich von der Gestapo in Graz angelegt. Sie befindet sich im Institut für Zeitgeschichte in München unter der Signatur ED 58 Hitler-Dokumente. Auf der Auswertung dieser Akte beruht die folgende Darstellung der Gestapo-Untersuchungen in Graz und der Verbindungen Alois Hitlers zur Familie Veit.

5 Schon in den 1920er Jahren – während seines allmählichen Aufstiegs zum bekannten Politiker – war Adolf Hitlers Herkunft Gegenstand zahlreicher Spekulationen und versuchter Enthüllungen gewesen. Noch stärker wurde das
   Interesse an seiner Person und seinem Herkommen nach seiner Ernennung
   zum Reichskanzler. Hitler selbst versuchte stets, seine familiären Wurzeln im
   abgelegenen niederösterreichischen Waldviertel, seine kleinbäuerlichen Verwandten und seine ungeklärte Abstammung vor den Augen der Öffentlichkeit
   zu verbergen. In der Tat besteht bis heute mangels nachprüfbarer Beweise keine hundertprozentige Gewissheit über die Identität seines Großvaters väterlicherseits. Für die seriösen Hitler-Biographen kommen hierfür vor allem zwei
   Personen in Betracht: der Müllergeselle Johann Georg Hiedler (1792-1857)
   aus dem Dorf Spital bzw. sein Bruder, der Bauer Johann Nepomuk Hüttler
   (1807-1888). Von der historischen Forschung bereits schlüssig widerlegt
   wurde das immer wieder verbreitete Gerücht, Hitlers Großvater sei möglicherweise ein Grazer Jude namens Frankenberger, bei dem Hitlers Großmutter, Maria Anna Schicklgruber (1795-1847), angeblich im Haushalt gearbeitet
   hatte. Die Spekulationen über Hitlers Abstammung sind darauf zurückzuführen, dass Maria Anna Schicklgruber den Vater ihres 1837 unehelich geborenen
   Sohnes Alois – Hitlers Vater – bei der Taufe nicht preisgab. Fünf Jahre später
   heiratete sie den 50-jährigen Johann Georg Hiedler, ihr Sohn führte jedoch
   weiter den Nachnamen Schicklgruber und lebte die meiste Zeit auf dem Hof
   von Hiedlers Bruder Johann Nepomuk Hüttler in Spital, weshalb zahlreiche
   Forscher mutmaßen, dieser sei in Wirklichkeit sein leiblicher Vater. Erst im
   Alter von 39 Jahren, viele Jahre nach dem Tod seiner Mutter und deren Ehemannes, ließ Alois Schicklgruber 1876 nach Aufbringung entsprechender
   Zeugen, die die Vaterschaft Johann Georg Hiedlers bestätigten, eine notarielle
   Legalisierung sowie Änderung des Taufregisters vornehmen und nannte sich
   fortan in Abwandlung des väterlichen Nachnamens Alois Hitler. 1885 heira-
   tete er in dritter Ehe dann die 23 Jahre jüngere Klara Pölzl (1860-1907), eine
   Cousine zweiten Grades, weshalb er zunächst einen kirchlichen Dispens erwirken musste. Das Ehepaar zeugte sechs Kinder, doch starben bis auf den
   1889 geborenen Alois und die 1896 geborene Paula sämtliche gemeinsame
   Nachkommen noch im Kindesalter. Über Hitlers ungeklärte Abstammung
   siehe die unterschiedlichen Positionen der Historiker bei Fest (1995), Hitler;
   Maser ([12]1989), Adolf Hitler; Kershaw (1998), Hitler.

6 Nach Maser ([12]1989), S. 42 brach Alois Hitler die brieflichen Beziehungen zu
   den Schicklgruber-Verwandten 1877 ab. Er belegt diese Feststellung allerdings
   nicht.

Martha W. –
»Ein rabiates Frauenzimmer«

Annette Hinz-Wessels

Martha W.[1] wächst gemeinsam mit vier Geschwistern als Tochter eines Gastwirts im schweizerischen St. Gallen auf. Nach eigenen Angaben lernt sie gut und absolviert nach dem Schulabschluss einen Nähfortbildungskurs. 1925, mit 18 Jahren verlässt sie – »es gefiel ihr nicht mehr daheim« – ihr Elternhaus und zieht nach Innsbruck. Dort arbeitet sie zunächst für kurze Zeit als Kassiererin, schon bald jedoch als Prostituierte und wird unter Polizeiaufsicht gestellt. Seit diesem Zeitpunkt führt sie offensichtlich ein »unstetes Leben«: Sie lebt und arbeitet als Kellnerin und Prostituierte nacheinander in Villach, Salzburg, St. Pölten, Linz, Wiener Neustadt und Baden, und bleibt an jedem Ort nur wenige Monate. Während dieser Zeit beginnt sie Kokain zu schnupfen, und wird in St. Pölten wegen einer im Drogenrausch begangenen Körperverletzung an einem Wachmann zu zehn Monaten Kerker verurteilt und später, nach Verbüßung der Haft, nach Klagenfurt abgeschoben. 1927 wird sie schwanger, erleidet jedoch nach sieben Monaten eine Frühgeburt, die das Kind nur drei Wochen überlebt. Kurz darauf zieht sie nach Wien und lernt hier einen – wie sie es nennt – Lebensgefährten kennen, einen »leidenschaftlichen Kartenspieler«, der »oft von ihr Geld verlangte«. Martha W. arbeitet auch in Wien weiterhin als Kellnerin und Prostituierte, ob unter dem offensichtlichen oder versteckten Druck des Lebensgefährten oder aus eigener Entscheidung lässt sich aus der Überlieferung nicht schließen. Sie nimmt regelmäßig erhebliche Mengen an Alkohol und Kokain zu sich; gelegentlich spritzt sie sich auch Morphium. Im Jahr 1929 wird sie insgesamt fünfmal in die Wiener Heil- und Pflegeanstalt »Am Steinhof« eingeliefert, weil sie wiederholt unter Alkohol- und Drogeneinfluss einen Selbstmordversuch unternahm oder in einen Rausch- und Erregungszustand verfiel, der sich in Gewalttätigkeiten gegenüber zufällig anwesenden Personen entlud. Die überlieferte Krankengeschichte der Wiener Anstalt hält als Diagnose »Psychopathie m. Kokainismus« fest und verweist – offensichtlich als Beleg für die Erblichkeit des Leidens – auf den angeblichen Alkoholismus des Vaters.

Nach der fünften Einlieferung in den Steinhof im September 1929 – wegen Drogen- und Alkoholmissbrauchs und Gewaltausbrüchen

– wird Martha W. von dort im Dezember 1929 in die Klagenfurter Heilanstalt verlegt. Der aufnehmende Arzt beschreibt sie als mittelgroße, sehr gut genährte und gesund aussehende Frau mit kurz geschnittenen Haaren, gut gepflegtem Gebiss und – Zeichen eines gescheiterten Selbstmordversuchs – alten Schnittwunden über dem linken Handgelenk. Auf seine Frage, wie sie sich ihre Zukunft vorstelle, gibt Martha W. an, dass sie sich bis vor kurzem darüber keine Gedanken gemacht habe, jetzt aber zur Vernunft gekommen sei und ein »ordentlicher Mensch« werden wolle. In das Anstaltsleben fügt sie sich zunächst offensichtlich gut ein: Sie beschäftigt sich im Nähsaal und knüpft Kontakt zu einer Mitpatientin, mit der sie laut Krankengeschichte allerhand Heimlichkeiten hat. Doch bereits im Januar 1930 legt sie für die Anstaltsordnung offensichtlich störende Verhaltensweisen an den Tag: Sie wirft ihr Essen weg, weint und schreit, hetzt Mitkranke auf und droht mit Gewalttaten. Nur gut drei Wochen nach der Aufnahme in Klagenfurt werden in der Krankengeschichte erstmals Zwangsmaßnahmen gegenüber der Patientin erwähnt: »im Wickel«[2] verspricht sie, brav zu sein, und bittet um Verzeihung.

Zwischen 1929 und Ende 1934 wird Martha W. insgesamt achtmal in die Anstalten Steinhof, Feldhof und Klagenfurt eingeliefert, um anschließend gebessert oder gegen Revers wieder entlassen zu werden. In der Zwischenzeit arbeitet sie weiterhin als Prostituierte, Kellnerin etc., wobei ihre Gewaltausbrüche sogar in der Presse Beachtung finden.[3]

Die Beziehung zu einem Zirkus-Dompteur, mit dem sie mehrere Monate zusammenlebt und das unstete Zirkusleben teilt, zerbricht an ihren Alkohol- und Gewaltexzessen, die geplante Eheschließung kommt nicht zustande. Auch Marthas Mutter wendet sich ohne Verständnis für die psychische Erkrankung ihrer Tochter von ihr ab. In einem Brief an den Oberarzt der Landesanstalt Klagenfurt vom 5. Juni 1930 freut sie sich zwar über die angekündigte Entlassung Marthas, fährt jedoch fort: »Trotzdem wir ja dieser Krankheit keine grossen Glauben geschenkt haben, da wir Martha als gewisse Simulantin kennen gelernt haben. Und hat sie sich alles selbst zuzuschreiben. Hoffentlich ist sie endlich zu der Einsicht gekommen, dass man ohne Arbeiten nicht durch's Leben kommt, wenn kein Vermögen vorhanden ist. Und dass ein Dirnen-Leben führen auch nicht vom guten ist wird sie jetzt auch gesehen haben. Ich kann ihr nur den Rath geben. Sie soll sich jetzt in Klagenfurt um eine Dienststelle kümmern und trachten einmal ein anständiges Zeugnis zu bekommen, dann ist es vielleicht später möglich, dass sie wieder in die Schweiz kommen darf. Jedenfalls wissen Sie nicht, das Martha von der Schweiz ausgewiesen wurde und in St. Gallen dürfte sie auf keinen Fall sein, indem die Geheimpolizei Martha so gut kennt. Und finanziell kann ich sie nicht unterstützen in dem ich selbst nicht's hab. Und wünsche ich ihr alles gute für ihr weiteres Leben. Und dass sie endlich einmal im Stande ist für Ihren Unterhalt selbst zu sorgen. Bevor sie sich gebessert in jeder Hinsicht und nachweisen kann, dass sie ein anständiges Leben führt, wird sie von mir nichts mehr hören. Denn Martha hat mir so viel Unannehmlichkeiten bereitet was nicht zu verzeihen ist.«

Am 21. November 1932 wird Martha W. wegen Geisteskrankheit vom Bezirksgericht Bleiburg entmündigt. In der Begründung führt das Gericht aus, dass Martha W. dem Anhaltegericht schon seit 1929 infolge gewohnheitsmäßigen Rauschgiftgenusses als Psychopathin bekannt sei. Nach eigenen Angaben habe sie Rauschgift genossen, sei in Salzburg wegen geheimer Prostitution aufgegriffen, habe mit verschiedenen Männern kurze Zeit zusammengelebt und sei wegen gewaltsamen Widerstandes gegen einen Wachmann bestraft worden. Sie sei sittlich tief gesunken, handle ohne jede Einsicht und ohne Kritik, gebe sich hemmungslos jedem Laster hin, sei eigentums- und sicherheitsgefährlich. Wegen ihrer Gebrechen sei sie nicht in der Lage, ihre Angelegenheiten selbst zu besorgen.

Martha selbst hofft immer wieder, den Teufelskreis von Gewaltausbrüchen und anschließender Einweisung in die Psychiatrie durchbrechen zu können. Nur wenige Tage nach ihrem siebenten Anstaltsaufenthalt schreibt sie im Oktober 1933 an den Leiter der Frauenabteilung in der Klagenfurter Anstalt: »Sehr geehrter Herr Primarius! Bitte wollen Sie mir nicht übel nehmen, wenn ich an Sie heute einige Zeilen schreibe. Die Karte, die Sie an Herrn G. [Marthas Lebensgefährte, die Verf.] richteten, sagte sehr vieles. Ich werde gewiss in Zukunft alles aufbieten, und werde Ihnen beweisen, dass ich mich in der Freiheit bewähren werde. Ich will Ihre Gutheit in keiner Weise missbrauchen, u. Sie sollen sehen dass Ihre heutige Mahnung ein Erfolg für die Zukunft sein soll. Es soll auf keinen Fall mehr vorkommen, dass ich Ihre Anstalt jemals bet[re]ten werde, noch viel weniger dass ich mit dem Rettungsauto komme. Diese Überraschung werde ich meiden. Ich danke Ihnen Herr Primarius für Ihr stetes Entgegenkommen u. grüße Sie herzlichst.«

Martha kann ihre guten Vorsätze nicht einhalten, bereits im Dezember 1933 wird sie erneut nach gewaltsamem Widerstand gegen einen Wachmann durch ihren Lebensgefährten Josef G. in die Klagenfurter Anstalt gebracht. Dieser äußert sich gegenüber dem Primararzt sehr pessimistisch zu Marthas augenblicklichem Zustand: »Diesmal war es besonders krass indem sie fortwährend zu Gewalttaten geschritten ist, ohne dass ein Alkohol erkennbar war [...]. Nach all den Erfahrungen, die ich derzeit machte, wird Sie diesmal durchgehen in der Anstalt und wird dann einige Opfer suchen die Ihr Leben lassen werden müssen.«

Wider Erwarten bessert sich Marthas Zustand jedoch rasch, bereits am 18. Januar 1934 benimmt sie sich laut Eintrag in die Krankengeschichte »vollkommen einwandfrei, ist gut gelaunt, hilfsbereit und gegen alle freundlich. Voll der besten Vorsätze«. Nur manchmal und vorübergehend zeigt sie »Zeichen gesteigerter Reizbarkeit«. Noch einmal wird sie am 8. März 1934 gegen Revers und auf Bitten des Zirkusdirektors, der sie auf eine Auslandstournee mitnehmen will, am 8. März 1934 aus der Anstalt entlassen.

Am 14. Dezember 1934 wird sie jedoch – diesmal zum letzten Mal – erneut durch die Polizei in die Heilanstalt Klagenfurt eingeliefert. Nach eigenen Angaben war sie nach ihrer letzten Entlassung zunächst zwei Monate mit dem Zirkus umhergezogen. Das Geschäft lief jedoch schlecht, und zwischen ihr und ihrem Lebensgefährten kam es zu schweren Eifersuchtsszenen und Gewalttätigkeiten, so dass sie den Zirkus in Italien verließ und allein nach Österreich zurückkehrte. In Spitz an der Donau geriet sie dort beim Heurigen in eine »Rauferei«, die ihr drei Monate »Kerker« in Krems eintrugen. Nach Abschiebung in ihre »Heimatgemeinde« Bleiburg wanderte sie von dort nach Graz weiter, wo sie zunächst mit einem Zuhälter, dann mit einem Arbeitslosen für kurze Zeit zusammenlebte. Gemeinsam mit diesen nahm sie »ununterbrochen« große Mengen an Alkohol zu sich, bis sie schließlich am 6. Dezember 1934 nach einem Wutausbruch in einem Wirtshaus erneut von der Polizei festgenommen und nach drei Tagen Arreststrafe in die Heilanstalt Klagenfurt gebracht wurde.

Bei ihrer Aufnahme in Klagenfurt erklärt Martha dem diensthabenden Arzt, dass es ihr nicht gleichgültig sei, »dass sie wieder da sei. Sie habe fürchterliche Angstzustände und ein unruhiges Gewissen, werde bei Nacht oft wach, habe Herzbeklemmungen. Habe sich ihre weitere Zukunft ganz anders vorgestellt, hoffte, in ein Arbeitshaus zu kommen, was ihr in der Heimatsgemeinde in Aussicht gestellt wurde.

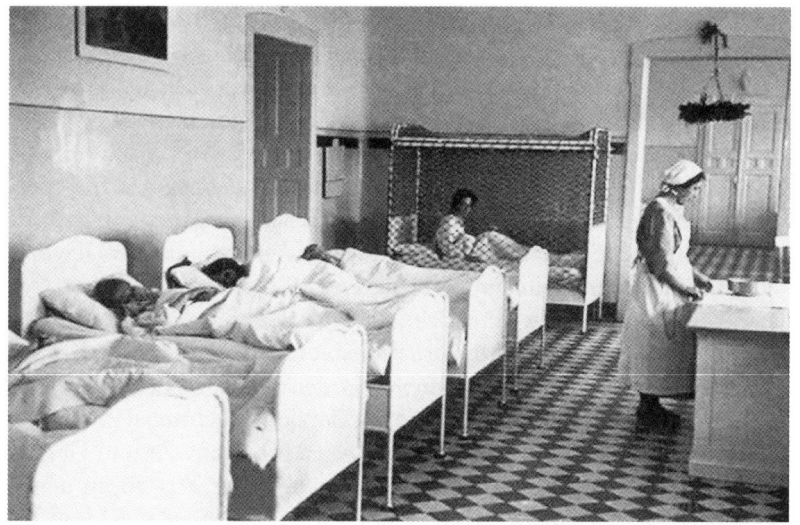

*Abb. 39: Krankensaal im »Steinhof«
mit Patientin im Gitterbett, 1938*

Könne nicht verstehen, wieso es komme, dass sie immer nur mit Schwerverbrechern zusammenkomme.«

Nach der ärztlichen Untersuchung befindet sich Martha bei der Aufnahme in Klagenfurt in einem guten körperlichen Allgemeinzustand und hat auch ein gesundes Aussehen. Über der linken Brust stellt der Arzt eine bogenförmige Narbe fest, die Martha auf eine Messerverletzung durch ihren früheren Lebensgefährten Josef G. zurückführt. Sie wird als Patientin der Abteilung VI aufgenommen, laut Krankengeschichte verhält sie sich ruhig und ist den Pflegern behilflich. Doch nur zehn Tage nach ihrer Aufnahme hält die Krankengeschichte fest, dass die Patientin aus Ärger über das Rauchverbot schrie, »Heil Hitler« und »Deutschland über Alles« sang. Am nächsten Tag wird sie nach Gewalttätigkeiten in der Strohzelle isoliert, wogegen sie sich heftig wehrt, bis sie eine »Injektion« erhält. Zwar entschuldigt sie sich am nächsten Morgen, doch bereits am Mittag beschädigt sie das Gitterbett und schreit – »Pat. gebraucht die ordinärsten Ausdrücke« –, weshalb sie abermals eine »Injektion« erhält.

In der folgenden Zeit zeigt sie sich laut Aktenvermerken wechselhaft. Mal singt sie lustig, ist ruhig und nett und den Pflegern behilflich, dann droht sie wieder mit Gewalt und Flucht, wird handgreiflich, schlägt Fensterscheiben ein. In zahlreichen Einträgen dokumentiert ihre Krankengeschichte die in der damaligen Zeit üblichen Zwangsmaßnahmen zur Ruhigstellung von Psychiatriepatienten: Martha W. erhält fortwährend trockene und feuchte »Packungen«, kommt in die Zwangsjacke, wird wegen ihrer Gewaltausbrüche gegen Pflegepersonal und Mitpatientinnen sowie Sachbeschädigung unzählige Male in die Isolierzelle gesteckt und erhält laufend Beruhigungsspritzen.

Auf das Einsperren in der mit Stroh und Holzwolle ausgefüllten Isolierzelle reagiert sie mit ohnmächtiger Wut: Mehr als einmal schmiert sie mit ihrem Kot oder Menstruationsblut Hakenkreuze und »Heil Hitler«-Schriftzüge an die Zellenwand oder singt Nazilieder. Weil sie auch das Essen verweigert, wird sie mit der Sonde gefüttert.

Die Phasen mit Gewaltausbrüchen gegen ihre Umwelt und Gegengewalt des Anstaltspersonals wechseln sich ab mit Phasen, in denen Martha in der Krankengeschichte als ruhig bezeichnet wird und bei den Hausarbeiten hilft. Manchmal hält dieser Zustand, in denen Martha als geordnet und fleißig beschreiben wird, einige Tage, manchmal einen Monat an, dann folgen wieder Akteneinträge mit Hinweisen auf ihre scheinbar grundlosen Gewaltausbrüche gegen Personen und Sachen.

In den letzten Notizen zu ihrer Krankengeschichte heißt es:

»12.2.[41] Pat. wechselnd im Benehmen. Rabiat ohne Grund. Wirft das Essen am Boden. Versucht Pfl. zu beißen u. kratzen. Versetzt Fußtritte. Reißt Pfl. an Händen zu Boden. Rühmt sich von Papa ein Kaffeehaus zu erben. Da werden diese Schweine, Mörder von Pfleg. noch Augen machen.

21.3.41 Pat. tobt u. schreit Tag u. Nacht, drischt wuchtig mit den Füßen in die Tür. Schimpft über ihren Vater, Anstalt, Ärzte u. Pfleg. In gemeinster Art. Demoliert die Mauer. Wirft Kalk zum Guckloch heraus. Bekommt öfter zur Beruhigung eine Injekt.«

Zu diesem Zeitpunkt steht Martha noch in Kontakt zu ihrem Vater. Ein in der Krankenakte überliefertes Besucherblatt hält fest, dass die Patientin zwischen dem 6. Februar und 14. März 1941 insgesamt sechs Mal von ihm in der Klagenfurter Anstalt besucht wird.

Zehn Tage später, am 24. März 1941, wird Martha W. in die »Euthanasie«-Zwischenanstalt Niedernhart und von dort weiter in die Tötungsanstalt Hartheim verlegt.

1 Die Rekonstruktion der Lebensgeschichte von Martha W. beruht auf der Auswertung ihrer im Bundesarchiv Berlin-Lichterfelde überlieferten Patientenakte. Vgl. BAB, R 179/2587.

2 Vermutlich handelt es sich um das Einwickeln von Patientinnen und Patienten in feuchte oder trockene Tücher. Diese Zwangsmaßnahme zielte auf die Beruhigung von erregten Kranken ab.

3 Am 15.12.1934 berichten die Unterkärntner Nachrichten unter dem Stichwort »ein rabiates Frauenzimmer« über einen Gewaltausbruch Marthas zunächst gegen einen Wachinspektor, dann gegen Mithäftlinge in der Arrestzelle, in die sie gesperrt wurde. Am darauffolgenden Tag wurde die nach dem Zeitungsbericht »überaus kräftige Amazone« in die Heil- und Pflegeanstalt nach Klagenfurt gebracht.

Maria und Hermine W. –
»Doppelwaisen und anstaltsbedürftig«

Petra Fuchs

Als erste Tochter von Georg und Berta W. wird Maria am 3. Mai 1899 in Haslach im schwäbischen Landkreis Kempten im Allgäu geboren. Ein gutes Jahr später, am 9. Juli 1900, kommt ihre Schwester Hermine zur Welt. Zum Beruf des Vaters gibt es in den Dokumenten unterschiedliche Angaben. Er war Metzger, heißt es einmal, an anderer Stelle wird er als Viehhändler und zuletzt als Gastwirt geführt. Mehr ist über die Lebensverhältnisse der Familie nicht zu erfahren. Sechs Jahre lang, von Mai 1906 bis Oktober 1912, besucht die erstgeborene Maria die Werktagschule in der Gemeinde Dietmannsried. Hermine tritt erst mit acht Jahren in die Schule ein und absolviert diese bis zur 4. Klasse. Ihre Leistungen sind besser als die ihrer älteren Schwester, und sie wird sie in allen vorgesehenen Fächern unterrichtet.[1] Maria dagegen nimmt nur am Lese- und Schönschreibunterricht teil, beteiligt sich am mündlichen Rechnen und an der Heimatkunde. Ende Oktober 1912 zieht die Familie nach Lautrach bei Memmingen. Vermutlich aufgrund ihrer schwachen Leistungen werden die 12- und 13-jährigen Schwestern zur weiteren schulischen Ausbildung in das nahe gelegene »Schutzengelheim Deybach« überwiesen, eine konfessionelle »Erziehungs- und Pflegeanstalt für weibliche Geistesschwache, Epileptiker und Kretine«, die unter der Leitung der Franziskanerinnen steht. »Die Mädchen werden durch die Eltern gebracht«, wird in beiden Krankenakten vermerkt. Knapp vier Jahre lang, bis Juli 1916, bleiben die Schwestern in der klösterlichen Einrichtung. Über Marias schulische Leistungen heißt es 1916 abschließend: »Der Schülerin konnten keine Kenntnisse beigebracht werden, wurde deshalb in die Pflegeabteilung überwiesen.«[2]

»Ihre Eltern seien beide schon tot«

Nach ihrem Aufenthalt im »Schutzengelheim Deybach« werden die beiden Schwestern zur Tante in Familienpflege gegeben, da die Eltern inzwischen verstorben sind. In der Krankenakte sind die Sterbedaten von Georg und Berta W. nicht notiert. Hermine wird im Rahmen einer späteren ärztlichen Untersuchung lediglich angeben, sie sei von Deybach »weggekommen, als der Vater gestorben sei; sie sei bei einer Tante gewesn, [...].«³ Nur wenig genauer berichtet Maria, »ihre Eltern seien beide schon tot der Vater sei im Oktober, die Mutter im Februar gestorben; in welchem Jahr wisse sie nicht; [...] sie könne auch nicht sagen wie alt und an was sie gestorben seien.«⁴ Die beiden Waisen, inzwischen 16 und 17 Jahre alt, werden zunächst unter die Vormundschaft von Onkel und Tante gestellt, die während der folgenden fünf Jahre die Sorge für die beiden heranwachsenden Mädchen übernehmen.

Heil- und Pflegeanstalt Kaufbeuren-Irsee

Am 31. März 1921 jedoch »überbringt« die Tante Maria und Hermine W. den Heil- und Pflegeanstalten bei Kaufbeuren. »Kostenhaftungserklärung wurde nicht vorgelegt«, teilt der damalige Leiter der Anstalt Kaufbeuren dem zuständigen Armenrat in Dietmannsried vorerst mit. Der Landarmenverband Schwaben als übergeordneter und zuständiger Kostenträger bestreitet zunächst die Anstaltspflegebedürftigkeit und lehnt die Übernahme der beiden Schwestern in seine Fürsorge ab. Nach Ansicht unterschiedlicher ärztlicher Gutachter sind die inzwischen volljährigen jungen Frauen jedoch beide als dringend anstaltsbedürftig anzusehen. Hermine W. leide an »angeborenem Schwachsinn höheren Grades«,⁵ ihre Schwester Maria stehe sogar »auf noch wesentlich niedrigerem geistigen Niveau, nämlich dem der Idiotie«. Zu einer selbständigen Lebensführung seien beide nicht in der Lage, vielmehr zeigten sie sich unfähig, »in geeigneter Weise für ihre Bedürfnisse zu sorgen, den Schwierigkeiten des Lebens zu begegnen und Gefahren zu vermeiden«. Darüber hinaus müsse befürchtet werden, dass die beiden Frauen »in der Freiheit [...] voraussichtlich jeder Übervorteilung und dem geschlechtlichen Mißbrauch preisgegeben« seien. Aus diesem Grunde bedürften sie »der Führung, der Pflege und des Schutzes«. Krankheitsbedingt neige Hermine überdies zu gemeingefährlichen Handlungen, außerhalb der Anstalt sei sie »sehr eigensinnig und boshaft«, sie habe sogar »einmal im Stadel Feuer gemacht, als ihr Wille nicht erfüllt wurde«. Eine »ständige zuverlässige Beaufsichtigung« Hermines sei deshalb auch im Interesse der öffentlichen Sicherheit. »Dieser Schutz, diese Pflege, Führung und Aufsicht, deren sie bedarf, kann der Rubr.⁶ in ausreichendem

Maße nicht in einer Familie sondern nur in einer geschlossenen Anstalt zu teil werden, wo allein eine der Art ihrer geistigen Krankheit
angemessene ständige sachkundige Überwachung und Pflege geleistet
werden kann.«[7] Im Unterschied zu ihrer Schwester zeige Maria »nicht
selten ein recht unruhiges, aufgeregtes Wesen [...], in welchem sie ihre
Umgebung belästigt und angreift. Es erscheint deshalb auch für Marie
W. die Durchführung einer genügenden Aufsicht und Pflege in einer
Familie nicht tunlich, dagegen ihre Unterbringung in einer Irrenanstalt in ihrem eigenen und im öffentlichen Interesse geboten.«[8]

Nach der gerichtlichen Klärung vor dem Bayrischen Verwaltungsgerichtshof übernimmt der Landarmenverband Schwaben schließlich
den Großteil der anfallenden Verpflegungskosten der III. Klasse für
die beiden Vollwaisen. Der verbleibende Rest wird vom Ortsarmenverband Dietmannsried aufgebracht. Die Schwestern werden in Kaufbeuren getrennt voneinander untergebracht, Maria kommt auf die
Station für unruhige Patientinnen, Hermine auf die »ruhige Abteilung«. Nach sechs Monaten Aufenthalt, am 24. September 1921, werden beide gemeinsam in die Nebenanstalt Irsee, eine Abteilung Kaufbeurens für chronisch Kranke, verlegt.[9]

Maria W. – »empfindet große Freude,
wenn sie zu ihrer Schwester darf«

Nur vier Tage nach ihrer Aufnahme in Irsee hat Maria »sich
anscheinen[d] eingewöhnt«, sie »hält sich rein; bedarf jedoch sonst
sehr der Hilfe und Pflege«. Die Patientin zeige »ein recht unruhiges
zappeliges Wesen« und bleibe »nur einigermaßen ruhig auf der Bank
sitzen, wenn ihre imbecille[10] Schwester sie an der Hand hält«, lautet
ein Eintrag in der Krankengeschichte. Sie trage einen ständig lächelnden Gesichtsausdruck, »spricht spontan nicht und zögert lange mit
der Beantwortung von Fragen«. Ihren Namen gebe Maria richtig an,
kenne aber weder ihr Geburtsdatum noch ihr tatsächliches Alter,
zeitlich und örtlich sei sie desorientiert. Auch das Vaterunser könne
Maria »nur bruchstückweise mechanisch herunterleiern unter sogar
Verstümmelung einzelner Worte«, heißt es in der Krankengeschichte
weiter. Die Kranke gebärde sich »vielfach unruhig und störend«. Sie
springe im Saal herum, schreie, lache, belästige die anderen Kranken
und benehme sich widerspenstig. Jeden Tag laufe Maria, »türaus, türein«, schlage die Türen zu und gehe auf die anderen Pfleglinge los.

Auch nachts verhalte sie sich häufig laut und störend. »Dann wieder hockt sie interesselos herum; will von einer Beschäftigung nichts wissen, lacht blöde vor sich hin.«[11] Alle Versuche, Maria in der Anstalt »zu nützlicher Beschäftigung anzuleiten«, schlagen fehl. Obwohl keine Zeichen einer Erkrankung zu erkennen sind, klagt sie mehrmals »unter großem Geschrei« über Brechreiz, sie beruhigt sich aber sofort, »wenn sie zu Bett liegen durfte u. Krankenkost bekam«. Ungewöhnlich mitfühlend bemerkt der Arzt, Maria empfinde »große Freude, wenn sie auf einige Stunden auf die ruhige Abteilung F zu ihrer Schwester darf.«

Hermine W. – »freundlich, zutraulich, kindlich in ihrem Wesen«

Hermine verhalte sich dagegen eher ruhig, tagsüber sitze sie »Hand in Hand mit ihrer idiotischen Schwester auf Bänken herum«, heißt es in der Krankengeschichte, sie sei »aber freundlich, zutraulich, kindlich in ihrem Wesen«. Ein Bedürfnis, sich zu unterhalten oder zu beschäftigen, zeige sie nicht. Hermine halte sich rein, lautet es an anderer Stelle, sie brauche aber Hilfe beim An- u. Ausziehen sowie beim Waschen und sei ganz allgemein »unbeholfen u. der Führung bedürftig«. Sie erscheine kindlich-gutmütig und harmlos, sei sehr anhänglich und füge sich dem Anstaltsalltag im Allgemeinen ohne Widerspruch ein. Nach Meinung des Pflegepersonals und des Arztes reagiere sie allerdings »öfters, wenn etwas nicht nach ihrem Wunsch geht« oder etwas zu bereden sei, »gleich empfindlich«. In solchen Momenten »weint und bockt« die Patientin und »stiert vor sich hin«. Im Zusammenhang mit der Beschäftigung in der Anstalt notiert der Arzt lediglich: »Läßt sich etwas zum Nähen anleiten, ohne jedoch Brauchbares zu leisten. Sonst untätig, sitzt herum […].«[12] Auf der Abteilung für ruhige Patientinnen ohne ihre Schwester Maria untergebracht, scheint Hermine W. Kontakt zu anderen zu suchen: »Hat sich an die imbecille H. angeschlossen, erklärt diese für ihre Freundin; fragt, ob sie bei dieser bleiben dürfe«, hält der Arzt in diesem Zusammenhang fest. Insgesamt verhalte sie sich »andauernd ruhig und verträglich« und zeige »bisher keine antisozialen Neigungen«. Auch Hermine W. gegenüber bringt der Arzt sein Mitgefühl zum Ausdruck, wenn er vermerkt, dass sie Freude empfinde, als sie im März 1922 an einer Abteilungsunterhaltung teilnimmt. »Unter dem Schutze der Anstalt bei Aufsicht u. Pflege u. bei Fernhaltung schädlicher Momente eine harmlose Schwachsinnige«, resümiert er. Obwohl sie ab und zu »schmollt oder weint«, sei Hermine W. jedoch »nie gewalttätig oder hinterlistig gewesen« und »läßt sich mit Güte leiten. Ißt gut, schläft gut, sieht gut aus«, konstatiert der Arzt abschließend.

»Schutzengelheim Deybach«

Vermutlich vor dem Hintergrund der Kostenfrage fordert der Landarmenverband Schwaben im April 1922 die Heil- und Pflegeanstalten Kaufbeuren auf zu klären, »ob sich die beiden Gebrechlichen etwa zur Aufnahme in die Anstalt Deybach eignen«. Die Pflegesätze in den nichtstaatlichen Einrichtungen in Bayern liegen niedriger als in den Heil- und Pflegeanstalten, da die dort untergebrachten Bewohnerinnen und Bewohner »im allgemeinen in Bezug auf Pflege und Aufsicht nicht so hohe Anforderungen stellen«.[13] Bis Mitte Juli 1922 verbleiben Maria und Hermine W. noch in Kaufbeuren-Irsee. Wenige Tage vor ihrer erneuten Verlegung äußert Hermine gegenüber dem Arzt, sie wolle »nicht nach Deybach (Lautrach) ins Kloster [...]«, und bittet, in Irsee bleiben zu dürfen. Maria dagegen »reagiert auf die Mitteilung ihrer Überführung [...] nicht im geringsten«. Achtzehn Jahre lang verbleiben Maria und Hermine W. in der Obhut des »Schutzengelheims«. Mit Ausnahme zweier Fotografien aus dem Sommer 1934 sind aus dieser Zeit in beiden Krankenakten keine Dokumente erhalten.

Die Selektion von psychisch kranken und geistig behinderten Menschen in den bayrischen Heil- und Pflegeanstalten

Ab Sommer 1940 werden die bayrischen Heil- und Pflegeanstalten in die »Aktion T4« einbezogen, im Juni und Juli treffen die Meldebögen in allen Einrichtungen ein. Im Gegensatz zu anderen Ländern des Deutschen Reiches werden die Bewohnerinnen und Bewohner der konfessionellen Pflegeanstalten zunächst systematisch in die staatlichen Institutionen verlegt und schließlich von dort aus selektiert.[14] Die Meldebögen werden entweder von den anstaltseigenen Ärzten ausgefüllt oder von eigens eingerichteten Ärztekommissionen, die ab Ende August von Berlin aus die Anstalten bereisen und die Selektionen vor Ort vornehmen. Wenngleich in den Krankenakten von Maria

Abb. 40 und 41: Maria W. und Hermine W. im Sommer 1934

und Hermine W. kein Durchschlag eines Meldebogens erhalten ist, folgt ihr weiterer Lebensweg dem Muster der bayrischen Verlegungspraxis im Rahmen der »T4«. Am 16. November 1940 werden sie vom »Schutzengelheim Deybach« erneut nach Kaufbeuren-Irsee verlegt. In der Zeit ihres letzten, knapp elfmonatigen Aufenthaltes werden von den inzwischen 40- und 41-jährigen Frauen jeweils zwei weitere Patientenfotografien angefertigt, die sie freundlich schauend in der Seiten- und Frontalansicht zeigen.[15] In beiden Krankenakten finden sich zudem fünf maschinenschriftliche Einträge, die zum Teil in zeitlicher Überschneidung, zum Teil mit wenigen Tagen Unterschied jeweils von dem gleichen Arzt mit dem Namenskürzel W. vorgenommen werden.[16] Maria, so hält W. im Dezember 1940, einen Monat nach ihrer Aufnahme, fest, sei »immer furchtsam und verzweifelt«. Auch Hermine habe »etwas Scheues und Furchtsames an sich«, notiert der Arzt im Februar 1941, und er ergänzt zu ihrem Verhalten und ihrer Beschäftigung in der Anstalt: »Sie hat zuerst grosse Angst vor dem Perkussionshammer. Bei der Untersuchung aber muss sie laut lachen. Sie lässt sich aber weder in den Mund noch in die Augen schauen. Pat.[ientin] kann nur etwas beim Zusammenkehren helfen.«

Wie ihre Schwester zeigt sich auch Maria ausgesprochen ängstlich gegenüber der ärztlichen Untersuchung, sie »zittert während der Exploration und Untersuchung am ganzen Leibe wie Espenlaub. In den Mund lässt sie sich um alles in der Welt nicht schauen.« Intellektuell sei sie »ganz stumpf« und weder örtlich noch zeitlich orientiert. Maria antworte »nur jeweils in ganz kurzen Sätzchen oder mit wenigen Worten«. Drei Monate später dagegen rede Maria, so der Arzt, »zuweilen recht viel, sie wird dann laut und führt das Wort. Sie kann auch zuweilen ins Schimpfen geraten. Wenn sie wegen ihres Unreinseins geschimpft wird, lässt sie sich nichts gefallen und ist nicht maulfaul. Die meiste Zeit jedoch sitzt Pat.[ientin] untätig herum. Pat.[ientin] muss ganz versorgt werden.« Zu Hermine äußert sich der Arzt hingegen widersprüchlich. Einerseits sei die Patientin »immer gut zu haben« gewesen, andererseits arbeitete sie nichts, »sass nur immer auf ihrem Plätzchen«, erläutert W. und beschreibt sie gleichzeitig als »stumpf, dumm und bequem«.

Der letzte Eintrag ist für beide Schwestern mit dem 8. August 1941 datiert. »Wird heute verlegt«, protokolliert der Kaufbeurer Arzt in der Krankenakte von Hermine W. und führt abschließend aus: »Pat.[ientin] war bis zuletzt immer sehr nett, aber völlig verblödet. Sie freute sich bei jeder Visite überaus, sagte aber nie etwas, hatte nie einen Wunsch, kümmerte sich buchstäblich um nichts. Sie war zu keiner Arbeit anzuhalten.« Über die ein Jahr ältere, intellektuell bis dahin immer als eingeschränkter geltende Maria schreibt W.: »Die klügere des Schwesternpaares. Ist wenigstens etwas lebhaft, wenn auch intellektuell auf der tiefsten Stufe. Ist immer sehr wehleidig, kommt aus dem Klagen eigentlich nicht heraus. Musste versorgt werden. War nie auch nur zu einfachen Arbeiten anzuhalten.« Die knappe Notiz »wird heute verlegt« am 8. August 1941 ist als das Todesdatum für Maria und Hermine W. anzusehen. Den Großteil ihres Lebens haben die beiden Frauen bis dahin in Anstaltspflege verbracht. Sie sind 41 und 42 Jahre alt, als sie mit 131 weiteren Patientinnen nach Hartheim bei Linz in Oberösterreich deportiert werden. Der Transport vom 8. August 1941 ist der letzte, der aus den 13 bayrischen Heil- und Pflegeanstalten im Rahmen der »Aktion T4« erfolgt.[17] Noch an diesem Tag werden Maria und Hermine W. in der Gaskammer von Hartheim getötet.

1 BAB, R 179/755, Hermine W., Bl. 4., Schulüberweisungsschein (undatiert).

2 BAB, R 179/21795, Maria W., Bl. 5., Schulüberweisungsschein (undatiert).

3 BAB, R 179/755, Hermine W., Aufnahmebefund Kaufbeuren vom 31.03. 1921.

4 BAB, R 179/21795, Maria W., Aufnahmebefund Kaufbeuren vom 31.03. 1921.

5 BAB, R 179/755, Hermine W.

6 Der Begriff konnte nicht identifiziert werden.

7 BAB, R 179/755, Hermine W.

8 Ebd., zwei anstaltsärztliche Gutachten an den bayrischen Verwaltungsgerichtshof München vom 4. April 1922; Betreff: Anstaltsfürsorge für Marie und Hermine W. von Dietmannsried zu Schreiben v. 18.03.22 Nr. 24/3/22.

9 Irsee bestand in dieser Funktion bis 1972, vgl. dazu Schmidt; Kuhlmann; Cranach (1999), Heil- und Pflegeanstalt, S. 266.

10 Der Begriff imbecill ist eine veraltete Bezeichnung für eine geistige Behinderung mittleren Grades.

11 BAB, R 179/21795, Maria W., Eintrag vom 10.10.1921.

12 Ebd., Eintrag vom 20.12.1921.

13 Entschließung des bayrischen Staatsministeriums aus dem Jahr 1940, zit. n. Siemen (1999), Heil- und Pflegeanstalten, S. 437.

14 Den Hintergrund dieser Verlegungspraxis schildert anschaulich Siemen (1999), Heil- und Pflegeanstalten, S. 436 ff.

15 Die Abbildungen werden – vermutlich dem üblichen Prozedere folgend – auf eine Karteikarte geklebt und mit einer Nummerierung versehen.

16 Der Arzt konnte nicht identifiziert werden.

17 Schmidt; Kuhlmann; von Cranach (1999), Heil- und Pflegeanstalt, S. 282.

Otto W. –
»Alte Schizophrenie. Endzustand, völlig verblödet«

Annette Hinz-Wessels

Otto W. kam am 16. Februar 1910 als jüngster von drei Brüdern in Frankfurt am Main zur Welt.[1] Seine Familie zählte zur bürgerlichen Oberschicht. Der Vater Johann W. arbeitete bis zu seiner Pensionierung als Lehrer und Konrektor in Frankfurt. Schon Ottos Großvater war Hauptlehrer gewesen, ein Onkel Ottos war Hochschullehrer, zwei weitere Volksschullehrer bzw. Konrektor. Auch Ottos ältere Brüder waren akademisch gebildet. Rudolf W. (*1900) wurde nach einem Theologiestudium Priester, sein Bruder Eduard W. (*1903) studierte Jura und war später an verschiedenen deutschen Universitäten als Rechtsgelehrter tätig. Ottos Vater war bei seiner Geburt schon 52 Jahre alt, die Mutter Ludwika, genannt Lilly, war Einzelkind und 21 Jahre jünger als ihr Ehemann. Über die Ehe der Eltern oder ihre Erziehungsgrundsätze gegenüber ihren Kindern geht aus der überlieferten Krankengeschichte Otto W.s nichts hervor. Ärzte, die Otto im Beisein seines Vaters untersuchten, schätzten diesen eher als zurückhaltend und schüchtern ein.

Nach Angaben seines Vaters lernte Otto als Kind spät sprechen und laufen. Nach einem Jahr Bürgerschule wechselte er im Alter von sieben Jahren in die Oberrealschule. Zwar fiel es ihm schwer, dem Schulunterricht zu folgen, trotzdem schaffte er, ohne sitzenzubleiben, mit 15 Jahren das »Einjährige«. Anschließend begann Otto eine kaufmännische Lehre, was ihm allerdings wegen seines Stotterns Probleme bereitete. Mehrfach wechselte er seine Lehrstellen, war zunächst in einer Drogerie, dann in einem Eiergeschäft und zuletzt in einer Weinhandlung tätig. Wegen Arbeitsmangels wurde er 1930 entlassen. Seitdem lebte Otto zu Hause und lernte Schreibmaschine und Steno.

In dieser Zeit wurde er nach Aussage seines Vaters vom einen zum anderen Tag plötzlich »gedrückt«. Otto fühlte sich durch die Ausbildung überfordert und machte sich zugleich Vorwürfe, dass er nicht normal sei, »weil er nichts könne«. Dies belastete ihn offensichtlich umso mehr, als seine beiden älteren Brüder als sehr begabt galten.

Als Otto W. plötzlich unruhig, zum Teil auch aggressiv gegen seine Eltern wurde und zu toben begann, brachten diese ihn Anfang August 1931 zunächst für eine Woche in einer Privatklinik unter, danach verhielt er sich zu Hause wieder ruhig. Nach einem großen Fußmarsch, der ihn auch körperlich sehr erschöpfte, traten jedoch schon kurze Zeit später erneut Unruhezustände auf. Schließlich ließ sich Otto Anfang September 1931 überreden, mit seinem Vater ein Krankenhaus aufzusuchen.

In der Psychiatrischen Klinik Frankfurt/Main diagnostizierte der aufnehmende Arzt eine Katatonie. Ottos Zustand charakterisierte er wie folgt: Sprachverwirrtheit, Stupor, Erregungen, inkohärenter Rededrang, Wechsel zwischen stuporösen u. psycho-motorisch erregten Phasen. Nachdem zunächst gute Heilungstendenzen festgestellt wurden – der Patient erhielt täglich Hexophan[2] und beschäftigte sich mit Klebearbeiten –, zeigte Otto ab Februar 1932 wieder starke Erregungszustände. Laut Krankengeschichte bot Otto ständig dasselbe Verhaltensbild:»inkohärenter Rededrang, Wortneubildungen, völlig sinnloses Aneinanderreihen von Worten, gelegentlich mit Klangassoziation, einförmige motorische Unruhe«. Entsprechend lautete die Epikrise, als er nach sechsmonatigem Klinikaufenthalt am 15. März 1932 ungeheilt in die Landesanstalt Eichberg entlassen wurde:»Bei dem Patient Otto W. handelt es sich um eine Katatonie mit Erregungszuständen, Sprachverwirrtheit und zeitweise stuporösen Zuständen. Im Vordergrund stehen aber die Erregungen, die mit inkohärentem Rededrang und einförmiger motorischer Unruhe einhergehen.«

In der Landesanstalt Eichberg trat schon bald eine Besserung seines Zustandes ein: Laut Krankengeschichte lag Otto zwar zunächst teilnahmslos im Bett, konnte aber nach einem Monat zum Aufstehen bewogen werden und las dann auch etwas. Nach weiteren zweieinhalb Monaten Anstaltsaufenthalt galt er als geordnet und beschäftigte sich laut Krankengeschichte fleißig auf seiner Abteilung. Sein Zustand hatte sich schließlich so weit gebessert, dass er am 3. Juli 1932 versuchsweise in die elterliche Wohnung beurlaubt und am 29. August 1932 nach offensichtlich erfolgreicher Eingewöhnung endgültig nach Hause entlassen wurde. Die folgenden zwei Jahre, in denen es nach späterer Auskunft der Mutter »leidlich mit ihm gegangen« war, lebte Otto wieder bei seinen Eltern.

Kurz vor Weihnachten 1934 machten sich dann wieder stärkere Anzeichen einer psychischen Störung bemerkbar. Nach ärztlich festgehaltener Aussage der Mutter war Otto zeitweilig sehr aufgeregt gewesen, hatte laut geschrien, geschimpft und getobt. Sein Verhalten war so störend gewesen, dass eine weitere Unterbringung in der Familie nicht mehr möglich schien. Am 12. Januar 1935 brachten seine Eltern ihn erneut in die Psychiatrische Klinik Frankfurt/Main. Wegen der hohen Klinikkosten – die Familie kam selbst für die psychiatrische Behandlung Ottos auf – bemühten sie sich jedoch schon im folgenden Monat um seine Verlegung in die wesentlich günstigere Landesheilanstalt Eichberg.

Der Arzt, der die Notwendigkeit der Aufnahme in einer geschlossenen Anstalt bescheinigte, hielt in seinem Attest vom 8. Februar 1935 fest, dass auch Otto eine »gewisse Krankheitseinsicht« habe und selbst die Anstaltsunterbringung wünsche.

Noch vor seiner erneuten Aufnahme in der Psychiatrischen Anstalt Frankfurt/Main hatte der Kreisarzt des Kreises Frankfurt-Nord am 20. November 1934 einen Antrag auf seine Unfruchtbarmachung beim zuständigen Erbgesundheitsgericht Frankfurt gestellt. Diesem Antrag stimmte das Gericht am 16. Januar 1935 zu – offensichtlich ohne den Betroffenen je selbst vernommen zu haben. Nach Auffassung der Richter litt Otto an der Geisteskrankheit »Schizophrenie«, die nach dem nationalsozialistischen Gesetz zur Verhütung erbkranken Nachwuchses eine sterilisationspflichtige Erbkrankheit darstellte. Das Gericht stützte sich bei seiner Entscheidung allein auf das ärztliche Gutachten des Frankfurter Kreisarztes, der die Unfruchtbarmachung von Otto W. beantragt hatte.

Am 16. Mai 1935 wurde Otto – inzwischen in Eichberg aufgenommen – auf die dortige Operationsabteilung verlegt und einen Tag später sterilisiert. Sein Befinden nach dem Eingriff bezeichnete die Anstaltsleitung in einer Mitteilung an die Mutter als »gut«. Wie Otto W. selbst die Sterilisation empfand, lässt sich aus den vorliegenden Dokumenten nicht ersehen. Tatsächlich litt er einige Tage nach dem Eingriff an Fieber, das mit Medikamenten bekämpft wurde.

Die ärztlichen Notizen über sein Verhalten während seines fast sechsjährigen Anstaltsaufenthalts in Eichberg sind dürftig; sie füllen in der Krankengeschichte nur knapp eine Seite und weisen dabei Lücken von zum Teil mehr als zwei Jahren auf. Nach diesen Aufzeichnungen verhielt sich Otto wechselhaft: Zumeist wird er als ruhig, vereinzelt aber auch als unruhig beschrieben. Die letzte Eintragung vor dem Entlassungsvermerk datiert vom 4. Dezember 1940 und lautet: »Ist zur Zeit ruhig, geht schlecht mit seiner Kleidung um, wäscht sich zuweilen im Closetbecken, spricht in verworrener Weise. Beschäftigt sich nicht.«

OTTO W.

13 XIII 445/34.

Landes- Heilanstalt
Eichberg im Rheingau

Eing. -6. APR. 1935

Anl. _____ J. N. _____

B e s c h l u ß .

Das Erbgesundheitsgericht in Frankfurt am Main hat in
seiner Sitzung vom 16. Januar 1935, an der teilgenommen haben:
    1.) Amtsgerichtsrat Dr. Wille als Vorsitzender,
    2.) Gerichtsarzt Professor Dr. Hey als beamteter Arzt,
    3.) Nervenarzt Dr. Kalberlah als approbierter Arzt,
beschlossen:

            Der am 16. Februar 1910 in Frankfurt a.M.
        geborene Kaufmann Otto W ▬▬▬ , wohnhaft in
        Frankfurt(Main)-Süd, Stegstraße No.53,II., ist
        unfruchtbar zu machen.
            Die Kosten des gerichtlichen Verfahrens
        trägt die Staatskasse.
                        G r ü n d e .
        Der Kreisarzt in Frankfurt(Main)-Nord hat am 20.No=
    vember 1934 den Antrag gestellt, den Otto W ▬▬ wegen Schizo=
    phrenie unfruchtbar zu machen. Dieser Antrag ist nach § 3
    Ziffer 1 des Gesetzes vom 14.Juli 1933 zulässig und auf Grund
    der angestellten Ermittlungen auch sachlich begründet.
        Nach dem Gutachten des Kreisarztes , welches nach An=
    sicht des Gerichts einwandfrei ist, leidet Otto W ▬▬ an der
    Krankheit des § 1 Abs.2 No.2 des Gesetzes vom 14.7.1933.
    Er ist also erbkrank. Nach den Erfahrungen der ärztlichen
    Wissenschaft ist mit großer Wahrscheinlichkeit zu erwarten,
    daß seine Nachkommen an schweren geistigen Erbschäden leiden
    werden.
        Die Unfruchtbarmachung des Erbkranken war deshalb
    zu beschließen.
        Die Kostenentscheidung beruht auf § 13 des angeführten
    Gesetzes.
            gez.Dr.Wille.   gez.Dr.Hey.   gez.Dr. Kalberlah.
                        Ausgefertigt:

                        als Urkundsbeamter der Geschäftsstelle.

_Abb. 42: Durchschlag des Erbgesundheitsgerichtsbeschlusses vom
16. Januar 1935_

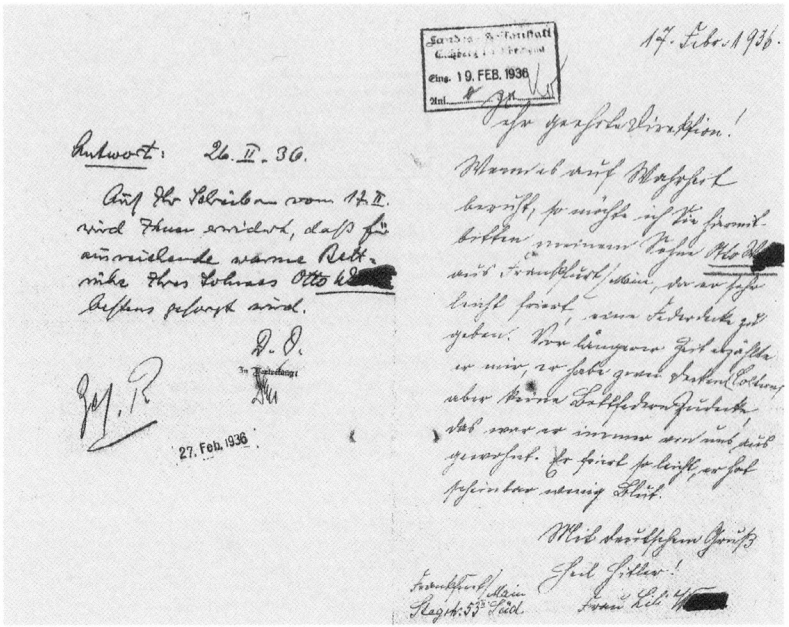

Abb. 43: Schreiben der Mutter Lili W. an die Direktion
vom 17. Februar 1936 betr. Bettdecke für ihren Sohn Otto W.

Wesentlich informativer und detaillierter als die ärztlichen Aufzeichnungen sind die bis Januar 1940 überlieferten Pflegerberichte. Sie enthalten kurze, aber regelmäßige Angaben über Ottos Verhalten, seine Beschäftigung und den Kontakt zu seiner Familie. Letzterer lässt sich auch aus der überlieferten Korrespondenz zwischen Ottos Eltern und der Anstaltsleitung in Ottos Eichberger Personalakte erschließen.

Sein Verhalten war auch nach den Notizen der Pfleger schwankend. Phasen, in denen er als ruhig bezeichnet wurde, las und bei der Hausarbeit half, wechseln sich ab mit solchen, in denen er als unruhig und unsauber beschrieben wird. Die Aufzeichnungen vermitteln allerdings nicht den Eindruck, als verschlechtere sich sein Krankheitszustand stetig.

Ottos Kontakt zu den Eltern riss während seines gesamten Anstaltsaufenthaltes nicht ab. Laut Pflegebericht erhielt Otto regelmäßig einmal im Monat nicht nur Besuch, sondern zusätzlich ein Paket von

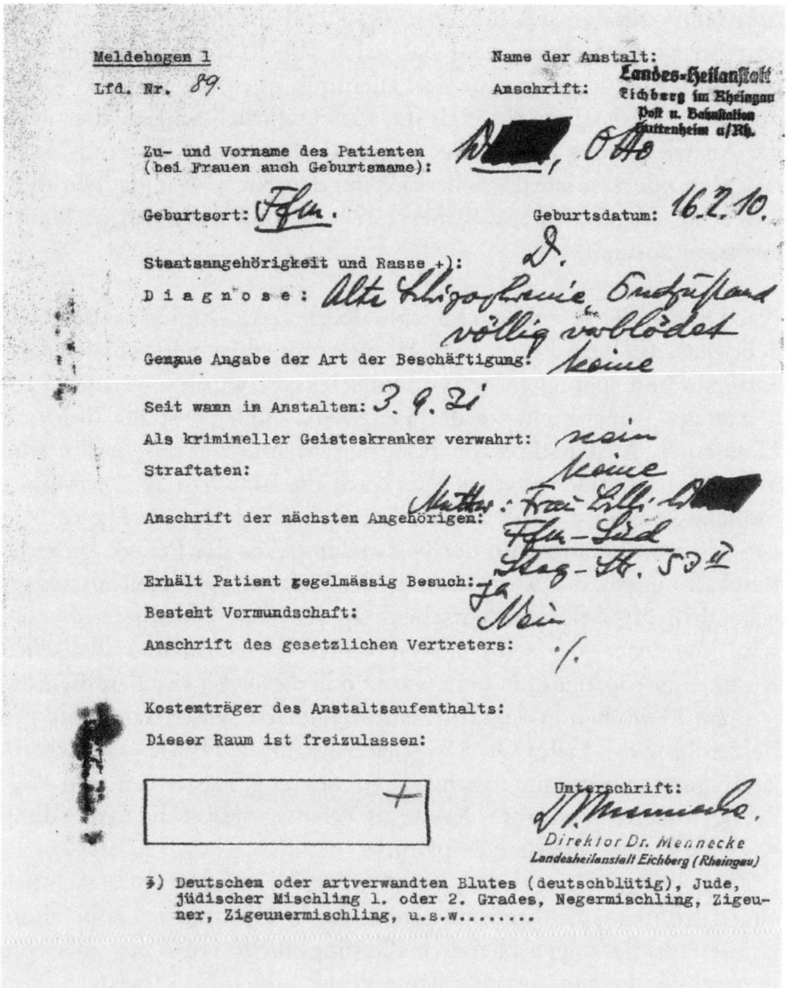

Abb. 44: Meldebogen mit der Unterschrift Menneckes
und rotem Kreuz im schwarzen Kasten

seiner Mutter. Seine Eltern hofften offensichtlich noch zwei Jahre
nach der Aufnahme auf eine Entlassung ihres Sohnes. Unter dem
Hinweis, Otto sei in letzter Zeit der Ansicht, er könne nach Hause,
fragte sein Vater im Juni 1937 beim Anstaltsdirektor an, ob er und
seine Frau ihren Sohn nach Hause holen könnten. Die Anstaltslei-

tung lehnte dies am 14. Juni 1937 ab. Zur Begründung hieß es in ihrem Antwortschreiben, zwar habe sich sein Zustand in letzter Zeit gebessert, man halte ihn zur Zeit allerdings noch für pflegebedürftig und seine Entlassung für verfrüht. Offensichtlich schloss aber auch die Anstaltsleitung eine weitere Verbesserung seines Zustands nicht aus, zumindest endete das Schreiben mit dem Satz: »Wir glauben aber, daß er in einiger Zeit soweit hergestellt ist, daß wir ihn nach Hause entlassen können.«

Auch das in der Krankengeschichte überlieferte Duplikat eines Meldebogens, mit dem die zur Ermordung vorgesehenen Psychiatriepatientinnen und -patienten erfasst und selektiert wurden, vermerkt regelmäßige Außenkontakte des Patienten. Zugleich stellte das vom Eichberger Anstaltsdirektor Friedrich Mennecke[3] ausgefüllte und unterschriebene Schriftstück aber auch die für Otto W. vermutlich tödliche Diagnose »Alte Schizophrenie, Endzustand, völlig verblödet«. In Kombination mit der Feststellung, dass der Patient keinerlei Beschäftigung in der Anstalt nachgehe, dürfte dieses Urteil ausschlaggebend für die Selektionsentscheidung der »T4«-Gutachter gewesen sein. Mennecke, der selbst als Gutachter im nationalsozialistischen Krankenmordprogramm tätig war und in dieser Eigenschaft mehrere tausend Menschen in den Tod schickte, lieferte seinen Vorschlag zur Behandlung des Falles Otto W. gleich mit: In den für die Gutachter-Eintragungen bestimmten schwarz umrandeten Kasten auf dem Meldebogen setzte er ein rotes Kreuz als Zeichen, dass er die Ermordung des gemeldeten Patienten empfahl.

Zwar pflegten die Eltern, insbesondere die Mutter, offensichtlich engen Kontakt mit ihrem jüngsten, kranken Sohn, für Ottos ältere Brüder gilt dies augenscheinlich allerdings nicht. Die Pflegerberichte verzeichnen keinen einzigen Kontakt mit seinen Geschwistern. Weder der Priester Rudolf W. noch der Hochschulprofessor Eduard W. werden in Ottos Krankengeschichte erwähnt. Letzterer taucht lediglich als Absender eines in Ottos Personalakte überlieferten Briefes an die Anstaltsleitung auf. Mit diesem vom 7. Dezember 1940 stammenden Schriftstück schließt die Personalakte von Otto W. Sein Bruder Eduard fragte darin im Auftrag seiner Mutter an, ob die Familie dem Patienten statt des benutzten Anstaltsstrohsacks ein eigenes Bett stellen dürfe. Die Anstaltsleitung stimmte dieser Bitte ausweislich eines Vermerks auf dem Schreiben zu. Ob Otto dieses Bett noch erhalten hat, ist nicht dokumentiert.

OTTO W.

Am 17. Februar 1941 wurde Otto W. laut Krankengeschichte »auf Veranlassung des Reichsverteidigungskommissars« aus der Heil- und Pflegeanstalt Eichberg entlassen. Mit allergrößter Wahrscheinlichkeit brachte man ihn in einem Transport mit zahlreichen weiteren Patientinnen und Patienten direkt in die hessische Tötungsanstalt Hadamar, wo er ermordet wurde.

1 BAB, R 179/5995. Die Rekonstruktion der Biographie beruht auf den Angaben in der Krankengeschichte.
2 Ob das in der Krankengeschichte genannte Medikament Hexophan identisch ist mit dem Fiebermittel der Chinolingruppe dieses Namens konnte nicht geklärt werden.
3 Friedrich Mennecke (1904-1947), Psychiater, Direktor der Anstalt Eichberg bei Wiesbaden, NSDAP/SS 1932, Gutachter für die Krankenmordaktion »T4« und die Aktion »14f13« in den Konzentrationslagern, wurde 1946 vom Landgericht Frankfurt am Main zum Tode verurteilt. Vgl. Klee (2003), Personenlexikon, S. 403.

Therese W. –
Zwischen den Welten

Philipp Rauh

»Lieber Ludwig!
Ich schreibe und schreibe. Du wirst manches Unsinn heissen, was
ich mache und sage. Aber im Kampf um Sein oder Nichtsein der
geistigen Existenz spielt der Mensch eben alle Möglichkeiten aus,
mögen sie auch noch so tollkühn sein. Ich hänge auf der einen Seite
furchtbar an meiner Familie, möchte nur Frau und Mutter sein und
bin unglücklich über den Riss in der Familie, auf der anderen Seite
lässt mir mein Kopf keine Ruhe und bohrt und bohrt und sehnt
sich nach Betätigung, d. h. nach Leben in seinem Element. Verzeih,
wenn ich immer wieder davon rede, aber was im Menschen steckt,
das drückt sich eben durch! Man ist so alt wie man sich fühlt! Ich
fühle mich wahrlich nicht wie eine Fünfzigerin, sondern noch sehr
frisch und leistungsfähig! Was mich drückt und beschwert und nie-
derschlägt ist eben diese Unmöglichkeit, geistig schaffen zu dürfen
und der Irrglaube meiner Umgebung an meine Leistungsfähigkeit!
[...]«

In diesem Brief, den Therese W.[1] am 14. Januar 1936 aus der Psychiatrischen und Nervenklinik der Universität Leipzig an ihren Ehemann Ludwig schreibt, schildert sie den zentralen Konflikt ihres Lebens. Sie ist hin- und hergerissen zwischen zwei sich scheinbar
ausschließenden Lebensentwürfen: dem Aufgehen in einem harmo-
nischen Ehe- und Familienleben nach bürgerlichen Vorstellungen auf
der einen und ihrem tiefen Bedürfnis nach geistiger Betätigung und
eigenständiger wissenschaftlicher Arbeit auf der anderen Seite. In ihrem Streben nach Selbstverwirklichung fühlt sie sich von ihrer Familie missverstanden und ausgebremst. Dieser Rollenkonflikt wird in
der sehr umfangreich und ausführlich dokumentierten Krankenakte
von Therese immer wieder thematisiert.
Die Aufmerksamkeit und Zuwendung, die Therese in den verschiedenen psychiatrischen Einrichtungen durch die behandelnden Ärzte
erfährt, ist nicht zuletzt darauf zurückzuführen, dass sie aus der
Oberschicht stammte. Unter den Opfern der »Aktion T4« ist sie, was
ihre soziale Herkunft betrifft, eine Ausnahme.

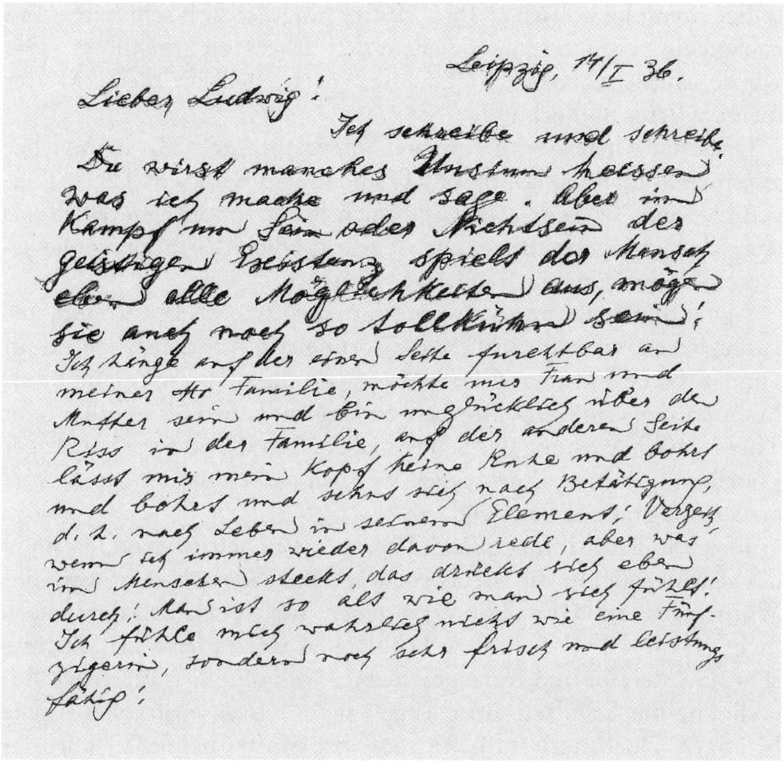

*Abb. 45: Auszug aus dem Brief von Therese W.
an ihren Ehemann vom 14.01.1936*

Therese stammte aus einer hochangesehenen Münchener Familie. Auch ihr Ehemann Ludwig F. W. war als Ordentlicher Professor der Universität Leipzig und Direktor eines dortigen Instituts eine angesehene akademische Persönlichkeit.

Kinder- und Jugendjahre

Therese wurde am 15. Dezember 1883 in München als älteste Tochter des Unternehmers Franz M., eines angesehenen Künstlers, und seiner Frau Therese geboren. Ihren Vater charakterisiert Therese als »reinen Geschäftsmann, Kunsthändler, sehr jähzornig, temperamentvoll, gesellig, streng katholisch«.[2] Ihre Mutter hingegen soll sehr ruhig und nachgiebig gewesen sein, vor allem dem Ehemann gegenüber: »Das würde ich nie machen«, so Therese, »nachgeben wie meine Mutter meinem Vater nachgab.«[3]

Die junge Therese wird von ihrer Schwester Agnes M. als von jeher exzentrisch und dickköpfig beschrieben. Dies wird von Therese bestätigt, wenn sie sagt: »Ich hätte mich lieber totschlagen lassen, als dass ich nachgegeben hätte. Die viele körperliche Züchtigung, die ich erhielt, beeinflusste mich in keiner Weise.«[4]

Agnes beschreibt ihre Schwester ferner als übertrieben fromm, unausgeglichen, widersprüchlich und sprunghaft. Außerdem soll sie auf »unnatürliche und übertriebene Weise« für die zu dieser Zeit berühmte Opernsängerin Berta Morena geschwärmt haben.[5] Weiterhin fehlt Therese nach Meinung der Schwester die Distanz zu sozial niedriger gestellten Personen, ihnen gegenüber war sie schon immer sehr vertrauensselig und einnehmend.

Ihre Schullaufbahn empfand Therese als unbefriedigend, da sie in der Klosterschule, die sie besuchte, zwar Klassenbeste war, der Wunsch, auf ein Gymnasium zu gehen, ihr jedoch von den Eltern nicht erfüllt wurde. Schon zu Schulzeiten interessierte sich Therese sehr für Literatur und Kunstgeschichte. Sie wollte sich auch nach Beendigung der Schulzeit auf geistiger bzw. wissenschaftlicher Ebene betätigen. Doch starb im Jahre 1900 ihre Mutter bei der Geburt des neunten Kindes im Wochenbett. Von da an führte Therese, wenn auch ungern, den väterlichen Haushalt.

Von den Pflichten als Hausfrau wurde Therese jedoch mit Anfang zwanzig von ihrer Schwester Agnes befreit. Sie selbst siedelte für 1½ Jahre nach England über, wo sie ein Buchhaltungsstudium und musikalische Studien betrieb. Dazwischen liegt, zeitlich nicht mehr genau feststellbar, eine Reise mit dem Großvater ans Marmarameer. Auch in England stand Therese der Sinn nicht nach mondänen Vergnügungen wie Tanz, Bällen oder Flirt. Dem männlichen Geschlecht gegenüber war sie von jeher sehr wählerisch und anspruchsvoll, suchte erfolglos ein, wie sie es nannte, »ideales Freundschaftsbündnis« zu einem Mann.

Wieder zurück in München, lernte Therese 1908 den in der Familie als Hauslehrer beschäftigten Dr. Ludwig W. kennen. Drei Jahre später heirateten Therese und Ludwig, der mittlerweile Custos an einer bayerischen Landesinstitution war, im Kloster Ettal.[6]

Ehejahre

Die Angaben in der Krankengeschichte von Therese und ihrem Ehemann über die ersten Ehejahre divergieren stark. Nach Ludwig seien
sie außerordentlich glücklich gewesen. Als er Therese kennenlernte,
sei sie ein »frisches, natürliches und lustiges Mädchen« gewesen. Therese hat diesbezüglich eine andere Sicht der Dinge. Sie will bereits
sehr früh gewusst haben, dass sie ihrem Mann nichts geben und er
auch ihr nichts sein konnte. Dabei sei ihr Mann »ein durchaus feiner,
vornehmer Charakter, er hätte eine bessere Frau verdient – selbstverständlich«[7].
   Therese hatte bald das Gefühl, dass Ludwig nicht stärker war als
sie, dabei war genau dies ihre Sehnsucht, einen Mann zu haben, »der
mir überlegen war«. Nach dieser Einsicht hatte Therese nur noch
zwei Wünsche: entweder Söhne zu haben, die sie entsprechend ihrem
Ideal von Männern erziehen konnte, oder »im Wochenbett sterben
wie meine Mutter«. Wirkliches Glück habe sie in der Ehe nie genossen, und auch »Mutterfreuden« will sie nicht wirklich verspürt haben,
obwohl sie zwischen 1912 und 1919 vier Kinder, eine Tochter und
drei Söhne, zur Welt brachte. Ihren Kindern gegenüber hatte Therese
stets ein ambivalentes Verhältnis. Einerseits gibt sie selber an, nicht
aus Mutterliebe für ihre Kinder zu sorgen sondern nur aus Pflichtge-
fühl. Andererseits sagt sie, sie würde ihr Leben für ihre Kinder geben.
Ludwig bescheinigt seiner Frau zwar nur »geringe Erziehungsgabe«,
räumt aber ein, dass die Kinder sehr an ihrer Mutter hingen. Obwohl
Therese für ihre Kinder Tag und Nacht da war, fühlte sie sich nicht
ausgefüllt mit ihrem Leben als Mutter, Haus- und Ehefrau. Nach wie
vor war sie auf der Suche nach geistiger Verwirklichung und außerdem, wie bereits erwähnt, nach einem »idealen Freundschaftsbündnis« mit einem Mann.
   Kurz nach dem Ausbruch des 1. Weltkrieges kam Ludwig zu einer
Luftschiffer- und Fliegertruppe an die Westfront. Dort schloss er
Freundschaft mit Professor Gardian, einem ebenfalls in München lebenden Akademiker. Gardian kehrte 1916 aus dem Krieg nach München zurück und wurde vorher noch von Ludwig gebeten, bei Therese vorstellig zu werden, Grüße zu überbringen und nach dem Rechten
zu sehen.
   Nachdem dieser Therese zwei- oder dreimal besucht hatte, richtete
sie ihrem Mann brieflich aus, dass sie mit Gardian ein »geistiges
Freundschaftsbündnis« eingehen wolle, sollte Ludwig sich damit

nicht einverstanden erklären, dann lasse sie sich eben scheiden. Dass das Freundschaftsbündnis womöglich über den rein geistigen Gehalt hinausging, zeigen Äußerungen von Therese über Gardian: »Er bedeutete auch psychisch[8] etwas für mich. Bei Gardian hatte ich das 1. Mal das Gefühl, ich bin Weib – bei meinem Mann war das alles so nichtssagend.« Ludwig gibt an, dass Gardian Thereses Zuneigung in keiner Weise erwiderte, vielmehr ging er stattdessen immer mehr auf Distanz zu ihr. Er ließ sich nicht mehr im Hause der W.s blicken, empfand das gesamte Wesen von Therese, schenkt man den Angaben von Ludwig Glauben, als »krankhaft« und hielt ihr Verhalten in Übereinstimmung mit Ludwig für eine »Kriegspsychose«.[9] In der Krankengeschichte finden sich jedoch Hinweise darauf, dass Gardian Therese Briefe schrieb und ihr mehrere Bilder von sich zusandte.

Es soll an dieser Stelle nicht der Frage nachgegangen werden, welcher Art die Beziehung zwischen Therese und Gardian nun wirklich war. Dennoch ist auffällig, wie sich einem hier der Eindruck einer demonstrativen Übereinstimmung zwischen Ludwig und Gardian aufdrängt. Dabei wird das Verhalten von Therese pathologisiert (»Kriegspsychose«) und man(n) geht möglichst schnell – und unter Vermeidung eines Skandals – zur Tagesordnung über. Denn, so meint Ludwig sich zu erinnern, nachdem er aus dem Krieg zurückgekehrt sei, habe Therese zwar anfangs noch sehr viel von Gardian gesprochen, mit der Zeit habe sie sich aber immer mehr beruhigt und die Ehe sei wieder ganz glücklich gewesen.[10]

Ein weiterer schwelender Konflikt des Ehepaares brach ebenfalls mit dem Beginn des 1. Weltkrieges aus.

»Wer Hass sät, wird Hass ernten«

Zwischen Therese, ihrem Ehemann und auch ihren Geschwistern gab es von jeher Differenzen hinsichtlich unterschiedlicher politischer Einstellungen. Therese war stets antimilitaristisch und »kosmopolitisch« gesinnt, ohne dabei jedoch einer politischen Partei anzugehören: »Ich halte zu den anständigen Charakteren – ob die links oder rechts stehen, ist mir gleich.«[11] Sie war von Anfang an gegen den Krieg und war bereits 1914 von Deutschlands Niederlage überzeugt. Als während des Krieges eine Passantin sie und ihre zwei Söhne sah und erklärte, diese beiden würden einmal gute Vaterlandsverteidiger abgeben, antwortete Therese darauf: »Nein, lieber schieße ich sie tot.«[12]

Die Ereignisse in den Anfangsjahren der Weimarer Republik verschärften die Meinungsverschiedenheiten des Ehepaars. Ludwig war in München in der von Gustav Ritter von Kahr,[13] 1920-1921 bayerischer Ministerpräsident, getragenen Einwohnerwehr und in der rechtskonservativen Bayerischen Volkspartei[14] engagiert. Mit ihrem Mann besuchte Therese einmal eine Parteiversammlung der BVP und saß dort von Kahr gegenüber. Als seine Rede bei den Zuhörern Begeisterungsstürme und stehende Ovationen auslöste, blieb Therese ostentativ sitzen. Von Kahr registrierte ihre Haltung und sprach sie daraufhin an: »Sie scheinen mit unseren Taten nicht einverstanden«, worauf Therese ihm lediglich entgegnete: »Wer Hass sät, wird Hass ernten.«[15]

Von Kahr wird sich durch das Verhalten von Therese brüskiert gefühlt haben. Für Therese selbst war diese Reaktion jedoch Ausdruck ihrer Abneigung gegen jede Art von Hasspropaganda. Nicht zuletzt deshalb konnte sie sich mit den politischen Aktivitäten ihres Mannes nicht abfinden. So lehnte sie es beispielsweise ab, Telefonanrufe von Parteifreunden an ihren Mann weiterzuleiten, sondern legte in solchen Fällen einfach den Hörer auf die Gabel.[16] Dies hat, nach Einschätzung des Sohnes, für Ludwig gesellschaftlich eine schwere Belastung dargestellt und war möglicherweise mit ein Grund für die Entscheidung, den Ruf an die Universität Leipzig anzunehmen.

»Wie Herr Larson da war, da hatte ich das Gefühl, jetzt bist du daheim«

Im Jahre 1923 wurde Ludwig Direktor eines Instituts und des dazugehörigen Lehrstuhls an der Universität Leipzig. Daraufhin zog im Oktober 1923 das Ehepaar zunächst mit den beiden jüngsten Kindern nach Leipzig um.

Auffällig ist hier wiederum die unterschiedliche Auffassung der Ehepartner, was die Eingewöhnung Thereses in Leipzig betrifft. Ludwig ist sich sicher, dass sich seine Ehefrau gut in der neuen Umgebung einlebte. Therese hingegen gibt an, sehr unter dem Milieuwechsel gelitten zu haben. Sie empfand Leipzig zu Beginn als »entsetzlich nüchterne, aller Kunst bare Geschäftsstadt«.[17] Darüber hinaus wurde sie nicht nur aus ihrer gewohnten Umgebung herausgerissen, sondern fühlte sich in Leipzig von Beginn an sehr einsam, da das Arbeitspensum ihres Mannes enorm war und er deshalb kaum Zeit für die Familie aufbrachte. Außerdem waren die beiden älteren Kinder in bayerischen Internaten untergebracht.[18]

Der erste Lichtblick in der fremden Stadt war ein schwedischer Doktorand ihres Mannes, Tor Larson, den Ludwig schon seit 1921 kannte und des Öfteren nach Hause einlud. Nach anfänglicher Zurückhaltung war Therese ihm gegenüber bald Feuer und Flamme: »Wie Herr Larson da war, da hatte ich das Gefühl, jetzt bist du daheim.«

Therese sprach von da an immerzu von ihm, alles andere rückte für sie in den Hintergrund, und sie setzte sich sogar vehement dafür ein, dass Larson zur Familie W. ziehe:

»Ich wollte ihn an meine Familie binden, um mich an meine Familie zu binden – meine Familie kommt mir vor wie ein sinkendes Schiff. […] Ich habe das Gefühl, Larson ist meine Entwicklung – er ist der Schlüssel zu meiner Entwicklung, der Freund, den ich seit meiner frühesten Kindheit suche.«[19]

Besonders seine musikalische Ader hatte es Therese angetan, sie beschreibt ihn als »sehr musikalisch, wenn auch nicht vollkommen künstlerisch in seinen Reproductionen«: »Wenn er sang und ich in der Sofaecke sass, so war ich befriedigt. Wenn er spielte [Klavier; P.R.], so lebte er sich richtig aus. Er bedeutete alles für mein Leben, er ist alles!«[20]

Herr Larson stand ihr »geistig so nahe«, dass sie während eines Disputs mit ihrem Mann äußerte, sie würde sich, hätte sie die Wahl zwischen Familie und Larson, für Letzteren entscheiden. Selbst ihre Kinder würde sie für die Freundschaft mit dem acht Jahre jüngeren Larson aufgeben. Eine Mutter, die so spricht, erwiderte Ludwig, könne unmöglich noch normal sein. Therese entgegnete ihm, wenn er sie für verrückt halte, dann wolle sie gleich in die psychiatrische Klinik gehen und sich ein Gesundheitszeugnis ausstellen lassen.

Der Streit um Larson eskalierte im Sommer 1924. Mittlerweile hatte Ludwig eingewilligt, und zwar, wie er es nannte, »im Sinne einer begütigenden Einwirkung«, dass Larson als dauernder Gast im Hause des Ehepaares wohnte – Larson selbst schien nichts dagegen gehabt zu haben. Nach den Angaben von Ludwig kehrte in der Anfangszeit auch tatsächlich eine gewisse Beruhigung bei Therese ein. Nach wenigen Wochen trat dann aber eine übertriebene Fürsorge und Aufmerksamkeit dem Gast gegenüber zu Tage.[21]

Kurze Zeit später wurde Therese mitsamt den Kindern von ihrem Vater auf dessen Anwesen bei München eingeladen. Zuerst bestand sie darauf, dass Larson mitkommen solle, lenkte schließlich aber ein und besuchte ihren Vater ohne ihn. Dort erfuhr sie, dass sich Larson aus der Wohnung wieder ausquartiert hatte. Die Situation eskalierte offenbar dermaßen, dass ihre Schwester Agnes sie in einer psychiatrischen Anstalt in München unterbringen wollte.[22] Dem entzog sich Therese jedoch durch sofortige Reise zurück nach Leipzig, und zwar ohne ihre Kinder. In Leipzig angekommen, überbrachte Therese ihrem Mann vergnügt die Botschaft, sie hätte nun einen Bruch mit der gesamten Münchener Familie herbeigeführt. Als Ludwig ihr wegen der Kinder Vorwürfe machte, sagte sie ihm: »Weder du noch die Kinder sind mir ein Ersatz für Larson. [...] solange die Angelegenheit mit dem Larson nicht erledigt ist, kann ich für die Kinder nichts sein – bring mir den Larson, dann wird alles gut!«[23]

Wie kompromisslos Therese für Larson einstand, verdeutlicht ein weiteres Geschehnis, das von Larson selbst geschildert wurde. Ende 1923 erwähnte er Therese gegenüber einen finanziellen Engpass und schilderte die damit verbundenen Schwierigkeiten für seine wissenschaftliche Arbeit. Kaum hatte Larson seine Ausführungen beendet, da hatte Therese schon ihren Brillantschmuck in der Hand, bot ihn Larson dar und ließ sich nur mit Mühe wieder davon abbringen, ihm den Schmuck zu überlassen. Eine andere Begebenheit spielte sich kurze Zeit später ab. Als Larson kurz vor Weihnachten 1923 einmal gereizt anmerkte, dass manchen Frauen nur noch mit der Peitsche beizukommen wäre, bekam er von Therese zu Weihnachten eine kleine Hundepeitsche und einen kleinen mit Steinen gefüllten Sack geschenkt, versehen mit der Bemerkung: »Mir um den Hals hängen und mich durchprügeln und dann ersaufen.«[24] Dies war auch das Weihnachten, an dem Therese ihren Kindern eröffnete, dieses Jahr »ist das letzte Weihnachten, das ich jetzt mit euch feiere, ich kann hier nicht mehr sein – der Vater macht mir zuviel Schwierigkeiten!«

Auch in der Folgezeit sprach Therese immer wieder von Scheidung. Ludwig stellte es ihr während eines Streites im August 1924 dann auch einmal anheim, die Wohnung zu verlassen. Nur kurze Zeit später waren die Koffer gepackt und ein Abschiedsbrief an die Tochter verfasst. Ludwig ließ daraufhin seine Frau von der Wohlfahrtspolizei abholen. Auf diese Weise landete Therese in der psychiatrischen Klinik in Leipzig.

»Hochgebildete Frau von natürlichen und zugleich gewandten Umgangsformen«

Insgesamt zweimal wurde Therese im Jahr 1924 in die Psychiatrische Klinik der Universität Leipzig aufgenommen. Nachdem sie bei der ersten Aufnahme lediglich einen Tag blieb,[25] dauerte der zweite Aufenthalt bereits vier Monate, vom 25. August bis zum 24. Dezember. Während ihres zweiten Aufenthaltes wurden mit ihr sehr ausführliche und intensive biographische Anamnesen durchgeführt. Neben Therese machten auch der Ehemann Ludwig, ihre Schwester Agnes und sogar Larson Angaben.

Zu Beginn ihrer Unterbringung zog Therese die zuständigen Ärzte der Leipziger Klinik allem Anschein nach in ihren Bann. Deren Analysen und Befunde zeugen davon, dass Therese eine Anziehung auf ihre (männliche) Umgebung ausübte, mehr noch: Sie verdrehte zumindest Teilen der Ärzteschaft regelrecht den Kopf. Therese begegnete den Ärzten mit entwaffnender Offenheit. Ob Sexualleben, Ehe- und Familienprobleme oder auch ihr Streben nach dem idealen Freundschaftsbündnis, Therese brachte alles zur Sprache und war bemüht, den Psychiatern ein möglichst detailliertes Bild von ihrem Leben zu zeichnen. Ein psychiatrischer Befund, am Tag ihrer zweiten Aufnahme, sagt über Therese Folgendes aus:

»Hochgebildete Frau von natürlichen und zugleich gewandten Umgangsformen. Lebhafte von ganz echten Ausdrucksbewegungen begleitete Redeweise (Münchner Dialekt) frei von jeder Geziertheit. […] Keinerlei Denkstörung; abgesehen von dem erotomanischen complex ziemliche scharfe Logik. Gewandte, ungezwungene Diktion.«

An anderer Stelle wird ihr attestiert, sie sei »von einem hervorragenden körperlichen sowie seelischen Kraftgefühl erfüllt (was auch in jeder ihrer Bewegungen zum Ausdruck kommt)«.

Die Auszüge aus der Krankengeschichte machen deutlich, über welche (erotische) Ausstrahlung und welches Charisma Therese verfügte und dass sie diese Gaben auch einzusetzen verstand.

In den ersten Tagen ihres zweiten Aufenthaltes in der Nervenklinik scheint sich Therese dort sehr wohlgefühlt zu haben. Sie wirkt vergnügt und aufgeräumt, geht stundenlang spazieren, jongliert mit Obst, singt, spielt Klavier und liest viel. Es entsteht der Eindruck, dass Therese sich in der Anfangszeit in der Klinik freier gefühlt hat als zu Hause: »Ich fühle mich wie ein Rennpferd, das als Zugpferd bisher benutzt ist, das nun ausgerissen ist und über alle Schranken gesprungen ist.«[26] Ihrem elementaren Beschäftigungs- und Selbstständigkeitsdrang scheint der Klinikaufenthalt gutzutun. Auffällig ist, dass ihr Ehemann zur gleichen Zeit angibt, Therese sei in den letzten Jahren immer gleichgültiger ihren früheren kulturellen Vorlieben wie Literatur, Kunstgeschichte oder Musik gegenüber geworden. In der Klinik lebt sie diese Interessen wieder aus.

Im Laufe ihres Aufenthaltes in der Leipziger Klinik erkennen die Ärzte an Thereses Verhalten, ihren Ausführungen und ihrer Einstellung den Rollenkonflikt, der ihre Gedanken und ihr Handeln bestimmt. Therese hatte von Jugend an mit dem Zwiespalt fertig zu werden, sich zwischen dem Bedürfnis nach sozialer bzw. geistiger Betätigung und der klassischen Rolle als bürgerlicher Tochter, dann als Ehefrau und Mutter entscheiden zu müssen. Ihr bereits erwähnter Aufenthalt in England entsprang auch diesem Konflikt. Die Enge ihrer Existenzform spürend, flüchtete sie geradezu nach England, ging dort ihren (geistigen) Interessen nach, um dann doch wieder nach Hause zurückzukehren.[27]

Auch in der Klinik schwankt Therese zwischen der Möglichkeit, wieder nach Hause oder aber ihren eigenen Weg zu gehen und ihre eigenen Ideen zu verwirklichen. Dabei wechselt sie sehr häufig ihre Meinung. »Das ganze Verhalten« – so der Eintrag in der Krankengeschichte – »scheint charakteristisch für ihre Wesensart, in der sich ein sprunghafter, kindlich anmutender Trotz und eine weitherzige Liebenswürdigkeit gegenüberstehen.«[28]

Mit der Zeit ändern sich die Aufzeichnungen in der Krankengeschichte. Therese beklagt sich mehr und mehr über Langeweile. Wiederholt spricht sie davon, ihren Mann wegen widerrechtlicher Freiheitsberaubung zu verklagen, da sie doch überhaupt nicht krank sei. In den laut Krankengeschichte »außerordentlich langen und eingehenden Gesprächen« mit Therese ging es immer wieder um Larson. Die Ärzte rätseln dabei, ob diese Bindung an ihn eine gefühlsmäßige, gar erotische ist oder Larson gewissermaßen nur eine Staffage ist, »ein nach aussen projizierter Pfeiler auf einem Wege, den ihr eine autochthone Idee (im Sinne eines beginnenden wahnhaften Systems) vorschreibt«.

In der Klinik gelang es auch nach über 3½ Monaten nicht, Therese zu einer Entscheidung, entweder nach Hause zurückzukehren oder sich von der Familie zu lösen, zu bringen. Erst als ihr an Weihnachten die Nachricht übermittelt wurde, ihr Gatte läge mit einer schweren Bronchitis im Bett, ließ Therese sich darauf ein zurückzukehren – aber nicht, darauf legte sie Wert, als (Ehe-)Frau, sondern als »Krankenschwester Therese«.

Der sie nach Hause begleitende Arzt stellte bei Therese ein sehr herzliches und selbstverständliches Verhältnis zu ihren Kindern fest. Tatsächlich schreibt sie auch während ihres Aufenthaltes in der Leipziger Uniklinik, bei aller Zwiespältigkeit, des Öfteren sehr herzliche und liebevolle Briefe an ihre Kinder. Im Zuge der Gespräche Thereses mit dem Arzt in der Leipziger Klinik tritt weiterhin zutage, dass die Kinder sehr unter den Fluchtgedanken ihrer Mutter aus Ehe und Familie litten. Dessen ist sich Therese sehr wohl bewusst, und sie bedauert dies auch sehr. Am Tage ihrer Entlassung aus der Leipziger Klinik findet sich in der Krankenakte noch folgender Eintrag:

>»Entscheidend für die Unmöglichkeit eindeutiger Diagnostik ist die Wesenart der Pat.[ientin] Sicher ist sie ein expansives Naturell, das mit seiner Lebhaftigkeit und tatkräftigen Beweglichkeit die Umgebung anziehen kann. Ihre Hilfsbereitschaft ist stets sehr gross gewesen. Die Unterschiedslosigkeit, mit der sie Hoch und Niedrig unter ihre Fittiche nehmen konnte, sind durchaus Zeichen von bejahender Weltoffenheit. Auf der anderen Seite steht ein mit Bizarrerien erfüllter Trotz, fast ans Wahnhafte grenzende Überzeugungen für ganz vage ideenhafte Vorstellungen, dazu tretend eine überraschende Kindlichkeit, die die ausserordentlichen Komplikationen der durch sie heraufbeschworenen Lage gelegentlich wohl einsieht, aber keineswegs fortschaffen will. Es wurde schon gesagt, dass man den Eindruck eines flachen Affektes manchmal nicht los wurde. Wieweit alle diese Eigenschaften sich in der Reaktion auf ihre Umgebung steigerten, ist schwer zu sagen. Es ist sicher dass eine solche Wesensart in ihrer bürgerlich uniformierten […] Umgebung anstossen musste, dass sie geistige Entbehrungen hatte, dass sie sich nicht so ernst genommen wissen musste, als sie es verdiente. Über ihren Intellekt ist zu sagen, dass er zum mindesten durchschnittlich war, dass ihn zweifellos eine erhebliche formale Gewandtheit auszeichnete, wie ja aus den Schriftstücken zur Genüge hervorgeht. Zunächst muss man sich also mit der Diagnose einer psychopathischen Konstitution zufrieden geben, deren Zusammensetzung was das Temperament betrifft, manische Komponenten aufweist, in der Struktur aber auch Neigung zeigt, bizarre Züge zu entwickeln, die die Persönlichkeit abrupt in Zwiespalt mit sich und der Welt versetzen.«[29]

Therese kehrt im Dezember 1924 zu ihrem Mann und den zwei in Leipzig wohnenden Söhnen zurück. Elf Jahre später, am 31.05.1935, wird sie allerdings erneut in die Psychiatrische und Nervenklinik der Universität Leipzig eingewiesen. Über diese elf Jahre gibt die Krankenakte kaum Auskunft. Ihr Sohn Ludwig A. weiß jedoch aus Erzählungen seiner Schwester Gertrud, dass Therese in dieser Zeit bei einem jüdischen Psychiater in ambulanter Behandlung war.[30] Dieser soll einen sehr guten Zugang zu Therese gefunden haben, so dass in dieser Zeit keine Hospitalisierung nötig war.[31] Im Jahr 1935 – die Repressionen, Ausgrenzungen und Demütigungen gegen die deutschen Juden gipfelten in diesem Jahr in den so genannten Nürnberger Gesetzen – gab dieser Psychiater seine Praxis auf und emigrierte.[32] Therese musste in der Folge erneut in die Leipziger Nervenklinik aufgenommen werden – und zwar mit allen sich daraus entwickelnden Konsequenzen.

Zwischen Mai 1935 und März 1936 war Therese insgesamt dreimal in der Leipziger Klinik.[33]

»Ich fühle mich körperlich so gesund; ich könnte die Welt erobern!
Nur meine Nerven!«

Bei ihrer Wiederaufnahme Ende Mai 1935 tritt Therese den Ärzten heiter gestimmt gegenüber. Strahlend berichtet sie in lebhafter, aber häufig stotternder Sprechweise, sie habe die Absicht, ihre Familie zu verlassen, weil diese ihren Wunsch, Physik zu studieren, nicht anerkenne. Sie habe sich auch schon ein Zimmer gemietet. Vor sieben Jahren hätte sie die Antrittsvorlesung eines Professor Davids gehört und daraufhin den Entschluss gefasst, seine Schülerin zu werden. Mit ihrer Familie sei es deswegen immer wieder zu Reibereien gekommen.[34] Auf ihr jetziges Befinden angesprochen meint Therese: »Mir gehts gut. Ich fühle mich körperlich so gesund; ich könnte die Welt erobern! Nur meine Nerven! Darum habe ich doch auch den Sprachfehler.«

Therese wird als psychotisch schwer verändert beschrieben. Neben dem Stottern fallen den Psychiatern jetzt ihre »Affektflachheit, Unruhe und Gereiztheit« auf. Dazu reagiert Therese mitunter sehr ängstlich und hat wiederholt den Drang, einfach fortzulaufen. Dabei ist jedoch auch die Möglichkeit in Betracht zu ziehen, dass es weniger ihr Gesundheitszustand ist, der sich – im Vergleich zu ihren vorherigen Aufenthalten 1924 – derart ungünstig verändert hat, sondern dass sich zwei Jahre nach der »Machtergreifung« der Nationalsozialisten vielmehr der Grundton bzw. die Haltung gegenüber den Patienten in der Universitätsnervenklinik Leipzig gewandelt hat.

Gespräche, die über den dauernd von ihr angesprochenen Themenkreis – Professor Davids, Physik, (geistige) Freiheit, Gefangenschaft – hinausgehen, sind laut Krankengeschichte mit Therese nicht mehr möglich. Sie sitzt außerdem dauernd »reisefertig« im Zimmer, neben sich den gepackten Koffer, und liest täglich in den gleichen Seiten ihres Physiklehrbuches. Aus der Zeit ihrer Aufenthalte in der Nervenklinik ab 1935 befinden sich in der Akte zahlreiche Briefe von Therese an ihren Ehemann. Am 13. Januar 1936 schreibt sie:

»Lieber Ludwig!
Entschuldige, wenn ich Dich so mit Briefen bombardiere, aber meine Lage ist furchtbar! Ein gesunder Mensch taugt nicht für die Gefangenschaft, besonders nicht für die Gefangenschaft in einer Nervenklinik. Lass diesen Kelch an mir vorübergehen! Wenn ich auch einige Dummheiten gemacht habe, so strafe mich doch nicht so sehr dafür! Überlege Dir doch noch mal alles. Ich bin innerlich todunglücklich! Vielleicht lässt sich doch noch ein Weg finden, der auch mich befriedigt! Es gibt doch viele Sonderlinge im Leben, die man trotzdem auf freien Fuss belässt! Richte Dich nicht so strikt an das ›normal‹ der Öffentlichkeit! Wenn alle Menschen gleichmässig normal wären, gäbe es niemals ein Vorwärts im Leben! [...]«

Zum Ende des Briefes hin richtet Therese noch einmal den Appell an ihren Mann, sie aus der Klinik herauszuholen, da sie sich dort »lebendig begraben fühlt« und alles andere besser ist als dieses »passive Hindösen in einer Klinik«.
Zwei Tage später richtet sie erneut einen Brief an ihren Ehemann, in dem sie sich über die behandelnden Psychiater beschwert:

»Aber ich muss ganz ehrlich gestehen, dass ich mich vor den hiesigen Ärzten fürchte. Am liebsten würde ich gar nichts sagen. Aber das passt ihnen nicht und es ist dies auch keine Basis zum Verhandeln. Und wenn ich etwas sage, so habe ich den Eindruck als ob es auch verkehrt wäre! Die Ärzte sind viel redegewandter als ich, da komme ich nicht mit! Es sind keine Psychiater, die auf das Wohl und Wehe ihrer Schutzbefohlenen eingehen! [...]«

Wieder fleht sie Ludwig an, sie aus der Klinik herauszuholen:

»Ich hänge so sehr am Leben und möchte noch nicht so ganz ausgeschaltet sein davon. Es muss doch irgend einen anderen Ausweg aus allen Schwierigkeiten noch geben als dieses furchtbare Eingesperrtsein! Ich bin so nervös und innerlich aufgeregt wie ich's noch

nie im Leben war! Und das ist doch nicht der Zweck der Nervenklinik! […] Ich komme mir vor wie Daniel in der Löwengrube –
möge ein Engel mich daraus erretten! […]«

Zwischen ihren Aufenthalten in der Leipziger Klinik verbringt The-
rese auch zwei Monate, von Januar bis März 1936, im Sanatorium
Hartheck, einer Heilanstalt für Nerven- und Gemütskranke in
Gaschwitz bei Leipzig. Die Familie kam dabei dem Drängen von
Therese nach, die Nervenklinik in Leipzig verlassen zu dürfen. Die
Aufnahme in das Sanatorium Hartheck ist als Kompromiss zwischen
einem weiteren Aufenthalt in der Leipziger Klinik, gegen den sich
Therese mit aller Macht sträubte, und ihrer Rückkehr nach Hause,
dazu sah sich die Familie außer Stande, zu verstehen. Ludwig war
nach Angaben des Sohnes in den Jahren 1935 und 1936 beruflich die
meiste Zeit in Berlin und verbrachte kaum mehr als einen Tag in der
Woche in Leipzig. Die Wohnung wurde von einer Haushälterin versorgt.[35] Therese willigte anfangs auch in den Kompromiss, nach
Hartheck zu gehen, ein.

»Ich möchte sie nicht ihrer kostbaren Zeit berauben,
ich möchte nur meine persönliche Freiheit«

Auch in Hartheck verbringt Therese die Zeit mit dem Schreiben von
Briefen und der Lektüre des besagten Physik-Buches, wobei sie nicht
über Seite drei hinauszukommen scheint. Ein Versuch der ärztlichen
Leitung, sich mit ihr über den Inhalt des Gelesenen zu unterhalten,
wird von ihr wie folgt abgelehnt: »Ich möchte sie nicht ihrer kostbaren Zeit berauben, ich möchte nur meine persönliche Freiheit.« Nachdem man sich 1924/25 hinsichtlich einer Diagnose nicht sicher war,
legte man sich in Hartheck auf »ein schizophrenes Zustandsbild auf
der Grundlage einer degenerativen Konstitution« fest.

Über die Gefühlswelt von Therese während ihrer Zeit in Hartheck
geben die zahlreich in der Krankengeschichte enthaltenen Briefe an
ihren Mann Auskunft. Sie zeigen einmal mehr, wie quälend sie schon
nach kurzer Zeit jedwede Hospitalisierung empfindet. Wenn sie auf
ihren Aufenthalt im Sanatorium zu sprechen kommt, redet sie davon,
hinter »Schloss und Riegel« zu sein. Am 29. Januar 1936 schreibt sie
an ihren Mann:

»Lieber Ludwig!
Wieder keine Nachricht von Dir! O Papile [so nennt sie Ludwig in ihren Briefen manchmal, wobei sie dann mit »Mammile« unterzeichnet; P.R.], wenn Du meine Sehnsucht fühltest, würdest Du mich nicht so sehr auf die Folter spannen! Wie glücklich würdest Du mich mit einem kurzen Gruss machen! […] Es ist ja vollkommen zwecklos, ein so untätiges Leben zu führen wie ich's jetzt mache. Das bin ich ja in keiner Weise gewöhnt! Das macht krank und nervös und bringt sogar schlaflose Nächte, was mir mein ganzes bisheriges Leben unbekannt war! Auch dieses zeitweise sehr zaghafte Gefühl in mir, das starke Bedürfnis mich auszusprechen, bekannte Gesichter um mich zu haben und keinen Moment ohne sie sein zu wollen, entspringt nur diesem völlig aus dem Gleis geworfen sein, diesem scheusslichen Bewusstsein eines momentan vollkommen unausgefüllten Lebens.«

In einem Brief vom 13. Februar 1936 schlägt Therese sehr selbstkritische Töne an, und gleichzeitig spricht sie Ludwig ihre Bewunderung aus:

»Mein liebster Ludwig!
[…] Ich vermisse Dich sehr. Du sahst gestern so überarbeitet aus und ich bin in grosser Sorge um Dich. Schone Dich etwas und nimm nicht mehr an als Du bewältigen kannst! Du hast ja Dein lebenlang so unsagbar viel gearbeitet, hast Dir ganz aus eigener Kraft Deine Stellung errungen, bist schon als Student auf eigenen Füssen gestanden, kurz, Du kannst auf ein Leben der Pflicht und der Arbeit zurückblicken! […] o Papile, ich hätte Dir Dein Leben viel, viel schöner machen sollen! Du hättest verdient, von Deiner Frau auf Händen getragen zu werden! Aber die böse Mammi mit ihren geistigen Interessen! Ob wir uns in unseren alten Tagen wohl noch zusammenfinden werden? Gebe es Gott! Gebe es Gott, dass ich noch nachholen darf was ich versäumt! Auch den Kindern wäre ich so gerne Mutter, möchte mich so gerne mit ihnen verständigen! Was kann schöner sein im Leben als ein harmonisches Familienleben, als Freundschaft innerhalb des eigenen Kreises, die sich aufbaut auf gegenseitigem Vertrauen!«

In einem Brief vom 21. März 1936 schreibt sie Folgendes:

»Mein liebster Ludwig!
Ich habe unsagbar Heimweh. Hole mich doch, bitte, wieder nachhause. Ich will Euch alles tun, was ich Euch von den Augen abse-
hen kann. Will nur Frau und Mutter sein! Will gerne wieder arbeiten vom frühen Morgen bis zum späten Abend! O Papile, ich habe
furchtbare Sehnsucht nach Dir, nach den Kindern! Lass mich wieder zu Euch! Gib mir wieder das ›zuhause‹. Ich leide unsagbar vor
Heimweh. O Papile, nur einmal noch versuche es mit mir! Heute
ist Frühlingsanfang! Schreibe den Kindern, dass sie mich holen!
Oder hole Du mich sobald als möglich. Ich dränge hier immer zu
den Türen vor lauter Heimweh, habe dadurch natürlich manchen
Verdruss von Seiten des hiesigen Personals. [...]«

»Nur möchte ich vor allem bitten,
stecke mich nicht in irgendeine Heilanstalt«

Einen Tag später, am 22. März 1936, wird Therese wirklich aus dem
Sanatorium Hartheck abgeholt. Am 6. April 1936 kommt sie jedoch
in die Heil- und Pflegeanstalt Pirna-Sonnenstein bei Dresden. Bereits
in den Briefen aus der Leipziger Klinik hatte Therese ihre Angst geäußert, in eine Heil- und Pflegeanstalt zu kommen. An Ludwig
schrieb sie einmal:

»Nur möchte ich vor allem bitten, stecke mich nicht in irgendeine
Heilanstalt, die Dir Schröder [damaliger Direktor der psychiatrischen Uniklinik Leipzig, P.R.] empfiehlt, sondern lass uns zuerst
noch eine Autorität auf dem Gebiet der Psychiatrie fragen.«[36]

Mit ihrem Verbleib in Pirna will sich Therese partout nicht abfinden.
Ihre Gedanken kreisen fortan stets um den Wunsch, die Anstalt so
schnell als möglich wieder zu verlassen. Sie wird in der Krankengeschichte als »hochgradig fluchtverdächtig« eingeschätzt. Außerdem
sei mit ihr keine Unterredung möglich, da sie ständig davon spricht,
wieder nach Hause zu wollen.
     Aus der in der Personalakte enthaltenen Korrespondenz zwischen
Professor Schröder, Professor Hermann Paul Nitsche, dem Leiter der
Anstalt Pirna,[37] und der Familie von Therese wird ersichtlich, dass
der Entschluss, Therese nach Pirna zu bringen, von dem Gedanken
geleitet wurde, dass sich in einer Anstalt, deren Direktor im Bereich

der Arbeitstherapie als führend galt, ihr Zustand bessern sollte.[38] Allerdings scheitern alle Versuche in Pirna, Therese zu einer Beschäftigung zu bringen. Bereits in den Briefen aus Leipzig und Hartheck hatte sie sich schon über die »geisttötende Arbeit« [z. B. Tischtuch nähen, P.R], die sie dort verrichten sollte, beschwert.

Während der Wunsch nach geistiger Selbstverwirklichung im Zentrum ihres Interesses stand, als Therese 1924/25 in der Leipziger Klinik untergebracht war, wich schon zehn Jahre später in Hartheck dieses Bedürfnis mehr und mehr dem Wunsch, wieder nach Hause zurückzukehren bzw. das Sanatorium verlassen zu dürfen. In Pirna herrschte ihr Wunsch nach Entlassung aus der Anstalt, und zwar heim zu ihrer Familie, ganz eindeutig vor. Der Duktus in ihren Briefen wird mit der Zeit devoter, und sie verspricht ihrem Mann immer wieder, eine gute Hausfrau zu sein, ohne auf ihr Bedürfnis nach geistiger Verwirklichung überhaupt noch einzugehen. Am 3. Januar 1937 schreibt sie die folgenden Neujahrsgrüße an Ludwig und ihre Kinder:

»Mein liebster Ludwig!
Hab innigen Dank für Deinen Brief, der mich sehr gefreut hat. Deine Neujahrswünsche erwidere ich aufs herzlichste. Ich freue mich sehr, Dich im neuen Jahr, wo Du jetzt wieder in Leipzig bist, öfters zu sehen. Hole mich doch bald nachhause. Ich bin überzeugt, dass es jetzt zuhause gehen wird. Ich fand Fritzl und Helmut [zwei ihrer Söhne, P.R.] beim letzten Besuch nicht gut aussehend. Sie haben wohl Sorgen um ihre Mutter. [...]
Ich wollte den Brief heute morgen absenden, habe ihn aber nicht beendet. Wie du weißt, bin ich etwas langsam in meinen Entschlüssen. Ich muss darin noch etwas fester werden und rascher, Du hast wohl sehr viel Arbeit. Ich will Dir dabei helfen. Also nochmals alles Gute zum Neuen Jahr.«

In der Korrespondenz zwischen der Ärzteschaft und ihrem Ehemann wird Thereses Gesundheitszustand als unverändert schlecht beschrieben, folgt man den Einträgen in der Krankengeschichte, so gilt sie nach wie vor als sehr »unruhig, gehemmt und unzugänglich«. Zu Beginn des Jahres 1938 keimt in Ludwig noch einmal die Hoffnung auf, seine Ehefrau könne wieder gesund werden. Diese Zuversicht speist sich aus einem Schreiben des Stellvertreters von Nitsche, des Psychiaters Dr. Schmorl,[39] in dem er von einer neuen Therapiemöglichkeit schreibt, der Schockbehandlung mit Insulin bzw. Cardiazol.

»Günstiger Einfluss der Kur ist zu verzeichnen«:
die Cardiazolbehandlung

Dr. Schmorl schlägt die Behandlung durch Cardiazol vor, da eine Insulin-Schockbehandlung aufgrund Thereses Alters, sie ist inzwischen 55 Jahre alt, zu gefährlich wäre. Ludwig, der sich über diese Behandlungsmethoden bereits informiert zeigt, willigt in einem Brief vom 18. Januar 1938 ein:

> »Da die Behandlung längere Zeit in Anspruch nimmt, wäre ich sehr dankbar für ganz kurze laufende Mitteilung des Verlaufs der Behandlung, da natürlich Sorge und Hoffnung gleich gross sind. Der letzte Besuch meiner beiden Söhne Fritz und Ludwig bei ihrer Mutter war so fürchterlich, dass ich mir nachträglich noch Vorwürfe gemacht habe, meinen Jüngsten diesem schrecklichen Eindruck ausgesetzt zu haben. Mir selbst sind Besuche bei der Kranken, solange der Zustand so unleidlich ist, einfach eine zu starke Nervenbelastung.«

Der Bitte von Ludwig, ihn während der Durchführung der Schockbehandlung auf dem Laufenden zu halten, wird entsprochen, und so lässt sich anhand der brieflichen Mitteilungen nachvollziehen, dass Thereses Krankheitszustand auch tatsächlich als gebessert angesehen wird. Knapp zwei Wochen nach Behandlungsbeginn wird Therese als »umgewandelt, seelisch leicht und befreit« beschrieben. Gleichzeitig wird der Familie Hoffnung darauf gemacht, »dass weiterhin günstiger Einfluss der Kur zu verzeichnen sein wird«. Aus dieser Zeit befindet sich die Abschrift eines weiteren Briefes von Therese an ihren Ehemann in der Krankenakte:

> »Mein liebster Papi!
> Dein Brief hat mich sehr gefreut. Ich sehne mich unsagbar wieder nachhause und freue mich sehr auf Euern Besuch. Es wäre wunderbar, wenn Du mich bis dahin schon mitnehmen könntest. Hoffentlich ist der Doktor bis dorthin zufrieden! Ich will mich in jeder Weise zusammennehmen, um mich zu erholen. Es muss doch wieder werden! Es grüsst Dich herzlichst und hoffentlich auf baldigstes Wiedersehen
> Mami.«[40]

Die anfänglichen Fortschritte durch die Cardiazolbehandlung waren jedoch nur die eine Seite. Therese selbst muss die Schocktherapie dagegen als sehr quälend empfunden haben. Während der Behandlung war sie einige Tage zu Hause. Dort äußerte sie im Kreis der Familie sehr große Angst vor der Fortführung der Behandlung und wollte unter keinen Umständen zurück in die Heil- und Pflegeanstalt Pirna. Ludwig, die gesundheitlichen Fortschritte seiner Frau vor Augen, insistierte aber auf dem zu Ende führen der Cardiazolschocktherapie.[41]

Die Angst Thereses vor der Fortführung der Cardiazolbehandlung verwundert nicht. Sowohl die Insulin- als auch die Cardiazolschocktherapie sind sehr drastische Maßnahmen, die auf massive Weise in den Organismus des Menschen eingreifen. So wirkt Cardiazol unmittelbar auf das Zentralnervensystem und erzeugt epilepsieähnliche Krämpfe. Vor allem aber lösen beide Schockbehandlungen bei den Patienten einen existenzbedrohenden Zustand aus, der im Cardiazolschock von dem Betroffenen auch subjektiv als tiefe Angst auslösendes Vernichtungsgefühl erlebt wird. Man versetzt also einen Menschen, der an einer psychischen Störung leidet, in einen Zustand eines um sein Leben kämpfenden körperlich Kranken.[42]

Therese geht es immer besser, sie höre mit Interesse dem Führer zu –
Besserungssymptome nach Dr. Schmorl

Im weiteren Verlauf der Schockbehandlung schien sich der prophezeite positive Heilungsverlauf zunächst zu bestätigen. Thereses psychischer Zustand wird in einem Brief von Dr. Schmorl an Ludwig als »recht günstig« beschrieben:

»Die quälenden Willensstörungen, die Hemmung und Ambivalenz konnten überraschend schnell abgebaut werden; irgend welche wahnhafte Erlebnisse werden von ihr nicht mehr geäussert. Dafür zeigt sich ihre Gemahlin recht munter, nimmt verständnisvollen, gemütswarmen Anteil an allem, freut sich über die bessere Kost und fühlt sich nach eigenen Worten, ›wie neugeboren‹. Wir haben Ihre Gattin in die Stadt ausgehen und gestern auf eigenen Wunsch die Kirche besuchen lassen.«[43]

Dr. Schmorl macht noch ein weiteres Indiz für die Besserung des Gesundheitszustandes seiner Patientin aus. Für ihn befindet sie sich nicht zuletzt dadurch auf dem Wege der Besserung und zur Normalität, da sie – wie er weiterhin an den Ehemann schreibt – »gestern mit großem Interesse die Rede des Führers am Radio gehört [hat]«.⁴⁴

Die Mitteilungen von Dr. Schmorl über den gebesserten Gesundheitszustand von Therese wie auch ihre Briefe an die Familie lösen bei dieser natürlich Freude und Hoffnungen aus. Ende Februar kündigt Ludwig einen Besuch in Pirna an. Dieser wird auch von Dr. Schmorl mit einem Brief von ihm vom 1. März gutgeheißen, wobei man als Besuchstermin den 6. März anvisiert. Mit diesem Brief an Ludwig bricht die Korrespondenz über die bis dato, nach den Angaben von Schmorl, so erfolgreich verlaufene Schockbehandlung ab. Ein Brief der Anstaltsdirektion vom 29. Dezember 1938 an Thereses jüngste Schwester Gertrud macht deutlich, dass die Schocktherapie langfristig nicht das erwünschte Ergebnis gebracht hatte und auch durch eine erneute Cardiazolbehandlung keine länger anhaltende Änderung eintrat. Die Krankheitssymptome von Therese werden in dem Brief als »nur wenig beeinflussbar« beschrieben. Auf diesen Brief folgt nur noch die Abschrift einer Mitteilung an Ludwig aus der Zwischenanstalt Arnsdorf die Verpflegungskosten betreffend. Weiterer Briefverkehr zwischen der Anstaltsdirektion, der Familie und Therese findet sich in der Akte dann nicht mehr.

Der Hauptgrund für das Abbrechen der Korrespondenz ist im Beginn des 2. Weltkrieges zu sehen. Die Familie von Therese wurde bei Kriegsbeginn noch mehr auseinandergerissen, als sie es ohnehin schon war. Die Tochter leitete eine Abteilung an einem Forschungsinstitut in der Nähe von Berlin, die Söhne waren dienstverpflichtet oder beim Militär, und Thereses Mann Ludwig wurde nach Norwegen abkommandiert.⁴⁵ Doch nicht nur die Vermerke in der Personalakte nehmen ab, auch die Einträge in der Krankengeschichte werden immer sporadischer:

> »Pat. ist jetzt stark abweisend und zeigt an den Vorgängen ihrer Umwelt nicht das geringste Interesse. Sie sondert sich von ihren Mitpat. ab und legt eine ausgesprochene Kontakt- und Affektschwäche an den Tag. Cardiazol[...]behandlung hat bei Pat. nur einen schnell vorübergehenden lösenden Erfolg.«

Dieser Eintrag in der Krankengeschichte der Therese im November 1939 in der Heil- und Pflegeanstalt Pirna markiert einen Bruch in der bis dahin sehr umfangreichen Krankengeschichte.⁴⁶ Von nun an wird nur noch sehr kurz und oberflächlich über den Zustand von Therese berichtet.

Sucht man nun nach den Gründen für die nur noch sehr knapp gehaltenen Einträge in Krankengeschichte und Personalakte von Seiten der Anstaltsdirektion, so kann dies mit der erfolglosen Cardiazolbehandlung zusammenhängen. Denkbar ist, dass die Ärzte in Pirna (und auch in den nachfolgenden psychiatrischen Einrichtungen) die Hoffnung auf eine »Heilung« von Therese aufgegeben hatten.

Weiterhin mag auch an dieser Stelle ein Hinweis auf die politische Situation in Deutschland, diesmal im November 1939, angebracht sein. Mittlerweile herrschte nicht nur der Krieg nach außen, sondern auch ein »Krieg nach innen«. Bestimmte Menschengruppen – neben geistig Behinderten und psychisch Kranken auch Juden, Sinti und Roma oder »Asoziale« – wurden als »Ballastexistenzen« angesehen, wodurch ihnen das Lebensrecht abgesprochen wurde. Mit der konkreten Lebensgefahr ging für geistig behinderte und psychisch kranke Menschen eine fortschreitende Diffamierung, Entmenschlichung und Stigmatisierung im (Anstalts-)Alltag einher, die sich mancherorts auch im Nachlassen der Zuwendung durch das Anstaltspersonal äußerte.

»Widerstrebend, abweisend, ohne Kontakt, gehemmt«: die letzten Stationen einer Anstaltsodyssee

Aus den wenigen Einträgen in der Krankengeschichte geht jedoch noch hervor, dass Therese am 15. November 1939 in die Landesanstalt Leipzig-Dösen verlegt wurde, da Pirna seinen Betrieb als psychiatrische Einrichtung einstellte. In Leipzig-Dösen ist Therese neun Monate hospitalisiert. Die Einträge über den gesamten Zeitraum lauten wie folgt:

»1.2.1940: Widerstrebend, abweisend, ohne Kontakt, gehemmt.
1.4: keine Änderung
27.4: drängt nach der Tür, keine wesentliche Änderung
23.8.1940. n. Arnsdorf verl.«

In der Zwischenanstalt Arnsdorf zeigt sich das gleiche Bild. Nach 5½ Monaten wird Therese von dort erneut nach Pirna, mittlerweile zu einer der insgesamt sechs Tötungsanstalten umfunktioniert und mit einer Gaskammer ausgestattet, verlegt.

Ludwig A. W. war es anhand von Notizen seines Vaters aus dieser Zeit möglich, die Reaktion der einzelnen Familienmitglieder auf die Verlegung von Therese zu rekonstruieren.[47] Am 7. Februar erfährt Thereses Sohn Helmut durch ein Telefonat mit der Direktion der Heil- und Pflegeanstalt Arnsdorf, dass seine Mutter am 3. Februar von dort abtransportiert wurde. Über den neuen Aufenthaltsort seiner Mutter erteilt man ihm keine Auskunft. Gleichzeitig trifft im Hause der Familie in Leipzig ein Schreiben mit dem Briefkopf des Reichsverteidigungskommissars ein. Es wird mitgeteilt, dass Therese in eine unbekannte Anstalt verlegt wurde. Weiterhin wird verlautet, »wenn innerhalb 14 Tagen keine Nachricht über den Verbleib der Kranken eingelaufen sei, dann möge man sich an die ›Gemeinnützige Krankentransportgesellschaft‹, Berlin W 9, Potsdamer Str. 1 wenden«.[48] Helmut informiert sofort seine Schwester Gertrud nahe Berlin und am 8. Februar seinen Vater in Oslo. Dieser sendet am gleichen Tag ein Protesttelegramm an den Reichsverteidigungskommissar und am nächsten Tag, den 9. Februar 1941, einen entsprechenden Brief an den Gauleiter Mutschmann, den sächsischen Reichsverteidigungskommissar. Gertrud wiederum fährt sogleich nach Berlin an die angegebene Stelle – es handelt sich hierbei um ein Büro in der Zentraldienststelle »T4«. Dort teilt man ihr lediglich mit, dass die Transporte allesamt mit Chiffre abgehen, man könne ihr also nicht weiterhelfen. Sehr wahrscheinlich war Therese beim Eintreffen ihrer Tochter in der »T4«-Zentrale und des Telegramms ihres Ehemanns beim Reichsverteidigungskommissar und bei Mutschmann bereits tot, da bei der »Aktion T4« die Deportation in die Tötungsanstalt und die Ermordung gewöhnlich an ein und demselben Tag vonstatten ging. Therese wurde demnach am 3. Februar 1941 in Pirna vergast.

»Ich stehe Ihnen gern zu entsprechender mündlichen Auskunft zur Verfügung.« – Der Begleitarzt des Führers sieht Erklärungsbedarf

Dass der Protest von Ludwig dennoch Wirkung – wenn auch nicht die erhoffte – zeigte, verdeutlicht ein bemerkenswerter Brief, den er Anfang April 1941 erhielt. Diesmal war der Absender Karl Brandt, der neben seiner Aufgabe als Begleitarzt Hitlers einer der Initiatoren der Krankenmorde war und spätestens ab 1943 zum wichtigsten Mann im nationalsozialistischen Gesundheitswesen avancierte.[49]

Prof. Dr. Karl Brandt   Berlin NW 7, den 3.4.1941

    Herrn

       Prof. W ,

    Sehr geehrter Herr Professor !

       Auf Umwegen wurde mir Ihr Telegramm zugestellt, das Sie
an den Reichsverteidigungskommissar für Sachsen, Herrn
Gauleiter Mutschmann gerichtet haben. Es ist mir nicht möglich, dieses Telegramm schriftlich zu beantworten. Ich
stehe Ihnen jedoch gern zu entsprechender mündlicher Auskunft zur Verfügung. Dürfte ich Sie deshalb bitten, mich
über einen Aufenthalt im Reich von Ihnen rechtzeitig zu
benachrichtigen, da ich selbst in meiner Eigenschaft als
Begleitarzt des Führers nicht immer über meine Zeit verfügen kann.

       Mit Heil Hitler

Abb. 47: Kopie des Briefes von Karl Brandt
an Ludwig W. vom 03.04.1941[50]

»Sehr geehrter Herr Professor!
Auf Umwegen wurde mir Ihr Telegramm zugestellt, das Sie an den
Reichsverteidigungskommissar für Sachsen, Herrn Gauleiter Mutschmann gerichtet haben. Es ist mir nicht möglich, dieses Telegramm schriftlich zu beantworten. Ich stehe Ihnen jedoch gern zu
entsprechender mündlicher Auskunft zur Verfügung. Dürfte ich
Sie deshalb bitten, mich über einen Aufenthalt im Reich von Ihnen
rechtzeitig zu benachrichtigen, da ich selbst in meiner Eigenschaft
als Begleitarzt des Führers nicht immer über meine Zeit verfügen
kann.
Mit Heil Hitler
Unterschrift Karl Brandt«

Der Brief von Karl Brandt ist ein Beleg dafür, wie ernst die »T4«-Verantwortlichen und die höheren Nazi-Funktionäre generell Proteste von Angehörigen bzw. aus der Bevölkerung nahmen. Die Tatsache, dass die Intervention von Ludwig gegen die Verlegung seiner Frau bis zu Karl Brandt weitergeleitet wurde und dieser sich der Sache auch annahm, ist aber in erster Linie darauf zurückzuführen, dass es sich bei Ludwig um eine sehr angesehene Persönlichkeit handelte, die zu dieser Zeit bei der Luftflotte in Norwegen mit kriegswichtigen Aufgaben betraut war. Natürlich war den Verantwortlichen der Krankenmorde eher daran gelegen, solch anerkannten Personen ihr Handeln zu erklären bzw. sie in irgendeiner Form zu besänftigen, als sie das für gewöhnlich für notwendig erachteten. Karl Brandt scheint für derartige Aufgaben geradezu prädestiniert gewesen zu sein, da sein (tödlicher) Idealismus in der Frage der »Euthanasie«, gepaart mit seiner fachlichen Kompetenz und einer gewissen Eleganz, ihn zum »perfekten Advokaten der Krankenmorde« machte.[51] Von Karl Brandt ist überliefert, dass er stundenlang mit den Gegnern der »Euthanasie« diskutierte, für deren Einstellung Verständnis zeigte und dennoch versuchte, sie von seinem Standpunkt zu überzeugen. Auch wenn ihm das nicht immer gelang, so konnte er seine Gesprächspartner doch meist von seiner persönlichen Integrität überzeugen.[52]

Zu einem Treffen zwischen Ludwig und Karl Brandt ist es aller Wahrscheinlichkeit nach nie gekommen.[53] Bei Eingang des Briefes war Ludwig längst wieder in Norwegen, nachdem er unmittelbar nach der Todesbenachrichtigung am 18. Februar 1941 nach Leipzig zurückgekehrt war. In der Todesbenachrichtigung, dem so genannten Trostbrief, wurde den Angehörigen der »T4«-Opfer mit knapper, standardisierter Beileidsbekundung und unter Hinweis auf die »Erlösung« des Verstorbenen von seinem »unheilbaren Leiden« der Tod des Familienmitglieds mitgeteilt. Weiterhin wird erklärt, dass »aus seuchenpolitischen Erwägungen heraus der Verstorbene sofort eingeäschert werden [musste]«.[54] Die Angehörigen mussten innerhalb von 14 Tagen mitteilen, an welchen Friedhof die Übersendung der Urne zu veranlassen sei, ansonsten würde man sie anderweitig beisetzen lassen. Tatsächlich wurden die Leichen sofort nach der Vergasung in Verbrennungsöfen befördert und verbrannt. Die Aschenreste, die nicht auseinandergehalten wurden, sammelte man in Urnen. Bei den von den Familien angeforderten Urnen handelte es sich also nicht um die sterblichen Überreste der Ermordeten. Im Laufe der »Aktion T4« waren sich viele Angehörige dessen bewusst. Auch der Familie von

Therese war dies klar, man entschied sich aber dennoch dafür, die Urne anzufordern.[55]

Am 22. März 1941 wurde die (angebliche) Asche von Therese im Beisein ihrer Familie im Leipziger Südfriedhof bestattet. Ihr Grab wurde bei einem Bombenangriff im Dezember 1943 zerstört.[56]

1 Dem Verfasser war es während des Schreibens dieser Biographie möglich, mit dem jüngsten Sohn von Therese W. in Kontakt zu treten. Ludwig A. W. erklärte sich daraufhin am 05.05.2005, 01.02.2006 und 24.11.2006 dazu bereit, mit Gerrit Hohendorf und mir über seine Mutter zu sprechen. Neben einigen wertvollen Informationen über seine Mutter profitiert die vorliegende Biographie auch von Dokumenten, die Ludwig A. W. freundlicherweise zur Verfügung stellte. Seinem Wunsch nach Anonymisierung aller Personen aus dem Familien- und Bekanntenkreis seiner Eltern wird nachgekommen. Folglich sind die Namen der in Frage kommenden Personen vom Verfasser geändert. Bei den im Text vorkommenden Ärzten werden hingegen die Originalnamen verwendet.

2 Eintrag in der Krankengeschichte vom 25.08.1924 aus der Psychiatrischen und Nervenklinik der Universität Leipzig, Abschrift in der Krankengeschichte der Landesanstalt Pirna-Sonnenstein, BAB, R 179/10038. Die Originalkrankenakte der Psychiatrischen Universitätsklinik Leipzig ist kriegsbedingt verloren gegangen, Mitteilung von Prof. Dr. M. C. Angermeyer Universitätsklinikum Leipzig, Klinik und Poliklinik für Psychiatrie, vom 23.6.2005.

3 Ebd.

4 Ebd.

5 Die Aussage der Schwester Agnes Müller findet sich in dem Eintrag in die Krankengeschichte vom 15.09.1924 aus der Psychiatrischen Klinik Leipzig.

6 Diese Information wie auch einige der noch folgenden basieren auf den Angaben von Ludwig A. W., dem jüngsten Sohn von Therese und Ludwig F. W., vgl. Anm. 1.

7 Eintrag in der Krankengeschichte vom 25.08.1924.

8 In der zitierten Passage aus dem Eintrag in der Krankengeschichte vom 25.08.1924 steht tatsächlich »psychisch«, wenngleich es sinngemäß »physisch« heißen müsste; dies macht zumindest der weitere Verlauf der Aussage deutlich. Ob es sich hier um einen Schreibfehler oder um die wirkliche Intention des Referenten der Krankengeschichte handelt, kann nicht beantwortet werden.

9 Die Angaben von Ludwig finden sich in dem Eintrag in der Krankengeschichte vom 17.04.1924 aus der Psychiatrischen Klinik Leipzig.

10 Ebd.

11 Eintrag in der Krankengeschichte vom 25.08.1924.

12 Ebd.

13 Gustav Ritter von Kahr (1862-1934) setzte sich als bayerischer Ministerpräsident zum Ziel, zumindest in Bayern die Monarchie wiederherzustellen. Unter

dem republikfeindlichen Kurs dieser Regierung wurde Bayern zu einem Zentrum von rechten und rechtsextremen Gegnern der Weimarer Republik. Kahr lernte in München auch Hitler kennen, den er anfangs als Verbündeten im Kampf gegen das »rote« Berlin ansah. Am 09.11.1923 beteiligt er sich wider Erwarten nicht am »Hitler-Putsch«, vielmehr gelingt es, nicht zuletzt mit seiner Hilfe, den Putschversuch niederzuschlagen. Später sagt er im Hitler-Prozess gegen diesen aus. Am 30.06.1934 wird Kahr im Zuge des sog. Röhm-Putsches festgenommen und im Konzentrationslager Dachau ermordet.

14 Die Bayerische Volkspartei wurde im November 1918 durch Georg Heim u und Sebastian Schlittenbauer gegründet und rekrutierte sich aus dem Bauernflügel des Zentrums. Ihr Programm sah eine Stärkung der Eigenstaatlichkeit Bayerns in einem föderativen Bundesstaat vor. Insofern vertrat sie ein breiteres politisches Spektrum, als dies in der Person des von ihr gewählten Ministerpräsidenten Gustav Ritter von Kahr zum Ausdruck kommt. Vgl. Friemberger (1998), Anfänge der Bayerischen Volkspartei. Laut Auskunft von Dr. Renate Höpfinger vom Archiv für Christlich-Soziale Politik der Hanns-Seidel-Stiftung sind die Unterlagen der BVP bei der erzwungenen Selbstauflösung 1933 weitgehend vernichtet worden.

15 Eintrag in der Krankengeschichte vom 25.08.1924.

16 Ebd.

17 Vgl. Eintrag in der Krankengeschichte vom 25.08.1924.

18 Angaben ihres Sohnes Ludwig A. W. im Gespräch mit ihm am 05.05.2005.

19 Eintrag in der Krankengeschichte vom 25.08.1924.

20 Ebd.

21 Vgl. Eintrag in der Krankengeschichte vom 25.08.1924.

22 Angaben von Ludwig A. W. im Gespräch mit ihm am 24.11.2006. Zu der Ende Juli 1924 vorgesehenen Aufnahme in die Psychiatrische Universitätsklinik München kam es jedoch nicht.

23 Vgl. Eintrag in der Krankengeschichte vom 25.08.1924.

24 Die Angaben von Larson finden sich im Eintrag in der Krankengeschichte vom 10.11.1924.

25 Der erste Aufenthalt in der Psychiatrischen Klinik der Universität Leipzig erfolgte vom 17. bis 18. April 1924.

26 Vgl. Eintrag in der Krankengeschichte vom 04.09.1924.

27 Vgl. Eintrag in der Krankengeschichte vom 10.11.1924.

28 Vgl. Eintrag in der Krankengeschichte vom 30.11.1924.

29 Vgl. Eintrag in der Krankengeschichte vom 24.12.1924.

30 Erinnerungen von Ludwig A. W. im Gespräch vom 05.05.2005.

31 Ebd.

32 Nachforschungen haben ergeben, dass es sich um Dr. Ernst Jolowicz handeln müsste. Ernst Jolowicz eröffnete 1926 eine private nervenärztliche Praxis in der Leipziger Emilienstraße. Konfrontiert mit dem Namen Jolowicz, meinte Herr Ludwig A. W. in einem Telefongespräch mit mir am 07.08.2006, dass sein Vater mit einem Herrn Jolowicz sehr eng befreundet war. Herr Jolowicz sei damals ein erfolgreicher und bekannter Verleger in Leipzig gewesen. Dabei handelt es sich um Leo Jolowicz (zu Leo Jolowicz vgl. Lorz: (1999), »Strebe vorwärts« S. 83-123). Der jüngste Bruder von Leo war Ernst Jolowicz. Es ist

naheliegend, dass über Leo Jolowicz der Kontakt zwischen der Familie W. und Ernst Jolowicz hergestellt wurde. Deshalb und aufgrund der Tatsache, dass Ernst Jolowiczs Praxis exakt in den Jahren geöffnet war (1926-1935), und es darüber hinaus keine anderen jüdischen Psychiater gab, die in besagtem Zeitraum in Leipzig eine Praxis führten, ist es sehr wahrscheinlich, dass es sich hierbei um Ernst Jolowicz handelt. Zum weiteren Werdegang von Jolowicz lässt sich noch sagen, dass seine Ehe mit der nicht-jüdischen Ärztin Hedwig Jolowiccz 1934 geschieden wurde. Dessen ungeachtet hat sie ihm bei seiner Flucht nach Paris im Jahre 1935 geholfen. Ernst Jolowicz' Weg führte von Frankreich weiter in die USA. Die Informationen zu Ernst Jolowicz verdanke ich Herrn PD Dr. Holger Steinberg und Dr. Andrea Lorz, beide Leipzig.

33 Die erste Wiederaufnahme erfolgte vom 31.05. bis zum 20.11.1935, ein weiteres Mal wurde Therese vom 06.01. bis zum 22.03.1936 eingewiesen. Ihr letzter Aufenthalt in der Psychiatrischen und Nervenklinik der Universität Leipzig war vom 22.03 bis zum 06.04.1936.

34 Im Laufe der Unterredung wird deutlich, dass Thereses Verhalten Davids gegenüber so »auffällig« wurde, dass er ihr durch ihren Sohn verbieten ließ, die Vorlesungen zu besuchen (vgl. Eintrag in der Krankengeschichte vom 31.05. 1935).

35 Ludwig A. W. im Gespräch vom 05.05.2005.

36 Zit. aus einem Brief von Therese an ihren Mann vom 06.01.1936.

37 Hermann Paul Nitsche (1876-1948) erlangte jedoch nicht nur auf dem Gebiet der Arbeitstherapie Berühmtheit, sondern avancierte spätestens 1940 zu einem der Protagonisten der Krankenmordaktion »T4«. Als zeitweiliger medizinischer Leiter und »Obergutachter« der »T4« war Nitsche für den Tod von Zehntausenden geistig behinderten und psychisch kranken Menschen verantwortlich, vgl. die Beiträge von Maike Rotzoll und Gerrit Hohendorf in diesem Band.

38 BAB, R 179/10038, Personalakte der Landesanstalt Pirna-Sonnenstein.

39 Dr. Ernst Schmorl (1906-1964) verließ im Januar 1942 den Sonnenstein, um in der Anstalt Brandenburg-Görden zu arbeiten, wechselte später jedoch an die psychiatrische Klinik der Universität Heidelberg. Sowohl in Görden als auch in Heidelberg wurden ab 1942 die Krankenmordaktionen für die Realisierung von Forschungsprojekten genutzt. An beiden Orten entstanden Forschungszentren, in denen die Anstaltspatienten vor ihrer Tötung eingehend psychologisch und physiologisch untersucht werden konnten, um den klinischen Befund nach Tötung und Sektion der Opfer mit dem (neuro)anatomischen Befund vergleichen zu können. Im Rahmen dieser Forschungen fällt auch der Name Ernst Schmorl. Dieser wird unmittelbar nach dem Krieg Oberarzt im hessischen Herborn und 1958 Jugendpsychiater in Idstein (vgl. Klee (1986), Was sie taten, S. 175).

40 Das Zitat findet sich in einem Brief von Therese an ihren Mann vom 15.02.1938, BAB, R 179/10038.

41 Erinnerungen von Ludwig A. W. beim Gespräch vom 05.05. 2005.

42 Die Cardiazolschockbehandlung wurde 1934 parallel zur Insulinschockbehandlung durch Manfred Sakel (Wien) von dem ungarischen Psychiater Ladislaus von Meduna in die Behandlung der Schizophrenie eingeführt. V. Meduna

ging dabei von einem Antagonismus von Schizophrenie und Epilepsie aus: Da epileptische Anfälle bei schizophrenen Patienten besonders selten vorkommen sollen und dementsprechend Epilepsiekranke besonders selten an einer Schizophrenie erkranken würden, komme einem künstlich ausgelösten Krampfanfall eine Heilwirkung auf die Schizophrenie zu, und er berichtet über eine deutliche Symptomverbesserung bei den von ihm behandelten Patienten, vgl. v. Meduna (1937), Konvulsionstherapie, S. 6-8 u. 121. In seiner biologisch begründeten Theorie schließt er die psychologische Deutung der Wirkung der Konvulsionstherapie aus, wie sie z. b. von dem Psychologen und Historiker Hans-Ludwig Siemen vorgenommen wird: »Man werfe einen sich abweichend verhaltenden Menschen vom Dach eines Hochhauses und lasse ihn bis zum letztmöglichen Eingriffspunkt das Sterbenserlebnis durchleiden und spanne erst kurz vor dem Aufprall ein Sprungtuch. Man preise diese Methode als Therapie an, die – wen wunderts eigentlich – eine Erlebnisqualität besitzt, die Menschen, zumindest auf Zeit, verändert.« (Vgl. Siemen (1987), »Menschen blieben auf der Strecke ...«, S. 156). Der Wirkungsmechanismus der Konvulsionstherapie, heute verwendet man ausschließlich in Narkose applizierten elektrischen Strom zur Auslösung der Krampfanfälle, ist nicht abschließend geklärt. Man nimmt Veränderungen der Informationsübertragung durch Botenstoffe (Neurotransmitter) im Gehirn an, um die positive Wirkung auf bestimmte psychische Erkrankungen zu erklären.

43 Das Zitat findet sich in einem Brief von Dr. Schmorl an Ludwig vom 21.02.1938.

44 Ebd.

45 Erinnerungen von Ludwig A. W. im Gespräch vom 05.05. 2005.

46 BAB, R 179/10038.

47 Kopien dieser Notizen liegen dem Verfasser vor.

48 Die Darstellungen bezüglich der Intervention der Familie basieren auf dem angesprochenen Notizen von Ludwig. Auszüge daraus hat Herr Ludwig A. W. dem Verfasser als Kopie zur Verfügung gestellt.

49 Zu Karl Brandt vgl. Süß (2003), Der »Volkskörper« im Krieg, S. 76-95.

50 Die abgedruckte Kopie stellte das Universitätsarchiv Leipzig zur Verfügung.

51 Schmidt (2001), Die Angeklagten, S. 396.

52 So diskutierte Brandt sehr intensiv mit Pastor Fritz von Bodelschwingh über das »Euthansie«-Programm. Der Betheler Anstaltsleiter war von der Redlichkeit seines Gegenübers so überzeugt, dass er nach dem Todesurteil gegen Brandt ein Gnadengesuch einreichte (vgl. Schmuhl (2001), Die Patientenmorde, S. 296).

53 Ludwig A. W. in einem Telefongespräch am 7. August 2006.

54 Abdruck eines Trostbriefes in: Klee (1985), »Euthanasie« im NS-Staat, S. 151 f.

55 Ludwig A. W. im Gespräch vom 05.05.2005.

56 Ebd.

Kein Schlusswort

Ulrich Müller

»Erinnerung ist Beschwörung und wirksame Beschwörung ist Hexerei«[1], sagt Ruth Klüger. Haben wir also wirksam beschworen, geben die Erzählungen von Leben und Tod der Menschen in diesem Buch paradigmatisch allen in der »Aktion T4« Ermordeten Individualität zurück? Befreien sie Friedrich J. aus seinem papierenen Mausoleum R 179/7929 und Bodo S., R 179/14378, aus dem seinen? Ja, weil diese Lebensgeschichten die Ermordeten aus der anonymen Menge hervorholen und ihnen »Leben« mit einem »Gesicht« geben, sodass sich die Leserin[2] ein »Bild« machen kann. Welches Bild aber konnte denn gemalt werden? Doch nur eines, in das auch die Sicht der Akteurinnen mit einfloss und die nicht immer herauszufiltern war. Um im Bild der »Bilder« zu bleiben, wir haben Impressionen gemalt, Bilder, deren Details nur angedeutet werden konnten, die aber dennoch im Ganzen Umrisse und Inhalte wiedergeben.

Dieser Text ist der letzte des Buches, er kann und will aber kein »Schlusswort« sein; ein »Schlusswort« kann es für dieses Thema nicht geben. Diese Gedanken wollen »politisch« im Wortsinne sein, sie wollen nicht nur einen Platz in diesem Buch einnehmen; vielmehr soll das ganze Buch in der Reihe der Forschungsergebnisse zu NS-»Euthanasie« einen »öffentlichen« Platz in der gesellschaftlichen Erinnerungskultur finden. Dieses Buch erhebt darüber hinaus keinen geringeren Anspruch als den, den Franz Kafka für Bücher eingefordert haben soll. Dies ist notwendig, da Meinungsäußerungen, ähnlich wie die folgenden, wieder auftauchen und zum Allgemeingut der Menschen der heutigen Bundesrepublik zu werden scheinen, 20 Jahre nachdem sie gesagt wurden: »Es muß […] endlich ein Ende haben mit dem gekrümmten Gang.«[3] Diese schiefe Zusammenziehung der Körperbilder vom »gekrümmten Rücken« und dem »gebeugten Gang« für weitere Erinnerungsarbeit ist unschwer zu decodieren als Last, die den aufrechten vorwärts drängenden Schritt verhindert. Schöner noch plakatiert die Sprachgewalt eines Politikers die Sehnsucht nach dem Vergessen: »Wir müssen schrittweise […] Meile für Meile auf einem Weg zurücklegen, in dem die Vergangenheit allmählich bewältigt und in der Versenkung, oder Versunkenheit besser gesagt, verschwindet.«[4]

Verweilen beim Grauen

… ist »unerläßlich«, so Hannah Arendt,[5] wenn man Erkenntnisse über Konzentrationslager gewinnen wolle, und dies gilt auch für die »Euthanasie«. Dieses Verweilen, so hofft Hannah Arendt, solle eine »antizipierende Angst«[6] entwickeln, die zu einer »Mobilisierung politischer Leidenschaften«[7] führen solle; solcherart Leidenschaften wäre dann gleichsam eine Art Frühwarnsystem, das Entwicklungen wie damals erkennen können soll. Man kann diesen moralischen Appell auch als kategorischen Imperativ verstehen, dass nicht nur Auschwitz, sondern auch Hadamar nicht noch einmal sei;[8] ein solcher Imperativ lässt dann den distanzierten Blick alleine nicht mehr zu, da dieser die Gefahr birgt, dass die Befunde der Forschung zur Entsorgung von Geschichte[9] benutzt werden können.

Die Historikerinnen, Erziehungswissenschaftlerin, Psychiaterin, Psychologe und Soziologe (die Harald Welzer als Sozialwissenschaftlerinnen zusammenfasst),[10] die hier am Werke waren, »forschen als Mitglieder sozialer Figurationen immer auch über sich selbst, wenn sie diese untersuchen«,[11] und »die Beschäftigung mit bzw. die Vernachlässigung von bestimmten Bereichen der sozialen Wirklichkeit [hat] sehr viel mit den Wünschen und Ängsten der Forscher zu tun«.[12] Hinzu tritt jene wissenssoziologische Naivität der Sozialwissenschaftlerinnen, die Welzer in der Holocaust-Forschung kritisiert, wenn diese annehmen, dass sie vor dem Nationalsozialismus »regelrecht abgeschottet«[13] seien, weil sie einer Generation weit nach jener Zeit entstammen.[14] »[…] aber alle Zeitgenossen [befinden sich, UM] ganz grundsätzlich im Traditionszusammenhang mit dem Nationalsozialismus und des durch ihn hervorgebrachten Massenmordes: Jedes Mitglied einer Gesellschaft steigt qua Sozialisation in den stetigen Fluß der Geschichte […]«.[15] Unter Bezug auf Norbert Elias plädiert Harald Welzer für eine Sozialwissenschaft des Holocaust (der »Euthanasie«), die sich des historischen Ortes bewusst ist, von dem aus sie forscht, eine Sozialwissenschaft also, die eben nicht quer in die Geschichte einsteigen zu können glaubt. In diesem Buch waren und sind sich die Forscherinnen bewusst, dass sie in diese Verflechtung eingebunden sind. Die Funktion des Autors dieses Textes sollte als soziologischer Fremder[16] mit ihnen zusammen eine Forderung von Alain Touraine erfüllen: »Der Soziologe ist nicht in die Betrachtung von Akteuren versunken, […] er arbeitet mit den Akteuren, damit sie gemeinsam erkennen können, was überhaupt gespielt wird.«[17] Dieser Appell Touraines verlangt nichts weniger als eine Reflektion der Forscherinnen darüber, wie ihre Subjektivität ihre Sicht verzerren kann. Diese Nabelschau aber legitimiert sich nur dann, wenn der sozialwissenschaftliche Blick sich wieder den gesellschaftlichen Strukturen zuwendet, innerhalb deren er forscht. Um im Bilde Norbert Elias' zu bleiben, der Fluss der Geschichte strömt weiter und transportiert Treibgut mit.

Ein solches Treibgut hat Gerrit Hohendorf in seinem Beitrag in diesem Band herausgearbeitet, nämlich, dass sich die Ideologie des Nationalsozialismus im Falle der »Vernichtung unwerten Lebens« auf eine breite gesellschaftliche Akzeptanz dieser Einstellung stützen konnte. Eugenik und Rassenhygiene waren als sozialpolitische Instrumente nicht nur be-, sondern auch anerkannt und wurden zu Trägerideen für die »Ausmerze« »unwerten Lebens«.[18] Bei einem Buch über »Euthanasie« muss der heutige Diskurs zu »Sterbehilfe« – niemand in Deutschland würde mehr von »Euthanasie« sprechen – angeschnitten werden, die spätestens seit Peter Singer[19] und Helga Kuhse[20] in der Gesellschaft wieder virulent ist. Dieser Diskurs, der hier nicht nachgezeichnet werden kann, wurde unmittelbar von der Psychiatrie aufgenommen[21] und diskutiert. Zwei Positionen einen viele Autorinnen. Zum einen, dass es – auch legaliter – für Psychiaterinnen als Ärztinnen nicht zulässig sei, bei ihrer Klientel Sterbehilfe zu leisten, sei es als »Sterbenlassen«, »Beihilfe zur Selbsttötung« oder gar »Tötung auf Verlangen«.[22] Neben allgemein menschlichen, ethisch-moralischen Positionen verweisen die psychiatrischen Autorinnen auf die Rolle der Ärztin als Agentin des Lebens, auf die Diskussionen um die gesellschaftlich akzeptierte Euthanasie im ersten Drittel des 20. Jahrhunderts und besonders auf die »Euthanasie« des Nationalsozialismus. Damals, so eine Argumentationskette, war es nicht »ungesetzlich«, eine Ermordung – auf Verlangen des Staates – durchzuführen.

Es würde die Büchse der Pandora geöffnet werden, so nicht nur eine ungute Ahnung heutiger Psychiaterinnen,[23] wenn die »aktive Sterbehilfe« im Denken und Handeln der Bevölkerung und der betroffenen Institutionen um sich griffe, schon im Juli 1940 schrieb Theophil Wurm, Ev. Landesbischof in Württemberg, an den Reichsminister des Innern: »Auf dieser schiefen Ebene gibt es kein Halten mehr.«[24] Im heutigen gesellschaftlichen Diskurs wird darüber hinaus argumentiert, dass sie Gefahr liefe, ein unausgesprochenes, aber eingesetztes sozialpolitisches Instrument des ökonomischen Druckes auf die überalterte Gesellschaft zu werden: »Es kommt bei einer liberalisierten Sterbehilfe automatisch zu einem Dammbruch, weil die Menschen von ökonomischen Motiven geleitet werden.«[25] Auch enge Vorschriften und strenge Kontrollmechanismen dürften nicht wirklich greifen, wie dies am Beispiel der Niederlande gezeigt werden kann.[26] Wenn überdies die Hilfe zum Tode an Organisationen vergeben wird, die in Anstalten und Heimen tätig werden sollen, wie z.B. für die Schweiz gefordert,[27] ist strenge Kontrolle nahezu unmöglich. Anders als in den skandinavischen Ländern und den Beneluxstaaten, wo etwa ein gutes Drittel der Ärztinnen sich für aktive Sterbehilfe aussprachen, sind in Deutschland 90% der Palliativmedizinerinnen dagegen.[28] Die folgende psychiatrische Position zur Beihilfe zum Suizid ist eine ethische, sie stellt fest: »Einem Psychiater, der sich an die Sterbehilfendebatten [...] und an das Schicksal psychisch Kranker im Nationalsozialismus erinnert, ist es aber wohl nachzusehen [...] dass er einem solchen Entwurf aus diesem Grund [...] als moralisch unvertretbar ansieht.«[29] Dabei scheint sich diese Position vor allem der Abwehr der Wiederholung grauenhafter Geschichte verpflichtet zu fühlen. Diese Position hat aber wohl keinen Rückhalt in der Bevölkerung. 61,3% der Befragten aus der bundesrepublikanischen Bevölkerung sprachen sich 2001 für die aktive Sterbehilfe aus.

Nun darf die Debatte um aktive Sterbehilfe in der BRD nicht mit der Geschichte der »Euthanasie« verwechselt werden, auch wenn nahezu jegliche Diskussion zu dem Thema Sterbehilfe diesen Bogen schlägt.[30] Die »Euthanasie« war ein gezielter »Verwaltungsmassenmord«[31] – aus ideologischen Gründen; der Diskurs zur Sterbehilfe steht unter dem Leitthema »Selbstbestimmung des Menschen«. Alle Bemühungen, den heutigen Diskurs zur »Sterbehilfe« von einer Analogie zur Nazi-»Euthanasie« freizuhalten, müssen hierzulande – anders als z.B. in den Niederlanden – scheitern, denn es kann »[...] niemand dem Schatten der deutschen Geschichte bei diesem Thema entrinnen«.[32] Ein Buch wie dieses soll diesen Schatten in die Zukunft verlängern; nicht nur die getöteten Individuen sollen nicht vergessen werden sondern auch die gesellschaftlichen Figurationen, in denen diese Tötung stattfand. Es gehört zum sozialwissenschaftlichen Handwerk, den Blick aus der Vergangenheit auf die Gegenwart zu richten und darin nach eventuellen Parallelitäten zu suchen. Dies ist bedeutsam, weil dieses

Buch auch zeigt, wie staatliche und gesellschaftliche Institutionen – wie z. B. ein psychiatrisches Anstaltsystem – eine Eigendynamik des Tötens entwickelten und in ihren Rollenträgerinnen, Ärztinnen und Pflegepersonal, vorauseilende Erfüllungsgehilfinnen für inhumane Verhaltensweisen fanden. Wenn dies in einem gesellschaftlichen Humus wie dem des »unwerten Lebens« wurzeln kann und staatlicherseits honoriert wird, sind solche Entwicklungen nicht zu steuern.

Nun ist dieses Buch, auch wenn es manchmal anders aufleuchten mag, keine pädagogische oder moralische Veranstaltung, vielmehr gilt Elias' Forderung nach der Janusgesichtigkeit der Sozialwissenschaftlerin, sich der Konstruktion gesellschaftlicher Strömungen in der Gegenwart aus ihrer langfristigen Entwicklungtradition bewusst zu werden. »Der Nationalsozialismus ist [...] nicht einfach vergangen, [...] und die Sozialwissenschaften sind von ihm noch kaum distanziert«, sagt Welzer[33] und fordert einen Paradigmenwandel von der distanzierten zur kritischen Wissenschaft. Dabei sollte sie sich der Tatsache bewusst sein, dass sie dies mit jenen wissenschaftlichen Verfahrensmodellen tut, die seinerzeit auch »zur industriellen, [...] ausgearbeiteten Massenvernichtung von Menschen geführt haben«.[34] Die Umsetzung eines solchen Bewusstseins aber nennt Welzer einen »kafkaesken Versuch«, den Holocaust mit denselben Mitteln zu verstehen, »mit dem er geplant und durchgeführt wurde«.[35] Diesem kafkaesken »Schloss« entkommen die Sozialwissenschaften nur, wenn sie ihre Forschung reflektieren, also einlösen, was Norbert Elias »Engagement und Distanzierung« nennt.[36] Auf der Ebene der Erforschung der Zusammenhänge zwischen den Menschen sagt Elias, »[...] begegnen Menschen sich selbst und einander; die ›Objekte‹ sind zugleich ›Subjekte‹. [...] Die Forscher selbst sind in diese Muster verwoben. Sie können nicht umhin, sich – direkt oder durch Identifizierung – als unmittelbar Beteiligte von innen zu erleben«.[37] Damit legt Norbert Elias den »Menschenwissenschaftlern« eine doppelte Pflicht auf, Gesellschaft zu analysieren und darin ihre eigene Position.

Dieses Buch will der Geschichtsschreibung, der Erinnerung und der Re-Individualisierung der Ermordeten[38] dienen. Geschichtsschreibung ist ein Teil der Erinnerungskultur, die Katrin Pieper so definiert: »Vorausgesetzt wird ein gemeinsamer historischer, kultureller und politischer Bezugsrahmen in der jeweiligen nationalen Erinnerungskultur. [...] Die Erinnerungskultur konkretisiert sich in [...] der

Geschichtsschreibung.«[39] Im Sinne Walter Benjamins fallen bei den Autorinnen dieses Buches die Rolle des »Chronisten«, das ist der, der die Geschichte erzählt, zusammen mit derjenigen des »Historikers«, das ist der, der die Geschichte schreibt.[40] Wünschenswert wäre, wenn dieses Buch nicht nur »Die Axt für das gefrorene Meer in uns« (Franz Kafka) wäre, sondern auch ein Puzzlesteinchen der o.g. Erinnerungskultur und somit ein Teil des »kulturellen Gedächtnisses« würde. Darunter versteht Jan Assmann ein in Institutionen geronnenes Gedächtnis, das sich u.a. in Texten (wie diesem), in Denkmälern, Architektur, Ritualen oder Bildern manifestiert.[41]

»Das denkende Herz«?[42]

Der ethische Ansatz der Re-Individualisierung, der ja auch eine Verstrickung mit der Vergangenheit darstellt, muss aber bestimmte Bedingungen des »Wie« erfüllen, um nicht »zweckdienlichen moralischen Rigorismen und Mythen«[43] unterworfen zu sein. Ein solcher Mythos ist beispielsweise: »Opa war kein Nazi.«[44] In der BRD fallen »die offizielle Gedenkkultur und das private Erinnern extrem auseinander«,[45] so hat es, befragten Bundesbürgerinnen zufolge, »[...] in den deutschen Familien aus der Sicht der Familienangehörigen so gut wie keine Nazis gegeben«. Eine familiale Erinnerungskultur, die eine Deutungshoheit über Erinnerungsbilder beansprucht, ist auch bei Angehörigen »Euthanasie«-Ermordeter zu finden. Der Bogen möglicher Reaktionen reicht von dem Bemühen, Öffentlichkeit für die getöteten Angehörigen herzustellen, bis zur Re-Konstruktion eines »schönen Bildes« der Toten. Dies kann auch den Versuch bedeuten, eine mögliche Mitschuld am tödlichen Schicksal nicht zu erwägen oder diese schmerzliche Frage überhaupt vermeiden zu wollen.

Für das »Wie« der Darstellung war den Autorinnen Ruth Klüger ein Vorbild, um nicht vom schmalen Grat zwischen Sentimentalität und Gefühl abzurutschen. Sie nämlich fragt: » [...] verleiten diese renovierten Überbleibsel alter Schrecken nicht zur Sentimentalität, das heißt, führen sie nicht weg von dem Gegenstand, auf den hin sie ihre Aufmerksamkeit nur scheinbar gelenkt haben, und hin zur Selbstbespiegelung der Gefühle?«[46] Eine emotional verfärbte Aufbereitung des eigentlich »Unerzählbaren« (Hannah Arendt) lehnt Ruth Klüger als vordergründige Beschwichtigungsmechanismen von Betroffenheits-Akteurinnen, den »SHOAH-Beflissenen«,[47] ab, da diese den

Lesern das Grauen vertreiben sollen.[48] Wenn aber die heutigen Forscherinnen mit jener Zeit verstrickt sind, wie können sie dann innerpsychisch Engagement und Distanzierung ausbalancieren? Zumal es tradierte gesellschaftlich-moralische Normen des Mitgefühls, eben des Engagements, gibt; bereits im Jahre 1789 fordert der Däne Baggesen ein solches Mitgefühl ein, wenn er über seinen Besuch in der Frankfurter Judengasse schreibt: »[...] wer von diesem [...] Bild nicht [...] gerührt wird, dem fehlt gewiß etwas im Kopf oder im Herzen.«[49] Be-Rührungen und Rührungen der Autorinnen in diesem Buch standen aber auch unter dem ebenso normativen Anspruch Alvin Gouldners: »Confessing may be good for the soul, but it is no tonic to the mind.«[50] Dieser Balanceakt zwischen Engagement und Distanzierung gelang unterschiedlich, was der Authentizität der Lebensgeschichten zugute kommt, laden doch die Ermordeten auch in sehr unterschiedlicher Weise zu Nähe oder Distanz ein. Es ist einsichtig, dass ein geistig behindertes Schwesternpaar mehr »Brutpflegeinstinkt« auf sich zieht als eine ihre sozial zugewiesenen Rollen verweigernde, aggressiv-rabiate Frau oder ein Päderast. Auch alle Lücken in den Lebens- und Krankheitsdaten forderten die Erzählerinnen, mussten sie doch, wie mit Luftbrücken, die Lebensgeschichte zu einem Ganzen formen, so gut es ging. In Selbsterzählungen wird das in eine zeitliche und Sinnstruktur gesetzt, die überdies eine Kohärenz aufweist, deren Zweck die Akzeptanz bei der Anderen ist.[51] Die Brückenpfeiler unserer nacherzählten Leben waren Geburt, Krankheit und Tod. Lebensgeschichten »Euthanasie«-Ermordeter anhand von Akten waren nur zu erzählen als Zurichtungen zum Tode. »Der Tod ist die Sanktion von allem, was der Erzähler berichten kann. Vom Tode hat er seine Autorität geliehen.«[52]

1 Ruth Klüger (1994), zit. n. Heidelberger-Leonhard (1996), S. 40.

2 In diesem Text wird nur die weibliche Sprachform benutzt, um Flüssigkeit der Sprache und des Stils beibehalten zu können. Die Männer sind eingeschlossen.

3 Peter Schneider in DIE ZEIT, 27. März 1987.

4 Franz Josef Strauß in seiner Wahlrede im November 1986 in München, in Bayernkurier vom 29.11.1986. Die Vorstellung eines in die Vergangenheit ›versunkenen‹ Franz Josef Strauß ist beeindruckend.

5 Vgl. Arendt (1986), Totale Herrschaft, S. 680. Harald Welzer betitelt die Sammlung seiner Essays zum wissenschaftlichen Umgang mit dem Holocaust auch »Verweilen beim Grauen« (1997).

ULRICH MÜLLER

6 Arendt (1986), Totale Herrschaft, S. 680.
7 Ebd., S. 681.
8 Vgl. Adorno (1967), Erziehung.
9 Vgl. Müller (1990), Erinnern, S. 162ff.
10 Welzer (1997), Verweilen, S. 14.
11 Ebd., S. 13.
12 Ebd.
13 Ebd., S. 21.
14 Nicht nur Sozialwissenschaftlerinnen glauben dies (manchmal). So ist »Die Gnade der späten Geburt« (Helmut Kohl) zuallererst ein a-historischer Satz, niemand stiehlt sich aus der Zeit. Sehr viel zutreffender ist jenes anonyme Graffito: Wir haben mit der Vergangenheit abgeschlossen, aber die Vergangenheit nicht mit uns.
15 Welzer (1997), Verweilen, S. 21.
16 Der Fremde ist hier der, der neben dem wissenschaftlichen Selbstverständnis der Gruppe einhergeht und mit dem Blick des Ethnomethodologen nach axiomatischen Begründungen im Handeln der Gruppe sucht.
17 Touraine (1976), Soziologie, S. 13.
18 Z.B. Mann (1922), Erlösung.
19 Singer (1984), Praktische Ethik.
20 Kuhse (1991), Fragen.
21 So z.B. Heinrich (1993), Euthanasie; ders. (1998), Psychiatrie; Helmchen (1986), Fragen; Lauter und Meyer (1992), Euthanasie-Diskussion; Lauter (2006), Suizidprävention u.v.a.
22 Nationaler Ethikrat (Hg.) (2006), Selbstbestimmung, S. 53f.
23 Vgl. bspw. Heinrich (1998), Psychiatrie, und Lauter (2006), Suizidprävention.
24 Klee (2001), Dokumente, S. 167.
25 Dieser Satz wird in einem stern-Gespräch von einem Angehörigen eines durch Selbsttötung gestorbenen Mannes dem Philosophen Spaemann unterstellt. stern-Gespräch (2006), S. 42.
26 Düwell und Feikema (2006), Euthanasiepolitik, S. 56, und Robert Spaemann (2006), zit. n. stern-Gespräch (2006), S. 44.
27 Lauter (2006), Suizidprävention, S. 18.
28 Nationaler Ethikrat (Hg.) (2006), Selbstbestimmung, S. 49.
29 Lauter (2006), Suizidprävention, S. 18.
30 So z.B. die Verleihung des Medienpreises »Im Zentrum Mensch« an einen Autor, der sich dem Thema der Sterbehilfe bei unheilbar kranken Kindern widmete. Vgl. Lichtblick-Newsletter Nr. 194 v. 21.11.2006 und Nr. 195 v. 24.11.2006 (Internetquelle). Alle protestierenden Personen und Organisationen verweisen darauf, dass eine Verharmlosung der und Zustimmung zur Tötung schwerstbehinderter Kinder den »Euthanasie«-Gedanken gleichsam durch die Hintertür des Humanen wieder hereinholt.
31 Hannah Arendt, zit. n. Welzer (1997), Verweilen, S. 19.
32 Nationaler Ethikrat (Hg.) (2006), Selbstbestimmung, S. 37.
33 Welzer (1997), Verweilen, S. 26.
34 Ebd.
35 Ebd., S. 21.
36 Elias (1983), Engagement.

37 Ebd., S. 24f.
38 Es wird aufgefallen sein, dass der Autor den Begriff »Euthanasie-Opfer« vermeidet. Dem Ursprung nach ist ein »Opfer« in einen rituellen Kontext eingebettet und unterliegt einem sakralen Zweck. Diejenigen, die opfern, sind in diesem Kontext Gehilfinnen einer transzendenten Idee und zugleich Mittlerinnen zwischen den Menschen und einer Transzendenz. Es ließe sich nun unscharf annehmen, dass auch die Mörder in der »T4-Aktion« einer Idee anhingen, diese war aber weder transzendent, noch verfügte sie über einen allgemeinen Konsens. Die Opfer im obigen Sinne mussten bestimmte Kriterien erfüllen, die ermordeten psychisch Kranken aber wurden, das hat dieses Buch u.a. gezeigt, auch ohne solche Kriterien getötet. Daher wird hier nur von Ermordeten und Mördern gesprochen werden.
39 Pieper (2006), Musealisierung, S. 7.
40 Vgl. Benjamin (1977), Erzähler, S. 451.
41 Zit. n. Welzer (1997), Verweilen, S. 19.
42 Hillesum (1985), Tagebücher.
43 Welzer (1997), Verweilen, S. 26.
44 Welzer; Moller; Tschugnall (2005), Familiengedächtnis.
45 Ebd., S. 248.
46 Vortrag von Ruth Klüger, gehalten 1994, zit. n. Heidelberger-Leonhard (1996), Interpretation, S. 76.
47 Ebd., S. 41.
48 Ein Beispiel dafür ist Helga Schubert (2003), die Lebensgeschichten von Ermordeten der Schweriner Nervenklinik wie ihrer Mörder aus einer spezifischen Innensicht heraus literarisiert. Die Leserin wird in eine Geschichte gesogen, die in Rückblenden, fiktionalen Dialogen, Fakteninformationen mäandriert und gänzlich auf emotionale Beteiligung setzt. Dieses Literaturstück ist mit dem Ansatz der Leiterin der Düsseldorfer Mahn- und Gedenkstätte zu vergleichen, die auf »Theatralisierung« (vgl. Genger (1990), Gedenkstättenarbeit, S. 187) setzt, was bei Ruth Klüger vermutlich Gefahr liefe, als »KZ-Kitsch« etikettiert zu werden. Vgl. Klüger (1994), zit. n. Heidelberger-Leonhard (1996), S. 40. Ob der Weg in das Gedächtnis von Leserinnen und Besucherinnen über den Kopf oder über das Herz geht, ist empirisch noch nicht hinreichend überprüft worden. Eine Studie aus Dachau belegt, dass sich die »mitgebrachten« Meinungen der Besucherinnen auch nach dem Besuch des KZs kaum veränderten. Vgl. Gareis und Vultejus (1987), Lernort. Die Frage, ob eine Fiktion – mit der eben auch der Affekt aktiviert wird – mehr erschließen könne als die Geschichtswissenschaft, wird aktuell anhand des Erfolges des Buches »Les Bienveillantes« von Jonathan Littell, 2006, diskutiert. Littell hat darin eine »Lebensbeichte« eines SS-Offiziers konstruiert (Willms (2006), Mörder, S. 11).
49 Schoeller (1987), zit. n. Müller (1990), Erinnern, S. 171.
50 Gouldner (1971), Crisis, S. 136.
51 Vgl. Bourdieu (1998), Vernunft, S. 75ff.
52 Benjamin (1977), Erzähler, S. 450.

Quellen und Literatur

Ungedruckte Quellen

Archiv des Diakonischen Werkes der Ev. Kirche Deutschlands, ADW, Berlin, EREV (Evangelischer Reichserziehungsverband) 208, Urteil-Niederschrift im Waldhof-Prozess vom 14.6.1932
Archiv Schöneberg, Text-Archiv, Sozialgeschichtliche Dokumente, Bildung/ Wissenschaft, Schulen A-F
Archiv Schöneberg, Sozialgeschichtliche Dokumente, Mädchenbildung/ Mädchenschulen/Ausbildungsmöglichkeiten, VI/6
Brandenburgisches Landeshauptarchiv Potsdam, BLHA, Rep. 5 E, Amtsgericht Wittstock Nr. 337 und Nr. 338 und Rep. 55 C, Landesanstalt Brandenburg-Görden Nr. 10893 und Nr. 11460
Bundesarchiv Berlin-Lichterfelde (BAB), Bestand R 179, Kanzlei des Führers, Hauptamt II b, Nr.

755 Hermine W.
2665 Erich F.
2960 B. Oppenheimer
3397 Luise Ernestine Maria L.
3811 Aloisia Veit
4018 Gertrud N.
5579 Bernhard E.
5597 Karl Ahrendt
5995 Otto W.
7553 Hedwig H.
7929 Friedrich Arthur J.
8817 Elfriede N.
10038 Therese W.
11558 Julius G.
12442 Ida Marie Sch.
13051 Fritz D.
14371 Gertrud G.
14378 Bodo S.
14724 Günther E.
15716 Sebastian N.
18428 Leopoldine S.
21795 Maria und
25987 Martha W.

BAB, Bestand des ehemaligen Berliner Document Center, BDC, NSDAP-Gaukartei und BDC, Personenkartei
Diakonie Kork, Archiv, Notakte B. Oppenheimer

Stadtarchiv Heidelberg, Kopie des Erhebungsbogens für die Dokumentation der Judenschicksale 1933-45 in Baden-Württemberg aufgrund der Akten der Landesämter für die Wiedergutmachung zu Moritz Oppenheimer, Erhebungsbögen zu Moritz, Marie und Heinrich Oppenheimer.

Literatur

Ackerknecht, Erwin H. (1957): Kurze Geschichte der Psychiatrie, Stuttgart.

Adorno, Theodor W. (1997): »Ob nach Auschwitz noch sich leben lasse«. Ein philosophisches Lesebuch, hrsg. v. Rolf Tiedemann, Frankfurt/M.

Adorno, Theodor W. (1997): Erziehung nach Auschwitz, in: ders.: »Ob nach Auschwitz noch sich leben lasse«. Ein philosophisches Lesebuch, hrsg. v. Rolf Tiedemann, Frankfurt/M., S. 48-63 (zuerst erschienen 1966).

Aly, Götz (1985): Medizin gegen Unbrauchbare, in: Aly, Götz; Ebbinghaus, Angelika; Hamann, Matthias; Pfäfflin, Friedemann; Preissler, Gerd (Hg.): Aussonderung und Tod. Die klinische Hinrichtung der Unbrauchbaren (= Beiträge zur nationalsozialistischen Gesundheits- und Sozialpolitik 1), Berlin, S. 9-74.

Aly, Götz; Ebbinghaus, Angelika; Hamann, Matthias; Pfäfflin, Friedemann; Preissler, Gerd (Hg.) (1985): Aussonderung und Tod. Die klinische Hinrichtung der Unbrauchbaren (= Beiträge zur nationalsozialistischen Gesundheits- und Sozialpolitik 1), Berlin.

Aly, Götz (²1989): Der saubere und der schmutzige Fortschritt, in: Aly, Götz; Masuhr, Karl Friedrich; Lehrmann, Maria; Roth, Karl Heinz; Schultz, Ulrich: Reform und Gewissen. »Euthanasie« im Dienst des Fortschritts, Berlin, S. 9-78 (Erstausgabe Berlin 1985).

Aly, Götz; Masuhr, Karl Friedrich; Lehrmann, Maria; Roth, Karl Heinz; Schultz, Ulrich (²1989): Reform und Gewissen. »Euthanasie« im Dienst des Fortschritts, Berlin (Erstausgabe Berlin 1985).

Aly, Götz (Hg.) (²1989): Aktion T4 1939-1945. Die »Euthanasie«-Zentrale in der Tiergartenstraße 4 (= Stätten der Geschichte Berlins 26), Berlin (Erstausgabe Berlin 1987).

Arbeitskreis zur Erforschung der nationalsozialistischen »Euthanasie« und Zwangssterilisation (Hg.) (2000): Herbsttagung 19.-21. November 1999 in Gießen. Schwerpunktthema: Krieg und »Euthanasie«, Kassel.

Arbeitskreis zur Erforschung der nationalsozialistischen »Euthanasie« und Zwangssterilisation (Hg.) (2001): Frühjahrstagung 12.-14. Mai 2000 in Berlin-Lichterfelde, Berlin.

Arbeitskreis zur Erforschung der nationalsozialistischen »Euthanasie« und Zwangssterilisation (Hg.) (2001): Der sächsische Sonderweg bei der NS-»Euthanasie«. Fachtagung vom 15. bis 17. Mai 2001 in Pirna-Sonnenstein (= Berichte des Arbeitskreises 1), Ulm.

Arbeitskreis zur Erforschung der nationalsozialistischen »Euthanasie« und Zwangssterilisation (Hg.) (Red. Thomas Oelschläger) (2003): Beiträge zur NS-»Euthanasie«-Forschung 2002. Fachtagungen vom 24. bis 26. Mai 2002 in Linz und Hartheim/Alkoven und vom 15. bis 17. November 2002 in Potsdam (= Berichte des Arbeitskreises, Bd. 3), Ulm.

Arendt, Hannah (1978): Eichmann in Jerusalem. Ein Bericht von der Banalität des Bösen, Reinbek bei Hamburg (Amerikanische Erstausgabe New York 1963).

Arendt, Hannah (1986): Elemente und Ursprünge totaler Herrschaft, München (Erstausgabe Frankfurt/M. 1955).

Assmann, Aleida (2006): Wie wahr sind unsere Erinnerungen?, in: Welzer, Harald und Markowitsch, Hans J. (Hg.): Warum Menschen sich erinnern können. Fortschritte der interdisziplinären Gedächtnisforschung, Stuttgart, S. 95-110.

Ausstellungsdokumentation (2004): Paul Gerhard Braune. Ein Leben im Dienst am Nächsten, Hoffnungstaler Anstalten Lobetal, Bernau bei Berlin.

Baer, Rolf (Hg.) (1998): Themen der Psychiatriegeschichte, Stuttgart.

Banach, Jens (1998): Heydrichs Elite. Das Führerkorps der Sicherheitspolizei des SD 1936-1945, Paderborn.

Barsch, Achim und Hejl, Peter (Hg.) (2000): Menschenbilder. Zur Pluralisierung der Vorstellung von der menschlichen Natur (1850-1914), Frankfurt/M.

Beddies, Thomas (2001): Vorläufige quantitative Aussagen zum Bestand R 79 im Bundesarchiv Berlin, in: Arbeitskreis zur Erforschung der nationalsozialistischen »Euthanasie« und Zwangssterilisation (Hg.): Frühjahrstagung 12.-14. Mai 2000 in Berlin-Lichterfelde, Berlin, S. 29-50.

Beddies, Thomas (2002): Kinder und Jugendliche in der brandenburgischen Heil- und Pflegeanstalt Görden als Opfer der NS-Medizinverbrechen, in: Hübener, Kristina (Hg.): Brandenburgische Heil- und Pflegeanstalten in der NS-Zeit (= Schriftenreihe zur Medizingeschichte des Landes Brandenburg, Bd. 3), Berlin, S. 129-154.

Beddies, Thomas und Dörries, Andrea (Hg.) (1999): Die Patienten der Wittenauer Heilstätten in Berlin 1919-1960 (= Abhandlungen zur Geschichte der Medizin und der Naturwissenschaften 91), Husum.

Beddies, Thomas und Hübener, Kristina (Hg.) (2004): Kinder in der NS-Psychiatrie (= Schriftenreihe zur Medizingeschichte des Landes Brandenburg. Bd. 10), Berlin.

Benjamin, Walter (1977): Der Erzähler – Betrachtungen zum Werk Nikolai Lesskows, in: ders: Aufsätze, Essays, Vorträge (= Gesammelte Schriften, hrsg. v. Rolf Tiedemann und Hermann Schweppenhäuser, Bd. II. 2), Frankfurt/M., S. 438-465.

Benjamin, Walter (1977): Aufsätze, Essays, Vorträge (= Gesammelte Schriften, hrsg. v. Rolf Tiedemann und Hermann Schweppenhäuser, Bd. II. 2), Frankfurt/M.

Benzenhöfer, Udo (1998): »Das Recht auf den Tod«: Bemerkungen zu einer Schrift von Adolf Jost aus dem Jahre 1895, in: Recht und Psychiatrie 16, 1998, S. 198-201.

Benzenhöfer, Udo (1999): Der gute Tod? Euthanasie und Sterbehilfe in Geschichte und Gegenwart, München.

Benzenhöfer, Udo (2000): »Kinderfachabteilungen« und »NS-Kindereuthanasie« (= Studien zur Geschichte der Medizin im Nationalsozialismus 1), Wetzlar.

Benzenhöfer, Udo (2001): Bemerkungen zur Planung der NS-»Euthanasie«, in: Arbeitskreis zur Erforschung der nationalsozialistischen »Euthanasie« und Zwangssterilisation (Hg.): Der sächsische Sonderweg bei der NS-»Euthanasie«. Fachtagung vom 15. bis 17. Mai 2001 in Pirna-Sonnenstein (= Berichte des Arbeitskreises 1), Ulm, S. 21-53.

Benzenhöfer, Udo (2003): Hans Heinze: Kinder- und Jugendpsychiatrie und »Euthanasie«, in: Arbeitskreis zur Erforschung der nationalsozialistischen »Euthanasie« und Zwangssterilisation (Hg.) (Red. Thomas Oelschläger): Beiträge zur NS-»Euthanasie«-Forschung 2002. Fachtagungen vom 24. bis 26. Mai 2002 in Linz und Hartheim/Alkoven und vom 15. bis 17. November 2002 in Potsdam (= Berichte des Arbeitskreises, Bd. 3), Ulm, S. 9-52.

Bezirksamt Schöneberg/Berlin (Hg.) (1989): Schöneberg auf dem Weg nach Berlin. Maison de Santé. Ehemalige Kur- und Irrenanstalt, mit Beiträgen von Insa Eschebach, Gerlinde Böpple, Anneliese Ego, Frank Augustin, Sabine Damm u. Norbert Emmrich, Berlin.

Binding, Karl und Hoche, Alfred (1920): Die Freigabe der Vernichtung lebensunwerten Lebens. Ihr Maß und ihre Form, Leipzig.

Blasius, Dirk (1994): »Einfache Seelenstörung«. Geschichte der deutschen Psychiatrie 1800-1945, Frankfurt/M.

Blum, Peter (Hg.) (1996): Geschichte der Juden in Heidelberg (= Buchreihe der Stadt Heidelberg, Bd. 6), Heidelberg.

Bock, Gisela (1986): Zwangssterilisation im Nationalsozialismus. Studien zur Rassenpolitik und Frauenpolitik (= Schriften des Zentralinstituts für sozialwissenschaftliche Forschung der Freien Universität Berlin, Bd. 48), Opladen.

Böhm, Boris (Hg.) (2003): »... ist uns noch allen in lebendiger Erinnerung«. Biografische Porträts von Opfern der nationalsozialistischen »Euthanasie«-Anstalt Pirna Sonnenstein, Dresden.

Böhme, Klaus und Lohalm, Uwe (Hg.) (1993): Wege in den Tod. Hamburgs Anstalt Langenhorn und die Euthanasie in der Zeit des Nationalsozialismus (= Forum Zeitgeschichte 2), Hamburg.

Bormuth, Matthias und Wiesing, Urban (Hg.) (2004): Ethische Aspekte der Forschung in Psychiatrie und Psychotherapie (= Medizin-Ethik 17), Köln.

Bortz, Jürgen ([4]1993): Statistik für Sozialwissenschaftler, Berlin (Erstausgabe Berlin, Heidelberg, New York 1977).

Bourdieu, Pierre (1998): Praktische Vernunft. Zur Theorie des Handelns, Frankfurt/M. (französische Erstausgabe Paris 1994).

Brand-Claussen, Bettina und Michely, Viola (Hg.) (2004): Irre ist weiblich. Künstlerische Interventionen von Frauen in der Psychiatrie um 1900 (Ausstellungskatalog), Heidelberg.

Brand-Claussen, Bettina; Röske, Thomas; Rotzoll, Maike (Hg.) (2002): Todesursache: Euthanasie. Verdeckte Morde in der NS-Zeit (Ausstellungskatalog), Heidelberg.

Braß, Christoph (2004): Zwangssterilisation und »Euthanasie« im Saarland
1935-1945, Paderborn, München, Wien, Zürich.

Braune, Berta (1983): Hoffnung gegen die Not. Mein Leben mit Paul Braune,
1932-1956, Wuppertal.

Brockhaus (2005): Der Brockhaus multimedial premium (DVD-ROM),
Mannheim.

Bruch, Rüdiger vom und Kaderas, Brigitte (2002): Wissenschaften und Wissenschaftspolitik. Bestandsaufnahmen zu Formationen, Brüchen und
Kontinuitäten im Deutschland des 20. Jahrhunderts, Stuttgart.

Bumke, Oswald; Kolb, Gustav; Roemer, Hans; Kahn, Eugen (Hg.) (1931):
Handwörterbuch der psychischen Hygiene und Psychiatrischen Fürsorge,
Berlin.

Bürgerliches Gesetzbuch (BGB) (1964), München und Berlin.

Büttner, Malin (2005): Nicht minderwertig, sondern mindersinnig ... Der
Bann G für Hörgeschädigte in der Hitler-Jugend (= Europäische Hochschulschriften 90), Frankfurt/M.

Carius, Dirk und Steinberg, Holger (2000): Allgemeinsprachliche Bezeichnungen für psychisch Kranke und Auffällige im Deutschen, in: Psychiatrische Praxis 27, 2000, S. 321-326.

Castel, Rolf; Nedoschill, Jan; Rupps, Madeleine (2003): Geschichte der Kin-
der- und Jugendpsychiatrie in Deutschland in den Jahren 1937 bis 1961,
Göttingen.

Conrad, Joseph (1998): Herz der Finsternis. Mit dem »Kongo-Tagebuch« und
dem »Up-river Book«, München und Zürich (englische Erstausgabe 1902).

Cranach, Michael von und Siemen, Hans-Ludwig (Hg.) (1999): Psychiatrie
im Nationalsozialismus. Die Bayerischen Heil- und Pflegeanstalten zwischen 1933 und 1945, München.

Dahl, Matthias (Hg.) (1985): Lebenslauf und Gesellschaft. Zum Einsatz von
kollektiven Biographien in der historischen Sozialforschung (= Historisch-Sozialwissenschaftliche Forschungen 18), Stuttgart.

Dahl, Matthias (1998): Endstation Spiegelgrund. Die Tötung behinderter
Kinder während des Nationalsozialismus am Beispiel einer Kinderfachabteilung in Wien 1940-1945, Wien.

Dapp, Hans Ulrich (1990): Emma Z.: ein Opfer der Euthanasie, Stuttgart.

Dausien, Bettina (2000): »Biographie« als rekonstruktiver Zugang zu »Geschlecht«. Perspektiven der Biographieforschung, in: Lemmermöhle, Doris; Fischer, Dietlind; Klika, Dorle; Schlüter, Anne (Hg.): Lesarten des
Geschlechts. Zur De-Konstruktionsdebatte in der erziehungswissenschaftlichen Geschlechterforschung, Opladen, S. 96-115.

Dörner, Klaus (²1984): Bürger und Irre. Zur Sozialgeschichte und Wissen-
schaftssoziologie der Psychiatrie, Frankfurt/M. (Erstausgabe Frankfurt/
M. 1975).

Dörner, Klaus; Haerlin, Christiane; Rau, Veronika; Schernus, Renate; Schwendy, Arnd (Hg.) (²1989): Der Krieg gegen die psychisch Kranken. Nach »Holocaust«: Erkennen – Trauern – Begegnen. Gewidmet den im »Dritten Reich« getöteten psychisch, geistig und körperlich behinderten Bürgern und ihren Familien, Frankfurt/M. und Bonn (Erstausgabe Rehburg-Loccum 1980).

Dombek, Bernhard (1999): »We were determined to publish the list of lawyers …«, in: Justice, published by The International Association of Jewish Lawyers and Jurists (Special Issue: Autumn 1999), S. 5-7.

Düwell, Marcus und Feikema, Liesbeth (2006): Über die niederländische Euthanasiepolitik und -praxis. Gutachten. Erstellt im Auftrag des Institutes Mensch, Ethik und Wissenschaft (IMEW) (= IMEW Expertise 5), Berlin.

Ebbinghaus, Angelika und Dörner, Klaus (Hg.) (2001): Vernichten und heilen. Der Nürnberger Ärzteprozeß und seine Folgen, Berlin.

Elias, Norbert (1983): Engagement und Distanzierung. Hrsg. u. übers. v. Michael Schröter (= Arbeiten zur Wissenssoziologie 1), Frankfurt/M.

Endlich, Stefanie (2002): »Das Gedenken braucht einen Ort«. Formen des Gedenkens an den authentischen Orten, in: Hübener, Kristina (Hg.): Brandenburgische Heil- und Pflegeanstalten in der NS-Zeit (= Schriftenreihe zur Medizin-Geschichte des Landes Brandenburg 3), Berlin, S. 341-388.

Engstrom, Eric J. (2003): Clinical Psychiatry in Imperial Germany. A History of Psychiatric Practice (Cornell Studies in the History of Psychiatry), Ithaca und London.

Engstrom, Eric J. und Roelcke, Volker (Hg.) (2003): Psychiatrie im 19. Jahrhundert. Forschungen zur Geschichte von psychiatrischen Institutionen, Debatten und Praktiken im deutschen Sprachraum (= Medizinische Forschung, Bd. 13), Basel.

Enigl, Marianne (2005): Hitlers verlorene Familie. Hitlers Verwandte Teil 1, in: Profil vom 24.1.2005, Nr. 4, S. 30-38.

Eschebach, Insa (1989): »Ich endes unterzeigneter ergreive die Feder«. Bilder und Texte von Karl A., Patient der Maison de Santé, in: Bezirksamt Schöneberg/Berlin (Hg.): Schöneberg auf dem Weg nach Berlin. Maison de Santé. Ehemalige Kur- und Irrenanstalt, Berlin, S. 66-67.

Falk, Beatrice und Hauer, Friedrich (2002): Erbbiologie, Zwangssterilisation und »Euthanasie« in der Landesanstalt Görden, in: Hübener, Kristina (Hg.): Brandenburgische Heil- und Pflegeanstalten in der NS-Zeit (= Schriftenreihe zur Medizingeschichte des Landes Brandenburg, Bd. 3), Berlin, S. 79-104.

Faulstich, Heinz (1993): Von der Irrenfürsorge zur »Euthanasie«. Geschichte der badischen Psychiatrie bis 1945, Freiburg.

Faulstich, Heinz (1998): Hungersterben in der Psychiatrie 1914 bis 1919. Mit einer Topographie der NS-Psychiatrie, Freiburg.

Faulstich, Heinz (2000): Die Zahl der »Euthanasie«-Opfer, in: Frewer, Andreas und Eickhoff, Clemens (Hg.): »Euthanasie« und die aktuelle Sterbehilfe-Debatte. Die historischen Hintergründe medizinischer Ethik, Frankfurt/M. und New York, S. 218-234.

Fest, Joachim C. (1995): Hitler. Eine Biographie, Unveränd. Nachdruck der Ausgabe von 1973, Berlin.

Finzen, Asmus und Hoffmann-Richter, Ulrike (Hg.) (1995), Was ist Sozialpsychiatrie. Eine Chronik, Bonn.

Flick, Uwe; Kardoff, Ernst v.; Keupp, Heiner; Rosenstiel, Lutz von; Wolff, Stephan (Hg.) (1991): Handbuch Qualitative Sozialforschung. Grundlagen, Konzepte, Methoden und Anwendungen, München.

Foucault, Michel (2005): Die Macht der Psychiatrie. Vorlesung am Collège de France 1973-1974. Hrsg. v. Jacques Lagrange, Frankfurt/M. (französische Erstausgabe Paris 2003).

Freudenberger, Klaus und Murr, Walter (1990): Wo bringt ihr uns hin? Zur Deportation und Ermordung behinderter Menschen aus der Anstalt Kork im Jahre 1940, in: Die Ortenau 70, 1990, S. 454-487.

Frewer, Andreas und Eickhoff, Clemens (Hg.) (2000): »Euthanasie« und die aktuelle Sterbehilfe-Debatte. Die historischen Hintergründe medizinischer Ethik, Frankfurt/M. und New York.

Friedlander, Henry ([2]1989): in: Jüdische Anstaltspatienten im NS-Deutschland, in: Aly, Götz (Hg.): Aktion T4: 1939-1945; die Euthanasie-Zentrale in der Tiergartenstraße 4 (= Stätten der Geschichte Berlins 26), Berlin, S. 34-44.

Friedlander, Henry (1997): Der Weg zum NS-Genozid. Von der Euthanasie zur Endlösung, Berlin (englische Erstausgabe Chapel Hill und London 1995).

Friemberger, Claudia (1998): Sebastian Schlittenbauer und die Anfänge der Bayerischen Volkspartei (= Forschungen zur Landes- und Regionalgeschichte, Bd. 5), St. Ottilien.

Fuchs, Petra (2001): ›Körperbehinderte‹ zwischen Emanzipation und Selbstaufgabe. Selbsthilfe – Integration – Aussonderung, Berlin.

Fuchs, Petra; Rotzoll, Maike; Richter, Paul; Hinz-Wessels, Annette; Hohendorf, Gerrit (2004): Minderjährige als Opfer der Krankenmordaktion »T4«, in: Beddies, Thomas; Hübener, Kristina (Hg.): Kinder in der NS-Psychiatrie (= Schriftenreihe zur Medizin-Geschichte des Landes Brandenburg, Bd. 10), Berlin, S. 55-70.

Fuchs, Petra (2005): Sonderpädagogik in der Zeit des NS: »Nicht allen das Gleiche, sondern jedem das Seine«, in: Margret Hamm (Hg.): Lebensunwert – zerstörte Leben. Zwangssterilisation und »Euthanasie«, Frankfurt/ M., S. 120-132.

Fuchs, Petra; Rotzoll, Maike; Hohendorf, Gerrit; Richter, Paul (2005): Die Opfer der »Aktion T4«: Versuch einer kollektiven Biographie auf der Grundlage von Krankengeschichten, in: Tögel, Christfried und Lischka, Volkmar (Hg.): »Euthanasie« und Psychiatrie (= Uchtspringer Schriften zur Psychiatrie, Neurologie, Schlafmedizin, Psychologie und Psychoanalyse, Bd. 3), Uchtspringe, S. 37-68.

Fuchs, Petra; Hohendorf, Gerrit; Rotzoll, Maike; Hinz-Wessels, Annette; Rauh, Philipp; Richter, Paul (2006): Die NS-»Euthanasie«-Aktion-T4 im Spiegel der Krankenakten. Neue Ergebnisse historischer Forschung und ihre Bedeutung für die heutige Diskussion medizinethischer Fragen, in: Jahrbuch der Juristischen Zeitgeschichte 7 (2005/2006), hrsg. v. Thomas Vormbaum, Berlin, S. 16-36.

Fuchs, Thomas; Jadí, Inge; Brand-Claussen, Bettina; Mundt, Christoph (Hg.) (2002): Wahn Welt Bild. Die Sammlung Prinzhorn. Beiträge zur Museumseröffnung (= Heidelberger Jahrbücher, Bd. 46), Berlin und Heidelberg.

Gabriel, Eberhard und Neugebauer, Wolfgang (Hg.) (2000): NS-Euthanasie in Wien, Wien, Köln, Weimar.

Gareis, Sven und Vultejus, Malte (1987): Lernort Dachau?, Berlin.

Genger, Angela (1990): Gedenkstättenarbeit am Beispiel der Mahn- und Gedenkstätte Düsseldorf, in: Landeshauptstadt Düsseldorf (Hg.): Verfolgung und Widerstand in Düsseldorf 1933-1945. Katalog der Mahn- und Gedenkstätte Düsseldorf, Düsseldorf, S. 178-195.

George, Uta; Groß, Herwig; Putzke, Michael; Sahmland, Irmtraud; Vanja, Christina (Hg.) (2003): Psychiatrie in Gießen. Facetten ihrer Geschichte zwischen Fürsorge und Ausgrenzung, Forschung und Heilung (= Historische Schriftenreihe des Landeswohlfahrtsverbandes Hessen, Quellen und Studien 9), Gießen.

George, Uta; Lilienthal, Georg; Roelcke, Volker; Sandner, Peter; Vanja, Christina (Hg.) (2006): Hadamar. Heilanstalt – Tötungsanstalt – Therapiezentrum, (= Historische Schriftenreihe des Landeswohlfahrtsverbandes Hessen, Quellen und Studien 12), Marburg.

Gerkan, Roland (1913): Euthanasie, in: Das Monistische Jahrhundert 7, 1913, S. 169-173.

Gerstmann, Josef ([2]1928): Die Malariabehandlung der Progressiven Paralyse, Wien (Erstausgabe Wien 1925).

Giovannini, Norbert; Bauer, Jo-Hannes; Mumm, Hans-Martin (Hg.) (1992): Jüdisches Leben in Heidelberg. Studien zu einer unterbrochenen Geschichte, Heidelberg.

Gouldner, Alvin (1971): The Coming Crisis of Western Sociology, New York.

Griesinger, Wilhelm (1868/69): Ueber Irrenanstalten und deren Weiter-Entwicklung in Deutschland, in: Archiv für Psychiatrie und Nervenkrankheiten 1, 1868/69, S. 8-43.

Grüber, Heinrich (1968): Erinnerungen aus sieben Jahrzehnten, Köln und Berlin.

Gütt, Arthur; Rüdin, Ernst; Ruttke, Falk (1934): Gesetz zur Verhütung erbkranken Nachwuchses vom 14. Juli 1933 mit einem Auszug aus dem Gesetz gegen gefährliche Gewohnheitsverbrecher und über Maßregeln der Sicherung und Besserung vom 24. Nov. 1933, Anlage 5, München.

Häfner, Heinz (2003): Die Inquisition der psychisch Kranken geht ihrem

Ende entgegen. Die Geschichte der Psychiatrie-Enquete und Psychiatriereform in Deutschland, in: Kersting, Franz-Werner (Hg.): Psychiatriereform als Gesellschaftsreform. Die Hypothek des Nationalsozialismus und der Aufbruch der sechziger Jahre (= Forschungen zur Regionalgeschichte, Bd. 46), Paderborn, München, Wien, Zürich, S. 113-140.

Hähner, Olaf (1999): Historische Biographik: Die Entwicklung einer geschichtswissenschaftlichen Darstellungsform von der Antike bis ins 20. Jahrhundert, Frankfurt/M., Berlin, Bern, Wien.

Hamm, Margret (Hg.) (2005): Lebensunwert – zerstörte Leben. Zwangssterilisation und »Euthanasie«, Frankfurt/M.

Hanrath, Sabine (2002): Zwischen ›Euthanasie‹ und Psychiatriereform. Anstaltspsychiatrie in Westfalen und Brandenburg: Ein deutsch-deutscher Vergleich (Forschungen zur Regionalgeschichte, Band 41), Paderborn, München, Wien, Zürich.

Hauff, Lilly (1928): Der Lette-Verein in der Geschichte der Frauenbewegung, Berlin.

Häupl, Waltraud (2006): »Die ermordeten Kinder vom Spiegelgrund«. Gedenkdokumentation für die Opfer der NS-Kindereuthanasie in Wien, Köln.

Hegselmann, Rainer und Merkel, Reinhard (Hg.) (1991): Zur Debatte über Euthanasie. Beiträge und Stellungnahmen, Frankfurt/M.

Heidelberger-Leonard, Irene (1996): Ruth Klüger, Weiter leben. Eine Jugend. Interpretation (= Oldenbourg Interpretationen, Bd. 81), München.

Heinrich, Kurt und Müller, Ulrich (Hg.) (1980): Psychiatrische Soziologie. Ein Beitrag zur sozialen Psychiatrie?, Weinheim und Basel.

Heinrich, Kurt (1993): Von der Euthanasie zur Dysthanasie – eine unvorhergesehene Wiederkehr, in: Die neue Ordnung 47, 1993, S. 439-449.

Heinrich, Kurt (1998): Psychiatrie, in: Korff, Wilhelm (Hg.): Lexikon der Bioethik, hrsg. im Auftrag der Görres-Gesellschaft von Wilhelm Korff, Lutwin Beck und Paul Mikat, Bd. 3, Gütersloh, S. 76-95.

Heitzer, Horst (2005): Zwangssterilisation in Passau. Die Erbgesundheitspolitik des Nationalsozialismus in Ostbayern 1933-1939 (= Passauer Historische Forschungen 13), Köln, Weimar, Wien.

Helmchen, Hanfried (³1986): Ethische Fragen in der Psychiatrie, in: Kisker, Karl Peter; Lauter, Hans; Meyer, Joachim-Ernst; Müller, Christian; Strömgren, Erik (Hg.): Psychiatrie der Gegenwart, Bd. 2: Krisenintervention, Suizid, Konsiliarpsychiatrie, Berlin, Heidelberg; New York; Tokyo, S. 309-368 (Erstausgabe Berlin, Heidelberg, New York 1963).

Heyse, Paul (1995): »Auf Tod und Leben«, in: ders.: Novellen und Erzählungen 1850-1886 (– Gesammelte Werke, hrsg. v. Markus Bernauer und Norbert Miller, Reihe IV, Bd. 1), Hildesheim, Zürich, New York, S. 457-513.

Heyse, Paul (1995): Novellen und Erzählungen 1850-1886 (= Gesammelte Werke, hrsg. v. Markus Bernauer und Norbert Miller, Reihe IV, Bd. 1), Hildesheim, Zürich, New York.

Hilberg, Raul (1982): Die Vernichtung der europäischen Juden. Die Gesamtgeschichte des Holocaust, Berlin.

Hildebrandt, Helmut ([257]1994) (Hg.): Pschyrembel Klinisches Wörterbuch, Berlin und New York.

Hillesum, Etty (1985): Das denkende Herz. Die Tagebücher von Etty Hillesum 1941-1943, hrsg. u. eingel. v. J. G. Gaarlandt, Reinbeck b. Hamburg (niederländische Erstausgabe Haarlem 1981).

Hinz-Wessels, Annette (2002): Das Schicksal jüdischer Patienten in brandenburgischen Heil- und Pflegeanstalten im Nationalsozialismus, in: Hübener, Kristina (Hg.): Brandenburgische Heil- und Pflegeanstalten in der NS-Zeit (= Schriftenreihe zur Medizin-Geschichte des Landes Brandenburg, Bd. 3), Berlin, S. 259-286.

Hinz-Wessels, Annette (2004): NS-Erbgesundheitsgerichte und Zwangssterilisation in der Provinz Brandenburg (= Schriftenreihe zur Medizin-Geschichte des Landes Brandenburg, Bd. 7), Berlin.

Hinz-Wessels, Annette; Fuchs, Petra; Hohendorf, Gerrit; Rotzoll, Maike (2005): Zur bürokratischen Abwicklung eines Massenmords. Die nationalsozialistische »Euthanasie«-Aktion im Spiegel neuer Dokumente, in: Vierteljahrshefte für Zeitgeschichte 53, 2005, S. 79-107.

Hoffmann-Richter, Ulrike (1995): Sozialpsychiatrie – Spezialdisziplin oder Sichtweise? Entwicklungsgeschichte des Begriffs und seiner Bedeutung, in: Finzen, Asmus und Hoffmann-Richter, Ulrike (Hg.), Was ist Sozialpsychiatrie. Eine Chronik, Bonn, S. 11-27.

Hohendorf, Gerrit; Roelcke, Volker; Rotzoll, Maike (1996): Innovation und Vernichtung. Psychiatrische Forschung und »Euthanasie« an der Heidelberger Psychiatrischen Klinik 1939-1945, in: Der Nervenarzt 67, 1996, S. 935-946.

Hohendorf, Gerrit; Rotzoll, Maike; Richter, Paul; Mundt, Christoph; Eckart, Wolfgang U. (2002): Die Opfer der nationalsozialistischen »Euthanasie-Aktion T4«. Erste Ergebnisse eines Projektes zur Erschließung von Krankenakten getöteter Patienten im Bundesarchiv Berlin, in: Der Nervenarzt 73, 2002, S. 1065-1074.

Hohendorf, Gerrit; Rotzoll, Maike; Richter, Paul; Eckart, Wolfgang; Mundt, Christoph (2003): The victims of the National Socialist »T4« euthanasia programme. Preliminary results from the analysis and interpretation of patient files stored in the Federal Archive in Berlin, in: B.I.F. Futura 18, 2003, S. 23-34.

Hohendorf, Gerrit; Rotzoll, Maike; Richter, Paul; Fuchs, Petra; Hinz-Wessels, Annette; Mundt, Christoph; Eckart, Wolfgang U. (2003): Vom Wahn zur Wirklichkeit. Ein von der Deutschen Forschungsgemeinschaft gefördertes Forschungsprojekt analysiert Krankenakten von Opfern der ersten zentral organisierten Massenvernichtungsaktion im Nationalsozialismus, in: Deutsches Ärzteblatt 100, 2003, S. A 2626-2630.

Hohendorf, Gerrit und Rotzoll, Maike (2004): Zur Geschichte der Ethik psychiatrischer Forschung, in: Bormuth, Matthias und Wiesing, Urban (Hg.): Ethische Aspekte der Forschung in Psychiatrie und Psychotherapie (= Medizin-Ethik, Bd. 17), S. 13-42.

Hohendorf, Gerrit; Fuchs, Petra; Rotzoll, Maike; Hinz-Wessels, Annette; Rauh, Philipp; Richter, Paul (2006): Krankenmord im Nationalsozialismus. Ergebnisse eines Projektes zu den psychiatrischen Patientenakten von den Opfern der »Aktion T4« (Bundesarchiv Berlin, Bestand R 179), in: Platz, Werner und Schneider, Volkmar (Hg.): Todesurteil per Meldebogen. Ärztlicher Krankenmord im NS-Staat Beiträge zur »Aktion T4« Teil I (= Gegen Verdrängen und Vergessen, Bd. 1), Berlin, S. 39-69.

Hohendorf, Gerrit; Rotzoll, Maike; Fuchs, Petra; Hinz-Wessels, Annette; Richter, Paul (2006): Die Opfer der nationalsozialistischen »Euthanasie«-Aktion T4 in der Tötungsanstalt Hadamar, in: George, Uta; Lilienthal, Georg; Roelcke, Volker; Sandner, Peter; Vanja, Christina (Hg.): Hadamar. Heilanstalt – Tötungsanstalt – Therapiezentrum (= Historische Schriftenreihe des Landeswohlfahrtsverbandes Hessen, Quellen und Studien, Bd. 12), Marburg, S. 176-188.

Hölderlin, Friedrich (1965): Gedichte nach 1800. Hrsg. v. Friedrich Beissner (= Stuttgarter Hölderlinausgabe, hrsg. v. Friedrich Beissner, Bd. 2), Stuttgart.

Hohls, Rüdiger und Kaelble, Hartmut (Hg.) (1989): Die regionale Erwerbsstruktur im Deutschen Reich und in der Bundesrepublik 1895-1970 (= Quellen und Forschungen zur historischen Statistik von Deutschland 9), St. Katharinen.

Holzberg, Niklas (¹³1992): Einführung, in: Publius Ovidius Naso: Metamorphosen. Hg. v. Erich Rösch. München und Zürich, S. 5-30.

Hübener, Kristina (Hg.) (2002): Brandenburgische Heil- und Pflegeanstalten in der NS-Zeit (= Schriftenreihe zur Medizingeschichte des Landes Brandenburg, Bd. 3), Berlin.

Huber, Helmuth P. (1973): Psychometrische Einzelfalldiagnostik, Weinheim und Basel.

Institut für Zeitgeschichte der Akademie der Wissenschaften der Tschechischen Republik und Arbeitskreis zur Erforschung der nationalsozialistischen »Euthanasie« und der Zwangssterilisation (Hg.) (2007), Gemeinsame Fachtagung vom 20. bis 22. Mai 2005 in Prag (= Berichte des Arbeitskreises 4), Ulm, in Vorbereitung.

Jahn, Erwin (1968): Fallende Blüten. Japanische Haikugedichte für alle vier Jahreszeiten, Zürich.

Jaroszewski, Zdzisław (Hg.) (1993): Die Ermordung der Geisteskranken in Polen 1939-1945, Warschau.

Jaspers, Karl (²1984): Philosophische Autobiographie, München (Erstausgabe München 1967).

Jost, Adolf (1895): Das Recht auf den Tod. Sociale Studie, Göttingen.

Jüttemann, Gert und Thomae, Hans (Hg.) (1998): Biographische Methoden in den Humanwissenschaften, Weinheim.

Kaminsky, Uwe (1995): Zwangssterilisation und »Euthanasie« am Beispiel von Einrichtungen der Erziehungsfursorge und Heil- und Pflegeanstalten der Inneren Mission im Rheinland 1933 bis 1945, Köln.

Kaufmann, Doris (1995): Aufklärung, bürgerliche Selbsterfahrung und die »Erfindung« der Psychiatrie in Deutschland, 1770-1850 (Veröffentlichungen des Max-Planck-Instituts für Geschichte, Bd. 122), Göttingen.

Kaufmann, Jean-Claude (2006): Kochende Leidenschaft. Soziologie vom Kochen und Essen. Konstanz.

Kaul, Karl Friedrich (1979): Die Psychiatrie im Strudel der Euthanasie. Ein Bericht über die erste industriemäßig durchgeführte Mordaktion des Naziregimes, Frankfurt/M. (vorher u.d.T. Die Nazimordaktion T 4, Berlin 1973).

Keller, Werner; Lohrbächer, Albrecht; Marggraf, Eckart; Thierfelder, Jörg; Weber, Kerstin (Hg.) (1986): Redet mit Jerusalem freundlich. Zeugnisse von und über Hermann Maas, Karlsruhe.

Kershaw, Ian (²1998): Hitler. 1889-1936, Stuttgart (englische Erstausgabe London 1998).

Kersting, Franz-Werner (Hg.) (2003): Psychiatriereform als Gesellschaftsreform. Die Hypothek des Nationalsozialismus und der Aufbruch der sechziger Jahre (= Forschungen zur Regionalgeschichte, Bd. 46), Paderborn, München, Wien, Zürich.

Kersting, Franz-Werner; Teppe, Karl; Walter, Bernd (Hg.) (1993): Nach Hadamar. Zum Verhältnis von Psychiatrie und Gesellschaft im 20. Jahrhundert (= Forschungen zur Regionalgeschichte, Bd. 7), Paderborn.

Kihn, Bertold (1932): Die Ausschaltung der Minderwertigen aus der Gesellschaft, in: Allgemeine Zeitschrift für Psychiatrie 98, 1932, S. 387-404.

Kisker, Karl Peter; Lauter, Hans; Meyer, Joachim-Ernst; Müller, Christian; Strömgren, Erik (Hg.) (³1986): Psychiatrie der Gegenwart, Bd. 2: Krisenintervention, Suizid, Konsiliarpsychiatrie, Berlin, Heidelberg; New York; Tokyo, S. 309-368 (Erstausgabe Berlin, Heidelberg, New York 1963).

Klee, Ernst (²1985): »Euthanasie« im NS-Staat. Die »Vernichtung lebensunwerten Lebens«, Frankfurt/M: (Erstausgabe Frankfurt/M. 1983).

Klee, Ernst (Hg.) (²1986) (⁵2001): Dokumente zur »Euthanasie«, Frankfurt/ M. (Erstausgabe Frankfurt/M. 1985).

Klee, Ernst (1986): Was sie taten – was sie wurden: Ärzte, Juristen und andere Beteiligte am Kranken- und Judenmord, Frankfurt/M.

Klee, Ernst (2003): Das Personenlexikon zum Dritten Reich. Wer war was vor und nach 1945?, Frankfurt/ M.

Klein, Christian (2002): Lebensbeschreibung als Lebenserschreibung? Vom Nutzen biographischer Ansätze aus der Soziologie für die Literaturwissenschaften, in: ders. (Hg.), Grundlagen der Biographik Theorie und Praxis des biographischen Schreibens, Stuttgart, S. 69-85.

Klein, Christian (Hg.) (2002): Grundlagen der Biographik. Theorie und Praxis des biographischen Schreibens, Stuttgart 2002.

Klüger, Ruth (¹³2005): Weiter leben. Eine Jugend, München (Erstausgabe Göttingen 1992).

Kolb, Gustav und Roemer, Hans (Hg.) (1927): Die offene Fürsorge in der Psychiatrie und ihren Grenzgebieten. Ein Ratgeber für Ärzte, Sozialhygieniker, Nationalökonomen, Verwaltungsbeamte sowie der öffentlichen und privaten Fürsorge, Berlin.

Kolb, Gustav (1931): Die offene psychiatrische Fürsorge, in: Bumke, Oswald; Kolb, Gustav; Roemer, Hans; Kahn, E. (Hg.): Handwörterbuch der psychischen Hygiene und Psychiatrischen Fürsorge, Berlin, S. 117-120.

Korff, Wilhelm (Hg.) (1998): Lexikon der Bioethik, hrsg. im Auftrag der Görres-Gesellschaft von Wilhelm Korff, Lutwin Beck und Paul Mikat, Bd. 3, Gütersloh.

Krämer-Kilic, Inge und Hauschild, Hendrik (2000): »Du stotterst ja!«. Sprachbehindertenpädagogik im Nationalsozialismus. Eine exemplarische Betrachtung der Hamburger Verhältnisse, Münster.

Kreuter, Alma (1996): Deutschsprachige Neurologen und Psychiater. Ein biographisch-bibliographisches Lexikon von den Vorläufern bis zur Mitte des 20. Jahrhunderts, 3 Bde., München.

Krumpolt, Holm (2001): Die Landesanstalt Großschweidnitz als »T4-Zwischenanstalt« und Tötungsanstalt 1939-1945, in: Arbeitskreis zur Erforschung der nationalsozialistischen »Euthanasie« und Zwangssterilisation (Hg.): Der sächsische Sonderweg bei der NS-»Euthanasie«. Fachtagung vom 15. bis 17. Mai 2001 in Pirna-Sonnenstein (= Berichte des Arbeitskreises 1), Ulm, S. 139-174.

Kuhse, Helga (1991): Warum Fragen der aktiven und passiven Euthanasie auch in Deutschland unvermeidlich sind, in: Hegselmann, Rainer und Merkel, Reinhard (Hg.): Zur Debatte über Euthanasie. Beiträge und Stellungnahmen, Frankfurt/M., S. 51-70.

Laehr, Heinrich (1868): Fortschritt? – Rückschritt! Reform-Ideen des Herrn Geh. Rathes Prof. Dr. Griesinger in Berlin auf dem Gebiete der Irrenheilkunde: Berlin.

Laehr, Hans (1937): Die Anstalten für Geisteskranke, Nervenkranke, Schwachsinnige, Epileptische, Trunksüchtige usw. in Deutschland, Österreich und der Schweiz einschließlich der psychiatrischen und neurologischen wissenschaftlichen Institute, Berlin und Leipzig.

Lamnek, Siegfried (⁴2005): Qualitative Sozialforschung, Weinheim, Basel (Erstausgabe München und Weinheim 1988).

Lampert, Tom (2001): Ein einziges Leben. Acht Geschichten aus dem Krieg, München und Wien.

Landau, Peter (2003): Justiz und Rechtsanwaltschaft in der nationalsozialistischen Diktatur, in: Bundesrechtsanwaltskammer (BRAK) (Hg.): Mitteilungen 34 (2003), H. 3, S. 110-113.

Landeshauptstadt Düsseldorf (Hg.) (1990): Verfolgung und Widerstand in Düsseldorf 1933-1945. Katalog der Mahn- und Gedenkstätte Düsseldorf, Düsseldorf.

Landeswohlfahrtsverband Hessen (Hg.) (1991): Euthanasie in Hadamar. Die nationalsozialistische Vernichtungspolitik in hessischen Anstalten (= Historische Schriftenreihe des Landeswohlfahrtsverbands Hessen 1), Kassel.

Landeswohlfahrtsverband Hessen (Hg.) (1991): »Verlegt nach Hadamar«. Die Geschichte einer NS-»Euthanasie«-Anstalt (= Historische Schriftenreihe des Landeswohlfahrtsverbandes Hessen: Kataloge 2), Kassel.

Landeszentrale für politische Bildung Baden-Württemberg (Hg.) (2000): »Euthanasie im NS-Staat: Grafeneck im Jahr 1940, Stuttgart.

Lauter, Hans und Meyer, Joachim Ernst (1992): Die neue Euthanasie-Diskussion aus psychiatrischer Sicht, in: Fortschritte der Neurologie, Psychiatrie 60, 1992, S. 441-448.

Lauter, Hans (2006): Suizidprävention und Suizidbeihilfe. Psychiatrische Überlegungen. Bereinigtes Manuskript zur Publikation im Jahrbuch für Wissenschaft und Ethik.

Lemmermöhle, Doris; Fischer, Dietlind; Klika, Dorle; Schlüter, Anne (Hg.) (2000): Lesarten des Geschlechts. Zur De-Konstruktionsdebatte in der erziehungswissenschaftlichen Geschlechterforschung, Opladen.

Leonhardt, Martin (1996): Hermann F. Hoffmann (1891-1944) Die Tübinger Psychiatrie auf dem Weg in den Nationalsozialismus (= Contubernium Tübinger Beiträge zur Universitäts- und Wissenschaftsgeschichte 45), Sigmaringen.

Ley, Astrid (2003): Zwangssterilisation und Ärzteschaft. Hintergründe und Ziele ärztlichen Handelns 1934-1945 (= Kultur der Medizin. Geschichte – Theorie – Ethik, Bd. 11), Frankfurt/ M. und New York.

Lindner, Joachim und Ort, Claus-Michael (2000): ›Recht auf den Tod‹ – ›Pflicht zum Sterben‹. Diskurse über Tötung auf Verlangen, Sterbehilfe und ›Euthanasie‹ in Literatur, Recht und Medizin des 19. und 20. Jahrhunderts, in: Barsch, Achim und Hejl, Peter (Hg.): Menschenbilder. Zur Pluralisierung der Vorstellung von der menschlichen Natur (1850-1914), Frankfurt/M., S. 260-319.

Locht, Volker van der (1997): Von der karitativen Fürsorge zum ärztlichen Selektionsblick. Zur Sozialgeschichte der Motivstruktur der Behindertenfürsorge am Beispiel des Essener Franz-Sales-Hauses, Opladen.

Lorz, Andrea (1999): »Strebe Vorwärts«. Lebensbilder jüdischer Unternehmer in Leipzig, Leipzig.

Lötsch, Gerhard (2000): Von der Menschenwürde zum Lebensunwert. Die Geschichte der Illenau von 1842 bis 1940, Kappelrodeck.

Luderer, Hans-Jürgen (1998): Zur Geschichte der psychosozialen Versorgung, in: Baer, Rolf (Hg.): Themen der Psychiatriegeschichte, Stuttgart, S. 148-158.

Maas, Hermann (1986): Mein Leben. Rückblick eines 75-jährigen, in: Keller, Werner; Lohrbächer, Albrecht; Marggraf, Eckart; Thierfelder, Jörg; Weber, Kerstin (Hg.): Redet mit Jerusalem freundlich. Zeugnisse von und über Hermann Maas, Karlsruhe, S. 13-24.

Maier, Hans Wolfgang (1908): Moralische Idiotie, Leipzig.

Mallmann, Klaus-Michael und Paul, Gerhard (Hg.) (2004): Karrieren der Gewalt. Nationalsozialistische Täterbiographien, Darmstadt.

Mann, Ernst (1922): Die Erlösung der Menschheit vom Elend, Weimar.

Manthey, Elvira (1994): Die Hempelsche. Das Schicksal eines deutschen Kindes, das 1940 vor der Gaskammer umkehren durfte, Lübeck.

Markowitsch, Hans J. und Welzer, Harald (2005): Das autobiographische Gedächtnis. Hirnorganische Grundlagen und biosoziale Entwicklung, Stuttgart.

Maser, Werner ([12]1989): Adolf Hitler. Legende – Mythos – Wirklichkeit, München (Erstausgabe u.d.T. Hitlers Mein Kampf, München und Esslingen 1966).

Meduna, Ladislaus von (1937): Die Konvulsionstherapie der Schizophrenie, Halle.

Meltzer, Ewald (1925): Das Problem der Abkürzung »lebensunwerten« Lebens, Halle/S.

Mitscherlich, Alexander und Mielke, Fred (1947): Das Diktat der Menschenverachtung, Heidelberg.

Moraw, Frank (1996): Die nationalsozialistische Diktatur, in: Blum, Peter (Hg.): Geschichte der Juden in Heidelberg (= Buchreihe der Stadt Heidelberg, Bd. 6), Heidelberg, S. 440-555.

Müller, Ulrich (1990): Der »Gekrümmte Gang«. Erinnern – Wozu ?, in: Landeshauptstadt Düsseldorf (Hg.): Verfolgung und Widerstand in Düsseldorf 1933-1945. Katalog der Mahn- und Gedenkstätte Düsseldorf, Düsseldorf, S. 162-175.

Nationaler Ethikrat (Hg.) (2006): Selbstbestimmung und Fürsorge am Lebensende. Stellungnahme, Berlin.

Neisser, Clemens (1931): Bettbehandlung, in: Bumke, Oswald; Kolb, Gustav; Roemer, Hans; Kahn, Eugen (Hg.): Handwörterbuch der psychischen Hygiene und Psychiatrischen Fürsorge, Berlin, S. 105-108.

Nietzsche, Friedrich (1889): Götzen-Dämmerung oder Wie man mit dem Hammer philosophirt, Leipzig.

Nitsche, Paul (1938): Irrenstatistik der Gesellschaft Deutscher Neurologen und Psychiater (Psychiatrische Abteilung) für das Jahr 1936, S. 162.

Nowak, Kurt ([3]1984): »Euthanasie« und Sterilisierung im »Dritten Reich«. Die Konfrontation der evangelischen und katholischen Kirche mit dem Gesetz zur Verhütung erbkranken Nachwuchses und der »Euthanasie«-Aktion (= Arbeiten zur Geschichte des Kirchenkampfes, Ergänzungsreihe 12), Weimar (Erstausgabe Göttingen, Halle 1977).

Oberösterreichisches Landesarchiv (Hg.) (2005): Tötungsanstalt Hartheim (= Oberösterreich in der Zeit des Nationalsozialismus 3), Linz.

Oehler-Klein, Sigrid (2003): »[...] als gesunder Mensch kam ich nach Gießen, krank kam ich wieder nach Hause [...]«. Die Durchsetzung des eugenischen Programms der Nationalsozialisten in Gießen – die Psychiatrische Universitätsklinik und das Institut für Erb- und Rassenpflege 1933-1945, in: George, Uta; Groß, Herwig; Putzke, Michael; Sahmland, Irmtraud; Vanja, Christina (Hg.): Psychiatrie in Gießen. Facetten ihrer Geschichte zwischen Fürsorge und Ausgrenzung, Forschung und Heilung (= Historische Schriftenreihe des Landeswohlfahrtsverbandes Hessen, Quellen und Studien, Bd. 9), Gießen, S. 199-249.

Oevermann, Ulrich; Allert, Tilmann; Konau, Elisabeth; Krambeck, Jürgen (1979): Die Methodologie einer ›objektiven Hermeneutik‹ und ihre allgemeine forschungslogische Bedeutung in den Sozialwissenschaften, in: Soeffner, Hans-Georg (Hg.): Interpretative Verfahren in den Sozial- und Textwissenschaften, Stuttgart, S. 352-434.

Oppenheimer, Max (1992): Hermann Maas – gelebte Solidarität. Eine Erinnerung an den christlichen »Zionisten« und Heidelberger Stadtpfarrer, in: Giovannini, Norbert; Bauer, Jo-Hannes; Mumm, Hans-Martin (Hg.): Jüdisches Leben in Heidelberg. Studien zu einer unterbrochenen Geschichte, Heidelberg, S. 117-119.

Osterland, M. (1978): Lebensgeschichtliche Erfahrung und gesellschaftliches Bewußtsein. Anmerkungen zu einer soziobiographischen Methode, in: Soziale Welt 84, 1978, S. 409-417.

Peiffer, Jürgen (2005): Wissenschaftliches Erkenntnisstreben als Tötungsmotiv? Zur Kennzeichnung von Opfern auf deren Krankenakten und zur Organisation und Unterscheidung von Kinder-»Euthanasie« und T4-Aktion, in: Ergebnisse. Vorabdrucke aus dem Forschungsprogramm »Geschichte der Kaiser-Wilhelm-Gesellschaft im Nationalsozialismus«, hrsg. v. Susanne Heim im Auftrag der Präsidentenkommission der Max-Planck-Gesellschaft zur Förderung der Wissenschaften e.V., Bd. 23, Berlin.

Petermann, Franz (1989): Einzelfallanalyse. Definition, Ziele und Entwicklungslinien, in: Petermann, Franz (Hg.): Einzelfallanalyse, München, S. 1-13.

Petermann, Franz (Hg.) (1989): Einzelfallanalyse, München.

Petermann, Franz (1996): Einzelfalldiagnostik in der klinischen Praxis, Weinheim.

Pieper, Katrin (2006): Die Musealisierung des Holocaust. Das Jüdische Museum Berlin und das U.S. Holocaust Memorial Museum in Washington D.C. (= Europäische Geschichtsdarstellungen, Bd. 9), Köln, Weimar, Wien.

Platen-Hallermund, Alice (1948): Die Tötung Geisteskranker in Deutschland. Aus der Deutschen Ärztekommission beim Amerikanischen Militärgericht, Frankfurt/M.

Platz, Werner und Schneider, Volkmar (Hg.) (2006): Todesurteil per Meldebogen. Ärztlicher Krankenmord im NS-Staat. Beiträge zur »Aktion T4« Teil I (= Gegen Verdrängen und Vergessen, Bd. 1), Berlin.

Pretsch, Hermann J. (Hg.) (1996): »Euthanasie«. Krankenmorde in Südwestdeutschland, Zwiefalten.

Prinz, Michael und Zitelmann, Rainer (Hg.) (²1994): Nationalsozialismus und Modernisierung, Darmstadt (Erstausgabe Darmstadt 1991).

Publius Ovidius Naso (¹³1992): Metamorphosen. Hg. v. Erich Rösch. München und Zürich.

Reimann, Helga (1967): Die Mental Health Bewegung. Ein Beitrag zur Kasuistik und Theorie der sozialen Bewegung (= Heidelberger Soziologica, Bd. 5), Tübingen.

Reimer, Fritz und Lorenzen, Dirk (1996): Moderne Psychiatrie gestern und heute, Karlsruhe.

Richter, Paul und Werner, Joachim (1996): Zeitreihenanalyse klinischer Daten. Ein Beitrag zur Chronopathologie phasischer Psychosen, Weinheim.

Rieß, Volker (1995): Die Anfänge der Vernichtung »lebensunwerten Lebens« in den Reichsgauen Danzig-Westpreußen und Wartheland 1939/1940, Frankfurt/M., Berlin, Bern, New York, Paris, Wien.

Riha, Ortrun (Hg.) (2005): »Die Freigabe der Vernichtung lebensunwerten Lebens«. Beiträge eines Symposiums über Karl Binding und Alfred Hoche am 2. Dezember 2004 in Leipzig (= Schriftenreihe des Instituts für Ethik in der Medizin Leipzig e.V., Bd. 7), Aachen.

Rilke, Rainer Maria (1996): Herbst (1902), in: Gedichte 1895-1910, hrsg. v. Manfred Engel und Ulrich Fülleborn (= Werke in vier Bänden, kommentierte Ausgabe, Bd. 1), Frankfurt/M. und Leipzig, S. 375.

Rilke, Rainer Maria (1996): Gedichte 1895-1910, hrsg. v. Manfred Engel und Ulrich Fülleborn (= Werke in vier Bänden, kommentierte Ausgabe, Bd. 1), Frankfurt/M. und Leipzig.

Roelcke, Volker und Hohendorf, Gerrit (1993): Akten der »Euthanasie«-Aktion T4 gefunden, in: Vierteljahrshefte für Zeitgeschichte 41, 1993, S. 479-481.

Roelcke, Volker (2002): Die Entwicklung der Psychiatrie zwischen 1880 und 1932. Theoriebildung, Institutionen, Interaktionen mit zeitgenössischer Wissenschafts- und Sozialpolitik, in: Bruch, Rüdiger vom und Kaderas, Brigitte: Wissenschaften und Wissenschaftspolitik. Bestandsaufnahmen zu Formationen, Brüchen und Kontinuitäten im Deutschland des 20. Jahrhunderts, Stuttgart, 109-124.

Roemer, Hans (1931): Psychische Hygiene, in: Bumke, Oswald; Kolb, Gustav; Roemer, Hans; Kahn, Eugen (Hg.): Handwörterbuch der psychischen Hygiene und Psychiatrischen Fürsorge, Berlin, S. 296-313.

Roemer, Hans (1935): Wie kann das Krankenhaus am zweckmäßigsten den Aufgaben der psychischen Hygiene nutzbar gemacht werden?, in: Zeitschrift für psychische Hygiene 8, 1935, S. 39-59.

Roller, Christian Friedrich Wilhelm (1831): Die Irrenanstalt nach allen ihren Beziehungen, Karlsruhe.

Roth, Karl Heinz (Hg.) (1984): Erfassung zur Vernichtung. Von der Sozialhygiene zum »Gesetz über Sterbehilfe«, Berlin.

Roth, Karl Heinz und Aly, Götz (1984): Das »Gesetz über die Sterbehilfe bei unheilbar Kranken«. Protokolle der Diskussion über die Legalisierung der nationalsozialistischen Anstaltsmorde in den Jahren 1938-1941, in: Roth, Karl Heinz (Hg.): Erfassung zur Vernichtung. Von der Sozialhygiene zum »Gesetz über Sterbehilfe«, Berlin, S. 101-179.

Rothmaler, Christiane (1991): Sterilisationen nach dem »Gesetz zur Verhutung erbkranken Nachwuchses« vom 14. Juli 1933. Eine Untersuchung zur Tätigkeit des Erbgesundheitsgerichtes und zur Durchführung des Gesetzes in Hamburg in der Zeit zwischen 1934 und 1944 (– Abhandlungen zur Geschichte der Medizin und der Naturwissenschaften 60), Husum.

Rotzoll, Maike; Fuchs, Petra; Hinz-Wessels, Annette; Hohendorf, Gerrit; Richter, Paul (2004): Frauenbild und Frauenschicksal. Weiblichkeit im Spiegel psychiatrischer Krankengeschichten zwischen 1900 und 1940, in: Brand-Claussen, Bettina und Michely, Viola (Hg.): Irre ist weiblich. Künstlerische Interventionen von Frauen in der Psychiatrie um 1900 (Ausstellungskatalog), Heidelberg, S. 45-52.

Rotzoll, Maike; Hinz-Wessels, Annette; Fuchs, Petra; Richter, Paul; Hohendorf, Gerrit (2004): Anstaltspatient und Jude zur NS-Zeit. Das zweifach gefährdete Leben des Heidelbergers B. Oppenheimer, in: Heidelberg. Jahrbuch zur Geschichte der Stadt 9, 2004/2005, S. 201-216.

Rotzoll, Maike; Hohendorf, Gerrit; Fuchs, Petra; Hinz-Wessels, Annette; Richter, Paul (2004): »Unerträgliche Belästigung« als Todesurteil. Störendes Verhalten war Selektionskriterium der nationalsozialistischen »Euthanasie-Aktion T4«, in: Kerbe 22, 2004, S. 32-34.

Rotzoll, Maike; Richter, Paul; Fuchs, Petra; Hinz-Wessels, Annette; Topp, Sascha; Hohendorf, Gerrit (2006): The First National Socialist Extermination Crime: the so-called «T4» Program and its Victims, in: International Journal of Mental Health, Frühjahr 2007, im Druck.

Sacks, Oliver ([12]2002): Awakenings – Zeit des Erwachens, Reinbek 2002 (amerikanische Erstausgabe 1973).

Sandner, Peter (1999): Die »Euthanasie«-Akten im Bundesarchiv. Zur Geschichte eines lange verschollenen Bestandes, in: Vierteljahrshefte für Zeitgeschichte 47, 1999, S. 385-400.

Sandner, Peter (2003): Schlüsseldokumente zur Überlieferungsgeschichte der NS-»Euthanasie«-Akten gefunden, in: Vierteljahrshefte für Zeitgeschichte 51, 2003, S. 285-290.

Sandner, Peter (2003): Verwaltung des Krankenmordes. Der Bezirksverband Nassau im Nationalsozialismus (= Historische Schriftenreihe des Landeswohlfahrtsverbandes Hessen, Hochschulschriften, Bd. 2), Gießen.

Scheuing, Hans-Werner (1997): »... als Menschenleben gegen Sachwerte gewogen wurden«. Die Geschichte der Erziehungs- und Pflegeanstalt für Geistesschwache Mosbach/Schwarzacher Hof und ihrer Bewohner 1933-1945, Heidelberg.

Scheuing, Hans Werner (2004): Das Verhalten der Landeskirche angesichts von Eugenik-Gesetzgebung und Euthanasie-Aktionen, in: Schwinge, Gerhard (Hg.): Die evangelische Landeskirche in Baden im Dritten Reich. Quellen zu ihrer Geschichte, Bd. 5: 1939-1945 (= Veröffentlichungen des Vereins für Kirchengeschichte in der Evangelischen Landeskirche in Baden, Bd. 61), Karlsruhe, S. 1-100.

Schilter, Thomas (1999): Unmenschliches Ermessen. Die nationalsozialistische »Euthanasie«-Tötungsanstalt Pirna-Sonnenstein 1940/41 (= Schriftenreihe Sächsische Gedenkstätten zur Erinnerung an die Opfer politischer Gewaltherrschaft, Bd. 5), Leipzig.

Schmidt, Martin; Kuhlmann, Robert; Cranach, Michael von (1999): Heil- und Pflegeanstalt Kaufbeuren, in: Cranach, Michael von und Siemen,

Hans-Ludwig (Hg.): Psychiatrie im Nationalsozialismus. Die Bayerischen Heil- und Pflegeanstalten zwischen 1933 und 1945, München, S. 265-325.

Schmidt, Ulf (2000): Kriegsausbruch und »Euthanasie«: Neue Forschungsergebnisse zum »Knauer Kind« im Jahre 1939, in: Frewer, Andreas und Eickhoff, Clemens (Hg.): »Euthanasie« und die aktuelle Sterbehilfe-Debatte. Die historischen Hintergründe medizinischer Ethik, Frankfurt/M. und New York, S. 120-143.

Schmidt, Ulf (2001): Die Angeklagten Fritz Fischer, Hans W. Romberg und Karl Brandt aus der Sicht des medizinischen Sachverständigen Leo Alexander, in: Ebbinghaus, Angelika und Dörner, Klaus (Hg.): Vernichten und heilen. Der Nürnberger Ärzteprozeß und seine Folgen, Berlin, S. 374-404.

Schmiedebach, Heinz-Peter und Priebe, Stefan (2003): Open Psychiatric Care and Social Psychiatry in 19th and Early 20th Century Germany, in: Engstrom, Eric J. und Roelcke, Volker (Hg.): Psychiatrie im 19. Jahrhundert. Forschungen zur Geschichte von psychiatrischen Institutionen, Debatten und Praktiken im deutschen Sprachraum (= Medizinische Forschung, Bd. 13), Basel, S. 263-281.

Schmitt, Stephanie; Fuchs, Petra; Hohendorf, Gerrit (2007): Auswertung der Patientenakten der »T4«-Opfer aus den Anstalten Sternberg [Šternberk na Morav], Troppau [Opava] und Wiesengrund/Dobrzan [Dobrany], in: Institut für Zeitgeschichte der Akademie der Wissenschaften der Tschechischen Republik und Arbeitskreis zur Erforschung der nationalsozialistischen »Euthanasie« und der Zwangssterilisation (Hg.), Gemeinsame Fachtagung vom 20. bis 22. Mai 2005 in Prag (= Berichte des Arbeitskreises 4), Ulm.

Schmuhl, Hans-Walter (²1992): Rassenhygiene, Nationalsozialismus, Euthanasie. Von der Verhütung zur Vernichtung »lebensunwerten« Lebens, 1890-1945 (= Kritische Studien zur Geschichtswissenschaft, Bd. 75), Göttingen (Erstausgabe Göttingen 1987).

Schmuhl, Hans-Walter (1993): Kontinuität oder Diskontinuität? Zum epochalen Charakter der Psychiatrie im Nationalsozialismus, in: Kersting, Franz-Werner; Teppe, Karl; Walter, Bernd (Hg.): Nach Hadamar. Zum Verhältnis von Psychiatrie und Gesellschaft im 20. Jahrhundert (= Forschungen zur Regionalgeschichte, Bd. 7), Paderborn, S. 112-136.

Schmuhl, Hans-Walter (²1994): Reformpsychiatrie und Massenmord, in: Prinz, Michael und Zitelmann, Rainer (Hg.): Nationalsozialismus und Modernisierung, Darmstadt, S. 239-266 (Erstausgabe Darmstadt 1991).

Schmuhl, Hans-Walter (1997): Eugenik und »Euthanasie« – Zwei Paar Schuhe? Eine Antwort auf Michael Schwartz, in: Westfälische Forschungen 47, 1997, S. 758-762.

Schmuhl, Hans-Walter (2001): Die Patientenmorde, in: Ebbinghaus, Angelika und Dörner, Klaus (Hg.): Vernichten und heilen. Der Nürnberger Ärzteprozeß und seine Folgen, Berlin, S. 295-328.

Schott, Heinz und Tölle, Rainer (2006): Geschichte der Psychiatrie. Krankheitslehren Irrwege Behandlungsformen, München.

Schreiber, Jürgen (2005): Ein Maler aus Deutschland. Gerhard Richter. Das Drama einer Familie, München und Zürich.

Schröder, Wilhelm Heinz (1985): Kollektive Biographien in der historischen Sozialforschung: Eine Einführung, in: ders. (Hg.): Lebenslauf und Gesellschaft. Zum Einsatz von kollektiven Biographien in der historischen Sozialforschung (= Historisch-Sozialwissenschaftliche Forschungen 18), Stuttgart, S. 7-17.

Schröter, Sonja (1994): Psychiatrie in Waldheim/Sachsen (1716-1946). Ein Beitrag zur Geschichte der forensischen Psychiatrie in Deutschland (= Mabuse-Verlag Wissenschaft 11), Frankfurt/M.

Schubert, Helga (2003): Die Welt da drinnen. Eine deutsche Nervenklinik und der Wahn vom »unwerten Leben«, Frankfurt/M.

Schulze, Dietmar (1999): »Euthanasie« in Bernburg. Die Landes-Heil- und Pflegeanstalt Bernburg/Anhaltinische Nervenklinik in der Zeit des Nationalsozialismus (= Historie in der Blauen Eule 8), Essen.

Schulze, Dietmar (2002): Die Landesanstalt Teupitz als Zwischenanstalt der »Euthanasie«-Anstalt Bernburg 1940-1941, in: Hübener, Kristina (Hg.): Brandenburgische Heil- und Pflegeanstalten in der NS-Zeit (= Schriftenreihe zur Medizingeschichte des Landes Brandenburg, Bd. 3), Berlin, S. 195-206.

Schwartz, Michael (1996): »Rassenhygiene, Nationalsozialismus, Euthanasie«? Kritische Anfragen an eine These Hans-Walter Schmuhls, in: Westfälische Forschungen 46, 1996, S. 604-622.

Schwartz, Michael (1998): »Euthanasie«-Debatten in Deutschland (1895-1945), in: Vierteljahrshefte für Zeitgeschichte 46, 1998, S. 617-665.

Schwinge, Gerhard (Hg.) (2004): Die evangelische Landeskirche in Baden im Dritten Reich. Quellen zu ihrer Geschichte, Bd. 5: 1939-1945 (= Veröffentlichungen des Vereins für Kirchengeschichte in der Evangelischen Landeskirche in Baden, Bd. 61), Karlsruhe.

Schwoch, Rebecca (1999): Verzeichnis der einweisenden bzw. aufnehmenden Einrichtungen für die Wittenauer Heilstätten, in: Beddies, Thomas und Dörries, Andrea (Hg.): Die Patienten der Wittenauer Heilstätten in Berlin 1919-1960 (= Abhandlungen zur Geschichte der Medizin und der Naturwissenschaften 91), Husum, S. 553-647.

Schwoch, Rebecca (2004): Ärztinnen in der Landesanstalt Görden, 1936-1947. Anpassung, Unterordnung oder Karriere?, in: Beddies, Thomas und Hübener, Kristina (Hg.): Kinder in der NS-Psychiatrie (= Schriftenreihe zur Medizingeschichte des Landes Brandenburg, Bd. 10), Berlin, S. 185-202.

Shaw, George Bernard (1962): Candida, in: ders.: Klassische Stücke, Frankfurt/M.

Shorter, Edward (1999): Geschichte der Psychiatrie, Berlin (Amerikanische Erstausgabe New York 1997).

Siemen, Hans-Ludwig (1987): »Menschen blieben auf der Strecke ...«. Psychiatrie zwischen Reform und Nationalsozialismus, Gütersloh.

Siemen, Hans-Ludwig (1993): Die Reformpsychiatrie der Weimarer Republik: Subjektive Ansprüche und die Macht des Faktischen, in: Kersting, Franz-Werner; Teppe, Karl; Walter, Bernd (Hg.): Nach Hadamar. Zum Verhältnis von Psychiatrie und Gesellschaft im 20. Jahrhundert (= Forschungen zur Regionalgeschichte, Bd. 7), Paderborn, S. 98-108.

Siemen, Hans-Ludwig (1999): Die bayerischen Heil- und Pflegeanstalten während des Nationalsozialismus, in: Cranach, Michael von und Siemen, Hans-Ludwig (Hg.): Psychiatrie im Nationalsozialismus. Die Bayerischen Heil- und Pflegeanstalten zwischen 1933 und 1945, München, S. 417-474.

Siemen, Hans-Ludwig (2003): Die chronisch psychisch Kranken »im Abseits der Psychiatriereform«. Das Beispiel Bayern, in: Kersting, Franz-Werner (Hg.): Psychiatriereform als Gesellschaftsreform. Die Hypothek des Nationalsozialismus und der Aufbruch der sechziger Jahre (= Forschungen zur Regionalgeschichte, Bd. 46), Paderborn, München, Wien, Zürich, S. 273-286.

Simon, Herrmann (1931): Beschäftigungsbehandlung, in: Bumke, Oswald; Kolb, Gustav; Roemer, Hans; Kahn, Eugen (Hg.): Handwörterbuch der psychischen Hygiene und Psychiatrischen Fürsorge, Berlin, 1931, S. 108-113.

Singer, Peter (1984): Praktische Ethik, Stuttgart (englische Erstausgabe Cambridge 1979).

Soeffner, Hans-Georg (Hg.) (1979): Interpretative Verfahren in den Sozial- und Textwissenschaften, Stuttgart.

Statistisches Reichsamt (Hg.) (1933): Statistisches Jahrbuch für das Deutsche Reich, Die Reichsbevölkerung nach dem Familienstand 1925 und 1910, 52, 1933.

Statistisches Reichsamt (Hg.) (1939): Die Wohnbevölkerung im Deutschen Reich auf Grund der Volkszählung vom 17. Mai 1939, in: Wirtschaft und Statistik 20, 1939, 2, S. 25-33.

Statistisches Reichsamt (Hg.) (1939/40): Statistisches Jahrbuch für das Deutsche Reich, Familienstand der Bevölkerung 1939 und 1910, 58, 1939/40.

Statistisches Reichsamt (Hg.) (1941/42): Statistisches Jahrbuch für das Deutsche Reich 59, 1941/42.

stern-Gespräch (2006): »Der Gesetzgeber schützt die Menschen.« – »Aber er kriminalisiert sie in puncto Sterbehilfe.« Der Philosoph Robert Spaemann vergleicht die Sterbehilfe mit der NS-Euthanasie. Der Journalist Bartholomäus Grill hat seinen Bruder in den Freitod begleitet, in: stern 48 v. 23.11.2006, S. 42-48.

Stöckle, Thomas (2002): Grafeneck 1940. Die Euthanasie-Verbrechen in Südwestdeutschland, Tübingen.

Storm, Theodor (1988): Ein Bekenntnis, in: ders.: Novellen 1881-1888. Hrsg. v. Karl Ernst Laage (= Sämtliche Werke in vier Bänden, Bd. 3), Frankfurt/M., S. 580-633.

Storm, Theodor (1988): Novellen 1881-1888. Hrsg. v. Karl Ernst Laage (= Sämtliche Werke in vier Bänden, Bd. 3), Frankfurt/M.

Strafgesetzbuch (StGB) (1943), München und Berlin.

Streeck Jürgen (1991): Sprachanalyse als empirische Geisteswissenschaft. Von der »philosphy of mind« zur »kognitiven Linguistik«, in: Flick, Uwe; Kardoff, Ernst von; Keupp, Heiner; Rosenstiel, Lutz von; Wolff, Stephan (Hg.): Handbuch Qualitative Sozialforschung, München, S. 90-100.

Sueße, Thorsten und Meyer, Heinrich (1988): Abtransport der Lebensunwerten. Die Konfrontation niedersächsischer Anstalten mit der NS-»Euthanasie«, Hannover.

Süß, Winfried (2003): Der »Volkskörper« im Krieg. Gesundheitspolitik, Gesundheitsverhältnisse und Krankenmord im nationalsozialistischen Deutschland 1939-1945 (= Studien zur Zeitgeschichte, Bd. 65), München.

Swearingen, Ben E. (1995): Hitler's family secret. A file recovered from the Nazi Archives tells of a Gestapo investigation into the Fuehrer's murky family history, in: Civilization. The Magazine of the Library of Congress 2, 1995, S. 54-55.

Thierfelder, Jörg (2006): Gustav Adolf Meerwein. Leben und Wirken, Kehl.

Thomae, Hans (1968): Das Individuum und seine Welt, Göttingen.

Tögel, Christfried und Lischka, Volkmar (Hg.) (2005): »Euthanasie« und Psychiatrie (= Uchtspringer Schriften zur Psychiatrie, Neurologie, Schlafmedizin, Psychologie und Psychoanalyse, Bd. 3), Uchtspringe.

Topp, Sascha (2004): Der »Reichsausschuß zur wissenschaftlichen Erfassung erb- und anlagebedingter schwerer Leiden«. Zur Organisation der Ermordung minderjähriger Kranker im Nationalsozialismus 1939-1945, in: Beddies, Thomas und Hübener, Kristina (Hg.): Kinder in der NS-Psychiatrie (= Schriftenreihe zur Medizingeschichte des Landes Brandenburg, Bd. 10), Berlin, S. 17-54.

Touraine, Alain (1976): Was nützt die Soziologie?, Frankfurt/M. (französische Erstausgabe Paris 1974).

Traven, B. (1967): Das Totenschiff, Leipzig (Erstausgabe 1926).

Trus, Armin (1995): »... vom Leid erlösen«. Zur Geschichte der nationalsozialistischen »Euthanasie«-Verbrechen. Texte und Materialien für Unterricht und Studium, Frankfurt/M.

Verein zur Förderung einer sozialen Psychiatrie (2006): Verortung der Seele. Ein psychiatriegeschichtlicher Spaziergang durch Esslingen, Esslingen.

Vogel, Harald P. und Verhallen, Theo M. (1983): Qualitative Forschungsmethoden, in: Interview und Analyse 5, 1983, S. 146-148.

Vormbaum, Thomas (Hg.) (2005): »Euthanasie« vor Gericht. Die Anklageschrift des Generalstaatsanwalts beim OLG Frankfurt/M. gegen Dr. Werner Heyde u.a. vom 22. Mai 1962 (= Juristische Zeitgeschichte Abt. 1, Bd. 17), Berlin.

Vossen, Johannes (2005): Erfassen, Ermitteln, Untersuchen, Beurteilen. Die Rolle der Gesundheitsämter und ihrer Amtsärzte bei der Durchführung von Zwangssterilisationen im Nationalsozialismus, in: Hamm, Margret (Hg.): Lebensunwert – zerstörte Leben. Zwangssterilisation und »Euthanasie«, Frankfurt/M., S. 86-97.

Wagner-Jauregg, Julius (1936): Fieber- und Infektionstherapie. Ausgewählte Beiträge 1887-1935 mit verknüpfenden und abschliessenden Bemerkungen, Wien, Leipzig, Bern.

Wagner-Jauregg, Julius (1936): Über die Einwirkung der Malaria auf die Progressive Paralyse, in: ders.: Fieber- und Infektionstherapie. Ausgewählte Beiträge 1887-1935 mit verknüpfenden und abschliessenden Bemerkungen, Wien, Leipzig, Bern, S. 117-133 (zuerst erschienen 1918/19).

Walk, Joseph (Hg.) (²1996): Das Sonderrecht für die Juden im NS-Staat, Heidelberg (Erstausgabe Heidelberg 1981).

Walter, Bernd (1996): Psychiatrie und Gesellschaft in der Moderne. Geisteskrankenfürsorge in der Provinz Westfalen zwischen Kaiserreich und NS-Regime (= Forschungen zur Regionalgeschichte, Bd. 16), Paderborn.

Weber, Matthias M. (1993): Ernst Rüdin. Eine kritische Biographie, Berlin u.a.

Weckbecker, Arno (1983): Gedenkbuch an die ehemaligen Heidelberger Bürger jüdischer Herkunft. Dokumentation über ihre Namen und Schicksale 1933-1945, Heidelberg.

Weckbecker, Arno (1985): Die Judenverfolgung in Heidelberg 1933-1945 (= Motive – Texte – Materialien, Bd. 29), Heidelberg.

Weingart, Peter; Kroll, Jürgen; Bayertz, Kurt (1988): Rasse, Blut und Gene. Geschichte der Eugenik und Rassenhygiene in Deutschland, Frankfurt/M.

Welzer, Harald (1997): Verweilen beim Grauen. Essays zum wissenschaftlichen Umgang mit dem Holocaust, Tübingen.

Welzer, Harald; Montau, Robert; Plaß, Christine (1997): »Was wir für böse Menschen sind!« Der Nationalsozialismus im Gespräch zwischen den Generationen. Unter Mitarb. v. Martina Piefke. Tübingen.

Welzer, Harald; Moller, Sabine; Tschugnall, Karoline (⁵2005): »Opa war kein Nazi«. Nationalsozialismus und Holocaust im Familiengedächtnis, Frankfurt/M. (Erstausgabe Frankfurt/M. 2002).

Welzer, Harald und Markowitsch, Hans J. (Hg.) (2006): Warum Menschen sich erinnern können. Fortschritte der interdisziplinären Gedächtnisforschung, Stuttgart.

Wennemuth, (1996): Zur Geschichte der Juden in Heidelberg in der Weimarer Republik, in: Blum, Peter (Hg.): Geschichte der Juden in Heidelberg (= Buchreihe der Stadt Heidelberg, Bd. 6), Heidelberg, S. 348-439.

Wildt, Michael (2002): Die Generation des Unbedingten. Das Führungskorps des Reichssicherheitshauptamtes, Hamburg.

Willms, Johannes (2006): Der Mörder und seine Verwandten. Rezension von: Jonathan Littell: Les Bienveillantes. Roman. Verlag Gallimard, Paris 2006, in: Süddeutsche Zeitung Nr. 268 v. 21. Nov. 2006, S. 14.

Witzke, Christiane (2001): Domjüch. Erinnerungen an eine Heil- und Pflegeanstalt in Mecklenburg-Strelitz, Neubrandenburg

Wolff, Stephan (1995): Text und Schuld. Die Rhetorik psychiatrischer Gerichtsgutachten, Berlin und New York.

Wöller, Wolfgang (1979): Untersuchungen über den Wortgebrauch in psychiatrischen Krankengeschichten. Med. Diss., Heinrich-Heine-Universität Düsseldorf.

Wöller Wolfgang; Müller, Ulrich; Lehmann Erlo (1980): Soziale Bewertungsdimensionen in der psychiatrischen Fachsprache, in: Heinrich, Kurt und Müller, Ulrich (Hg.): Psychiatrische Soziologie. Ein Beitrag zur sozialen Psychiatrie?, Weinheim und Basel, S. 146-169.

Wunder, Michael (1992): Euthanasie in den letzten Kriegsjahren. Die Jahre 1944 und 1945 in der Heil- und Pflegeanstalt Hamburg-Langenhorn (= Abhandlungen zur Geschichte der Medizin und Naturwissenschaften 65), Husum.

Zabel, Marco (2002): Die brandenburgischen Landesanstalten Lübben und Potsdam in der NS-Zeit, in: Hübener, Kristina (Hg.): Brandenburgische Heil- und Pflegeanstalten in der NS-Zeit (= Schriftenreihe zur Medizingeschichte des Landes Brandenburg, Bd. 3), Berlin, S. 105-128.

Internetquellen

Brown, Elke (2006): Quantitative vs. Qualitative Inhaltsanalyse. Prinzipien, Vorgehensweise, Techniken. URL: www.philoso.uni-augsburg.de/web2/KW/PDF/Zipfel/folien_SS06/Inhaltsanalyse-quantitativ-qualitativ.pdf; eingesehen am 19.10.2006.

Dangl, Andrea (2006): Medizinische Dokumentation. URL: www.uni.med. uni-goettingen.de/mi/lehre/humanmend/SS06/modul2.4/2006SS_ku04_ Krankenakte_und_patientenorientierte-Dokumentation.pdf; eingesehen am 21.10.06.

Krems, B (2003): Definition »Akte«, in: Akte-Online-Verwaltungslexikon, URL: htpp.//www.olev.de/a/akte.htm eingesehen am 30.10.06.

Lichtblick Newsletter (2006): Nachrichten aus Psychiatrie & Selbsthilfe, Nr. 194 v. 21.11. 2006 und Nr. 195 v. 24.11. 2006. URL: http://www.licht-blick-newsletter.de

Wolff, Stephan (2000): Dokumente und Aktenanalyse. URL: www.uni-hildesheim.de/media/sozpaed/Dokumenten_Analyse_Flick_et_al _ 2000pdf; eingesehen am 19.10.2006.

Abbildungsverzeichnis

Die jüdische Patientin Klara B. wurde mehrfach in der Wiener Anstalt »Am Steinhof« hospitalisiert, zuletzt am 6.5.1939. Im Juni 1940 wurden die Patientinnen und Patienten dieser Anstalt durch eine Kommission der »T4«-Zentrale unter der Leitung von Prof. Heyde selektiert. Im Juli und August 1940 sind dann über 3000 Patientinnen und Patienten zur Vergasung abtransportiert worden. Der abgerissene rote Aufkleber ist zu lesen: »Durch eine Kommission unter der Leitung von Prof. Dr. Heyde aufgenommen.« Die Begutachtung des Meldebogens erfolgte wahrscheinlich unmittelbar vor Ort, daher enthält das schwarz umrandete Feld unten links die Paraphen der drei Gutachter Nitsche, Steinmeyer und Mennecke. Bestätigt wurde das Urteil »Plus-Fall« durch Heyde in seiner Eigenschaft als Obergutachter. Die Nummer Z 67652 ist die Registriernummer der »T4«-Zentrale, die für jeden ausgefüllten Meldebogen vergeben wurde. Der Stempel oben rechts verschleiert die Tötung in der Gasmordanstalt Schloß Hartheim bei Linz in Oberösterreich mit dem bürokratischen Vermerk »erledigt in C am 8.8.1940«. Die Beurkundung erfolgte jedoch erst am 7.1.1941 mit der Nummer X 11, dabei fand der Buchstabe X für jüdische Patientinnen und Patienten Verwendung. Für den fünfmonatigen Zeitraum zwischen Tötung und Beurkundung des Todes wurden Pflegekosten geltend gemacht. Die Akte R 179/18427 enthält lediglich diesen Meldebogen, im übrigen das bisher einzige bekannte Dokument mit den +/- Entscheidungen der »T4«-Gutachter. Den Hinweis auf dieses Dokument verdanken wir Herrn Prof. Dr. Wolfgang Neugebauer, Dokumentationsarchiv des österreichischen Widerstandes Wien.

Tinte auf Aktenpapier aus der Krankengeschichte. BAB, R 179/5597.
(S. 101)

9. Schornstein und Krematorium der Tötungsanstalt Bernburg/Saale. Klee,
Ernst (Hg.): Dokumente zur »Euthanasie«, 5. Aufl., Frankf./M. 2001,
S. 123. (S. 103)

10. Martin Bader, 1930er Jahre. Privatbesitz Helmut Bader. (S. 107)

11. Martin Bader mit seiner Ehefrau Marie und dem Sohn Helmut, ca. 1936.
Privatbesitz Helmut Bader. (S. 111)

12. »Trostbrief« des Sonderstandesamtes der Tötungsanstalt Grafeneck vom
27. Juni 1940. Privatbesitz Helmut Bader. (S. 118)

13. Schreiben von »Dr. Jäger« vom 6. Juli 1940. Privatbesitz Helmut Bader.
(S. 119)

14. Tötungsanstalt Schloss Grafeneck, um 1935. Archiv Gedenkstätte Grafeneck. (S. 121)

15. Verlegungsliste der württembergischen Heilanstalt Schussenried vom
14.06.1940. Archiv des Zentrums für Psychiatrie Bad Schussenried.
(S. 121)

16. Tötungsanstalt Pirna-Sonnenstein bei Dresden, im Keller des Hauses C
16 war die Gaskammer untergebracht, Aufnahme 1995, Harald Haus-
wald/OSTKREUZ. Bildarchiv der Stiftung Sächsische Gedenkstätten.
(S. 130)

17. Rauchender Schornstein des Krematoriums der Anstalt Hadamar. Hübener, Kristina (Hg.): Brandenburgische Heil- und Pflegeanstalten in der
NS-Zeit (= Schriftenreihe zur Medizin-Geschichte des Landes Brandenburg, Bd. 3), Berlin-Brandenburg 2002, S. 305. (S. 137)

18. Günter E., BAB, R 179/14724. (S. 143)

19. Günter E., Fürsorgeerziehungsbericht für das Jahr 1934, datiert vom 29.
Dezember 1934. BAB, R 179/14724. (S. 146/147)

20. Günter E., Eintrag in der Krankenakte vom 17. Mai 1940 und Epikrise.
BAB, R 179/14724. (S. 157)

21. Sterbeurkunde der Tötungsanstalt Brandenburg. Privatbesitz des Enkelsohnes. (S. 175)

22. Im alten Zuchthaus befand sich zwischen Januar und Oktober 1940
die Tötungsanstalt Brandenburg, Aufnahme um 1870. Hübener, Kristina (Hg.): Brandenburgische Heil- und Pflegeanstalten in der NS-Zeit
(= Schriftenreihe zur Medizin-Geschichte des Landes Brandenburg,
Bd. 3), Berlin-Brandenburg 2002, S. 92. (S. 177)

23. Auszug aus der Krankengeschichte. BAB, R 179/13346. (S. 195)

24. Epikrise mit Datum vom 4. Mai 1933. BAB, R 179/13346. (S. 197)

25. Auszug aus der Krankenakte, Deckblatt. BAB, R 179/4018. (S. 223)

26. Arbeitstherapie: Jungen beim Kartoffelschälen in der Anstalt Kork
bei Kehl/Baden, zwischen 1935 und 1940. Diakonie Kork, Bildarchiv.
(S. 223)

27. Brief Moritz Oppenheimer an die Anstalt Kork 1937: Ablehnung der Sterilisation. BAB, R 179/2960. (S. 232)

Glossar

Affektflachheit: herabgesetzte Gefühlsansprechbarkeit, Abstumpfung, geringe Erregbarkeit der Affekte (Gemütsbewegungen). Ähnlich gebraucht werden Affektlahmheit, Affektmattigkeit oder Affektverödung. Diese Ausdrücke werden meist im Zusammenhang mit einer schizophrenen Affektstörung verwandt.

Anamnese: wörtl. Erinnerung, Vorgeschichte einer Erkrankung (auch als eigener Abschnitt in der Krankengeschichte), Art, Beginn und Verlauf der aktuellen Beschwerden, die im ärztlichen Gespräch mit dem Kranken oder den Angehörigen (Fremdanamnese) erhoben werden. Man unterscheidet aktuelle und frühere, soziale, biografische und familiäre Anamnese.

Anstaltspflegebedürftigkeit: Notwendigkeit der Unterbringung in einer psychiatrischen Heil- und Pflegeanstalt, zur medizinischen Behandlung und/ oder Verwahrung (Pflege).

Asozialität (im Verständnis der NS-Zeit): anlagemäßig bedingte, charakterliche Minderwertigkeit, ererbte Gemeinschaftsunfähigkeit.

Ataxie: Störung der Bewegungskoordination, des gesetzmäßigen Zusammenwirkens der Muskeln aufgrund von Störungen im Gehirn, im Rückenmark oder in peripheren Nerven.

Atropin: Tropansäureester des basischen Alkohols Tropin, kommt neben dem Hyoszin (Scopolamin) in Nachtschattengewächsen, in der Tollkirsche (Atropa belladonna), in Bilsenkraut und Stechapfel vor. Wirkt lähmend auf die Nervenendigungen des parasympathischen Nervensystems, führt beispielsweise zu einer Erweiterung der Pupillen, zur Hemmung der Speichel- und Schweißsekretion, zu einer Steigerung der Herzfrequenz oder zu einer Herabsetzung der Darmtätigkeit.

Beziehungsidee: Überwertige Bindung an einen Bewusstseininhalt, der in falscher oder übertriebener Weise auf die eigene Person bezogen wird. Kann ohne Krankheitswert sein oder aber prägendes Phänomen einer Wahnkrankheit werden.

Binet-Simon: siehe Intelligenzprüfung.

Bulbärsymptome: für Erkrankungen des verlängerten Marks (Medulla oblongata, Teil des Zentralnervensystems zwischen Gehirn und Rückenmark) typische Erscheinungen. Hierzu gehören die sogenannte Bulbärsprache (schlecht artikulierte, verlangsamte, skandierende Sprechweise), die Lähmung der Zunge, der Lippen, der Gesichtsmuskeln, des Rachens und Kehlkopfes.

Cardiazolschock: durch das Pharmakon Cardiazol (= Pentamethylentetrazol) ausgelöster epileptischer Krampfanfall. Der Cardiazolkrampf wurde zur NS-Zeit als Diagnostikum bei Epilepsie diskutiert. Weiterhin galt er (nach Ladislaus von Meduna) als Behandlungsmethode bei Schizophrenie. Man gab 5-10 ccm Cardiazol intravenös in dreitägigem Abstand, insgesamt zehnmal hintereinander. Der Cardiazolkrampf oder Cardiazol-schock gehört somit neben Insulin- und dem Elektroschock zu den damals neu entwickelten Therapieansätzen, die erstmals eine spezifische Einfluss-möglichkeit zu versprechen schienen und somit als therapeutischer Durch-bruch verstanden wurden.

Debilität: siehe auch Schwachsinn, Imbezillität und Idiotie. Geringster Grad geistig-intellektueller Einschränkung.

Depression: psychische Störung mit trauriger Verstimmung, gedrückter Stimmungslage und Antriebsminderung, früher häufig auch als Melancho-lie bezeichnet.

Dementia praecox: wörtlich übersetzt »frühzeitiger Blödsinn«, zuerst von dem französischen Psychiater Morel verwandt. Seit 1896 von Kraepelin für eine bestimmte Krankheitsgruppe eingeführt, wobei nach seiner Auf-fassung aus verschiedenen klinischen Vorstufen, die meist im Jugend-alter beginnen, eigenartige, einander ähnelnde »Verblödungszustände« hervorgingen. Kraepelin unterschied später verschiedene Unterformen: Dementia simplex, Hebephrenie, Katatonie, Dementia paranoides. Von Eugen Bleuler seit 1911 als Gruppe der Schizophrenien bezeichnet.

Demenz: Fortschreitende erworbene Störung des Gedächtnisses, der Merk-fähigkeit und des Urteilsvermögens auf organischer Grundlage, z. B. De-menz vom Alzheimer-Typ.

Diabetes insipidus: nicht zu verwechseln mit Diabetes mellitus: anhaltende Ausscheidung sehr reichlicher Harnmengen von niedrigem spezifischen Gewicht bei quälendem Durst, ohne anatomisch fassbare Veränderung der Nieren. Die Ursache der Störung liegt in den im Zwischenhirn lokalisier-ten Regulationszentren unter Beteiligung der Hypophyse.

Einbetten, »eingebettet«: psychiatrische Zwangsmaßnahme (»ins Bett legen«).

Encephalitis lethargica oder Encephalitis epidemica, auch Kopfgrippe: Ge-hirnentzündung, die sich im akuten Stadium durch Schlafsucht, Fieber, Kopfschmerzen, Nackenschmerzen, Augenmuskellähmungen und in der chronisch verlaufenden Form vor allem durch parkinsonähnliche Symp-tome (siehe dort) äußert. Als weitere Nachkrankheiten werden in der Forschungsliteratur der zwanziger Jahre vor allem Zwangsbewegungen (Tics), Speichelfluss, aber auch Affektmangel und Angst-, Drang- und Zwangszustände beschrieben. Bei zahlreichen Jugendlichen beobach-ten die Ärzte zudem auch nach einer scheinbar ausgeheilten Encephalitis lethargica psychopathieähnliche Störungen. Noch heute, fast 90 Jahre nach der Entdeckung und erstmaligen Beschreibung dieser Krankheit durch den Wiener Neurologen und Psychiater Constantin von Economo, ist der Erreger, höchstwahrscheinlich ein Virus, nicht bekannt. Von 1916 bis 1925/27 erkranken zwischen 250000 und fünf Millionen Menschen fast ausschließlich in Europa, Nordamerika, Japan und Australien an der En-cephalitis lethargica, danach verschwindet die Epidemie, die fast zeitgleich mit der Spanischen Influenza auftritt, aus bisher ungeklärter Ursache fast vollständig. Die rätselhafte Seuche, die auch als »Kopfgrippe« bezeichnet wird, fordert im Sinne einer Epidemie massenhaft Tote, viele Menschen überleben sie mit schweren dauerhaften Hirnschäden, d.h., die Erkrankten bleiben zeitlebens behandlungs- und pflegebedürftig.

Epikrise: zusammenfassender, kritischer Abschlussbericht über den Verlauf einer Erkrankung, evtl. mit Angabe und Begründung einer Diagnosestellung sowie Empfehlungen zur Therapie.

Epilepsie: Fallsucht. 1942 unterschied man (inzwischen hat sich die klinische Enteilung teilweise gewandelt) »echte Epilepsie« (syn. genuine oder idiopathische E.) als »ziemlich häufiges, vererbliches Leiden auf unbekannter anatomischer Grundlage« von »symptomatischer Epilepsie« mit Krampfanfällen aufgrund von bekannten organischen Hirnveränderungen sowie von »unechter Epilepsie« (Krampfanfälle im Zusammenhang mit Alkoholeinfluss), von »Affektepilepsie« (auch Hysteroepilepsie) auf seelischer Grundlage und von der so genannten Friedmann'schen Krankheit (mit kleinen Anfällen oder Absencen).

erbbiologische Erfassung: Mit dem »Gesetz über die Vereinheitlichung des Gesundheitswesens« vom 3. Juli 1934, das reichseinheitliche Gesundheitsämter vorschrieb, wurden auch »Beratungsstellen für Erb- und Rassenpflege« etabliert. Das Gesetz regelte die Prozeduren, nach denen Menschen, bei denen erbbiologische Auffälligkeiten angenommen wurden, an die Gesundheitsämter bzw. die »Beratungsstellen« gemeldet werden sollten, wie die Kartei beschaffen sein sollte, welche Information an die Erbgesundheitsgerichte weitergegeben werden sollte. Letztlich war das Ziel der Erfassung eine lückenlose Kartei über den erbbiologischen Status der Bevölkerung.

Federreißen, Federschleißen: Beim Federschleißen oder Federreißen werden die Federstrahlen von den Federkielen gerupft, um sie als Füllmaterial für Decken und Kissen verwenden zu können. Diese einfache (»mechanische«) Tätigkeit wurde in manchen Heil- und Pflegeanstalten von Patientinnen und Patienten durchgeführt.

Gemeingefährlichkeit: von einem Einzelnen (z. B. einem psychisch Kranken) ausgehende Gefahr für Leib und Leben oder für bedeutende Sachwerte anderer bzw. der Allgemeinheit, Störung der Rechtsordnung der menschlichen Gemeinschaft.

geschlossene Anstalt: Krankenhaus zur Behandlung von psychisch Kranken, das von der Umwelt abgeschlossen ist. Die moderne (Anstalts-)Psychiatrie bemüht sich, von dem langst nicht mehr gerechtfertigten Odium einer fern der Wohnsiedlungen liegenden, hauptsächlich der Isolierung und Bewahrung von gefährlichen »Geisteskranken« dienenden Anstalt loszukommen, so dass der Begriff schließlich nicht mehr verwendet wurde. Die betreffenden Institutionen nannten sich nun »Psychiatrisches Landeskrankenhaus«, aktuell haufig »Zentrum für Psychiatrie«. Der Begriff findet in der juristischen Fachsprache noch Anwendung und bezeichnet dann eine geschlossene Abteilung

Gesetz zur Verhütung erbkranken Nachwuchses (siehe auch Sterilisationsgesetz): Wer als erbkrank galt, sollte nach dem Gesetz vom 14.7.1933
sterilisiert werden, gegebenenfalls auch zwangsweise, »wenn nach den
Erfahrungen der ärztlichen Wissenschaft mit großer Wahrscheinlichkeit
zu erwarten ist, daß seine Nachkommen an schweren körperlichen oder
geistigen Schäden leiden werden« (Pschyrembel 1942). Als erbkrank im
Sinne des Gesetzes galten (in der damaligen Begrifflichkeit) Menschen mit
angeborenem Schwachsinn, Schizophrenie, zirkulärem Irresein, erblicher
Fallsucht, erblichem Veitstanz (Chorea Huntington), erblicher Blind-
heit, erblicher Taubheit sowie schweren körperlichen Missbildungen und
schwerem Alkoholismus.

Hebephrenie: Erkrankung aus dem schizophrenen Formenkreis. Der Begriff
wurde von Hecker und Kahlbaum 1871 geprägt, man verstand darunter
»Jugendirresein, fortschreitende Verblödung unter alberner, den Flegel-
jahren entsprechender Erregung«.

Hydrocephalus: Erweiterung der mit Nervenflüssigkeit gefüllten Hohlräume
im Gehirn aufgrund von Störungen der Zirkulation des Nervenwassers oder
aufgrund einer Schrumpfung des Gehirngewebes mit kompensatorischer
Erweiterung der Hohlräume, »Wasserkopf«. Neben angeborenem und er-
worbenem Hydrocephalus unterscheidet man verschiedene Formen.

Idiotie: siehe auch Schwachsinn, schwerster von drei Graden geistiger Behinderung. Als schwere Idiotie bezeichnete man »Fälle, wo die geistige
Entwicklung höchstens bis zur Stufe eines zweijährigen Kindes kommt,
als leichte die, wo sie etwa die des 6jährigen erreicht« (Pschyrembel 1942).

Imbecillitas, Imbezillität: siehe auch Schwachsinn, mittlerer Grad geistiger
Behinderung (»Intelligenzalter« eines 14- bis 18-jährigen).

Insulinkur: in den 1930er Jahren entwickelte Therapiemethode zur Behandlung von Schizophrenien, bei denen eine Reihe von hypoglykämischen
Schockzuständen (Unterzuckerung) künstlich durch Insulingabe herbeigeführt wurden. Durch Absinken der Blutzuckerkonzentration kommt es
hier mit plötzlich eintretender Bewusstlosigkeit zum Koma mit Krampf-
neigung. Heute aufgrund der Risiken nicht mehr gebräuchlich.

Intelligenzprüfung nach Binet-Simon: ein von dem französischen Psychologen Alfred Binet und dem Mediziner Théodore Simon entwickeltes
Testverfahren zur Messung von Intelligenz. Der Test war seit 1905 gebräuchlich und wird in modifizierten Formen bis heute verwendet. Das
Testverfahren wurde zunächst zur Laufbahnberatung in der Schule, aber
auch in der Industrie und in der Armee eingesetzt. Der Binet-Simon-Test
diente der Prüfung des intellektuellen Entwicklungsstandes von Kindern
und Jugendlichen im Alter zwischen drei und 15 Jahren. In der Psychiatrie
wurde die Intelligenzskala zur Diagnostizierung unterschiedlicher Grade
geistig-seelischer Beeinträchtigungen eingesetzt. Ein IQ von 90 bis 110
wurde dabei als Normalbegabung gewertet, ein IQ von 70 bis 89 galt als
Minderbegabung (Debilität), Kinder und Jugendliche mit einem IQ unter

70 wurden als Imbezille klassifiziert. Debile und Imbezille galten in der bis in die 1970er Jahre gebräuchlichen Terminologie als »Schwachsinnige«. Im Zusammenhang mit den Zwangssterilisationen, die von 1934 bis 1945 nach dem Gesetz zur Verhütung erbkranken Nachwuchses in großem Umfang vorgenommen wurden, spielte die Intelligenzprüfung eine zentrale Rolle, insbesondere für die Diagnose unterschiedlicher Grade von »Schwachsinn«.

Intentionstremor: grobes Zittern beim Ansetzen einer willkürlichen Bewegung und Zunahme gegen Ende der Bewegung, eine Art von Ataxie (Störung der Koordination), die häufig bei multipler Sklerose auftritt.

Katatonie: Psychisches Krankheitsbild, das vorwiegend durch Störungen der Willkürbewegungen gekennzeichnet ist. Die Symptomatik umfasst zwei entgegengesetzte Formen: 1. Katatoner Sperrungszustand (Stupor), bei dem der Kranke erstarrt ist wie eine Statue. Er ist wach, reagiert aber nicht auf Außenreize, hinzu treten Phänomene wie Katalepsie (Beibehalten passiv erzeugter, auch bizarrer Lageveränderungen) und Automatismen. 2. Katatoner Erregungszustand, schwere psychomotorische Erregung. Die beiden Zustände können in den jeweils anderen übergehen. Das Krankheitsbild wurde 1863 von Kahlbaum beschrieben, später von Kraepelin als besondere Gruppe der Dementia praecox gedeutet.

Kopfgrippe: siehe Encephalitis epidemica oder Encephalitis lethargica.

läppisch: im psychiatrischen Sinne Adjektiv zur Bezeichnung einer bestimmten Verhaltensweise, wie man sie bei jugendlichen Hebephrenen findet, wurde von Homburger 1926 in die klinische Beschreibung eingeführt, etwa im Sinne einer flachen Affektivität, mit einfältig-spielerischem, kindischem Verhalten und mangelnder Kritikfähigkeit.

Lues: Syphilis.

Lues cerebrospinalis: im Sekundär- und Tertiärstadium der Syphilis auftretende Erkrankung des Zentralnervensystems, die entweder in Form einer entzündlichen Erkrankung von Gehirngefäßen oder der Hirnhäute auftreten kann oder als gummöse Form (gumma = gummiartige Geschwulst) Symptome wie von Hirn- oder Rückenmarkstumoren hervorrufen kann.

Luminal: Phenyläthylbarbitursäure, ein Antiepileptikum. Das Medikament wurde in der dezentralen »Euthanasie« auch zur Ermordung von Patienten eingesetzt (Luminal-Schema nach Nitsche).

Malariakur: die künstliche Infektion mit Malaria tertiana, einer Unterform des Sumpffiebers (Erreger Plasmodium vivax), nach Wagner von Jauregg wurde als Heilmittel gegen die Progressive Paralyse (Quartärstadium der Syphilis) angesehen. Man ging davon aus, dass nicht allein die hohen Temperaturen während der Fieberschübe für die heilende Wirkung verantwortlich sei. Die nicht gänzlich ungefährliche Malariaerkrankung selbst wurde nach Durchführung der »Kur« mit Chinin behandelt. Julius Wagner von Jauregg erhielt für diese inzwischen obsolete Therapie 1927 den Nobelpreis für Medizin.

Manie: krankhafter Zustand gehobener oder gereizter Stimmung mit Selbstüberschätzung und Steigerung des Antriebs.

mechanische Arbeit: einfachste Tätigkeiten ohne komplexe Arbeitsabläufe, die in Heil- und Pflegeanstalten von schwerer beeinträchtigten Patientinnen und Patienten durchgeführt wurden. Hierzu gehörten beispielweise das Kleben von Tüten, das »Federreißen« oder das »Zupfen« von textilen Materialien.

multiple Sklerose: Enzephalomyelitis disseminata, primär entzündliche Erkrankung des Zentralnervensystems mit herdförmigen Entmarkungen, die zu einer Vielzahl von neurologischen Symptomen führen kann. Hierzu gehören Sehstörungen, Gefühlsstörungen, Lähmungen und Koordinationsstörungen, aber auch, meist im späteren Verlauf, psychische Symptome (hirnorganisches Psychosyndrom, depressive oder euphorische Verstimmungen, selten paranoide Psychosen).

niedergeführt: wird in Krankengeschichten gebraucht für reduziert, abgemagert.

Nystagmus: Augenzittern, neurologisches Symptom z. B. bei multipler Sklerose.

Packungen, trockene, feuchte: psychiatrische Zwangsmaßnahme, bei der die Kranken entsprechend eingewickelt und so ruhiggestellt wurden.

Paraldehyd: polymerisiertes Azetaldehyd, farblose, stark riechende Flüssigkeit, Schlafmittel.

Paranoia: nach Kahlbaum (1863) eine Geistesstörung mit Wahnvorstellungen und Sinnestäuschungen. Von Kraepelin wurde die Paranoia auf die Fälle begrenzt, bei denen sich aus inneren Ursachen schleichend ein unerschütterliches Wahnsystem entwickelt, das mit vollkommener Erhaltung oder Klarheit und Ordnung im Denken, Wollen und Handeln einhergeht, also abweichend von der Dementia praecox.

Parkinsonkrankheit: Paralysis agitans, von dem englischen Arzt James Parkinson 1817 beschrieben und nach ihm benannt. Hauptsymptome sind Rigor (Steifigkeit), Ruhetremor (Zittern) und Hypo- oder Akinese (Bewegungsarmut), zurückgehend auf den Untergang von Hirnzellen einer spezifischen Hirnstruktur, der Substantia nigra.

Parkinsonismus: Parkinsonähnliche Erscheinungen als Folge anderer Erkrankungen, beispielsweise als Folge einer Entzündung des Gehirns, einer Enzephalitis (»postenzephalitisch«).

postenzephalitisch: nach einer Gehirnentzündung (Enzephalitis) als deren Folge auftretend.

Psychopathie: »geistige Abnormität aus erblicher Anlage« (Pschyrembel 1942). »psychopathische Minderwertigkeit« wurde definiert als krankhafte Eigentümlichkeit in der Art des Denkens, in den Affekten und der Phantasie bei gleichzeitig normalem Gedächtnis, Vorstellungsschatz und normaler Urteilskraft. Der Begriff wird heute in der psychiatrischen Diagnostik nicht mehr verwandt.

Reichsverteidigungskommissar: Das Amt des Reichsverteidigungskommissars wurde mit Ausbruch des Zweiten Weltkriegs auf Weisung von Hitler geschaffen. Grundlage war die »Verordnung über die Bestellung von Reichsverteidigungskommissaren«, die am 1. September 1939 erlassen und im Reichsgesetzblatt veröffentlicht wurde. Es wurden ausschließlich Gauleiter mit dem neuen Amt betraut.

residual, Residuum: zurückbleibend, Rückstand. Im medizinischen Sinne die nach Abklingen einer akuten Erkrankung zurückbleibenden Krankheitssymptome, häufig gebraucht bei Erkrankungen aus dem schizophrenen Formenkreis.

Revers: die vom Krankenhaus geforderte schriftliche Erklärung des Patienten oder seiner Angehörigen bei vorzeitiger Entlassung oder bei Verweigerung der weiteren Behandlung (»gegen Revers entlassen«).

Schutzhaft: Der Begriff stammt aus der Zeit des Nationalsozialismus und wird nur für die willkürlichen polizeilichen Inhaftierungen jener Zeit benutzt. Mit dem Polizeigewahrsam nach heutiger Terminologie, also der Inhaftierung von Personen zu deren eigenem Schutz oder zur Aufrechterhaltung der öffentlichen Sicherheit, hat Schutzhaft nichts zu tun.

Schwachsinn: angeboren, erworben: veraltete, da wertende Bezeichnung für geistige Behinderung. Historisch wurden drei Grade von Schwachsinn unterschieden: Debilität, Imbezillität und Idiotie. In der NS-Zeit war die Diagnose Schwachsinn häufig keine medizinische, sondern eine soziale Diagnose, der im Rahmen von Zwangssterilisation und »Euthanasie« auch unerwünschte, von der Norm abweichende Personen zugeordnet wurden.

Schizophrenie: Spaltungsirresein. 1911 von Bleuler für die von Kraepelin als Dementia praecox bezeichnete Krankheitsgruppe mit Störungen des Denkens, des Fühlens, des Wollens, der Motorik und der Wahrnehmung (Halluzinationen und Wahnbildungen). Im Gegensatz zu Krapelin sah Bleuler den Eintritt einer vorzeitigen Verblödung nicht als notwendig an.

Serologie, serologische Untersuchungen: Erkennung von Krankheiten aus der Prüfung des Blutserums.

Skopolamin: siehe Atropin.

Spasmen: Muskelkrämpfe.

spastische Parese: spastische Lähmung, mit gesteigertem Muskeltonus einhergehende Lähmung.

spastische Spinalparalyse: Systemerkrankung, die mit spastischer Rückenmarkslähmung einhergeht.

Sterilisationsgesetz: siehe Gesetz zur Verhütung erbkranken Nachwuchses.

Strabismus: Schielen.

striär, striäre Starre: Steifigkeit aufgrund einer Störung von Gehirnzellen in der Hirnstruktur »Corpus striatum«.

Stupor, stupuröses Verhalten: weitgehend reaktionsloses Verharren in einer erstarrten Körperhaltung auf psychogener Grundlage, z. B. bei der Katatonie.

Wahn: Intersubjektiv nicht nachvollziehbare Überzeugung auf krankhafter Grundlage, die von einer unbedingten Gewissheit getragen wird, durch Erfahrung nicht zu beeinflussen und insofern unkorrigierbar ist. Damit steht die Wahnbildung der Evidenz der Wirklichkeit entgegen. Häufig zusammen mit Veränderungen der Wahrnehmungen auftretend. Wichtige Formen sind der depressive Wahn, der Verfolgungswahn und der Größenwahn.

Zerfahrenheit: Störung der gedanklichen bzw. sprachlichen Kohärenz, Denkstörung bei Erkrankungen aus dem schizophrenen Formenkreis.

Zwangsneurose: Von Zwangshandlungen und Zwangsgedanken gekennzeichnete psychogene Erkrankung (Neurose).

Zwangssterilisation: zwangsweise Unfruchtbarmachung nach dem Gesetz zur Verhütung erbkranken Nachwuchses, das ab 1934 in Kraft trat. Der Gesetzestext sah in § 12 die Anwendung von Zwang vor, wenn sich der oder die Betroffene dem Eingriff verweigerte. Sterilisationen erfolgten ab dem 10. Lebensjahr, ab einem Alter von 14 Jahren war die Anwendung von Zwang erlaubt. Zwischen 1934 und 1945 wurden ca. 400000 Menschen gegen ihren Willen und häufig ohne ihr Wissen unfruchtbar gemacht.

Dieses Glossar wurde unter Verwendung folgender Literatur erstellt:

Deicher, Heinrich (1927): Über das Auftreten der epidemischen Enzephalitis in Preußen in den Jahren 1919-1924 (= Veröffentlichungen aus dem Gebiete der Medizinalverwaltung, 23. Bd, 12. H.), Berlin.

Economo, Constantin von (1929): Die Encephalitis lethargica. Ihre Nachkrankheiten und ihre Behandlung, Berlin.

Henseler, Hans und Fritsch, Ernst (1929): Einführung in die Diathermie, 3. erw. Aufl., Berlin 1931, S. 231 ff.

Lampl [?] (1929): Zur Therapie der chronischen Encephalitis epidemica, in: Deutsche Zeitschrift für Nervenheilkunde, 111. Bd., 1929, S. 133-137.

Peters, Uwe Henrik (²1977): Wörterbuch der Psychiatrie und der medizinischen Psychologie, München, Wien, Baltimore.

Pschyrembel, Willibald (1942), Klinisches Wörterbuch, 48. bis 53. Auflage, Berlin.

Pschyrembel Klinisches Wörterbuch (2002): bearb. v. d. Wörterbuch-Redaktion d. Verlags, 259., neu bearb. Auflage, Berlin.

Danksagung

Das vorliegende Lesebuch mit Lebensgeschichten von 23 Opfern der nationalsozialistischen »Euthanasie«-Aktion T4 ist im Rahmen eines DFG-Projektes zu den Krankengeschichten der ermordeten Psychiatriepatientinnen und -patienten entstanden: Es ist, nach einigen kleineren Publikationen, das erste von drei Büchern, die am Ende unseres Projektes stehen und die Ergebnisse der Öffentlichkeit vorstellen sollen.

Vor, während und nach der vierjährigen geförderten Projektzeit haben wir von vielen Seiten Hilfe und Unterstützung erfahren, auf die wir nun, zum Ende der Arbeit am lebensgeschichtlichen Lesebuch, ein erstes Mal dankbar zurückblicken möchten.

Zuallererst möchten wir denjenigen danken, die das gesamte Projekt ermöglicht haben: der Deutschen Forschungsgemeinschaft, die es im Wesentlichen finanziert und mit Dr. Guido Lammers auch intensiv und hilfreich begleitet hat, und dem Bundesarchiv Berlin, das uns in jeder erdenklichen Weise inhaltlich und logistisch unterstützt hat – sehr gerne denken wir beispielsweise an die Räume in Berlin-Lichterfelde zurück, in denen wir zwei Jahre lang an den Krankengeschichten arbeiten durften. An erster Stelle wenden wir uns hier an Archivoberrat Matthias Meissner, der unser Projekt seit den ersten Schritten der Vorstudie begleitet, aber auch an die beiden ehemaligen Direktoren am Berliner Sitz des Bundesarchivs, Dr. Siegfried Büttner und Dr. Wilhelm Lenz, sowie an Doris Marten. Prof. Wolfgang U. Eckart und Prof. Christoph Mundt haben die Antragstellung bei der DFG mitgetragen und die Projektarbeit in vielerlei Hinsicht, auch mit Klinikmitteln, unterstützt – hierfür sei herzlich gedankt.

Viele haben inhaltlich durch ihre Anregungen zum Gelingen des Projektes und somit auch des Biografiebandes beigetragen. Bei der Vorbereitung des Projektes haben uns Prof. Hans-Walter Schmuhl (Bielefeld) und Dr. Thomas Beddies (Berlin) in besonderer Weise geholfen und ermutigt. PD Dr. Christina Vanja (Landeswohlfahrtsverband Hessen), Dr. Peter Sandner (Hessisches Hauptstaatsarchiv Wiesbaden), Prof. Volker Roelcke (Gießen) und im letzten Jahr auch Prof. Juliane C. Wilmanns (München) haben die Projektarbeit ebenfalls unterstützt. Ihnen gilt unser Dank. Ebenso sehr gebührt Dank allen fünf Gedenkstätten, die an den historischen Orten der früheren NS-Tötungsanstalten das Andenken an die Opfer der »Euthanasie«

bewahren und die alle unsere Anfragen stets geduldig beantwortet haben: Bernburg (Dr. Ute Hoffmann), Grafeneck (Dr. Thomas Stöckle), Hadamar (PD Dr. Georg Lilienthal und Uta George), Hartheim (Dr. Hartmut Reese und Dr. Brigitte Kepplinger) und Pirna-Sonnenstein (Dr. Boris Böhm).

Die Arbeit am biografischen Lesebuch im engeren Sinne begann mit der »Biografiewoche«, die wir Anfang 2004 durchführen konnten. Hier danken wir für die Finanzierung der Boehringer-Ingelheim Stiftung (Dr. Hermann Fröhlich) und der Medizinischen Fakultät der Universität Heidelberg. Tagen durften wir in der angenehmen Atmosphäre des Jugendgästehauses in Dachau, dafür danken wir dem damaligen Pädagogischen Leiter, Dr. Bernhard Schoßig. Prof. Gerhard Paul (Flensburg), Sabine Gerhardus vom Häftlingsbiografieprojekt Dachau und Margret Hamm vom Bund der »Euthanasie«-Geschädigten und Zwangssterilisierten e.V. bereicherten uns während der Biografiewoche mit ihren Anregungen. Als Impulsgeber und Gesprächspartner stieß während der Biografiewoche der spätere Kooperationspartner Dr. Ulrich Müller zur »Kerngruppe« hinzu. Er entwickelte sich zum kritischen Geist des Biografieprojekts und gibt das Lesebuch mit heraus.

Als Herausgeberinnen und Herausgeber möchten wir uns natürlich ganz besonders bei allen übrigen Autorinnen und Autoren dieses Bandes bedanken. Fast alle von ihnen, Dr. Annette Hinz-Wessels, Christine Hoffmann, Philipp Rauh, Stephanie Schmitt, Sascha Topp und Nadin Zierau, sind langjährige Mitarbeiterinnen und Mitarbeitern des Projektes und haben das Team wesentlich geprägt, später hinzugekommen sind Dr. Martin Roebel (Jena) und Babette Reicherdt (Berlin). Letztere hat die redaktionelle Arbeit für dieses Buch geleistet. Besonderer Dank gilt Helmut Bader, der für diesen Band die Biografie seines Vaters geschrieben hat.

Alle Autoren und Autorinnen haben in ihrer jeweiligen biografischen Arbeit Hinweise und Unterstützung von zahlreichen Personen und Archiven erhalten. An erster Stelle möchten wir hier zwei Angehörigen von Opfern, deren Lebensgeschichten wir in unseren Band aufgenommen haben, danken, wenn wir es auch nur in anonymisierter Form tun können: dem Sohn von Therese W. und dem Enkel von Gertrud G. (Pseudonym). Weiterhin danken wir für wertvolle Hinweise Dr. Norbert Giovannini (Heidelberg), Dr. Andrea Lorz und PD Dr. Holger Steinberg (beide Leipzig), dem Brandenburgischen

Landeshauptarchiv Potsdam/Bornim (Dr. Klaus Neitmann, Dr. Monika Nakath und Anke Kandler), dem Dokumentationsarchiv des Österreichischen Widerstandes, dem Archiv für Christlich-Soziale Politik der Hanns-Seidel-Stiftung München (Dr. Renate Höpfinger), dem Institut für Zeitgeschichte München, dem Universitätsarchiv Leipzig, der Dokumentations- und Forschungsstelle »Justiz und Nationalsozialismus« an der Justizakademie des Landes Nordrhein-Westfalen in Recklinghausen (Dr. Helia-Verena Daubach), dem Stadtarchiv Heidelberg, dem Archiv der Diakonie Kork und dem dortigen Ressort Öffentlichkeitsarbeit (Dr. Klaus Freudenberger), Sigrid Oehler-Klein (Gießen), den Fachkliniken Uchtspringe, SALUS gGmbH (Prof. Christfried Tögel) sowie besonders auch dem Museum Sammlung Prinzhorn an der Psychiatrischen Universitätsklinik Heidelberg (Dr. Thomas Röske und Dr. Bettina Brandt-Claussen).

Selbstredend danken wir auch dem Wallstein Verlag für die Aufnahme des Buches in sein Programm und Hajo Gevers für die intensive und gelungene Zusammenarbeit. Die Deutsche Gesellschaft für Psychiatrie, Psychotherapie und Nervenheilkunde, derzeit unter der Präsidentschaft von Prof. Wolfgang Gaebel (Düsseldorf), hat die Drucklegung mit einem großzügigen Zuschuss unterstützt. Weitere Druckkostenzuschüsse wurden von der Deutschen Forschungsgemeinschaft und von der Friedrich-Ebert-Stiftung in Bonn (Prof. Dieter Dowe, Forschungszentrum für Sozial- und Zeitgeschichte) gewährt. Allen Geldgebern sei an dieser Stelle - last but not least – sehr herzlich gedankt.

Petra Fuchs, Gerrit Hohendorf, Ulrich Müller,
Paul Richter und Maike Rotzoll

Autorinnen und Autoren

Helmut Bader, geb. 1934, Konrektor a.D., besondere Interessen: Geschichte des »Dritten Reiches« mit Schwerpunkt NS-»Euthanasie«.

Petra Fuchs, Dr. phil., geb. 1958, Erziehungswissenschaftlerin und Historikerin, Forschungsschwerpunkte: Alltags- und Sozialgeschichte behinderter Menschen, Geschichte der Sonderpädagogik bis 1945, Medizin- und Patientengeschichte im NS, Biografieforschung.

Annette Hinz-Wessels, Dr. phil., geb. 1962, Historikerin, wiss. Mitarbeiterin am Institut für Geschichte der Medizin der Charité-Universitätsmedizin Berlin. Forschungsschwerpunkte: Medizin- und Wissenschaftsgeschichte im Nationalsozialismus, Medizingeschichte in Berlin-Brandenburg.

Christine Hoffmann, geb. 1978, stud. phil., Mittelalterliche und Neuere Geschichte, Erziehungswissenschaften.

Gerrit Hohendorf, Dr. med., geb. 1963, Facharzt für Psychiatrie und Psychotherapie, Medizinhistoriker, wiss. Angestellter am Institut für Geschichte und Ethik der Medizin der TU München, wiss. Mitarbeiter im SFB 434 »Erinnerungskulturen« der Universität Gießen, Forschungsschwerpunkte: Geschichte der Psychiatrie und Psychosomatik, Medizin im Nationalsozialismus, Geschichte der medizinischen Ethik und Verhältnis von Ethik und Geschichte.

Ulrich Müller, Dr. rer. soc., geb. 1944, Diplom-Sozialwirt, Leiter der Forschungsstelle für Psychiatrische Soziologie der Klinik mit Poliklinik für Psychiatrie und Psychotherapie der Heinrich-Heine-Universität Düsseldorf-Rheinische Kliniken, Forschungsschwerpunkte: Psychiatrische Soziologie, Sozialpsychiatrie, NS-»Euthanasie«, Klinische Soziologie (repetitive transkranielle Magnetstimulation, EKT), Neue Religiosität.

Philipp Rauh, M.A., geb. 1976, Historiker, wissenschaftlicher Mitarbeiter im DFG-Projekt: »Krieg und medikale Kultur. Patientenschicksale und ärztliches Handeln im Zeitalter der Weltkriege (1914-

1945)«, Freiburg, Promotionsvorhaben: Meldebogenverfahren der »Aktion T4«.

Paul Richter, Dr. phil., Dipl.-Psych., geb. 1955, Psychologischer Psychotherapeut, Leitender Psychologe der Psychiatrischen Universitätsklinik Heidelberg, Forschungsschwerpunkte: Forschungsmethoden, Psychometrie, Statistik, historische Forschung, Entwicklungspsychologie. Mitarbeit in zahlreichen empirischen Projekten u. a. im SFB 23 (»Entwicklung im Jugendalter«) und SFB 258 (»Indikatoren und Risikomodelle für Entstehung und Verlauf psychischer Störungen«).

Martin Roebel, Dr. med., geb. 1975, Facharzt für Psychiatrie, Assistenzarzt Universitätsklinik für Psychiatrie Jena, Forschungsschwerpunkte: frühneuzeitliche Medizin, Medizin im Nationalsozialismus, Neuroimaging, Psychopharmakologie.

Maike Rotzoll, Dr. med., geb. 1964, Fachärztin für Psychiatrie und Medizinhistorikerin, wiss. Mitarbeiterin am Institut für Geschichte der Medizin der Universität Heidelberg, Forschungsschwerpunkte: Medizin der frühen Neuzeit, Geschichte der Psychiatrie, Psychiatrie und Kunst, Medizin in der NS-Zeit.

Stephanie Schmitt, geb. 1978, stud. phil., Geschichte, Neuere Deutsche Literatur; Forschungsschwerpunkte »Aktion T4« in Tschechien, Nationalsozialismus, Besatzungspolitik.

Sascha Topp, M.A., geb. 1974, Historiker, wissenschaftlicher Mitarbeiter im SFB 434 »Erinnerungskulturen« der Universität Gießen, Forschungsschwerpunkte: Krankenmord an Minderjährigen 1939-1945, Krankenmord in der Provinz Ostpreußen, Geschichte als Argument in der Biomedizin 1945-2000, Wissenschaft und Wissenschaftspolitik in der Bundesrepublik.

Nadin Zierau, geb. 1977, 1. Staatsexamen Lehramt, Grundschulpädagogik mit dem Fach Geschichte, Forschungsschwerpunkte: Beurteilung der »Bildungsfähigkeit« bei Kindern und Jugendlichen.

Władysław Kożdoń

»... ich kann dich nicht vergessen«

Erinnerungen an Buchenwald

128 S., 11 Abb., brosch.,
ISBN 978-3-8353-0210-5

Władysław Kożdoń stammt aus dem oberschlesischen Bergwerksrevier, wo er als Pole neben Deutschen aufwuchs. Er war 17, als man ihn 1939 verhaftete und aus Polen nach Buchenwald brachte. Fünf Jahre seiner Jugend zerrannen dort. Er verlor seine Eltern durch die nationalsozialistische Verfolgung.

Erst Jahrzehnte später begann er darüber sprechen. Sein Bericht umfasst die entscheidenden Jahre der Geschichte des Konzentrationslagers Buchenwald. Aus dem Erleben eines polnischen Jugendlichen entsteht ein facettenreiches Bild der Lagergesellschaft, durch die er trieb, und der Zufälle des Überlebens. Unpathetisch erzählt er von Abgründen menschlichen Handelns wie auch von Solidarität. So ermöglicht er einen Blick in die Nischen des Lagers, die von deutschen politischen Häftlingen geschaffen wurden, um Jugendlichen eine Chance zum Überleben zu geben. Ganz im Sinne des Autors ist dieses Buch auch Teil des deutsch-polnischen Dialogs.

Wallstein

e-mail: info@wallstein-verlag.de · www.wallstein-verlag.de

Daniel Hoffmann
Lebensspuren meines Vaters
Eine Rekonstruktion aus dem Holocaust

272 S., 17 Abb., geb., Schutzumschlag,

ISBN 978-3-8353-0149-8

»Meine Aufzeichnungen sind lückenhaft. Ich kenne diese Lücken, kann sie aber nicht mehr ausreichend formulieren«, notierte Paul Hoffmann in hohem Alter. Diese Aufgabe hat sein Sohn für ihn übernommen, mit liebevoller Diskretion, äußerster Detailgenauigkeit und Sprachkraft: Paul Hoffmann, geboren 1921 als Sohn jüdischer Eltern, war 17, als ihm unmißverständlich klargemacht wurde, daß er in seiner Heimatstadt Iserlohn, in seinem Heimatland Deutschland unerwünscht ist und mit dem Schlimmsten rechnen muß.
Sein Erwachsenwerden findet in Arbeitslagern statt, und die sind nur eine Vorstufe zur Deportation nach Auschwitz. Zwei Jahre überlebt er dort. Dann wird er nach Buchenwald überstellt, wo ihn schließlich das Kriegsende rettet. Immer wieder hat der Vater dem Sohn von dieser Zeit erzählt, und darüber hinaus sind zahlreiche Briefe erhalten geblieben, die er aus dem Lager schmuggeln konnte und die an die ehemalige Haushälterin der Familie seiner in Auschwitz umgebrachten Verlobten gerichtet waren. Diese couragierte evangelische Frau ist ein Beispiel dafür, was an Humanität im Kleinen möglich war.

»Daniel Hoffmann ist mit »Lebensspuren meines Vaters« ein großartiges Geschichtsbuch gelungen, das seinem mutigen und unbeugsamen Vater ein literarisches Denkmal setzt.«
Deutschlandradio

Wallstein
e-mail: info@wallstein-verlag.de · www.wallstein-verlag.de